以知为力　识见乃远

美国
个人主义
的根源

杰克逊时代的政治神话

[美] 亚历克斯·扎卡拉斯　著

罗鸣、王一鸽　译

中国出版集团　东方出版中心

图书在版编目（CIP）数据

美国个人主义的根源：杰克逊时代的政治神话 /
（美）亚历克斯·扎卡拉斯著；罗鸣，王一鸽译．—上
海：东方出版中心，2024.4
　ISBN 978-7-5473-2352-6

　Ⅰ.①美… Ⅱ.①亚… ②罗… ③王… Ⅲ.①个人主
义-研究-美国 Ⅳ.①B089

中国国家版本馆CIP数据核字（2024）第092341号

上海市版权局著作权登记：图字09-2024-0226号

美国个人主义的根源：杰克逊时代的政治神话

著　　者　[美]亚历克斯·扎卡拉斯
译　　者　罗　鸣　王一鸽
丛书策划　朱宝元
责任编辑　戴浴宇
封扉设计　甘信宇

出 版 人　陈义望
出版发行　东方出版中心
地　　址　上海市仙霞路345号
邮政编码　200336
电　　话　021- 62417400
印 刷 者　山东韵杰文化科技有限公司

开　　本　890mm×1240mm　1/32
印　　张　14
字　　数　450千字
版　　次　2024年7月第1版
印　　次　2024年7月第1次印刷
定　　价　92.00元

致苔丝

目　录

第三部分 白手起家的英雄

第四部分 余 波

致　谢

　　在撰写本书的八年时间里，我获得了许多人慷慨无私的帮助。我有四位很棒的本科生研究助理：索菲亚·比利亚斯（Sophia Billias）、布伦丹·赫西（Brendan Hersey）、凯莉·麦登（Carrie Madden）和奥黛丽·奥利弗（Audrey Oliver）。他们都为本书提供了重要的论据和详细资料。

　　佛蒙特大学政治学系和系里的同事一直给予我支持和鼓励。我要特别感谢鲍勃·泰勒（Bob Taylor）和帕特里克·尼尔（Patrick Neal），他们帮助我梳理这个研究项目的每个阶段，阅读了每一章的初稿并给予了意见和建议。阿曼尼·惠特菲尔德（Amani Whitfield）就本书提出了许多建设性的反馈。梅勒妮·古斯塔夫森（Melanie Gustafson）对第10章进行了精辟的评论，并推荐了相关文献。

　　2019至2020年期间，我获得了佛蒙特大学人文学科中心的资助，这项资助使我在撰写本书的后期阶段取得了重要的进展。另外，我获得了路易斯·拉金（Louis Rakin）基金会的慷慨资助，用以组织和举办2019年的书稿研讨会。我非常感谢耶鲁大学政治学系，尤其是史蒂文·史密斯（Steven Smith），在我2013至2014年学术休假期间接待了我。

　　许多佛蒙特大学以外的学者阅读了部分或全部书稿，我从他们的评论和建议中学到了很多。我最感谢的是约书亚·林恩（Joshua Lynn），他持续地为本书提供详细的评论和建议。在过去的几年里，约书亚不厌其烦、慷慨无私地分享他的专业学识。2019年夏天，阿曼尼、约书亚、哈里·沃森（Harry Watson）、杰森·弗兰克（Jason Frank）和蒂莫西·布林（Timothy Breen）参加了我的书稿研讨会，他们都给予了极好的反馈和建议，对此我深表谢意。多年来，还有许多人阅读并评论了书稿的不同章节，他们包括威尔·巴恩特（Will Barndt）、埃里克·比尔博姆（Eric Beerbohm）、乔希·切尔尼斯（Josh Cherniss）、伊夫塔·埃拉扎尔（Yiftah Elazar）、布莱恩·加斯滕（Bryan Garsten）、丽莎·吉尔森（Lisa Gilson）、迈克尔·利内斯奇（Michael Lienesch）、卢克·梅维尔（Luke Mayville）、苏珊·麦克威廉姆斯（Susan McWilliams）、丹尼洛·彼得拉诺维奇（Danilo Petranovich）、詹姆斯·里德（James Read）、杰夫·斯科兰斯基（Jeff Sklansky）、史蒂文·史密斯（Steven Smith）和杰克·特纳（Jack Turner）。

我非常感谢佛蒙特大学豪依图书馆的管理员们，他们为这个研究项目提供了大量的帮助和支持。我特别感谢丽莎·布鲁克斯（Lisa Brooks）和萨拉·佩奇（Sarah Paige），她们帮我找到了许多鲜为人知的资料。

本书的出版要特别感谢普林斯顿大学出版社的罗伯·坦皮奥（Rob Tempio），他认可这本书并帮助我将其最终出版。普林斯顿大学出版社的匿名评审们提供了改进和提升本书的重要意见和建议。

第7章的一些部分已经发表在 Alex Zakaras，"Nature，Religion，and the Market in Jacksonian Political Thought，" *Journal of the Early Republic* 39，no. 1（2019）：123 - 133，并由美国早期共和国历史学家协会和宾夕法尼亚大学出版社慷慨提供版权。

这本书中反映了许多老师对我的教导与影响，他们多年来引导着我的思想，激发了我对思想史的热爱。我特别感谢的是：汤姆·戈佩尔（Tom Goepel）、乔尔·格雷芬格（Joel Greifinger）、普拉塔普·梅塔（Pratap Mehta）、泰勒·罗伯茨（Tyler Roberts）、路易斯·米勒（Louis Miller）、菲利普·费舍尔（Philip Fisher）、塞伊拉·本哈比卜（Seyla Benhabib）、乔纳森·艾伦（Jonathan Allen）、乔治·凯特布（George Kateb）、斯蒂芬·马塞多（Stephen Macedo）、杰夫·斯托特（Jeff Stout）、菲利普·佩蒂特（Philip Pettit）、查尔斯·泰勒（Charles Taylor），以及我的父母，他们都是才华横溢、充满激情的老师。

最后，如果没有家人的支持，如果没有我的妻子苔丝、女儿夏洛特、父母和哥哥迈克尔的爱，我将一事无成。与他们在一起的每一天都在提醒我什么才是真正重要的。他们对这本书也作出了重要的贡献：母亲用她训练有素的编辑的眼光帮助我梳理了这本书的结构，并勾勒出了主要的叙述线索；无数次与父亲的对话促使我不停琢磨和完善自己的想法；苔丝深情的呵护与照顾，保障了我即使在疫情的阴霾下也能够拥有充足的研究时间，她敏锐的问题和见解也在许多方面帮助我改进了这本书。

第1章

导　论

　　长久以来，自由个体的形象一直主导着美国的政治想象。直到今天，我们依然经常想象至高无上、完全独立的个人傲然对抗着一系列的侵犯势力：大政府、大公司，以及褊狭的多数人群体。在这类想象的一个主要版本中，这些侵犯者威胁了我们的权利。他们想要控制我们的身体或性，没收我们的枪支，侵犯我们的财产和隐私，或者逼迫我们违背良知。在与他们斗争中，胜利被视为对个人尊严和自由的捍卫，使其免受有害侵犯。

　　另一个主要的版本则将个人的优秀品质和努力奋斗，同与生俱来的特权相对立。作为一种文化习惯，我们崇拜企业家，他们的主动性和天赋为世界创造了新的价值；我们尊敬谦逊的白手起家的人，他们通过不懈努力而摆脱贫困，成为中产阶级。我们因为这些人物独自取得了成就而称颂他们，我们因为另外一些人声称自己对这些成就亦有襄助而憎恶他们。在大众的想象中，企图窃取别人成就的另外这些人往往戴着伪装面具：他们包括过分热心的、强行贯彻其共同利益构想的监管者，腰缠万贯、利用其政治影响力巧取豪夺的寡头，以及以国家利益的名义进行集体施压的穷人。所有这些都被视为对美国社会精英统治秩序的潜在威胁，阻碍了这种精英统治秩序对个人自由选择的保护。

　　我们还设想了一场旷日持久的、反对个人依附的社会和政治斗争。财产是最重要的独立标志：我们赞扬业主、小农场主和小企业主，他们都是自己私有领域的主人，是自力更生的典范原型。另外，我们会为与父母同住的年轻人、领取社会福利的人、未偿的债务、衰老本身及其所预示的多种形式的个人依附感到羞愧。在我们的社会里，关于社会政策的辩论往往围绕着如何鼓励"自力更生"而展开。

　　这类想象叙事在政治右派中更为突出，但它们在右派中的流行也长期影响着公众舆论的平衡。调查表明，与欧洲国民不同，美国人宁愿享受"在没有国家干预的情况下追求……人生目标"的自由，也不愿意他们的政府"在社会中发挥积极作用，以保证有需要的人都能获得帮助"。这些政治观点也有其他相关信念的支持。例如，美国人更倾向于否认个人成功是"由我们无法控制的力量所决定的"，更倾向于相信人们可以自己摆脱贫困。[1] 同时，许多美国基督徒相信《圣经》的教导是"上帝帮助那些自助的人"。[2] 这些观念对美国公共政策的形成有着广泛的影响，包括医疗保健、社会福利、税收、言论以及枪支权利。它们构成了一种自由主义倾向，使美国有别于其他大多数富裕的民主国家。

　　即使是政治上的中间偏左派系也有着自由主义的印记。主要的民主党政治家们经常宣称，无限的机会和无与伦比的个人自由是所有美国人与生俱来的权利。他们可能会警告说，这些机会最近受到了公司企业的贪婪、工资的停滞和严重不平等的威胁。他们可能会谴责长期以来限制了许多美国人自由的种族主义和父权制。但是，他们同样赞美自主的个人通过向上流动在精英社会中获得一席之地。

　　这些倾向是如何以及为什么在美国占据主导地位的？换言之，那么多美国人是如何以及为什么用这些术语来思考他们的政治和社会的？为了回答这些问题，本书将提出三个主要论点。首先，这些思想在杰克逊时代（1820—1850）逐渐形成。政治思想史学家们倾向于将杰克逊时代的美国视为一片荒凉的土地，夹在独立战争和南北战争两次划时代事件之

1　Andrew Kohut et al.，"The American-Western European Values Gap：American Exceptionalism Subsides"（Washington，DC：Pew Research Center，2011），7 - 8。参见 Stephanie Stantcheva，"Prisoners of the American Dream，" https：//www.project-syndicate.org/commentary/social-mobility-american-andeuropean-views-bystefanie-stantcheva-2018-02。

2　George Barna，*Growing True Disciples：New Strategies for Producing Genuine Followers of Christ*（Colorado Springs：Waterbrook，2001），67.

间显得沉寂无趣。与之相反，本书则认为，它应该被视为一个开创性的时代，甚至最重要的开创性时代，流行的政治叙事在这一时期形成并持续影响着美国人的政治生活。其次，本书没有将美国个人主义视为一种单一的教条或信条，而是将其呈现为三个重叠的神话，每个神话都包含特有的个人自由理念和独特的美国例外主义叙事。这些神话是共享意义和身份的重要来源，它们的多样性和灵活性有助于解释为什么随着时间的推移，它们吸引了那么多不同的选民。第三，本书认为，美国的个人主义包含了深刻的乌托邦愿景，这些愿景至今仍影响着我们的政治。历史学家经常将其描述为一种从根本上讲是实用主义的观点、一种对赚钱的专注，再加上发自内心地对权威不容忍。事实上，长期存在的乌托邦梦想一次又一次地支撑了个人主义修辞。我们将更详细地考察这些论点。杰克逊时代美国个人主义的兴起是由两次巨大的变革促成的，这两次变革震撼了美国人的生活，并重塑了他们对社会和政治的思考方式，其中之一就是大众民主的出现。在1800年托马斯·杰斐逊（Thomas Jefferson）当选总统之后的几十年里，民众参与州选举和联邦选举的人数急剧上升，白人男性的选民资格不再受到财产数量的限制。现代政党体系逐渐成形，并由新兴的、职业政治家所领导，为了动员广大的普通选民开始进行竞选活动。当所有白人男性都认为自己有权发表政治意见时，他们打破了主导整个18世纪美国政治生活的恭敬顺从的氛围。**民主**这个词曾招致建国先贤们的质疑，在这时却成了他们的政治口号。[3]

　　这期间另一变化是革命性的经济变革，这一变革是由新技术、雄心勃勃的基础设施项目、廉价且不断扩大的信贷以及对国内产品和服务的蓬勃需求共同推动的。它们的累加效应是将美国各地的地方经济连成一个综合体系，从而重塑了数百万自由生产者和奴隶的生活，使其成为该综合体系的支柱。在北方，小农场主把生产的盈余销售到遥远的市场，并

3　这些变化早在18世纪90年代就已开始，其发展程度在不同地区有所不同。参见Reeve Huston, "Rethinking the Origins of Partisan Democracy in the United States, 1795 - 1840," in *Practicing Democracy: Popular Politics in the United States from the Constitution to the Civil War*, ed. Daniel Peart and Adam I. P. Smith (Charlottesville: University of Virginia Press, 2015)。

根据市场价格信号调整自己的销售决策。他们出售大量的商品来换取现金，然后用现金购买消费品，包括织物、帽子、家具、乐器等。这些产品通过运河驳船、汽船和机动轨道车涌入美国内陆。他们的经济生活逐渐摆脱了世代以来支撑地方经济的人际关系，越来越多地由非个人竞争关系和契约关系构成。美国人开始意识到，他们同属于一个经济**体系**，其中客观的法律和规范无所偏私地影响着每个人。[4]在南方，这些力量同样加速了为全球市场而进行的棉花生产，加剧了国内奴隶贸易，迫使数以百万的黑人男女和儿童向西进入了南方腹地。[5]

4　　这些转变改变了美国白人对自己及其国家的看法：1820 年至 1850 年间，民主和市场被添加进美利坚的核心概念中。美国人越来越多地援引这些制度来说明其社会的显著进步和优越性。他们认为，美国是世界上唯一的民主国家，是其他国家注定要效仿的平等主义政治灯塔。同时，美国拥有一种自由的、充满活力的、精英化的独特市场经济，在这个市场中，人们能够充分享有自己的劳动成果，而不必担心多余的政治干预。这两种看法共同构成了一种广泛认同的信念，即美国人享有前所未有的自由，这种自由在世界其他地区甚至是无法想象的。

　　这些变化也改变了美国人对自由的理解。在一个赋予年轻白人无限机遇的富裕而变动的社会中，自由越来越被理解为一种私人生活的特征：它与个人对自己工作的控制、个人所享有的反对政府权力的权利、个人通过努力和自律提升社会地位的能力相关联。许多人开始将蓬勃发展的市场经济视为自由的天然领域。此外，在一个分散居住、去中心化又长期质疑政府控制的社会中，民主常常被想象成一种削弱政治精英权力、赋权普通人捍卫其权利的途径。自由与民主越来越被视作至高无上的个人抵御不必要干涉的方法。

4　已有研究对这些转变进行了详尽的梳理，参见 John Lauritz Larson, *The Market Revolution in America: Liberty, Ambition, and the Eclipse of the Common Good*（Cambridge: Cambridge University Press, 2010）。

5　有关奴隶制与市场经济发展的关联，可参见 Sven Beckett and Seth Rockman, eds., *Slavery's Capitalism: A New History of American Economic Development*（Philadelphia: University of Pennsylvania Press, 2016）。

　　尽管这些个人主义倾向起源于更早的时期，但在杰克逊时代，它们融合成了一系列强大的政治神话，塑造了其后美国的政治思想和修辞。如果说建国初期是美国宪法结构的形成时期，那么杰克逊时的美国——所谓"平民时代"——就是美国政治神话的锻造时期。[6] 从 19 世纪 20 年代开始，新的政治企业家群体成功地在一个更民主的时代重新阐述了建国先贤们的贵族政治思想；在这一过程中，他们将自由市场乐观主义注入政治思想，而这种乐观主义直到 19 世纪初才逐渐渗透进美国人的意识中。印刷出版文化的巨大扩张使廉价报纸进入众多的美国家庭，这确保了这些新思想在广大选民中的广泛传播。[7]

　　由于本书旨在追溯这些思想转变的来源，因此主要关注的是杰克逊时代的民主党人。近几十年来，安德鲁·杰克逊（Andrew Jackson）和他的政党理所应当地淡出了人们的视野。他们将美国民主建立在了种族等级制度和美国原住民种族灭绝之上。他们将白人霸权包装为平民主义，并作为一种政治武器加以利用，这种方式至今仍影响着我们的政治。但他们的思想遗产并不仅限于此：他们对经济、政府角色和民主政治性质的认识与观念，形成了广泛而多样的政治思想。他们是那个时期最成功的概念提出者和政治神话创造者，因此本书特别关注杰克逊时代的民主党人如何阐述建国先贤们的政治思想，如何向广大选民重新呈现这些思想。[8]

5

6　这一事实得到了许多 20 世纪历史学家和知识分子的赞同，其中包括小阿瑟·施莱辛格（Arthur Schlesinger Jr.），他将杰克逊时代的民主思想称为"杰斐逊神话"的最纯粹表达。在他看来，直到 20 世纪 40 年代，美国人仍然受杰斐逊神话的控制。参见 Arthur Schlesinger Jr., *The Age of Jackson*（Boston：Little，Brown，1945），510 - 23。参见 Judith Shklar, *American Citizenship: The Quest for Inclusion*（Cambridge，MA：Harvard University Press，1991），63 - 101；Marvin Meyers, *The Jacksonian Persuasion: Politics and Belief*，2nd ed.（New York：Vintage Books，1960［1957］），3 - 32；John William Ward, *Andrew Jackson: Symbol for an Age*（London：Oxford University Press，1955）。

7　Joyce Appleby, "New Cultural Heroes in the Early National Period," in *The Culture of the Market: Historical Essays*, ed. Thomas L. Haskell and Richard F. Teichgraeber III（Cambridge：Cambridge University Press，1993），168.

8　在关于杰克逊时代民主党人的方面，本书特别参考了两本较早的研究：Rush Welter's 1975 volume，*The Mind of America：1820 - 1860*，and John Ashworth's 1983 book，*"Agrarians"and "Aristocrats"：Party Political Ideology in the United States，1837 - 1846*。

本书的第二个主要论点是，在近200年的时间里，美国的个人主义通过三种影响深远的政治神话得以表达和传播：自力更生的拼搏者的神话、自然权利的拥有者的神话和白手起家的英雄的神话。每一种神话都是关于**何为美利坚**的理想化故事。每一种神话都在向受众们确证，美国首要的特征是，这是一片非同一般的自由之地，在这里，普通民众和社会制度，甚至是土地本身，都特别适合个人自由的伸张与发展。每一种神话都借鉴了不同的知识传统组合，都包含有对自由个体和束缚自由个体的危险的解读，虽然这些解读稍微有不同。[9]

在接下来的十章中，我们将探讨这些神话如何影响了美国政治争论，以及如何影响了激发政治争论的思想。在那些激荡了杰克逊时代政治风云的争论中，政治神话并不**专属**于任何一方，相反，它们定义了一个共同的领域，任何想要赢得广泛听众的人都必须在这个领域中进行辩论。它们以类似的方式贯穿在保守派和改革派的政治辞令中，甚至进入了废奴主义者和早期女权主义者的激进观点中。它们的主导地位使各方之间激烈竞争，都试图将自己定位为个人自由的真正捍卫者。

在讨论这些神话时，我们特别关注包容与排斥这一对主题。这三种神话都被用来划定圈内人和圈外人、**我们**和**他们**之间的界线。这些神话定义了一种能够被深切感受到的民族认同感和使命感，使美国与旧世界区别开来。它们还塑造了白人形象和男子气概：正如历史学家所坚信的，个人主义思想被反复用于构建白人男性性格和身份的原型，与之相对立的，是对其他从属群体的定义。白人男性坚称，女性和有色人种缺乏一些必要的天赋，难以作为自主个体在自由社会和粗暴竞争的经济中出人头地。

6 因此，他们注定要屈从，或者，对美洲原住民来说，注定要灭绝。这样便产生了自相矛盾，个人主义思想支撑了白人男性至上的扩张主义政治，但是其前提却是天生的群体优越性，而不再是个人主义。

与此同时，那些提倡包容的人也使用相同的政治神话来挑战种族和性别等级。废奴主义者和女权主义者谴责美国社会也是一个种姓社会（Caste Society），赋予白人男性特权，而无视他们的个人品行或特质。女

9　有关本书中使用的知识"传统"的定义，请参阅附录注释11。

权主义者坚持认为，女性完全有资格拥有独立的财产所有权，并有权自主生活。与此同时，废奴主义者提出了一种包容性的个人权利理想，以突显美国的虚伪及其未实现的道德潜力。两者都使用了美国的个人主义神话来尝试重新划定公民群体和从属群体之间的界线，并建构更具包容性的美利坚民族形象。在接下来的章节中，我们将探讨美国个人主义是如何被用来扩大和缩小道德和政治共同体的界限的。

最后，本书认为，个人主义神话往往反映了美国社会深刻的乌托邦愿景。这三种神话都将美国描述为一个新兴的秩序井然的地方，这里的人们因为辛勤工作、自律和个人美德而获得回报与奖励。三种神话也都将这种择优秩序归因于上帝或自然。根据这些神话，美国是特殊的，摆脱了旧世界世俗的和"人为的"等级制度。在这个国家里，只要政府不横加阻挠、任其蓬勃发展，自主的个人就可以在仁慈的上帝的指引下发展出公平繁荣的均衡关系。历史学家经常把美国的个人主义描述为一种根本性的**实用主义**态度、一种对赚钱盈利的专注，以及本能的对权威的无法忍受。相反，本书认为，个人主义也构建了美国社会长期存在的乌托邦梦想。

尽管这类梦想有几种不同的形式，但它们在自由市场的思想中有着最一致的表达。这种表达在杰克逊时代广为流传，并从那时起深刻地影响了美国的政治争论的措辞。对无数美国人来说，市场根本不会威胁人类的自由，因为他们模糊地认为市场具有一种自然的、恰到好处的秩序。市场的自发运转所带来的损失、失败或约束只是一种不幸，而不是一种压迫。另外，政府的监管所造成的挫折则是对自由的剥夺，需要揭竿而起地抵抗。这种基于乌托邦假设的、根本的不对称性对进入20世纪以后直至今日的政治思想轨迹产生了深远影响。

当然，有人认为，美国的自由市场意识形态中夹杂着乌托邦梦想，这并不是什么新的认识。而本书会帮助我们理解这些梦想是如何诞生的，以及它们是如何在美国人的想象中占据如此重要的地位的。这有助于我们去挖掘意识形态模式的起源，这些意识形态模式仍然束缚着我们当中的许多人。除其他外，本书也将阐明19世纪上半叶美国政治和宗教思想的重要转变是如何催生这些梦想的。

7

　　至此需要澄清的是, 本书对其主题仍会作一定的评论。本书的第一部分到第三部分会致力于细致梳理杰克逊时代的个人主义思想, 而第四部分会对这一时期的思想遗产进行批判性评述。这部分评述特别提醒读者注意美国个人主义的病态性和发展潜力。病态性主要在于其排他性、潜在的乌托邦主义和民族主义的必胜信念, 所有这些要素都有助于合理化或掩盖剥削和不公正。另外, 它的发展潜力在于其能够包容对立的不同的思想潮流, 这些潮流为实现更大程度的平等和包容开辟了道路。

　　在20世纪中叶, 一些有影响力的历史学家认为, 自独立战争之后 (如果不是更早的话), 美国的政治文化就已经完全是个人主义的了。例如, 他们认为, 《独立宣言》以及州和联邦宪法中所书写的权利已经将个人置于政治宇宙的中心。他们认为, 在诸如《联邦党人文集》等文献和东海岸蓬勃发展的出口经济系统中所表现出的备受立宪者们称道的重商主义, 预示着美国义无反顾地投入自由竞争时代的资本主义的怀抱。他们还指出了18世纪美国白人男性社会的几个特点, 包括广泛开放的经济机会、文化和宗教分裂以及相对缺乏封建或贵族制度, 这些都是个人主义假说的肥沃土壤。他们坚持认为, 个人主义 (一些人更喜欢使用 " 自由主义 " 一词) [10] 形成了一种基本共识或信条, 在整个美国历史中定义并限制了美国政治思想的发展。[11]

　　这一论点在之后的六十年左右受到了持续的批评, 其问题不断暴露。

10　有关自由主义的定义及其与个人主义的关系, 请参阅附录。

11　可参考 Louis Hartz, *The Liberal Tradition in America: An Interpretation of American Political Thought since the Revolution* (New York: Harcourt, Brace 8: World, 1955); Richard Hofstadter, *The American Political Tradition and the Men Who Made It* (New York: Vintage Books, 1989 [1948]); Daniel J. Boorstin, *The Genius of American Politics* (Chicago: University of Chicago Press, 1953)。有关这一观点的较新阐释, 可参阅 Samuel Huntington, *American Politics: The Promise of Disharmony* (Cambridge, NIA: Harvard University Press, 1981); Seymour Martin Lipset, *American Exceptionalism: A Double-Edged Sword* (New York: W. IN. Norton, 1996); J. David Greenstone, "Political Culture and American Political Development: Liberty, Union, and the Liberal Bipolarity," *Studies in American Political Development* 1 (1986): 1 – 49。

20世纪60年代，历史学家们开始挑战对美国历史的"共识性"解释。他们指出，直到18世纪末，美国社会中的布道、小册子和演讲仍然充满了强大的反个人主义叙事。例如，在遍布全国的新教戏剧中，罪恶的自我所拥有的不受约束的欲望和天生的自私自利都需要受到品德高尚群体的约束。又或者，在一个更古老的新古典主义故事中，个人野心和私利被视为一个自由稳定的共和国的主要威胁。这两种常见的反个人主义叙事模式都表现了堕落的或无政府主义的个人与由教会和国家共同监督的和谐社会秩序之间的斗争。一些修正主义历史学家还强调，直到19世纪，州和地方政府还拥有影响和限制个人的私人生活的巨大权力。[12]

在随后的几十年里，思想史学家们通过呈现19世纪和20世纪美国政治思想的多样性，进一步拓展了这类批评。例如，他们的研究展示了新教的"罪的政治"是如何不断塑造美国主流政治的。从内战前的禁酒运动到里根时代的禁毒和大规模监禁，这些寻求道德革新和控制的政治运动一次又一次地利用了国家机器侵犯私人生活、限制个人自由。[13] 在过去四十年中，历史学家们还梳理了影响深远的白人至上主义和父权思想，这些思想在历史上影响并限制了美国的个人主义。在过去的两个世纪里，对女性和有色人种的系统性边缘化和压迫，反映了美利坚**民族精神**中强

---

12 可参考 Bernard Bailyn, *The Ideological Origins of the American Revolution*, enlarged ed. (Cambridge, IVLA: Harvard University Press, 1992 [1967]); Gordon Wood, *The Creation of the American Republic: 1776 - 1787* (Chapel Hill: University of North Carolina Press, 1998 [1969]); Drew R. McCoy, *The Elusive Republic: Political Economy in Jeffersonian America* (Chapel Hill: University of North Carolina Press, 1980); Barry Alan Shain, *The Myth of American Individualism: The Protestant Origins of American Political Thought* (Princeton: Princeton University Press, 1994)。关于州和地方政府的角色，可参考 William J. Novak, The People's Welfare: Law and Regulation in Nineteenth-Century America (Chapel Hill: University of North Carolina Press, 1996)。

13 James A. Morone, Hell fire Nation: *The Politics of Sin in American History* (New Haven: Yale University Press, 2003)。还可参考 Wilson Carey McWilliams, *Redeeming Democracy in America*, ed. Patrick J. Deneen and Susan J. McWilliams (Lawrence: University Press of Kansas, 2011); John P. Diggins, *The Lost Soul of American Politics: Virtue, Seg-Interest, and the Foundations of Liberalism* (Chicago: University of Chicago Press, 1984); Leo Ribuffo, *Right, Center, Left: Essays in American History* (New Brunswick, NJ: Rutgers University Press, 1992)。

大而富有韧性的集体主义特征。这些反传统和其他种种，包括在19世纪晚期盛行并促成进步运动的社会福音运动，都与自由个人主义产生了碰撞并融合在一起，创造出了一个比世纪中叶那些历史学家们所能接受的更为复杂和多样的思想图景。[14]

本书并不试图恢复某种对美国政治史或思想史的共识性解释。相反，它提出了用一种不同的方式来处理这个引起了追求共识的历史学家的兴趣的现象，即个人主义思想在美国政治中的长期主导影响。本书将提出，我们不能假设存在一种不变的美国信念，而应该研究在美国历史的特定时期融合在一起的三个强大的民族神话。这三个神话是从先前的思维模式中逐渐出现的，它们被不同的政治团体挪用在不同的政策争议中，并不断发生着变化以适应新的情况。本书探讨了这些神话有时是如何相互冲突，以及它们如何与反个人主义思潮互动的，有时甚至是与这些思潮相互渗透和融合的。这些反个人主义思潮也从一开始便影响了美国的政治文化。本书提出了一种更加适中的处理方法，在认同世纪中叶历史学家的一些宝贵见解以外，并不会夸大它们的解释范围。

9　　这里需要进一步澄清本书不会涉及或不会处理的问题。本书并不试图完整地介绍杰克逊时代的美国政治思想史。例如，本书几乎不会涉及这一时期南方腹地公开支持奴隶制的贵族等级思想，关于各州权利和联邦权力限制的重要宪法辩论，以及乌托邦社会主义者或先验论者的政治思想。对这些方面的排除不是随意或偶然的，而是遵循了两个宽泛的标准：

---

14 关于共识性观点的批判性评述，可参阅 James A. Morone, "Storybook Truths about America," *Studies in American Political Development* 19 (2005): 216 - 26; James T. Kloppenberg, "In Retrospect: Louis Hartz's The Liberal Tradition in America," *Reviews in American History* 29, no. 3 (2001): 460 - 78; Rogers M. Smith, *Civic Ideals: Conflicting Visions of Citizenship in U.S. History* (New Haven: Yale University Press, 1997), 13 - 39; James P. Young, *Reconsidering American Liberalism: The Troubled Odyssey of the Liberal Idea* (Boulder, CO: Westinew Press, 1996), esp. 1 - 12; Daniel Joseph Singal, "Beyond Consensus: Richard Hofstadter and American Historiography," *American Historical Review* 89, no. 4 (1984): 976 - 1004; Marvin Meyers, "Louis Hartz, The Liberal Tradition in America: An Appraisal," *Comparative Studies in Society and History* 5, no. 3 (1963): 261 - 68; John Higham, "The Cult of the 'American Consensus': Homogenizing Our History," *Commentary* 27, no. 2(1959): 93 - 100。

第一，由于本书的主题是美国的个人主义，因此主要的目标是探索直接促成个人主义的思想因素；第二，除第 3 章外，接下来的几章都侧重于**流行范围比较广的**思想观念，即获得广泛认同的政治思想。这也不是一本主要关于学者思想的书：这里探讨的故事主要来自大众叙事，包括报纸、政治演讲、选举册子、布道和杂志。[15] 这些故事基本是具有一定代表性的，即广泛传播的故事或反映普遍意识形态模式的故事。由于政党是杰克逊时代形塑大众政治思想的主导机构，因此本书给予了政党极大的关注。本书重点依赖的是对党派报纸、杂志、选举册子和政治演讲的反复阅读，以了解影响数百万选民政治观、构建党派身份并使公民参加投票的主要叙事。

　　本书所探讨的政治神话并非详尽无遗。事实上，本书所详述的三个神话是几个世纪以来塑造美国自我形象的、更广泛的国家神话的一部分，包括美国人作为一个独特的自治民族的民主神话，美国作为一个致力于人类道德和精神重生的圣徒之国的新教神话，以及美国作为一个继承了白人或盎格鲁 - 撒克逊祖先自由种子的民族的种族神话。[16] 然而，本书认为，个人主义神话在这个领域中占据了主导地位。它们的主导地位显而易见，不仅是因为它们在美国政治辞令中无处不在，而且体现在它们如

15　虽然本书也会引用并参考了篇幅更长、更具学术性的作品，但这些作品的重要性在于它们在多大程度上反映或表明了流行的大众观念。

16　有关这些神话的讨论，可参见 Edmund Morgan, *Inventing the People: The Rise of Popular Sovereignty in England and America* (New York: W. W. Norton, 1988); Jarnes A. Morone, *The Democratic Wish: Popular Participation and the Limits of American Government*, rev. ed. (New Haven: Yale University Press, 1998); Jason Frank, *Constituent Moments: Enacting the People in Postrevolutionary America* (Durham: Duke University Press, 2010); Abram Van Engen, *City on a Hill: A History of American Exceptionalism* (New Haven: Yale University Press, 2020); Ernest Lee Tuveson, *Redeemer Nation: The Idea of America's Millennial Role* (Chicago: University of Chicago Press, 1968); Jacqueline Jones, *A Dreadful Deceit: The Myth of Race from the Colonial Era to Obama's America* (New York: Basic Books, 2013); Ibram X. Kendi, *Stamped from the Beginning: The Definitive History of Racist Ideas in America* (New York: Bold Type Books, 2016)。边疆神话在美国政治思想中也起到了形塑作用，参见 Henry Nash Smith, *Virgin Land: The American West as Symbol and Myth* (Cambridge, MA: Harvard University Press, 1970 [1950]); Greg Grandin, *The End of the Myth: From the Frontier to the Border Wall in the Mind of America* (New York: Metropolitan Books, 2019)。

何影响了其他竞争性的国家故事的内容。在接下来的十章中，我们将探讨个人主义思想是如何催生民主（第4章和第5章）和种族（第4、6和11章）等主流概念的，以及它们是如何进入美国是天选之邦这一神圣信念的（第7、8和9章）。

10 　　因为这是一本关于政治神话的书，所以它必然处理的是理想化和误传。本书研究的个人主义神话一直将美国社会描述为一个由自主和进取的个人以自己的方式联合起来的集体。它们低估了许多其他形式的共同体，而正是这些共同体构建并容纳了如此多的美国人的生活。它们贬低了家庭、亲属群体和民族文化身份、丰富的地方和社区自治传统，以及美国人一贯在其中寻求友谊、团结和身份认同的教会、宗族、工会和友善团体。在呈现美国国家及其政治的固定风格时，神话淡化了地方的多样性和可变性。[17] 它们还不断淡化州政府和联邦政府在塑造美国社会和经济方面的作用。本书不会止步于这些虚构故事的表面意思，而是致力于探讨它们对美国政治产生的强大影响。

　　虽然政治神话是本书的主题，但它**不仅仅**只关注政治神话。本书也是关于美国个人主义神话所基于的思想传统。它们不是凭空捏造出来的：流行的政治神话总是会借用已经在国民中产生广泛共鸣的价值观、概念和叙事元素。在本书中，我们探讨了三个个人主义神话如何吸收了跨大西洋精英群体的新古典主义共和传统，新教神学及其19世纪初的反权威主义思潮，在英国及其殖民地的城市工人中长期盛行的激进、平等的政治文化，以及重塑了美国人对上帝和人类社会的看法的苏格兰启蒙思想。我们尝试探索这些不同的思想潮流如何被融合和改写进入流行的政治叙事中，进而塑造公众舆论并赢得选举。换言之，我们特别关注使这些特定神话变得流行和强大的思想背景。

　　本书不会将个人主义作为一种独特的美国现象。例如，在澳大利亚和加拿大的政治文化中也可以找到类似的观念模式（尽管它们在那里不十分突出）。此外，接下来的章节详细介绍了跨国思潮是如何塑造美国个人

17　在杰克逊时代，政党将这些神话广泛传播，从而创造并团结真正的国家选民。尽管这些神话夸大了国家的统一性，但它们也因此有助于产生一种值得研究的国家政治意识。

主义的，包括英国的经济思想，这些思想在杰克逊时代被简化、神圣化，并为美国选民重新改写。虽然本书确实突出了19世纪美国和欧洲政治文　11化之间的差异，在某些细节上探讨了美国个人主义的特殊性，但它并不表明美国在某种程度上与其他人类社会截然不同。

最后，本书关注的是思想与观念，因此它只提供了美国政治历史和发展的部分解释。虽然本书确实认为思想观念对政治行为产生了一些影响，但它不会假设思想可以**决定**行为。事实上，正如下面几章反复强调的那样，思想观念会受到许多其他因素的影响并与之互动，包括地理和人口、经济和技术力量、阶级和政党形成的动力以及其他文化和政治制度。这些因素共同塑造了政治行为以及随后的政治历史进程。[18] 由此可见，美国政治思想，以及它们所编码塑造的政治神话，只是美国政治发展故事的一个方面。

---

18 关于这些关联的深刻分析，可参阅 Rogers M. Smith, *Political Peoplehood: The Role of Values, Interest, and Identities* (Chicago: University of Chicago Press, 2015)。

第2章

基本神话

> 丰富多彩的传说故事构成了每个社会的最初戏剧资源。除了通过这些故事,我们无从理解包括我们自己社会在内的任何社会。神话,就它的原始意义而言,蕴含了事物的核心。
>
> ——阿拉斯代尔·麦金太尔[1]

"神话"一词常被用来表示谬误、谎言。从这个意义上讲,将一个政治主张或故事称为**神话**,就是将其界定为不真实的,或者捏造的。在本书中,"神话"有着不同的含义:总的来说,政治神话是被广泛接受的、用来解释政治事件和经验的故事。[2]这些神话可能是真的,也可能是假的;它们通常同时包含了真假两种元素。它们首先是由它们所发挥的功能来定义的:神话提供了简单的故事情节,将混乱复杂的政治生活简化为人们熟悉的模式。它们通常通过上演道德戏剧,并将其投射到政治和历史事件上来实现这一功能。[3]虽然这些政治神话公开的主题可能是关于遥远的

---

1 Alasdair MacIntyre, *After Virtue: A Study in Moral Theory*, 3rd ed. (None Dame: University of Notre Dame Press, 2007[1981]), 216.

2 有关"神话"的定义仍然是一个相当有争议的学术问题,这里无法详细讨论。根据克里斯托弗·弗雷德(Christopher Flood)的用法,本书将"已被广泛认定为虚构"的故事排除在神话类别之外。Christopher Flood, *Political Myth: A Theoretical Introduction* (London: Routledge, 2002), 67。另外,那些接受神话为真的人往往会自动地停止质疑。

3 同上, 71 - 99; Chiara Bottici, *A Philosophy of Political Myth* (Cambridge: Cambridge University Press, 2007), 213 - 26。

过去，但它们只有在对当下赋予意义的时候才依然是神话。[4]

在现代世界中，最有影响力的政治神话是那些描述本国起源和特征的神话，或者也叫**基本神话**。基本神话构建了一国人民的光辉形象，并将其塑造为值得为之奉献和牺牲的对象。它们讲述了一个国家起源的故事，以此来说明该国人民的基本价值观或性格特征，包括经济和宗教美德、政治观念、想象中的民族或种族特征、理想化的文化属性，等等。通常，这些品质是通过与某些具有威胁性的对手或敌人，与某类污染或衰落的根源进行对比而得以突出的，与它们的斗争在过去和现在都是必要的。由于这种斗争是需要领导的，所以基本神话也常常会涉及政治权威，也就是说，会阐明谁是国家的集体代言人，谁是天生的或者合适的国家领袖。[5]

这些神话满足了一系列政治和心理需求。政治方面，它们是在既定的制度秩序下使国家共同体紧密团结的向心力。随着18世纪末和19世纪西方民族国家的巩固，这些国家也面临着巨大的政治挑战，即创造新的集体身份，将四散分布的，在文化、族群和宗教方面矛盾冲突的不同群体整合成一个团结的**民族**。在工业时代的经济动荡和日益严重的不平等中，这种团结民众的挑战依然持续。基本神话通过将具有潜在破坏性的群体身份（包括阶级和宗教身份）吸纳进民族的统一团结中，从根本上削弱了这些冲突和分裂的源头。在这一过程中，基本神话还提倡了服从与合作，这是所有民族国家都必需的稳定要素。[6] 因而神话首先是为政治和经济精英所用，满足其统一和治理新兴政治共同体的愿望。

但是基本神话的影响力和适应力另有来源：它们同时满足了深切的心理需求，尤其是想要生活在一个有意义的世界中的需求。[7] 现代国家及其

4　Bottici, *A Philosophy of Political Myth*, 178 - 79.

5　有关进一步讨论，参见 Rogers M. Smith, *Political Peoplehood: The Role of Values, Interest, and Identities* (Chicago: University of Chicago Press, 2015), 37 - 66; Rogers M. Smith, *Civic Ideals: Conflicting Visions of Citizenship in U.S. History* (New Haven: Yale University Press, 1997), 30 - 39. 史密斯（Smith）认为，宗教神圣性和族群/种族优越性是民族理想化结构中最常见的两个因素。

6　Smith, *Political Peoplehood*, 19 - 91.

7　Bottici, *A Philosophy of Political Myth*, 200。波提西（Bottici）将人类描述为不完整的动物："对我们来说，世界的晦暗和冷漠产生了一种痛苦，只有通过艺术才能消除；（转下页）

所控制的经济对个人生活施加了巨大的结构性影响，但它们的内在运作看起来既神秘莫测又专断任意，如浩瀚宇宙一般，对日常生活的节律和艰辛往往漠不关心。神话则有助于消除这种冷漠。神话不仅让政治世界变得清晰易懂，还将其呈现为一场开放的、有着明确道德利害关系的戏剧演出，被召唤的信徒们也在其中粉墨登场。换言之，政治神话**引导人**们在敌友同在、善恶共存的战场中追求想象中的胜利。就像神圣神话一样，它们使人类在这个世界上感到安舒自在。[8]

为了发挥上述功能，神话需要塑造一定的政治思想和观念。[9]在凭空创造出一个民族并赋予其某种想象的历史和性格时，基本神话厘清了哪些政治信仰**是**本民族的，哪些是其他民族的，从而使信徒们接受某类政治观点，并对其他政治观点持怀疑态度。更重要的是，这些神话塑造了信徒们对政治图景本身的看法。基本神话戏剧化地处理了本民族与敌对民族或敌对势力的史诗般的激烈斗争，从而定义了主导的故事情节用以帮助人们解读胜利和挫败。它们让某些演员脱颖而出，也让其他演员销声匿迹。这样，基本神话构建了一个国家的政治意识，也使自己相对免疫于理性论证的影响。

14

自由乐土：共和国早期的神话生产

立国之初，年轻的美利坚合众国便迫切需要一套统一的神话。从独立战争到南北战争的几十年里，政治精英们致力于阐明共有的美利坚民

（接上页）更准确地说，只有通过故事才能让它变得可以理解和拥有意义。因此，人类是"生活在意义之网中的动物"，神话始终是其中不可或缺的一部分。"同上，124。

8　Flood, *Political Myth: A Theoretical Introduction*, 71‐99; Bottici, *A Philosophy of Political Myth*, 116‐33, 177‐202。正如我们将要看到的，基本神话往往充满了神圣性的元素，因此它们很难完全区分于宗教神话。

9　这种关联已有了一些深入探讨，例如 Ernst Cassirer, *The Myth of the State* (New Haven: Yale University Press, 1946); Murray Edelman, *The Symbolic Uses of Politics* (Urbana: University of Illinois Press, 1964); Henry Tudor, *Political Myth* (London: Macmillan, 1972); Flood, *Political Myth: A Theoretical Introduction*; Bottici, *A Philosophy of Political Myth*.

族身份所包含的条件。他们清楚地意识到自己所面临的障碍：不久以前，美国人还骄傲地自认为是英国国民，是英国自由的独特继承者；他们内部还存在分裂，因为对本州和本地区的忠诚往往比他们对国家的忠诚更强烈。[10] 此外，许多地方的居民是由文化多元、宗教迥异的多种族移民群体拼凑而成的。[11] 出于种种原因，宪法制定者担心各州间的冲突和其他离心力可能会造成美国的分裂。宪法中那句著名的开场白——"我们合众国人民"——反映了一种自觉的尝试，即构建或设想一个统一的国家公众群体，并将国家主权建立于公众意愿的基础上，而不是建基于各个分离的州。制宪者们努力创造一个有凝聚力的民族团结故事，而这努力在随后的几十年里不断加强，因为这些国家精英一直试图化解反复出现的、可能导致南北永久分裂的局部危机。[12]

为了应对这些挑战和危机，国家精英们所讲述的、后来也成为主导叙事的神话是一个关于解放和重生的故事。在无数的国庆日演讲、布道、报纸社论和竞选演讲中，美国人被反复告知他们的国家诞生于一场争取自由的划时代斗争，其意义远超于一场大不列颠王国与其动荡不安的殖民地之间的战争；这是一场新旧世界之间的较量。一方面，旧世界象征着由长期的腐坏和衰落导致的压迫和等级制度。在数百年的暴政中，那些曾经前途光明的美好愿景都变得脆弱黯淡。但是另一方面，新世界为西

10 John M. Murrin, "A Roof without Walls: The Dilemma of American National Identity," in *Rethinking America: From Empire to Republic*, ed. John M. Murrin (Oxford: Oxford University Press, 2018[1987]), 191.

11 David Hackett Fischer, *Albion's Seed: Four British Folkways in America* (New York: Oxford University Press, 1989), 821–34; Benjamin Park, *American Nationalisms: Imagining Union in the Age of Revolutions, 1783–1833* (Cambridge: Cambridge University Press, 2018), 27–68; Jack P. Greene, *The Intellectual Construction of America: Exceptionalism and Identity from 1492 to 1800* (Chapel Hill: University of North Carolina Press, 1993), 162–99.

12 Alan Taylor, *American Republics: A Continental History of the United States, 1783–1850* (New York: W. W. Norton, 2021), 5–62. 到19世纪40年代，民主党和辉格党这两个主要政党的精英都在这一民族主义项目上投入了大量资金。在努力维持广泛的跨地区的选民基础的同时，两党都努力控制尖锐的地区对立，并将自己标榜为代表了独立和自由的美利坚民族的意志。在这一过程中，两党都借用并重塑了美国的民族神话，并利用这些神话来塑造美利坚民族及其天然领袖的理想形象。

方文明带来了一次千载难逢的历史机遇，使其一扫积弊，以新的力量重新崛起，踏上一条新的自由之路。

这类关于重生的叙述会以几种不同的形式出现，比如恢复更本真的基督教精神，重获遗失多年的撒克逊自由，或者复兴古希腊和罗马的共和理想。这类叙述几乎总是饱含宗教意义：西方已经浪费了上帝赋予的机会，难以在这个星球上实现自由，而新世界是实现自由（唯一）的第二次机会。正是在美国，人类的自由要么达至顶峰，要么枯萎死亡。1830年，一神论派著名传教士和神学家威廉·埃勒里·钱宁（William Ellery Channing）写道："我们不能认可这种想法，即这个国家只是在复制旧世界。我们欣然确知，上帝已经在适当的时候照亮了这片新大陆，在这里，人类的思想能够开始新的自由驰骋，构建新的社会制度，探索新的道路，收获新的硕果。"[13] 钱宁的观点是很典型的：美国人一次又一次地称扬他们的国家是自由之地，是受压迫者的庇护所，是人类终于可以主张自由乃天赋权利的乐土。[14] 美国人一次又一次地把他们的国家看作一个例外，与地球上任何其他地方都不同，并且注定要领导或救赎全人类。

但是，如果统治精英们经常为了自己的目的而使用这种神话的话，它们也会脱离精英的掌控。[15] 在美利坚合众国早期完全开放、去中心化的媒体环境中，各种持不同政见的政客、派别和运动都可以提出自己的诉求。这其中包括，工人的辩护者谴责雇佣劳动是对美国自由的侵犯；反共济会抨击共济会是一个秘密的贵族阴谋集团，与美国的共和原则格格不入；自由土壤活动家批评奴隶制在国家政治中的影响力不断扩大；福音派改革者

13 William Ellery Channing, *The Importance and Means of a National Literature*（London：Edward Rainford, 1830）, 35.

14 在1815年至1862年间广泛流传的威尔逊少校所撰写的民族神话中这样写道："成为美国人意味着自由，在全国开展的大辩论中美国人也在探索着自由的意义。"Major L. Wilson, *Space, Time, and Freedom: The Quest for Nationality and the Irrepressible Conflict, 1815－1861*（Westport, CT: Greenwood Press, 1974.）, ix。亦可参见 Eric Foner, *The Story of American Freedom*（New York：W. W. Norton, 1998）, 47－94.; Greene, *The Intellectual Construction of America*, 161－209.

15 我使用"神话"一词来描述在特定社会中流传的、关于某些共同主题或出于某些共同目的的一系列神话。

抱怨酗酒、不守安息日和执迷不悟的物质主义是对自由社会的根本威胁。他们都指控统治精英们危害或背叛了美利坚的非凡的自由；他们都把自己定位为美利坚自由的天然捍卫者。在最极端的情况下，比如在某些废奴主义者的圈子里，美国的基本神话被翻转，倒戈攻击美国宪法本身，挑战宪法的合法性。[16]

因此，这些基本神话最好被理解为政治论点和反论点共享的基本原理，任何想要获得权力和影响力的人都必须善加利用的核心价值总目、符号大全和意象库。它们提供了关键的象征和叙事工具，如果运用得当，可以重塑公众舆论并动员选民。但是，它们也并非无所不能。虽然基本神话可以生成多种多样的、异议纷呈的解读版本，但它们也限制了可能的解读版本的范围。虽然基本神话提供了挑战现状的途径，但同时也限制了改革者们在不远离其政治受众的情况下可以选择的政治目标和政治策略的范围。[17]

个人自由的三种构想

在杰克逊时代的美国政治修辞中，有三种基本神话尤为重要。它们每一种都基于与旧世界的鲜明对比，并提供了关于解放和重生的不同叙事版本。每一种都有自己的神话英雄：自力更生的拼搏者、自然权利的拥有者和白手起家的英雄。这三类人物形象在杰克逊时代的政治生活和书信中备受推崇，展示了三种有着微妙不同的自由个人的构想，以及美利坚

---

16 这种开放性和灵活性让我放弃了使用"意识形态"这一词，它通常被用来描述自上而下的文化控制系统。关于民族神话的可塑性和颠覆性潜力，参见 Sacvan Bercovitch, *The American Jeremiad* (Madison: University of Wisconsin Press, 1978), 180, 111, 158 - 60; Smith, *Political Peoplehood: The Role of Values, Interest, and Identities*, 42 - 43。

17 关于政治神话的同时具有的生成性和限制性，参见 Flood, *Political Myth: A Theoretical Introduction*, 82 - 83。虽然丹尼尔·罗杰斯 (Daniel Rodgers) 并没有专门研究神话，但他也在其著作中提到了这些特点，参见 *Contested Truths: Keywords in American Politics since Independence* (New York: Basic Books, 1987), 3 - 16。

国家和人民的理想化形象。[18]

自力更生的拼搏者

第一种神话将美国白人社会描绘成一个由自食其力的独立个体组成的领域：他们拥有自己耕种的土地或经营的小商业；他们不依赖某个有权势的地主或主人的庇护或善意帮助。他们是自己的主人，从这个意义上说，他们是自由的。相比之下，旧世界被认为充斥着依赖关系，例如封建农奴被主人随心所欲地支配，绝望的工人被工厂老板驱使着工作，他们对自己的劳动没有任何有意义的掌控。在杰克逊时代的美国，这种经济从属被广泛描述为一种"奴隶制"。

在这种神话的占主导地位的农业版本中，正是**土地**将美国与欧洲区分开来：美洲大陆广阔的西部"荒野"提供了几乎无穷无尽的肥沃土壤可供耕种，它能够容纳数百万小农，并自然而然地培养出他们的独特政治观念。[19] 许多欧洲移民的故事被反复讲述，当他们在美国拥有了自己的农场时，他们重获新生。他们从依赖关系中解脱，可以为自己发声，独立思考，可以自然而然地对权威持怀疑态度。他们也可以作为社会的平等成员聚集在一起讨论公共事务。在所有这些方面，他们都非常适合民主体制：许多美国人相信，**因为**他们是独立的，所以他们有能力自治。

自然权利的拥有者

第二种神话认为，将美国人团结起来的是保护自然权利不受政治压迫的共同愿望。这片土地的最初居民被描述为逃离宗教迫害的流亡者，他们来到美国，在这里生活、工作、安宁地做礼拜。因此，虽然他们的自

17

18　有关这几种自由概念的精彩讨论，参见Foner, *The Story of American Freedom*, xiii – 28, 47 – 68。

19　有关这个神话的开创性讨论，参见Richard Hofstadter, *The Age of Reform* (New York: Vintage, 1955), 23 – 59。 Henry Nash Smith, *Virgin Land: The American West as Symbol and Myth* (Cambridge, MA: Harvard University Press, 1970 [1950]), 123 – 203；Leo Marx, *The Machine in the Garden: Technology and the Pastoral Ideal in America* (Oxford: Oxford University Press, 2000 [1964]), 97 – 144。

然权利包含众多，例如言论自由权、财产所有权和公平的法律程序，但是最具象征性的权利是宗教良心自由和结社权利。就像第一种神话一样，第二种神话从根本上说还是关于自由的：它讲述的是人们从奴役中获得期盼已久的解放的故事。[20] 作为一个民族，美国人与其他民族的不同之处在于，他们对自由的绝不动摇的忠诚与毫无保留的奉献，这种忠诚与奉献从最早的清教徒流亡者开始代代相传。但是这里所描绘的自由理想与之前略有不同：它主要指的是免于政治和教会迫害的自由，而不是基于经济依赖的压迫。

与第一种神话相似，这种神话也从新旧世界之间的鲜明对比中获得了巨大的影响力。它将人类历史描述为连续的冗长的政治压迫史：除了少数辉煌而短暂的特殊时期外，人类总是任由其统治者们摆布，任由统治者们随心所欲地耗尽和摧毁生命。它宣称，只有美国打破了这种长期存在的模式。美国的开国元勋们从殖民生活中淬炼出自由主义的民风，将个人权利作为政府最高的施政目标。有关"自然权利的拥有者"的神话支撑起了《独立宣言》，以及宣称政府的建立是为了确保某些不言而喻的权利的政治主张，也明确肯定了这一新的政治现实。只要美国人恪守这些定义了其民族身份的信念，那么他们的政府就可以在这世界上历久弥新：政府仅仅是为至高无上的个人提供服务的工具，是个人天赋自由的保卫者和执行者。

白手起家的英雄

第三种神话把美国想象成一个纯粹的优绩主义社会。与前面两种神话一样，第三种神话也以鲜明的对比开始：虽然所有的其他社会都存在着泾渭分明的等级制度，根据出生定义每个人是什么人和能够成为什么人，但美国不存在这样的等级制度——对白人男性而言肯定不存在。第三种神话告诉我们，美国社会是流动的、是没有阶级的，每个人都必须通过

---

20 有关美国洛克式神话的开创性讨论，参见 Louis Hartz, *The Liberal Tradition in America: An Interpretation of American Political Thought since the Revolution* (New York: Harcourt, Brace 8: World, 1955)，3 - 32, 59 - 64。

个人努力和成就来获得社会地位。在美国，辛勤工作、聪明才智和坚持不懈会获得回报，而懒惰、散漫和挥霍无度则会受到惩罚。因此，一方面，那些未能取得成功的人只能扪心自问；另一方面，那些成功的人真正掌握了自己的命运，也将赢得一种特殊的、高度个人化的敬重。

这个神话在一定程度上是关于公平正义的：它把美国想象成一个特别的**公平正义**的社会，因为它回报给每个人他们应得的，不多也不少。当然，这个神话也包含了个人有实现自我的自由，出身卑微的人也可以崭露头角。它描绘了一片富有进取心的移民定居的土地，他们渴望有机会开辟出自己的道路，摆脱旧世界严格的社会和经济限制，依靠自己的努力和才干出人头地。因此，白手起家的英雄神话提供了有关个人自由的第三种图景：塑造自己的生活和身份的自由，成为"自己命运的建筑师"。[21]

这三种神话形象从未泾渭分明。小业主的独立自主部分来源于财产权，这确保了他对自己私人土地的支配权；因此，他也是自然权利的拥有者。与此同时，财产所有权被视为社会流动的途径之一：特别是西部的廉价土地，被认为为许多贫穷的白人移民和工薪阶层提供了成为中产阶级的途径。从这个意义上讲，这个神话般的小业主也是一个白手起家的英雄，通过努力工作、开拓进取和勇气，赢得尊重和社会地位。自然权利的拥有者和白手起家的英雄也汇聚到一个人身上：权利常常被视为盾牌，阻止了政府或经济精英剥夺普通人塑造自己生活的机会。最后，这三种神话中的主角几乎总是被想象为白人男性新教徒，这三种自由理想也都被视为这一特权群体的特权。

因此，这三种神话最好被理解为，它们提供了**三种**在杰克逊时代主宰了美国人想象的个体形象。每种神话都展示了这一个体的内在性格和外在环境的不同方面。它们共同赋予了美国式自由以丰富性和灵活性，使其在这一时期的政治修辞中无处不在。当政治领袖、编辑和活动家打算向自由事业靠拢时，他们都会引用其中一个或多个神话。例如，他们声

18

---

21 有关这个神话在美国文化中的普遍性和复杂性，参见 Irvin Wyllie, *The Self-Made Man in America: The Myth of Rags to Riches*(New Brunswick, NJ: Rutgers University Press, 1954); John G. Cawelti, *Apostles of the Self-Made Man*(Chicago: University of Chicago Press, 1965)。

称，掠夺成性的银行家和土地投机者正在损害小农的利益，侵蚀小农的独立所有权。他们认为，关税引起了物价上涨，不公平地补贴了实业家，而侵犯了众多农民和消费者的自然权利或上帝赋予的权利。他们认为，奴隶制正在引导美国白人轻视体力劳动，从而降低了努力工作和不断进取这些白手起家所需要具备的品质的吸引力。诸如此类，他们努力将自己定位为美国的特殊自由的捍卫者，而他们的对手是背叛者。他们利用神话，而神话也塑造了他们政治诉求的内容。

19

具体而言，这三种基本神话以鲜明的个人主义术语塑造了政治辩论的框架。第一，它们主张相对**私有化的**个人自由概念具有道德和政治优先权。每种神话都将自由定位在私人选择、私人所有权和私人控制权的范围内，并将其与严格的公民或社会义务区分开来。在整个18世纪的美国，自由这一概念包含了许多相互矛盾的内涵和意义。[22] 其中一些内涵将自由与集体自治的理想紧密联系在一起，这种集体自治取决于公民是否愿意成为政治体中积极主动并且自我牺牲的成员。然而，在杰克逊时代的美国所流传的基本神话中，这些内涵已经式微。我们将在本书中探讨的这一关键转变，与市场社会的兴起以及随之而来的新经济理念同时出现。随着自由概念中的经济内涵越来越突出，自由的概念本身也逐渐私有化了。[23]

第二，这三种神话都把白人社会想象成由自由平等的个体组成的集合，每个人都掌控着自己的命运。正如许多欧洲人所发现的，美国人往往不仅把他们的政府，而且把他们的社会也想象成一个个体的集合，拥有共同利益和价值观并通过契约协议团结在一起。然而，欧洲人通常将他们自己的社会视为通过传统的相互依赖和义务模式结合在一起、充满

---

22 关于这些相互矛盾的内涵的概述可以参见 Fischer, *Albion's Seed*。

23 正如许多学者所发现的，自由的私有化在美国建国之初就已经开始了。《宪法》本身可以被理解为试图通过对美国公众进行去政治化、并将其精力以及有关自由的理念转移集中到经济生活中，从而确保宏观的政治稳定。例如，参见 Michael Lienesch, *New Order of the Ages: Time, the Constitution, and the Making of Modern American Political Thought* (Princeton: Princeton University Press, 1988), 170–74; Stephanie Walls, *Individualism in the United States: A Transformation in American Political Thought* (New York: Bloomsbury, 2015)。

了社会"等级"或阶级的群体，这显然与美国人是不同的。[24] 事实上，杰克逊时代的美国白人常常用以下这些来描述他们自己社会的独特性：他们宣称，在美国，个人不倚赖于其承袭的群体身份或地位；他们是他们自己，可以自由地选择自己的道路。美国是一个移民国家，他们选择移民到这里并服从其权威，这一想法进而强化这种说法：在美国，不仅仅是宪法或政府，美利坚民族本身也可以被视为同意的产物。

从美国社会的这一概念中自然而然可以推论出，个人要为自己、自己的成功或失败负责。在旧世界，个人身不由己；他们的生活受到根深蒂固的等级制度、压迫和剥削模式的**影响**。在美国，此类障碍被认为并不存在，**个人是完全的行动者**。每个人都会在这个世界上规划自己的道路。 20 法国政治理论家阿历克西·德·托克维尔（Alexis de Tocqueville）发现，美国人普遍认为"他们的命运完全掌握在自己手中"。[25] 尽管这一观点在白手起家的英雄这一神话中有最清晰的表达，但在其他神话中也得到了充分的体现。最重要的是，自力更生的拼搏者和自然权利的拥有者的定义均是，他们可以自由作出自己的选择，定义自己的奋斗目标，遵循自己的良心。

因此，这就是本书中"个人主义"的含义，它包含了这样一系列理念：**美国是并且应该是（1）一个致力于拓展个体自由的政体以及（2）一个个人对自己命运负责的优绩主义社会。**[26] 美国个人主义的一个显著特征是，它同时是道德理想和对美国社会的描述。正如我们在接下来的章节中将要探讨的，美国人，尤其是主导国家政治话语的白人男性，倾向于相信他们的个人主义价值观已经（大部分）在美国实现了。他们一次又一次地围绕着保护这些价值观不受腐蚀或外部威胁来构建政治冲突。

---

24 参见，例如 Alexis de Tocqueville, *Democracy in America*, trans. Arthur Goldhammer, vol. 2 (New York: Library of America, 2004 [1840]), 585–87, 625–28; Michel Chevalier, *Society, Manners and Politics in the United States*; *Being a Series of Letters on North America* (Boston: Weeks, Jordan, and Co., 1839), 283–90, 405–22。

25 Tocqueville, *Democracy in America*, 2: 587.

26 这里的"个体自由"仅仅意味着在私人生活中不受限制、拥有丰富的选择。同时，社会回报严格按照个人的价值进行分配。美国人通常认为，**价值**是努力和才能的结合。因此，那些取得最高成就的人被认为是那些不知疲倦地工作并拥有"上帝赐予的能力"的人。

包容性个人主义和排他性个人主义

在杰克逊时代的美国政治中，这三种神话都将平等主义原则与等级分明的假设结合在一起。正如历史学家经常指出的那样，它们的用语往往**清晰地**呈现为普遍性，而非地方性的：这些神话通常颂扬的是共同的机会和理想，而不是强调共同的族群、语言、文化传统，或者一个特定的家园。此外，许多政治家和记者将这些理想视为凝结了人类道德和物质进步成果的普遍性原则，而不是特定文化或民族的特殊传承。[27]

这些神话所体现的明显的包容性主要源于它们对社会阶层的处理。正如我们所看到的，美国人常常将自己定义为欧洲的反面；在美国人的心目中，没有什么比僵化的阶级等级制度更能代表旧世界了。[28] 三种基本神话都以自己的方式宣布这种等级制度与美国生活格格不入。例如，任何拥有财产的白人男性都被认为拥有个体的独立性。[29] 从殖民时代开始，美国人就坚信，即使是最贫穷的欧洲移民也可以通过努力工作和节俭自律，积累财富、跻身拥有财产的中产阶级行列。与此同时，自然权利的概念通常被理解为是对欧洲精英（及其在美国的仿效者们）的高高在上和自命不凡的否定。富人和穷人都有权得到同样的法律保护和具有同样的政治重要性。当美国人像他们经常做的那样，用普遍性的语言来描述他们

21

27 参见，例如 Yehoshua Arieli, *Individualism and Nationalism in American Ideology* (Baltimore：Penguin Books, 1964); Hartz, *The Liberal Tradition in America*, 3 - 32; Michael Kazin and Joseph A. McCartin, eds., *Americanism：New Perspectives on the History of an Ideal* (Chapel Hill：University of North Carolina Press, 2006), 1 - 21; Liah Greenfeld, *Nationalism：Five Roads to Modernity* (Cambridge, MA：Harvard University Press, 1992), 397 - 484; Hans Kohn, *American Nationalism：An Interpretive Essay* (Westport, CT：Greenwood Press, 1957), 7 - 19。

28 有关"旧世界"在美国人民族认同观念中的重要性的进一步讨论，参见 Rush Welter, *The Mind of America：1820 - 1860* (New York：Columbia University Press, 1975), 26 - 44。

29 另外，18世纪晚期到19世纪早期的许多美国人也相信黑人和美洲原住民能够实现自力更生以及获得相关的一些美德。

的国家生活方式时，他们的意思往往是这样的：美国的机会和理想对所有社会阶层的白人男性都是开放的，无论他们的出身多么卑微。

　　然而，当我们从阶级转移到其他形式的等级制度时，美国的个人主义神话似乎远没有看起来的那么包容。事实上，美国的民族认同始终带有强烈的族群/种族、性别和宗教色彩，许多群体是被排除在其所谓的普遍承诺之外。在杰克逊时代，美洲原住民被欺骗、非人化和被杀害，为不断壮大的白人社会腾出生存空间。爱尔兰天主教移民遭到诋毁，被剥夺了经济机会。妇女在法律和经济上处于从属地位，被剥夺了政治发言权。此外，数百万黑人奴隶的强迫劳动支撑了美国白人的身份认同和白人社会的繁荣。欧洲观察家们一次又一次地被美国生活的这种根本性的虚伪所震惊：这个社会一方面热烈而持续地宣称拥护一系列广泛的平等主义理想，另一方面又无忧无虑地实践着世界上一些最残酷的压迫和剥削模式。

　　事实上，许多美国白人旗帜鲜明地拥护这些排他性：当杰克逊时代的美国精英们在不断扩大的群体分歧背景下竞相寻找维持**民族**团结的方法时，他们也直截了当地使用了强调种族、族群和宗教优越性的排他性叙事。例如，1819 年爆发的关于奴隶制和非裔美国人公民身份的激烈辩论最终导致了密苏里妥协案的通过，紧随其后的是 19 世纪 20 年代早期出现了一场有组织的激进废奴运动，使政治家们有了新的机会利用种族进行政治动员。民主党的政治家们谴责废奴运动者是激进分子和种族变态者，并利用白人对种族混合的恐惧，将美国打造成一个以白人或盎格鲁 - 撒克逊"种族"的道德、经济和智识优越性为前提的理想"白人共和国"。另一些人则呼吁广义的"新教美国主义"，他们主张要对抗天主教移民的威胁，以及对抗劳工活动家和其他社会批评家所带来的无神论和世俗激进主义。[30] 在他们看来，美国是一个注定要实现新教愿景中自由和美德的救世主国家。

　　那些使用这些排他性叙事的人常常将它们与基本神话交织在一起。事实上，他们通常用这些神话来定义白人、"盎格鲁 - 撒克逊主义"或新教美国主义的政治含义。例如，那些把美国想象成白人共和国或盎格鲁 -

---

30　Smith，*Civic Ideals*，206 - 12.

撒克逊共和国的人坚持认为，只有白人（或盎格鲁－撒克逊人）才适合于基本神话中所倡导的几种自由形式。只有白人才能成为负责任和有道德的财产持有者。只有白人才有权享有美国人所声称的与生俱来的全部公民权利和政治权利。只有白人有能力在不"堕落"的情况下适应自由竞争经济的要求。也就是说，只有白人才能做白手起家的英雄。美国白人利用大量关于种族的伪科学文献，并迎合对黑人身体和原住民土地的强烈经济需求，建立了种族界限，以限制其个人主义理想的实现。

这样，美国白人利用这些理想来构建自己的种族身份。[31] 历史学家戴维·布里翁·戴维斯（David Brion Davis）以非同寻常的清晰思路和洞察力阐述了个人主义和白人至上之间的共生关系：

> 在美国奴隶制和美国式自由之间，在相信种族劣等性、奴性和憧憬没有阶级差异的机会之间，形成了一种辩证的历史的联系。黑人代表了，或者有时吸收了人性中的局限性、不完美、耽于声色、自嘲和堕落，从而反衬了白人所具有的相反的品质。这种寄生关系被美国"使命"的特殊性质以及克服过去历史的局限和边界的梦想所不断驱动。[32]

换言之，种族主义的理性、进取和自主自我的理念让美国白人确信，他们是独一无二的，能够应对自由乐土所提供的前所未有的挑战和机遇，美国的特殊命运属于他们。在一个包括阶级和传承在内的传统身份标记相对薄弱的社会中，人们普遍感到需要这种确证。种族自豪感有助于缓

---

31 同上，197－242。新教美国主义的概念更为复杂，因为新教是一个更丰富、更多元的共享意义库和价值库。然而，当美国人使用他们的新教传统来投射一个统一的民族身份时，我们通常会发现他们将其同化到他们的自由神话中。这种同化有助于与天主教形成强烈反差：天主教被广泛描述为一种奴隶式的信仰，提倡的是盲目的服从和卑躬屈膝的温顺，而新教被广泛地与个体自由联系在一起，它明确地教育人们要独立思考、珍惜自己的权利和自由，定义自己的生活轨迹。

32 David Brion Davis, *The Problem of Slavery in the Age of Emancipation* (New York: Knopf, 2014), 42.

解普遍存在的地位焦虑。[33] 在后来的欧洲移民中，这种动态关系表现得最为明显，他们中的许多人很快学会了在一个流动和陌生的社会中通过自己的白人特征、强调战无不胜的个人主义从而找到立足点和归属感。[34] 因此，通过这几种方式，排他性的种族叙事被用来**强化**而不是取代占主导地位的个人主义神话。　23

事实上，这些排斥揭示了这三种神话的核心是一种本质上的双重性：每个神话都以两种不同的方式定义了美国人民，使用了两种不同类型的对比。第一种对比定义了美国人是反对旧世界的等级制度和腐朽，以及后来的苏联共产主义的。[35] 这个版本相对包容：原则上，任何逃离其他压迫和等级制度的人都可以到美国来享受他们天然的自由权利。非美国的"他者"在很大程度上是一个政治术语，是不公正的压迫性的传统的代名词，原则上任何人都可以逃脱这种传统。[36] 第二种对比是排他性的：它将美国的自由描述为一个由种族、族群或宗教边界划定的民族的独特遗产。在这里，"他者"是由归属身份标记定义的，这些标记将属于这些类别的人描述为道德败坏的或低劣的，因此会对美国社会构成威胁。[37] 在整个杰克逊时代，对种族"融合"的歇斯底里的恐惧引发了北方种族骚乱，这是这种排他主义倾向的缩影。

33 Robert P. Forbes, *The Missouri Compromise and Its Aftermath: Slavery and the Meaning of America*(Chapel Hill: University of North Carolina Press, 2007), 30.

34 参见Matthew Frye Jacobson, *Whiteness of a Different Color: European Immigrants and the Alchemy of Race* (Cambridge, MA: Harvard University Press, 1998); Noel Ignatiev, *How the Irish Became White*(New York: Routledge, 1995)。

35 有关这种定义性对比的深入讨论，参见Daniel T. Rodgers, *Atlantic Crossings: Social Politics in a Progressive Age*(Cambridge, It/IA: Harvard University Press, 1998), 33 - 39。

36 20世纪周期性爆发的歇斯底里的反共浪潮表明，即使是这种包容性的美国国家认同也会给那些不接受其规范的人带来严重后果。Gary Gerstle, *American Crucible: Race and Nation in the Twentieth Century*(Princeton: Princeton University Press, 2001), 238 - 67。

37 劳埃德·克莱默（Lloyd Kramer）指出了这些双重对比在构建美国国家认同中的重要性；参见Lloyd Kramer, *Nationalism in Europe and America: Politics, Cultures, and Identities since 1775*(Chapel Hill: University of North Carolina Press, 2011), 127 - 30。有关美国公民身份和国家认同理念的包容性和排他性方面的深入讨论，参见Judith Shklar, *American Citizenship: The Quest for Inclusion*(Cambridge, MA: Harvard University Press, 1991)。

人们可以轻易地说，基本神话在阶级方面是包容的，而在种族、性别和宗教方面则是排他性的。但这一总结过于简洁，因为它掩盖了从一开始就困扰美国民族身份的根本张力。事实上，独立战争及其后一系列历史事件对欧洲的不平等和贵族制造成了持续的打击，也产生了一套强大的平等主义理想，其内在逻辑是包容性的。正如废奴主义者所理解的，优绩主义社会承诺对任何有天赋和能力的人一视同仁。自然权利学说承诺平等对待所有能够证明其具有普遍人性的人。虽然这些理想最初被认为是反对社会和经济等级制度的斗争的一部分，但它们的包容性逻辑同时不断威胁着其他政治制度，并且它们还经常被美国人利用来争取某些更大更重要的种族、性别和宗教平等。纵观美国历史，这些包容的理想构成了一些历史学家所称的美国民族身份的"公民"版本，它与一个"族群/种族"的竞品展开竞争。[38] 它们两者讲述了美国个人主义理想是**为谁量身定做**的两个不同的故事，包容性的和排他性的。

随着时间的推移，这些故事相互竞争、相互交织，边缘群体为融入社会而斗争，主流群体为维持或扩大其特权而斗争。[39] 在杰克逊时代，那些推动美国民族认同的包容性愿景的人包括，反对剥削切罗基人的原住民权利捍卫者、妇女权利的倡导者，当然还有捍卫种族包容性公民概念的废奴主义者。其他人则同时提倡包容性和排他性愿景。例如，主流民主党人欢迎摩门教徒和爱尔兰人平等地加入美国社会，尽管他们试图让有色人种永远处于劣势。如果关于个人自由内涵的长期争论定义了美国政治争议的一个关键核心，那么谁有权获得美国式自由定义了另一个核心。

因此，认为个人主义神话主导了杰克逊时代的美国政治生活，并不是否认集体身份的重要性或影响力。事实上，这些神话都试图表达作为一个美国人**意味着什么**：在颂扬自由个人的同时，它们也定义了一种广泛认同的民族认同感和"使命感"。正如我们在本书中所探讨的那样，在杰克逊时代，竞争性的政党和运动所讲述的许多主要故事都是关于对美国特

---

38 Gerstle，*American Crucible*。有关这种张力，也可参见 Patrice Higonnet，*Attendant Cruelties: Nation and Nationalism in American History*（New York：Other Press，2007）。

39 Gerstle，*American Crucible*；Smith，*Civic Ideals*；Shklar，*American Citizenship*；Foner，*The Story of American Freedom*.

殊使命的背叛和腐蚀。他们指出并诋毁了一些正在破坏美国自由的腐朽的 "他者"，并呼吁**真正**的美国人站起来捍卫自由。通过这种方式，美国个人主义神话被用来定义和强化各种集体身份，从国籍到党派和族群/种族身份，每一种都努力将自己定位为美国性的真实体现。[40]

实现条件

政治神话只有在其追随者认同的情况下才能保持强大的影响力。因此，这些神话必须与受众的生活经历相结合，否则就会有被遗忘的危险。杰克逊时代的美国政治家和思想家都明白这一点，他们创造了三种基本神话，以 "符合" 美国社会的某些特征。首先是一种长期存在的、即使在殖民时代也以自由为核心的政治文化。

18 世纪在北美定居的几批英国臣民已经认为自己是特殊的人，拥有世界上任何地方都不存在的自由。即使是其中最贫穷的人也声称自己是 "生而自由的英国人"，与欧洲大陆的其他人不同，他们享有广泛的权利和自由。[41] 来自英国不同地区的移民，在不同的时间、不同的历史压力和危机中选择了迁移，带来了不同的自由理念，包括新英格兰清教徒的 "有序自由" 和苏格兰爱尔兰人的极端个人主义的原始自由。[42] 然而，他们有一个共同的倾向，就是将**自由**置于他们的公共话语和自我概念的中心。 25

40　这一点对于理解美国个人主义神话的影响力至关重要。罗杰斯·史密斯（Rogers Smith）有关个人主义理想的观点需要被反思。他认为，因为个人主义理想采取了普遍价值观或原则的形式，所以它们 "几乎无法使美国人将自己视为与他人不同的人"（*Civic Ideals*，38）。

41　汤普森（E. P. Thompson）将这些自由概括如下： "免于专制主义（君主立宪制）的自由，免于任意逮捕、陪审团任意审判的自由，法律面前人人平等，家庭免于被任意进入和搜查的自由，某种限度的思想、言论和信仰自由；以各种方式（或表面上）参与反对议会、选举和竞选骚乱（尽管民众没有投票权，但他们有权游行、欢呼和为竞选活动喝彩）的自由，以及旅行、贸易和出售自己劳动的自由。" E. P. Thompson, *The Making of the English Working Class*（New York: Vintage Books，1963），79。另见 Foner, *The Story of American Freedom*，3 - 14。

42　有关 18 世纪美国这些截然不同的自由文化的详细讨论，参见 Fischer, *Albion's Seed*。

独立战争将美国人想象中的自由从英国转移到了美国，并产生了一种强有力的民族例外论的叙述。战争年代还鼓励美国人将自由与集体自决相结合，而这种集体自决是通过共同的牺牲来维持的。然而，到了19世纪的20年代和30年代，随着这一自由话语被后来的几代人重新定义，它变得越来越突出了自由的私人性概念。

在南北战争之前，美国白人社会的三个特征加速了这一转变，这三个特征使美国人接受了个人主义的政治叙事：丰富的经济机会、社会流动性和地理流动性，以及其普遍的宗教唯意志主义。首先，与欧洲相比，19世纪上半叶，美国白人在市场经济的巨大扩张中拥有相对优势的地位。廉价土地的无止境供应，加上自由流动的信贷，新的农业实用技术的稳定流动，以及劳动力的相对稀缺，使得拥有土地的小农群体作为中产阶级而急剧扩张，特别是在北部和西部。[43] 与许多欧洲农民和农场工人不同，美国农民倾向于拥有自己的土地；他们也可以搬到西部，购买更便宜、更大的地块，以容纳他们不断扩大的家庭。因为拥有相当丰富的土地，他们可以用自己的农产品养活自己，这为他们提供了一定的保护，免于受到市场波动的影响，甚至可以使他们从销售的盈余中赚取更多收入。[44] 由

---

43 Joyce Appleby, *Inheriting the Revolution: The First Generation of Americans* (Cambridge, MA: Belknap Press, 2000), 56 - 89; Jeremy Atack and Fred Bateman, *To Their Own Soil: Agriculture in the Antebellum North* (Ames: Iowa State University Press, 1987), 3 - 14, 86 - 101, 201 - 66; Daniel Feller, *The Jacksonian Promise: America, 1815 - 1840* (Baltimore: Johns Hopkins University Press, 1995), 1 - 32; Robert H. Wiebe, *The Opening of American Society: From the Adoption of the Constitution to the Eve of Disunion* (New York: Alfred A. Knop f, 1984), 146 - 56, 257 - 64.

44 John Ashworth, *Slavery, Capitalism, and Politics in the Antebellum Republic, Vol 1: Commerce and Compromise, 1820 - 1850* (Cambridge: Cambridge University Press, 1995), 304 - 5; Eric Foner, "Free Labor and Nineteenth-Century Political Ideology," in *The Market Revolution in America: Social, Political, and Religious Expressions, 1800 - 1880*, ed. Melvyn Stokes and Stephen Conway (Charlottesville: University Press of Virginia, 1996), 103. Christopher Clark, *The Roots of Rural Capitalism: Western Massachusetts, 1780 - 1860* (Ithaca: Cornell University Press, 1990), 152 - 55, 273 - 313; Alan Kulikoff, *The Agrarian Origins of American Capitalism* (Charlottesville: University Press of Virginia, 1992), 34 - 59; Gavin Wright and Howard Kunreuther, "Cotton, Corn and Risk in the Nineteenth Century," *Journal of Economic History* 35, no. 3 (1975): 526 - 51.

于劳动力相对稀缺，农业工人的工资与欧洲同行相比也相当高，从而使得他们能够积累储蓄，自己最终成为土地所有者。[45] 简而言之，许多美国白人，其中绝大多数生活在农村地区，在土地上工作，处于有利的地位，可以利用新兴市场经济所提供的机会。

这些优势也必须从另一个角度来加以讨论：经济自由化给欧洲农民和农业工人带去了沉重的痛苦，而在南北战争前的美国社会，美洲原住民和黑人奴隶则承担了大部分的这类痛苦，原住民的土地被没收，黑奴的劳动推动了南部前所未有的棉花生产繁荣。结果，白人选民并未感受到美国向市场经济转型期间所发生的最严重的不平等。这种种族霸权和领土征服的模式使美国白人社会能够将严重的社会问题再推迟两代人，而在欧洲，由于越来越多的失地白人劳工感到被排除在经济现代化的利益之外，这些社会问题则不断加剧。[46] 在美国，即使是那些感受到经济发展带来了威胁的农民，比如坚持传统的生活方式的南方高地人，也常常具有一定的优势来应对经济发展：许多人是小业主，对自己的经济生活拥有充分的控制权，同时也意识到自己属于特权种族群体。

这些经济条件使得自由市场乐观主义在杰克逊时代的美国社会广泛流

45 James L. Huston, *The British Gentry the Southern Planter；and the Northern Family Farmer：Agriculture and Sectional Antagonism in North America*（Baton Rouge：Louisiana State University Press，2015），193–204；Joyce Appleby，*The Relentless Revolution：A History of Capitalism*（New York：W. W. Norton，2010），178.

46 James L. Huston, *Securing the Fruits of Labor：The American Concept of Wealth Distribution，1765–1900*（Baton Rouge：Louisiana State University Press，1998），105–6. 当然，指出美国白人与欧洲白人相比享有多层次的特权优势并不是否认许多美国白人非常贫穷；白人家庭的机会分配并不均等；或者"市场革命"给城市和农村同样带来了严重的经济混乱和焦虑。在过去的半个世纪里，大量的学术研究探讨了贫困佃农、移民铁路工人和城市工薪工人所经历的经济困难。参见 Jonathan A. Glickstein，*American Exceptionalism，American Anxiety：Wages，Competition，and Degraded Labor in the Antebellum United States*（Charlottesville：University of Virginia Press，2002）；Seth Rockman，*Scraping By：Wage Labor；Slavery，and Survival in Early Baltimore*（Baltimore：Johns Hopkins University Press，2009）；David Montgomery，*Citizen Worker：The Experience of Workers in the United States with Democracy and the Free Market during the Nineteenth Century*（New York：Cambridge University Press，1993）；Sean Wilentz，*Chants Democratic：New York City and the Rise of the American Working Class，1788–1850*（New York：Oxford University Press，1984）.

行。尽管当时关于市场的流行观念多种多样，而且往往都很不成熟，但是一种基本理念仍然获得了公认，即在几乎不需要政府干预的情况下具有自我调节性、有益性的经济能够蓬勃发展。而这一理念并未广泛流行于世界其他地方，例如，虽然"政治经济学"在英国被誉为一门艰深而沉闷的科学，但在美国却受到了截然不同的对待。持有不同政见的美国人都认为，如果不被邪恶的政治势力所腐蚀，他们独特的经济系统将为他们带来繁荣、贤能正义和相对的平等。[47] 甚至那些谴责不公正或不平等加剧的人也倾向于将这些视为对美国规范的暂时或"人为"扭曲。[48] 正如我们将看到的，这一理念常常受到千禧年的宗教希望的影响，并对美国政治思想的进程具有深远的意义。

　　流动性是美国社会的另一个显著特征。在独立战争和南北战争之间，几种不同的社会流动模式打乱了固定的生活方式，为美国白人开辟了广阔的机会空间，并削弱了共同体身份认同形式。最重要的当然是浩浩荡荡地向西部流动的人口，它不断地将家庭和社区连根拔起，并将他们推向新的未知领域。在19世纪最初20年里，居住在阿巴拉契亚山脉西部的人口从大约30万增加到200多万。爆炸性的人口增长，加上向定居者敞开怀抱的广阔新领域，将美国人推向了西部。曾经迁移的人往往会再次迁移：在19世纪初，生活在普通西部社区的人中，只有30%可能在十年后仍留在原地。[49] 一位苏格兰观察家在19世纪40年代末写道："令人惊讶的是，一个美国人多么容易……下定决心到别处去碰运气，……无论那里多么遥远，无论气候和其他环境与他所习惯的有多么不同。"[50]

　　这种流动性的社会影响是深远的。随着定居者进一步向西迁移，社会等级制度以及教会和国家等稳定性机构的影响力逐渐削弱并基本消失。除一小部分家庭或邻居共同迁移以外，新社区往往是混杂的陌生人群体。

47　Appleby, *Inheriting the Revolution*, 89; Feller, *The Jacksonian Promise*, 1 - 13.

48　Appleby, *Inheriting the Revolution*, 88.

49　John Mack Faragher, *Sugar Creek: Life on the Illinois Prairie*(New Haven: Yale University Press, 1986), 50; Wiebe, *The Opening of American Society*, 132.

50　引自Rowland Berthoff, *An Unsettled People: Social Order and Disorder in American History* (New York: Harper 8: Row, 1971), 218.

流动性拉平了社会差异，打乱了稳定的群体，让个人，特别是白人男性户主，重新定义自己的社会地位。[51] 这些影响对移民来说也是显而易见的，包括蒂莫西·弗林特（Timothy Flint），一位在俄亥俄山谷重新定居的北方佬也是如此，他懊悔地想着："就在你的眼皮底下，一切都变了。现在的定居者都在出售、打包、离开。陌生人取代了他们。在新居民获得邻居的信任之前，他们又听说了一个更好的地方，便又打包去追随他们的先驱者了。这种情况使联系都变得不稳定了。"[52] 历史学家乔治·皮尔森（George Pierson）写道，迁移"是一个几乎不可抗拒的粉碎器或喷雾器"。[53]

经济流动也具有破坏性。尽管美国社会从来都不是由其捍卫者所倡导的纯粹的精英统治，但白人依然享有异乎寻常的广泛经济机会。[54] 劳动力短缺使得工人工资相对较高，这使得工人能够储蓄并积累自己的资本。廉价土地的大量供应和相对较低的租金使得没有土地的农场工人用几年的储蓄使自己成为财产持有者，甚至成为小规模的土地投机者。[55] 新城镇和新城市的激增，特别是在北方，对商人、店主、律师、医生和其他专业人员产生了巨大的需求。[56] 通过最短暂的非正式学徒期后，雄心勃勃的年轻人就可以进入这些职业，在尝试和错误中逐步建立起职业生涯。当然也会有向下的流动：债务和破产随处可见，甚至在相对富裕的人群中也是如此。在经济紧缩期间，银行会破产和消失，商业企业会倒闭，投机

---

51 George Pierson, "The M-Factor in American History," *American Quarterly* 14., no. 2 (1962): 286. 罗伯特·韦伯（Robert Wiebe）写道："一旦翻过了山，移民就进入了充满陌生人的流动社会。"（*The Opening of American Society*, 132）

52 引自 Faragher, *Sugar Creek*, 51–52。

53 Pierson, "The M-Factor in American History," 284. Rowland Berthoff "The American Social Order: A Conservative Hypothesis," *American Historical Review* 65, no. 3 (1960): 501.

54 Appleby, *Inheriting the Revolution*, 20; Clayne Pope, "Inequality in the Nineteenth Century," in *The Cambridge Economic History of the United States*, vol. 2, ed. Stanley L. Engerman and Robert E. Gallman (Cambridge: Cambridge University Press, 2000).

55 例如，克莱恩·波普（Clayne Pope）发现，无论白人农场工人的族群背景如何，边境地区都是白人农场工人向上流动的一个重要途径："农场工人系统性地获得农场所有权，贫困农民通常也能增加他们的财富。"（"Inequality in the Nineteenth Century," 2: 130）

56 Berthoff, *An Unsettled People*, 177–203.

买卖会亏得血本无归，甚至曾经富有的土地所有者也会深陷债务。[57]

28 如果说地理上的流动破坏了社区，破坏了地方和区域特性，那么经济流动就会破坏阶级特性和团结。欧洲观察家总是评论道，美国白人相对缺乏持久的社会阶层，而在此情况下美国社会还能保持团结一致令他们感到震惊。[58] 他们观察到，在美国，没有土地贵族可言，也没有明确的农民阶级。英国评论家哈丽特·马蒂诺（Harriet Martineau）写道，在美国白人中，"没有世袭的富人或穷人阶级。很少有人非常富有，也很少有人非常贫穷；每个人都有公平的致富机会"。[59] 因此，马蒂诺和其他人观察到，大多数美国白人并不认同某一特定的社会阶层。法国工程师和经济学家米歇尔·舍瓦利耶（Michel Chevalier）写道，美国人更倾向于认同职业而非社会阶层。但即使是这些认同也往往是短暂的，因为美国人认为从一个行业跳到另一个行业再平常不过了。唯一不变的是普遍的期望，即通过努力工作、谨慎精明和聪明才智，任何白人男人都可以"发财"。[60] 历史学家阿普尔比（Appleby）写道，经济流动性"侵蚀了对持久地位的期望，破坏了从欧洲殖民地时期继承下来的社会规范"。[61]

最后，美国福音新教主义的宗旨也促成了个人主义神话的流行。这一宗教派别最近被第二次大觉醒的复兴主义狂热所冲击。这一宗教派别

---

57 阿普尔比（Appleby）写道："大多数企业家在他们的职业生涯中至少失败过一次，所有人都面临着老板或同事破产的后果。"（*Inheriting the Revolution*，87–88）安德鲁·杰克逊（Andrew Jackson）自己也感受到了这种波动的影响：作为一名年轻人，在一次不明智的经济交易后，他需要为一位朋友不断扩大的债务负责，而他最终几乎因此入狱。

58 同上，21。

59 Harriet Martineau, *Society in America*, vol. 1（New York：Saunders and Olney，1837），22，12。类似的观察结果在欧洲游历者的作品中很常见。例如，德国移民弗朗西斯·利伯（Francis Lieber）写道："在美国没有农民。"他观察到，农民并没有形成一个独立的下层阶级，"农民实际上就是公民，不仅在政治权利方面，而且在其整体地位和社会关系方面与公民并无二致"。Francis Lieber, *The Stranger in America: Comprising Sketches of the Manners, Society and National Peculiarities of the United States ...*, vol. 2（London：Richard Bentley，1835），157.

60 Chevalier, *Society, Manners and Politics in the United States*，283. 这种观察最好被理解为揭示了欧洲和美国社会之间的相对差异。当然，正如战前历史学家所详尽记录的那样，美国也有社会阶层，正如一部分白人几乎看不到任何经济发展的机会。见本章注释46。

61 Appleby, *Inheriting the Revolution*，138.

对个人主义神话的贡献较为复杂，因为福音派经常谴责和抵制美国生活中的个人主义倾向。复兴主义的传教士抨击不受约束的个人的罪恶行为，并告诫他们的信众接受严格的道德规则，甚至是接受某种世俗的禁欲主义。教会成员通常放弃饮酒、赌博和其他娱乐消遣，以及某些奢侈品消费和物质享受。他们被教导：征服和克服尘世的欲望、认清尘世物质和快乐的转瞬即逝是完全信奉基督的先决条件。通俗的复兴主义者也提倡仁爱伦理，反对他们所认为的那个时代的自私倾向。[62]

此外，在一个流动、不稳定的社会和经济世界中，宗教共同体是稳定、团结和克制的源泉。它能够治愈和消除身处边境的孤独感，并将无数家庭从他们的所在地和家园故土吸引到西部。一位宗教史学家写道，在一个因快速经济变化和向西移民而动荡的社会中，"需要新的确定性、新的共同体、新的社会网络和新的生活模式"。[63]福音派基督教提供了所有这些要素。在家庭、谷仓、乡村学校、临时教堂和树林中的空地上，信徒们聚集在一起，彼此坦诚相交，共同审视自己的动机和行为，并参加庆祝仪式。在所有主要的福音教派中，非信徒教会成员也在组织和维护当地教会方面承担了大量责任。通过正式会议、仪式和治理实践，以及由此产生的非正式关系，福音派基督教创造并维持了不同寻常的亲密连接的社区形式。历史学家和同时期的观察家都认为，福音派教会在这些方面起到了抗衡南北战争前美国生活中个人主义倾向的作用。[64]

然而，杰克逊时代美国的流行宗教也表现出一些鲜明的个人主义特征。例如，它不断强调个人判断和良知的重要性，反对居高临下的精英和使他们合法化的教会传统。19世纪初，随着福音复兴主义席卷美国，其倡导者将路德教的"所有信徒都是牧师"的观念进一步激进化。与他

62 Curtis D. Johnson，*Redeeming America: Evangelicals and the Road to Civil War*，American Way Series（Chicago: Ivan R. Dee，1993），86 - 114；Randolph Roth，*The Democratic Dilemma: Religion, Reform, and the Social Order in the Connecticut River Valley of Vermont*，1791 - 1850（Cambridge: Cambridge University Press，1987），187 - 219.

63 Richard J. Carwardine，*Evangelicals and Politics in Antebellum America*（Knoxville: University of Tennessee Press，1997［1993］），2.

64 John H. Wigger，*Taking Heaven by Storm: Methodism and the Rise of Popular Christianity in America*（Urbana: University of Illinois Press，1998），80 - 103.

们的欧洲同行相比，这些传教士更成功地敦促他们的信众拒绝接受"学者式的"和"精于文字的"牧师的权威，而要亲自查阅解读《圣经》。他们认为《圣经》是一本简明易懂的书，上帝可以通过预言式的梦境和幻象直接与个人对话。他们教导他们的信徒要听从自己的直觉，只有这样才能获得永恒的道德和精神真理。这种态度支持了广泛存在的对机构权威的怀疑，这不仅影响了美国人对受过教育的神职人员的反应，也影响了他们对医生、律师和政治家的反应。[65]

这些趋势被无数的布道活动和皈依故事放大，它们都预示着善良的个人需要与腐朽的社会压力作斗争。一次又一次，美国人听到了这样的故事，虔诚的年轻人拒绝父亲的权威，放弃了有利可图的职业，忍受着世俗同辈的嘲笑，他们在令人胆战的孤独中来到树林中寻找答案，并为了**选择**信仰这一变革性的行动而不断锤炼自己。这些故事通过当时不断发展的阿明尼乌派[66]信念，即获得拯救在于个人的自我控制，戏剧化了自主的行动者的痛苦和胜利，他可以通过某种惊人的意志行为，将自己从传统社会中挣脱出来，并宣誓完全信奉主。[67]历史学家马克·诺尔（Mark Noll）

---

65 Nathan O. Hatch，*The Democratization of American Christianity*（New Haven：Yale University Press，1989），17 - 46。哈奇（Hatch）写道，"这些运动使普通人能够从直观价值的角度看待他们最深层的精神冲动，而不是让他们接受正统教义的审查和受人尊敬的牧师的审视"（10）。也可参考 Mark A. Noll，*America's God：From Jonathan Edwards to Abraham Lincoln*（Oxford：Oxford University Press，2002），367 - 85。

66 阿明尼乌派主义拒绝加尔文主义的宿命论，认为人类可以通过行使某种力量来确保自己的救赎。

67 例如 Lorenzo Dow，*Perambulations of a Cosmopolite，or，Travels & Labors of Lorenzo Dow，in Europe and America*（New York：R. C. Valentine，1855［1816］）；John Taylor，*A History of Ten Baptist Churches ...*（Cincinnati：Art Guild Reprints，1986［1823］）；Barton Stone and John Rogers，*The Biography of Eld. Barton Warren Stone，Written by Himself*（Cincinnati：J. A. & U. P. James，1847）；William Burke，"Autobiography of Rev. Wilham Burke，"in *Sketches of Western Methodis*m：*Biographical，Historical，and Miscellaneous，Illustrative of Pioneer Life*，ed. James Finley and W. P. Strickland（Cincinnati：R. P. Thompson，1855）；Peter Cartwright，*Autobiography of Peter Cartwright，the Backwoods Preacher*（New York：Carlton 8：Porter，1857）；James Finley，*Autobiography of James Finley，or，Pioneer Life in the West*，ed. W. P. Strickland（Cincinnati：Cranston and Curtis，1853）；Jacob Young，*Autobiography of a Pioneer，or，The Nativity，Experience，Travels，and Ministerial Labors of Rev. Iacob Young*；*with Incidents，Observations，and Reflections*（Cincinnati：（转下页）

写道："复兴主义者的皈依是宗教式的洛克个人主义。它标志着个人从 30
传统、家庭和继承的权威中解放出来，它甚至允许信徒参与自己灵魂的
交易。"[68]

无论是出于信念还是出于必要性，复兴派福音派教徒开始将他们的教
堂视为由信徒自愿组成的共同体，并与敌对团体不断竞争成员。教会成
员通常会从一个教派切换到另一个教派，通常会参加敌对传教士为争取信
众的效忠和至高无上的神学地位的布道。他们将自己视为自由人，在相
互竞争的精神产品中进行选择。宗教历史学家经常评论这种唯意志主义
思想的重要性：它们使教堂像其他许多形式的美国社区一样脆弱和混乱；
它们弱化传教士的权威，使他们的教义具有务实和反知识分子的特点；它
们还强调了在一个流动和多样化的社会中塑造个人身份的必要性。[69]

经济富庶、社会流动和宗教自愿主义结合在一起，为三种基本神话提
供了肥沃的土壤。这些因素共同削弱了美国人对社区共同体、社会阶层
和教会机构权威的认同，并鼓励他们围绕个人自由的理想构建自己的政
治诉求和政治不满。引人注目的是，这种趋势甚至在那些不信任经济现
代化的农村传统主义者中也很明显。他们以怀旧的口吻，称扬独立自主
的农民过着简单而高尚的生活，但是他们的生计和家庭权威已经受到了
银行家、投机者和腐败政客的野心和贪婪的威胁。又或者，他们指责富

（接上页）Poe 8；Hitchcock，1860［1859］）；Heman Bangs，*The Autobiography and Journal of Rev. Heman Bangs*；*with an Introduction by Rev. Bishop Janes* ...（New York：N. Tibbals & Son，1872）。这种对个体能动性的强调也在福音传道者查尔斯·芬尼（Charles Finney）极具影响力的布道中得到了体现。Charles Finney，*Sermons on Important Subjects*（New York：John S. Taylor，1836）。

68　Noll，*America's God*，214.

69　Sidney Mead，"Denominationalism：The Shape of Protestantism in America，" *Church History* 23，no. 4（1954）：291 - 320；Richard Hofstadter，*Anti-Intellectualism in American Life*（New York：Knopf，1963），82 - 86；Sydney Ahlstrom，*A Religious History of the American People*，2nd ed.（New Haven：Yale University Press，1972），381 - 82；Jon Butler，*Awash in a Sea of Faith：Christianizing the American People*（Cambridge，MA：Harvard University Press，1990），273 - 75；Roger Finke and Rodney Stark，*The Churching of America，1776 - 1990：Winners and Losers in Our Religious Economy*（New Brunswick，NJ：Rutgers University Press，1992），55 - 116.

有的银行家和中间人通过剥夺辛勤的美国生产者的劳动成果来积累**不劳而获的**财富，因而侵犯了生产者的自然权利。换句话说，他们认为现代国家和不断扩大的市场都是对主权个人的侵犯。

    这些政治性的个人主义语言强调了欧洲和美国之间的另一个重要差异。在19世纪的欧洲，政治和经济上的个人主义思想受到强大的集体主义反传统的影响。这些反传统观念的第一个基础是教会的保守权威；第二个前提基础是工人阶级的团结。这两者都认为，有意义的人类自由必须在与严酷和无政府的市场进行**对抗**中得到保障，而这只能通过将国家——通常也包括教会——作为秩序、安全或再分配平等的来源来实现。[70] 正如历史学家和政治学家经常观察到的那样，这类观点在美国政治观念中的影响力一直较弱。[71] 对杰克逊时代个人主义神话的梳理，以及对赋予它们合理性的环境的检视，有助于我们更清楚地理解这种分歧的根源。

31

70　19世纪上半叶，许多富有影响力的欧洲空想社会主义思想家，包括亨利·德·圣西门（Henri de Saint-Simon）、奥古斯特·孔德（Auguste Comte）、皮埃尔·勒鲁（Pierre Leroux）等人，认为社会主义社会将部分由一个统一的教会来支撑，这个教会可以向新社会提供社会主义道德和团结。

71　Higormet, *Attendant Cruelties*, 92. 对这一趋势的开创性探索之一还包括 Hartz, *The Liberal Tradition in America*。

第一部分

自力更生的拼搏者

从殖民时代到19世纪末及以后的美国政治思想和修辞中，有关自力更生的拼搏者的神话一直发挥着重要的作用。它提供了几个不同的功用。首先，它讲述了一个民族差异的故事：美国为人类自由提供了独特的肥沃土壤。西部地区丰富的土地储备和对有头衔的贵族的不容忍，造就了一个由独立自主的白人有产者组成的社会，他们都有着独一无二的自由和自治能力。

这类神话还呈现了个人自由的含义。在自力更生的拼搏者的生活中，自由意味着对自己的工作和家庭的控制，以及相应的不带偏见地判断和不受约束地自我主张的能力。正如一位历史学家所说，它同时鼓励了"对个人自主的嫉妒"，"对个人管理自己事务的能力充满信心"，以及对任何权力主张的不信任，尤其是对政府的不信任。[1] 它使美国男性对任何新形式的权力的侵犯都非常敏感，这种新形式的权利可能会削弱他们对自己经济和家庭生活的控制。

这种理解美国独特性和美国自由的方式塑造了杰克逊时代的政治思想和修辞。对于杰克逊时代的民主党人来说，它发挥了特别突出的作用，他们用它来合理化安德鲁·杰克逊（Andrew Jackson）对政治体制的背

---

1 Jack P. Greene，Pursuits of Happiness：*The Social Development of Early Modern British Colonies and the Formation of American Culture*（Chapel Hill：University of North Carolina Press，1988），195.

叛，并引导选民对经济变化产生焦虑。这个神话提供了一个主要叙事，帮助选民理解主要的政策争议。在围绕银行和货币、关税、土地政策、领土扩张和奴隶制的政治斗争中，选民被引导去看到并去反抗对个人独立性的威胁。他们被告知，这些威胁源于美国精英的野心和贪婪，源于"劣等"种族的不服从，这两种威胁都威胁到白人小业主的财产和地位。更重要的是，选民被引导着将政治权力本身视为必须遏制的转移性依赖的来源。

然而，为了聚焦讨论这个杰克逊时代的神话重演，我们必须理解它是如何变化的。与许多政治神话一样，这一神话是由早期继承的意识形态材料编织而成的。个人独立自主的理想是作为新古典主义共和传统的一部分从英国舶来进入殖民地美国的，该传统将土地所有权作为公民美德的先决条件。起初，这不是一个特别个人化的概念。它构成了一种世界观的一部分，这种世界观强调等级化的政治体内部的团结与和谐、公民义务的重要性以及私人利益的破坏性风险。[2]但随着时间的推移，它发生了变化，以适应美国社会生活的条件：到杰克逊时代，它传达了一种白人社会的图像，即更加平等，更加服从市场经济，更加彻底的种族化。这些变化反过来又产生了关于政府目的和民主政治性质的新观念。民主党人用一种日益乌托邦的政治信仰取代了建国先贤们对美利坚命运的有条件的乐观态度，这种政治信仰的核心是扩大的个人自由和自主小企业主不可战胜的正直。

接下来的三章将探讨这些转变及其深远的思想后果。历史学家长期以来一直将美国个人主义的兴起与共和党思想的逐渐衰落联系在一起，而共和党思想在建国一代中影响深远。[3]第一部分从一个单一而强大的理

---

2 然而，这一点不应被过分夸大：即使是17世纪的英国共和主义也表现出个人主义特征。特别是个人独立性，长期以来一直意味着自主和自我主张、反抗暴政以及思想和判断的自由。

3 例如Gordon Wood, *The Radicalism of the American Revolution*（New York: Random House, 1992）; Drew R. McCoy, *The Elusive Republic: Political Economy in Jeffersonian America*（Chapel Hill: University of North Carolina Press, 1980）; Barry Alan Shain, *The Myth of American Individualism: The Protestant Origins of American Political Thought*（Princeton: Princeton University Press, 1994）; Michael J. Sandel, *Democracy's Discontent: America in Search of a Public Philosophy*（Cambridge, MA: Harvard University Press, 1996）.

想——个人独立——的角度重述了这一转变故事。它表明，共和党世界观的重要元素继续在美国本土的自我概念中占据中心地位。它还显示了这些元素如何随着时间的推移而改变并体现了对白人社会及其政治的个人主义观点。在这一过程中，第一部分也揭示了许多建国者的政治思想在他们的统治高潮过去几十年后逐渐被排斥和被取代的历史。

共和起源

> "依赖导致了卑躬屈膝和贪赃枉法。它扼杀了美德的萌芽，为野心的设计准备了合适的工具。"

> ——托马斯·杰斐逊（Thomas Jefferson），1785 年[1]

当托马斯·杰斐逊在 18 世纪初书写下这些文字时，他将他的家乡弗吉尼亚州的小农与欧洲的城市劳工进行了对比。他观察到，在欧洲，几乎所有的可耕地都已被占有，因此许多无地农民别无选择，只能搬到城市，在制造消费品的大型城市"工场"里出售劳动力。在杰斐逊看来，这是一种不祥的趋势，是欧洲道德和政治衰落的征兆。另外，美国以其"广袤的土地"吸引了数代工人不断来到这片土地上。这一事实对杰斐逊非常重要；这让他预期制造业将留在欧洲，而美国将尽可能长久地保持一个农业共和国的状态。[2]

杰斐逊农业愿景的道德基础是个人独立的理想。与欧洲的工厂工人不同，美国农民拥有并经营自己的土地。他们掌控着自己的生计。从这个基本的经济意义上讲，他不受制于任何人。相比之下，工厂工人的工资和工作都仰仗于别人，因此他受制于雇主的权力。杰斐逊认为这种经济

1　Thomas Jefferson, "Notes on the State of Virginia," in *The Writings of Thomas Jefferson*, vol. 2, ed. Albert Ellery Bergh（Washington, DC: Thomas Jefferson Memorial Association, 1907［1785］), 119.

2　同上。

依赖关系是腐朽的。它使人们卑躬屈膝、不值得信任，使他们不太可能
自己思考和行动，使他们成为富人和野心家们使用和操纵的"工具"。从
房东那里租用农场的租户也可以这样描述：1796年一位北卡罗来纳州议
员说："以这种依赖的方式生活会更有可能削弱和贬低他们的思想，而不
是让他们自由、开明和独立。"[3]

个人独立的理想及其背后的神话在18和19世纪的美国思想中具有
极其重要的意义。毫不夸张地说，美国革命的两大价值观——自由和平
等——如果不参考它们，就无法完全理解。例如，当美国人认为他们的
新社会具有显著的平等性时，他们主要指的不是财富或财产的相对平等分
配，而是没有等级依赖关系。[4] 美国人在他们的社会里很少看到租户，也
没有大批的没有土地的城市工人。相反，他们看到的是独立的、拥有或者
有志于拥有自己的土地或商店的农民和工匠，这些农民和工匠主宰着自己
的经济生活。但是欧洲社会的结构已经被破坏，在那里，固定和不平等的
"秩序"使人们在一个不断强化的等级体系中紧密相连，下层依赖于上层。
对美国人和他们的欧洲崇拜者来说，个人独立性构成了美国例外论故事的
核心：它将美国与旧世界区分开来，并使其成为共和政府的沃土。在大西
洋两岸，个人独立都深深地融入了有关美国的理想化形象当中。[5]

为了更全面地理解这一形象，我们必须先从新古典主义共和思想的
一些细节入手，而这些理想化形象正是从中形成的。特别是，我们需要
注意到共和独立思想中的分歧，这个分歧相对较少受到历史学家的关注。
最初，共和独立思想适用于两种具有不同的社会和政治地位的人物：一个
是在自己的土地上劳动的小农，他们没有债务或其他会破坏其独立性的

3 摘自 Rowland Berthoff, "Independence and Attachment, Virtue and Interest: From Republican Citizen to Free Enterpriser, 1787 – 1837," in *Uprooted Americans: Essays to Honor Oscar Handlin*, ed. Richard Bushman et al. (Boston: Little, Brown, 1979), 109。

4 Richard L. Bushman, "This New Man': Dependence and Independence, 1776," in *Uprooted Americans*, ed. Bushman et al., 90.

5 历史学家夏洛特·埃里克森 (Charlotte Erickson) 整理回顾了19世纪上半叶英国和苏格兰移民的数百封信件，并发现"没有比独立更频繁提及的目标了"。Charlotte Erickson, *Invisible Immigrants: The Adaptation of English and Scottish Immigrants in Nineteenth-Century America* (Coral Gables: University of Miami Press, 1972), 27.

纠葛；另一个是悠闲的拥有土地的贵族，他们从（大多数形式的）劳动中解放出来，时刻准备着承担政治领导责任。随着这些观念被带到大西洋彼岸并应用于美国社会，这种区别开始逐渐削弱，引发了一系列思想上的转变，其影响在杰克逊时代仍然存在。[6]

新古典主义共和传统

美国开国元勋的政治思想由几种思想潮流塑造，其中包括从古希腊罗马传承至意大利文艺复兴的共和传统。18世纪的美国人主要从英国哲学家、政治家和社会批评家那里吸收了这一传统，从17世纪开始，他们开始利用共和思想来论证他们的政治改革和革命诉求。 37

在整个18世纪，无论是在英国还是在其遥远的美洲殖民地，共和思想都渗透政治思想中。从激进派到保守派，几乎每个人都自称具有共和思想。[7] 然而，在分歧和语义混乱的背后，可以看到一种独特的政治理论的轮廓。广义而言，共和主义是一种自由政府理论，即由自由公民控制的政府。自由政府或共和国以法治、公职人员的选举、拥有财产的有限选民以及广泛的公民义务为特征。共和国被认为比其他形式的政府更脆弱，要求更高。在一个共和国中，没有一个人或团体有足够的力量通过武力或恐惧来征服其他人并维持秩序。[8] 相反，和平与团结将取决于自由

---

6 在美国，悠闲独立的贵族理想形象被不断侵蚀已经得到了充分的证明。例如，Gordon Wood, *The Radicalism of the American Revolution*（New York：Random House，1992.），271 – 86。随着时间的推移而不断发生变化的独立的内在复杂性却很少受到关注。

7 Gregory Claeys, *Citizens and Saints：Politics and Anti-Politics in Early British Socialism*（Cambridge：Cambridge University Press，1989），27。Eric MacGilvray, *The Invention of Market Freedom*（Cambridge：Cambridge University Press，2011），20 – 22；James T. Kloppenberg, "Premature Requiem：Republicanism in American History," in *The Virtues of Liberalism*（New York：Oxford University Press，1998）。例如，许多有限君主制或立宪君主制的捍卫者声称拥有共和思想和价值观。

8 Drew R. McCoy, *The Elusive Republic：Political Economy in Jeffersonian America*（Chapel Hill：University of North Carolina Press，1980），77.

人民的同意与合作。[9]

在古典共和的想象中，这种合作总是难以维持：它容易受到个人或竞争团体的竞争野心、嫉妒和利益的影响。合作很容易演变成派系冲突，导致不稳定和混乱，或者当一个团体成功地将其意志强加给另一个团体时，导致暴政。为了生存，共和国必须利用两种重要资源。首先，它需要一部精心设计的宪法，在竞争集团之间保持微妙的权力平衡。其次，更根本的是，它需要愿意将自己的私人利益和派系忠诚置于公共利益之后的公民。这种对公共利益的奉献构成了共和国公民美德理想的核心。[10]

培养和维系公民美德是共和政治计划的基石，也是一个影响广泛而雄心勃勃的目标。美德不仅仅是狭义的教育问题。共和主义者认为，只有在正确的社会、经济和政治条件下，公民美德才能存在。例如，无论公民受过多么精心设计的共和教育，过多的不平等都会通过破坏公民团结的纽带、造成永久的阶级分裂来破坏它。过分的富裕或奢侈会吸引公民远离公共生活，甚至太多的经济专业化会限制他们的视野，使他们不适合进行公共服务。职业军队也很危险，部分原因是其剥夺了普通公民保护自身自由所需的军事美德。[11] 因此，想象公民美德的先决条件是想象出整个社会，以及由此产生的经济体系和政治宪法，以培养某种形式的公民品格。简言之，这是共和主义的哲学议题，在17世纪的英国，有关财产独立的理想在其中发挥了重要作用。[12]

---

9 Gordon Wood, *The Creation of the American Republic: 1776 - 1787* (Chapel Hill: University of North Carolina Press, 1998 [1969]), 66 - 67.

10 美德，这一共和主义的核心思想的确切含义一直存在争议。正如我们将看到的，它随着时间的推移而演变，以不同的内涵被运用在不同的政治背景和争议中。对于这一概念在18世纪美国的演变，可参考这一拓展讨论 Richard Vetterli and Gary Bryner, *In Search of the Republic: Public Virtue and the Roots of American Government* (Lanharn, MD: Rowman and Littlefield, 1996)。

11 关于这些危险中哪一个最为重要，受共和思想影响的作家和政治家存在广泛分歧，这些分歧为共和观点提供了多样性和灵活性。

12 土地的独立所有权在早期佛罗伦萨的共和主义中并不重要。随着共和思想从佛罗伦萨和威尼斯的商业共和政体传到以农业为主的英国，当它们被回溯进入诺曼征服前中世纪自由撒克逊人的神话时，它们被嫁接到了乡土传统和基本上以农业为基础的财产和自由观上。詹姆斯·哈林顿（James Harrington）是这一转变的关键人物，这一转变也有（ 转下页）

历史学家 J. G. A. 波考克（Pocock）写道，美德"需要一个独立于其他人及其社会结构的个人，这样他对**共和国**的奉献才能完全是独立自主的。这种奉献必须是自主的，否则他就是受到了另一个人的支配，成为非法的私人权力而不是公共权力的来源"。[13] 这段文字切入了英国共和思想的核心。从其观点来看，合法的公共权力是经过自由公民的考量和判断而产生的，每个公民都是公共利益的独立仲裁者。经济上的依赖可能会完全破坏这种权力：任何依靠社会上的**特权**来维持生计的人都会受到这种特权的影响。当情况危急时，依赖者将无法在不危及自己生计的情况下自由说话或行动。可以说，依赖者是一个会被收买、屈从于他人的人。这种从属关系被认为适用于家庭中的男女、主人和仆人之间的关系，但在公共领域中不应存在。一旦臣服关系遍布公共领域，**共和国**就变成了暴君或寡头的私人领地。

只有在经济上自给自足的户主才能够获得完全的独立自主。在典型的例子中，独立个人是一个土地所有者，他靠自己的财产谋生。在这种情况下，他只依赖于他治下的家庭成员：他的妻子、孩子、仆人或租客。[14] 因此，他不受其他人的控制，他对自己的私人财产行使管辖权。[15] 在这幅图景中，经济状况至关重要。它们塑造了社会和政治关系；[16] 它们还塑造

（接上页）古典罗马农耕主义的基础。参考 J. G. A. Pocock, "Historical Introduction," in *The Political Works of James Harrington* (Cambridge：Cambridge University Press, 1977)。J. G. A. Pocock, *The Machiavellian Moment：Florentine Political Thought and the Atlantic Republican Tradition* (Princeton：Princeton University Press, 1975), 386 - 91。

13　J. G. A. Pocock, "Virtue and Commerce in the Eighteenth Century," *Journal of Interdisciplinary History* 3, no. 1 (1972)：129.

14　詹姆斯·哈林顿（James Harrington）写道："不能靠自己生存的人必然是一个仆人，但能靠自己生存的人可能是一个自由人。" James Harrington, "A System of Politics, Delineated in Short and East Aphorisms," in *The Oceana and Other Works of James Harrington, with an Account of His Life by John Toland* (London：T. Becket and T. Cadell, 1771 [1700]), 465。

15　Matthew McCormack, *The Independent Man：Citizenship and Gender Politics in Georgian England* (Manchester：Manchester University Press, 2005), 5 - 19；Daniel Vickers, *Farmers and Fishermen：Two Centuries of Work in Essex County, Massachusetts, 1630 - 1850* (Chapel Hill：University of North Carolina Press, 1994), 15 - 19；MacGilvray, *The Invention of Market Freedom*, 28.

16　Pocock, *The Machiavellian Moment*, 450。此外，共和主义者认为"权力紧随财产"是不言而喻的：谁控制了一个国家的财产，谁就实际上掌握了政治权力。（转下页）

了个人性格：经济上的依赖者在政治上是可疑的，不仅因为他们不会说出自己的想法，而且因为他们的顺从损害了他们自主判断和公正无偏的能力，即损害了他们的美德。事实上，"独立"一词通常具有双重含义：它不仅指经济上的自我掌控，而且指由该条件所促成并适合于该条件的理想人格。与此同时，财产不仅被理解为财富的一种形式，更为根本的是，它是一种确保经济独立以及与之相伴的社会和公民地位的手段。英国著名记者约翰·特伦查德（John Trenchard）和托马斯·戈登（Thomas Gordon）写道："所有人都为获取和保护财产的热情所激励，因为这是所有人热切渴望的独立性的最佳支撑。"[17] 在整个17世纪和18世纪，许多共和主义作家认为，土地财产的广泛扩散将为一个有道德的公众群体的形成奠定基础。[18]

应该注意的是，这一自豪、自信的理想完全是性别化的：独立只预留给了男性。在共和主义思想中，政体由家庭组成，每个家庭都由一个独立的男子担任户主。历史学家马修·麦科马克（Matthew McCormack）写道，在这种政治模式中，"男性户主控制、保护、支配和代表家庭中的其他成员，他们都依赖于他"。[19] 女性被认为是基本上充满激情的生物，没有清醒的自我导向的能力，像奴隶和儿童一样，只能被赋予受抚养人的地位。对她们来说，渴望独立是不体面的和不自然的。事实上，依赖本身一直是女性化的：对一个男人来说，依赖就是阉割，缺乏力量和男子气概。在共和主义者的想象中，公共美德和男子气概密不可分。[20]

（接上页）Caroline Robbins, *The Eighteenth-Century Commonwealthman: Studies in the Transmission, Development, and Circumstance of English Liberal Thought from the Restoration of Charles II until the War with the Thirteen Colonies* (Indianapolis: Liberty Fund, 2004 [1959]). 34 – 35, 102。

17　John Trenchard and Thomas Gordon, "No. 68," in *Cato's Letters*, vol. 2 (London: Witkins, Woodward, Walthoe, and Peele, 1737 [1721]), 319.

18　Edmund Morgan, *American Slavery, American Freedom: The Ordeal of Colonial Virginia* (New York: W. W. Norton, 1975), 377.

19　McCormack, *The Independent Man*, 19. Alan Kulikoff, "The Transition to Capitalism irl Rural America," *William and Mary Quarterly* 46, no. 1 (1989): 137 – 40, 143 – 44.

20　有关独立性和性别的进一步讨论，请参阅第4章。

两层独立性

因此，独立是一个复杂而有争议的理想，它跨越了公共和私人的鸿沟，历史学家仍在努力揭示其全部含义。但英国共和主义者将个人独立**定位**于社会等级的两个不同位置，一个"较低"，一个"较高"，分别对应于不同的政治地位和能动性。在政治光谱的低端，独立划定了完全公民身份的边界：只有独立的人才被认为适合拥有政治权利（特别是选举权）。[21] 在更高层次上，有闲暇的独立性使部分男性有资格成为领导阶层的成员，领导阶层是受过训练的精英阶层，他们的职责是担任重要的公职。[22]

让我们从较低位置的独立开始。正如我们所看到的，只有独立个体才被认为能够完全掌控自己、生计、家园，以及他们的思想和他们的"身份"。麦科马克（McCormack）写道："从某种意义上说，'依赖者'根本不被视为主体，他们是政治行动的对象，而不是发起人。"[23] 这里的独立定义了一个较低的门槛，低于这个门槛，人们都不能自由和正直地行动。 40因此，当英国共和主义者坚持"人民"应该被赋予选举权时，他们只意味着一部分的人口。他们不仅排斥妇女，还排斥仆人、租客、"日结工"和任何慈善的接受者；他们有时也排斥商人和工匠。[24]

究竟谁是独立的、有资格获得正式公民身份的问题在18世纪是一个不断争论和修正的问题。[25] 即便如此，英国的许多工人仍然认为，这一门槛是他们力所能及的。历史学家丹尼尔·维克斯（Daniel Vickers）认为，

---

21 McCormack, *The Independent Man*, 2; Vickers, *Farmers and Fishermen*, 15 – 16.

22 在这种高级形式中，它与一种独特的理想人格相关联，体现了"政治美德的缩影"。McCormack, The Independent Man, 2。

23 同上，24; J. G. A. Pocock, "Virtue and Commerce in the Eighteenth Century," 121。

24 McCormack, *The Independent Man*, 67 – 69; H. T. Dickinson, *Liberty and Property: Political Ideology in Eighteenth-Century Britain* (New York: Holmes and Meier, 1977), 85 – 89; Samuel Dennis Glover, "The Putney Debates: Popular versus Elitist Republicanism," *Past & Present*, no. 164(1999): 51 – 52; Robbins, *The Eighteenth-Century Commonwealthman*, 13.

25 McCormack, *The Independent Man*; Glover, "The Putney Debates."

独立性最好被理解为一个程度问题，他写道："某种程度上的经济独立性通常是可以实现的，有工作的英国人认为追求或保护这种地位是经济生活的核心组织原则。"对那些用双手劳动的人来说，这意味着"拥有个体经营的手段"，比如拥有土地或小商店。[26] 例如，工匠们也使用了独立的话语，他们凭借其在某一行业中的成员资格提出诉求，这使他们能够在经济上自给自足，在一些英国自治区，他们也有资格投票。[27]

这种"较低"的独立表达方式在美洲殖民地也很常见。例如，1776年，詹姆斯·艾尔德尔（James Iredell）认为，只有独立的男性才应该获得投票权，因为只有他们才能"不受影响，并清楚地了解他们的信任所产生的重大后果"。[28] 同年，约翰·亚当斯（John Adams）写道："在每个社会中，如果普遍的男性完全没有财产，他们就会非常依赖其他男性而没有自己的独立意志，难道这不是这样的吗？"[29] 根据这些观念，美国最初的13个州都保留了某种投票的财产资格。[30] 然而，与英国不同的是，在美国，财产丰富且容易获得，大多数白人男子都能越过这一门槛。即使在历史上比新英格兰更不平等的南方，平等主义的压力也向更广泛的人群开放公民身份。埃德蒙·摩根（Edmund Morgan）对殖民地弗吉尼亚州的里程碑式研究表明，在整个18世纪，即使是在奴隶制度盛行之时，

26　Vickers，*Farmers and Fishermen*，17。

27　McCormack，*The Independent Man*，16 – 17；Ronald Schultz，*The Republic of Labor: Philadelphia Artisans and the Politics of Class*，1720 – 1830（New York：Oxford University Press，1993），5 – 7。在这样的背景下，独立往往与男子气概的英国族群愿景联系在一起，追溯理想化的撒克逊历史，强调诚实、自信和军事勇气等美德。后来，致力于扩大选举权的改革者会呼吁这些更加平民化的独立概念来证明他们的改革是正确的。

28　摘自 Wood，*The Creation of the American Republic*，168。

29　John Adams，"John Adams to James Sullivan，May 26，1776，"in *The Works of John Adams*，vol. 9，ed. Charles F. Adams（Boston：Little，Brown，1856［1776］），376。亚当斯与威廉·布莱克斯通爵士（Sir William Blackstone）分享了这一观点，后者对英国法律的评论在殖民地美国有着深远的影响。Sean Wilentz，*The Rise of American Democracy: Jefferson to Lincoln*（New York：Norton，2005），8；Dennis R. Nolan，"Sir William Blackstone and the New American Republic：A Study of Intellectual Impact，"*NYU Law Review* 51（1976）：731 – 68。

30　Wood，*The Creation of the American Republic*，168。

更为平等主义的思想观念也在那里蓬勃发展。由于社会和经济精英认为有必要与贫穷的白人团结起来，反对不断增长的黑奴人口，他们呼吁共和主义的财产独立理想，将政治权利扩展到小农。[31] 在这种新的、更具包容性的殖民地政治愿景中，"这位自耕农站在自己的土地上，手里拿着枪，心中怀有美德"，俨然是"理想的共和国公民"。[32]

另外，在社会和政治较高的一端，独立性支撑了与政治领导地位相关 41
的贵族理想。[33] 英国绅士们能够从其拥有地产中获得足够的租金，维持舒适的生活；因此，他们有能力将自己的兴趣转向公共事务。在大多数情况下，摆脱了为生活而奋斗的需要，摆脱了工作的需要，他们可以培养公正性和广博的知识，为成为政治领导做好准备。更重要的是，在古典教育的帮助下，他们可以学会用理性控制自己的私欲，蔑视奢侈享受和个人野心，成为真正的"公共自由的卫士（们）"。[34] 典型的独立性非常适用于这些准备在议会任职的"拥有地位和财产"的绅士。因此，作家们在有闲阶级阅读的自助书籍和修辞手册中，以及在 19 世纪的私人日记和回忆录中，表达了对独立性的敬意。它不仅描述了一种经济状况，而且还描述了在公共场合说话和行为的方式，更广泛地说，是处理政治责任的方式。[35]

这种"更高"的有闲独立的共和主义理想对殖民地美国的上层阶级具有强大的吸引力。尽管殖民地社会的等级分化远低于英国，但美国精英仍将自己视为英国绅士的同类，居住在类似的社会世界中。[36] 更重要的是，

31 Morgan, *American Slavery, American Freedom*, 338 – 44.

32 同上，377; Robert E. Shalhope, *John Taylor of Caroline: Pastoral Republican* (Columbia: University of South Carolina Press, 1980), 44; Jack P. Greene, *Pursuits of Happiness: The Social Development of Early Modern British Colonies and the Formation of American Culture* (Chapel Hill: University of North Carolina Press, 1988), 196。

33 Pocock, *The Machiavellian Moment*, 515.

34 Henry St. John Bolingbroke, "A Letter on the Spirit of Patriotism," in *The Works of the Late Right Honourable Henry St. John, Lord Viscount Bolingbroke*, vol. 3 (London: D. Mallet, 1754[1736]), 14.

35 McCormack, *The Independent Man*, 89, 32 – 44.

36 T. H. Breen, *Tobacco Culture: The Mentality of the Great Tidewater Planters on the Eve of Revolution* (Princeton: Princeton University Press, 1985), 84 – 106; Bushman, "This New Man': Dependence and Independence, 1776," 84.

社会地位的不安全感迫使他们更加努力地争取获得欧洲贵族的外表。历史学家戈登·伍德（Gordon Wood）总结了殖民地绅士用来将自己与社会下层区分开来的"蕾丝花边、丝袜"和"精心设计的房子"。他谈到了服饰背后的观念：殖民地精英正在努力呈现"自由和独立的古典特征"。他写道："在充满依赖关系的世界中获得独立，在只有部分人识字的世界中学习，在劳工的世界中拥有闲暇时光。"[37]

那么，在共和主义者心目中，这些更高、更悠闲的独立典范与那些几乎无法跨过正式公民资格门槛的下层农民和工匠之间的关系是什么？广义而言，是政治领导人和被赋予选举权的公众之间的关系决定了政治领导人的地位，以及公众对他们权威的服从（只要他们没有滥用权力）。[38] 甚至拒绝世袭政治特权的共和主义哲学家也认为，领导人将占据更高的社会阶层地位，并拥有独特的政治美德。詹姆斯·哈林顿（James Harrington）是英国共和传统的开创性人物之一，他设想了一个自然的贵族阶层，其特征不仅是独特的天赋，而且还包括财产所有权、古典教育和有闲。[39] 这些有闲的精英将由拥有财产的公众选举产生，但在任职期间享有广泛的自由裁量权。他们的独立性将体现为他们以诚信和荣誉处理政治责任。[40] 历史学家 T. H. 布林（T. H. Breen）总结了殖民地对弗吉尼亚州大种植园主的看法，这些种植园主是"更高"独立的典范。他写道，他们"超越

---

37 Wood, T*he Radicalism of the American Revolution*, 33. Enrico Dal Lago, "Patriarchs and Republicans: Eighteenth-Century Virginian Planters and Classical Politics," *Historical Research* 76, no. 194 (2003): 499–504.

38 Richard Beeman, "Deference, Republicanism, and the Emergence of Popular Politics in Eighteenth-Century America," *William and Mary Quarterly* 49, no. 3 (1992): 407. Gary B. Nash, "Artisans and Politics in Eighteenth-Century Philadelphia," in *The Origins of Anglo-American Radicalism*, ed. Margaret C. Jacob and James R. Jacob (London: George Allen & Unwin, 1984); Edmund Morgan, *Inventing the People: The Rise of Popular Sovereignty in England and America* (New York: W. W. Norton, 1988), 160–208; Pocock, *The Machiavellian Moment*, 515.

39 Pocock, *The Machiavellian Moment*, 515, 414.

40 在英国共和意识形态中，独立、拥有土地的精英阶层扮演了关键政治角色，参见 Dickinson, *Liberty and Property*, 165–84, 102–3; Morgan, *Inventing the People*, 166–73。

了对权力和财富的争夺，因此似乎更适合为小种植园主提供领导"。[41]

　　与此同时，在选举的时候，谦逊的财产所有者所具有的"较低"独立性是必要的，尤其是当公民必须在充满敌意、喧闹的人群面前公开宣布他们的投票时。[42] 在这些决定性时刻，公民们被要求用自己的判断来辨别这些天生的贵族的美德和才能，在其中选出并支持那些将忠实地捍卫他们的自由的领袖。[43] 本着这种精神，费城出版的时评小册子《不变的杜鲁门》（*Constant Truman*）在 1735 年敦促有资格投票的工匠们："都去参加选举吧，作为诚实的人在那里投出神圣一票。不屈于恐惧，也不沉迷于诱惑，仅仅根据你的良知和你的理解。"它警告说："如果城市里卑微的财产所有者允许自己受到'大人物'的恐吓或威吓，他们的自由将被剥夺，他们很快就会沦为'奴隶'和'负重的野兽'。"[44] 这些卑微、有财产的公民也被期望在民兵和陪审团中服役，并担任其他地方职务。[45]

　　共和主义者对较高的和较低的独立的关注，有助于解释美国革命中普遍存在的几种政治态度。它解释了对奢侈皇室的憎恨，这些皇室利用公款来施恩，形成了一个强大的依赖阶级，他们腐败不堪，像水蛭一样生活在政治体上。[46] 它解释了对一贫如洗的穷人的不信任，他们的经济需要使他们依赖于暴君和煽动家的廉价贿赂。[47] 它还解释了对政党的怀疑，因

41　Breen，*Tobacco Culture*，89。然而，布林表明，这一崇高的理想往往是子虚乌有的：潮水烟草的大种植商往往长期负债，以弥补作物成熟期之间的开支。

42　McCormack，*The Independent Man*，51。直到 19 世纪，无记名投票才在英国和美国普及。

43　正如人们所预料的那样，殖民地时期美国的选举实践往往不符合共和主义的理想：收买选票，组织联盟，谋划竞选活动。事实上，历史学家理查德·比曼（Richard Beeman）指出，往往是竞选失败者援引共和主义的崇高独立理想来谴责他们的对手，因为后者诉诸肮脏的群众竞选活动。Beeman，"Deference，Republicanism，and the Emergence of Popular Politics in Eighteenth-Century America，" 427–30。也可参见 Morgan，*Inventing the People*，174–208。

44　Constant Truman，"Advice to the Free-Holders and Electors of Pennsylvania"（Philadelphia：Andrew Bradford，1735），6，1.

45　Christopher Michael Curtis，*Jefferson's Freeholders and the Politics of Ownership in the Old Dominion*（Cambridge：Cambridge University Press，2012），168.

46　Wood，*The Creation of the American Republic*，78.

47　Morgan，*American Slavery，American Freedom*，383.

为政党的性质似乎促进了派系间的不稳定，削弱了独立的政治判断。最后，它解释了官员和普通民众对腐败的普遍关注，腐败通常与奢侈和经济依赖的蔓延有关。此外，这些态度表明，可能被认为不适合从政的经济依赖者阶层广泛且多样：不仅包括妇女、仆人和穷人，还包括朝臣、金融家和从国家领取丰厚薪水的军官。[48] 共和主义思想可以同时用来为等级制度和平等主义政治议程服务。

然而，到了18世纪中叶，古典共和传统受到了挑战。在许多观察家看来，大西洋世界商业的迅速扩张似乎威胁到了共和主义的社会和政治的基础。[49] 约翰·亚当斯最喜欢的哲学家之一博林布鲁克子爵（Viscount Bolingbroke）简明扼要地总结了这个问题："怎么能够期望在这些人中培养一种无私的公共精神？他们除了私人利益之外没有其他原则，他们是个人而不是公民，他们相互掠夺，他们就像霍布斯所说处于自然状态中的人一样处于公民社会。"[50] 简而言之，以追求个人私利为主要目标的商业，涉及广泛的依赖他人的关系，有可能消灭公民美德。[51] 像博林布鲁克这样的批评者将现代商业社会的兴起与奢侈、负债和贪婪的传播联系起来，这些都反过来又产生了奴役：人们似乎愿意做任何事情，包括在疯狂的金钱争夺中，在富人和权贵的脚下俯首帖耳。[52] 共和主义者传统上将土地财产视为一种手段，以摆脱界定市场关系的经济发展的斗争。现在，这些财产所滋养的公民品质似乎受到了威胁。

另外，现代商业的捍卫者则辩称，许多古代的经验教训已不再有用。他们认为，西方文明已经进入了一个新的历史阶段：商业阶段。在这个阶段中，共和主义自由必须通过其他方式来保障，而不是通过旧时

---

48 Pocock, *The Machiavellian Moment*, 407.

49 同上，第13、14章; MacGilvray, *The Invention of Market Freedom*, chap. 3。

50 Henry St. John Bolingbroke, "Some Reflections on the Present State of the Nation," in *The Works of the Late Right Honourable Henry St. John, Lord Viscount Bolingbroke*, vol. 3（London: D. Mallet, 1754［1753］), 174。也可参考 Wood, *The Radicalism of the American Revolution*, 105 - 09。

51 Breen, *Tobacco Culture*, 84 - 159.

52 Pocock, *The Machiavellian Moment*, 447 - 49; MacGilvray, *The Invention of Market Freedom*, 106.

朴素、自我牺牲的美德。[53] 有人认为，商业产生了更"温和的"社会美德，包括"节俭、经济、适度"和"秩序"，这些可以将现代个人和社会和平地结合在一起。[54] 另一些人则认为，商业繁荣本身限制了政治统治者的专横权力：它使国王依赖于一种只有在其有节制的管理之下才能繁荣的经济，并依赖于商人和投资者，如果政治条件变得不好，他们可以将资本转移到其他地方。[55] 在这场从18世纪一直延续到19世纪的辩论中，现代商业的捍卫者，包括孟德斯鸠（Charles de Montesquieu）、亚当·斯密（Adam Smith）和大卫·休谟（David Hume），将共和主义思想与我们现在公认的自由主义原则相融合。[56] 这一逐渐转变的关键是，自　44 由社会的维持不是靠公民的无私的公民美德，而是靠他们谨慎的自我趋利。

　　然而，基于土地的独立性这一观念更适合辩论的另一方，即那些对商业现代性的崛起持怀疑态度的人。事实上，它属于共和主义的传统，在某些方面是反个人主义的。共和主义者经常强调公民义务，抨击私人利益；他们倾向于将社会想象成一个致力于共同公共目的的社区或"机构"，并由致力于共同利益的公民来维系。尽管如此，通过研究美国思想中独立观念的延续和转变（也可称为**个人化**），我们仍然可以理解美国个人主义的兴起。尽管共和主义哲学的许多其他基础遭到破坏，尽管市场社会的到来和大规模政党逐渐兴起，尽管有闲贵族受到了否定，但它在美国

53　MacGilvray, *The Invention of Market Freedom*, 103. Vetterli and Bryner, *In Search of the Republic*, 200 - 234.

54　Charles de Montesquieu, *The Spirit of the Laws*, trans. Anne Cohler, Basia Miller, and Harold Stone（New York: Cambridge University Press, 1989［1748］）, 48. Andreas Kalyvas and Ira Katznelson, *Liberal Beginnings: Making a Republic for the Moderns*（Cambridge: Cambridge University Press, 2008）, 18 - 87; MacGilvray, *The Invention of Market Freedom*, 96, 104 - 5.

55　MacGilvray, *The Invention of Market Freedom*, 94 - 95; Albert Hirschman, *The Passions and the Interests: Political Arguments for Capitalism before Its Triumph*（Princeton: Princeton University Press, 1977）, 70 - 93.

56　MacGilvray, *The Invention of Market Freedom*, chap. 4; Kalyvas and Katznelson, *Liberal Beginnings*. 早在1846年，我们就可以在国会大厅里听到类似辩论; Congressman Edwin Ewing of Tennessee, *Cong. Globe*, 29th Cong., 1st sess., Appendix 500 - 505（March 1846）。

一直延续并发展到19世纪。历史学家约翰·默林（John Murrin）写道，美国人尊崇并神话化了这个"传统形象，即善良的自耕农，使其成为一种脱离其更古老、更有机的社会和公民环境的理想类型"。[57]

平民独立：杰斐逊时代传说中的农民和工匠

个人独立的两个层次——下层平民阶层和上层贵族阶层——在美国独立后一直持续到19世纪初。平民阶层在新兴的具有美德的自耕农国家神话中尤为重要：毕竟，在美国，土地廉价而丰富，世袭贵族几乎不存在。独立似乎是美国农民的自然条件。18世纪80年代在美国广泛流传的一本小册子中，英国激进派理查德·普莱斯（Richard Price）称赞美国人是"独立而顽强的自耕农，几乎都受过武装训练，了解他们的权利，穿着家纺的衣物，举止朴素，远离奢靡，在土地生产中使用工业化方法，从中获取大量财富。"普赖斯写道，在其活力和美德中，美国似乎预示着"希腊和罗马式"共和自由的新曙光，在经历了一段"黑暗的时期"之后。[58]

普莱斯的描述不仅仅是理想化的幻想。在英国，只有五分之一的成年男性拥有土地，而在美国，三分之二的成年白人男性是土地所有者，剩下的三分之一中，许多人要么是新移民，要么是等待继承土地或迁往西部的年轻男性。[59]历史学家乔伊斯·阿普尔比写道："从佐治亚州

45

---

57 John M. Murrin, "Feudalism, Communalism, and the Yeoman Freeholder: The American Revolution Considered as a Social Accident," in *Rethinking America: From Empire to Republic*, ed. John M. Murrin（New York: Oxford University Press, 2018［1973］）, 144.

58 Richard Price, *Observations on the Importance of the American Revolution and the Means of Making It a Benefit to the World*（［London］, 1784）, 69, 4.

59 Wood, *The Radicalism of the American Revolution*, 113; Greene, *Pursuits of Happiness*, 188, 195. 这一现象在苏格兰旅行家约翰·梅利什（John Melish）于1812年发表的他对美国的观察中也有体现："这个国家的居民通常耕种他们自己的农场，没有跟房东的抗争，也没有租金需要支付，他们非常独立。" John Melish, *Travels in the United States of America …*, vol. 1（Philadelphia: Printed for the author, 1812）, 78.

到纽约，一个腹地向西延伸，给予了这个新的国家绝无仅有的东西：独立、勤劳的财产所有者作为公民的物质基础。"[60] 这些物质事实对塑造美国社会极其重要。在英国，社会可以合理地想象为一个由不同社会"秩序"组成的等级制度，庇护人和依赖关系在其中紧密相连，土地所有者控制其经济依赖者的政治忠诚。在美国，这种关系确实也存在，但它们更薄弱。由于缺乏资金，殖民地总督们几乎没有施恩。[61] 由于土地价格低廉，形成"君主社会核心"的地主和佃户之间的稳定关系也无法广泛维持。[62]

在独立前后，美国人都用这些事实来讲述有关美国例外论的一个强有力的故事：他们认为，美国独特的经济和地理条件为共和主义美德奠定了基础，而这在过度拥挤的欧洲大陆根本不可能存在。正如我们所看到的，杰斐逊本人是这一美国神话最有影响力的传播者之一。众所周知，他坚持认为："在土地上劳动的人是上帝所拣选的人，……他在他们心中注满了坚定的真实的美德。"他继续写道："大规模耕种机器所带来的道德败坏是前所未有的现象。（堕落）是那些不关注自己的土地和产业的人的标志，正如农夫将自己的生计依赖于顾客的无常和任性一样。"[63]

最后一行文字强调了杰斐逊自己思想中的张力。即使是在亲自推动跨大西洋自由贸易的同时，他也担心商业最终会腐蚀美国。用盈余来购买进口制成品的农民可以保持他们的道德独立性，但那些主要从贸易中获得生计的农民越过了一个至关重要的道德门槛。他们变得更彻底地依赖于"顾客的无常和任性"。这些人是否愿意直言不讳地表达自己的想法，维护公共利益，即使冒着失去客户的风险也愿意接受有争议的意见？杰斐逊持怀疑态度。[64] 与欧洲城市贫民窟中依赖工资的劳动者一样，商人将　46

60　Joyce Appleby, "Commercial Farming and the 'Agrarian Myth' in the Early Republic," *Journal of American History*, 68, no. 4（1982）: 847.

61　Bushman, "This New Man': Dependence and Independence, 1776," 85 - 88.

62　Wood, *The Radicalism of the American Revolution*, 114; Bushman, "This New Man': Dependence and Independence, 1776," 86 - 89.

63　Jefferson, "Notes on the State of Virginia," 2: 229.

64　也可参见 Benjamin Franklin, "To Mrs. Catherine Greene," in *The Works of Benjamin Franklin*, vol. 10, ed. Jared Sparks（London: 1882［1789]), 386。

失去未被腐蚀的政治判断和行动能力。

许多与杰斐逊同时代的人也都有同样的担忧。[65] 例如，1803年，出生于肯塔基州的律师艾伦·马格鲁德（Alan Magruder）高度称颂了路易斯安那州的收购，因为这将为独立农民提供大片土地，从而保持美国的活力和美德。他写道："有一种尊严和独立的生活方式属于乡村生活……反抗暴政，不会耐心地屈服于奢侈的诱惑。"尽管他坚持农民必须有机会进入国际市场交易他们的盈余，但马格鲁德在农民和国家的"商业机构"之间划分了一条清晰的界线，他称之为"贪得无厌""贪婪"和"依赖"。[66] 由于商人的生计完全依赖客户，他的判断不可避免地受到私人利益的影响。与此同时，宾夕法尼亚州绅士农场主乔治·洛根（George Logan）认为，自耕农对共同利益的爱国主义奉献源于他对野心勃勃的政客和投机者的堕落计划的冷漠，还有实质上的远离。[67] 由于对自己的生活的掌控，独立的农民对这些诱惑能够免疫。此外，农民在土地上的利益相关使他与政治共同体的成功具有长期利益关系。与"证券公司"[68] 和"投机者"这些在农业修辞中受到普遍谴责的人不同，农民的投资是长期的，而"投机者"的财产是流动的和不稳定的。对农民来说，压倒一切的利益是和平、安全和自由，以及由此带来的稳定、渐进的繁荣。[69]

---

65 Drew R. McCoy, "Jefferson and Madison on Malthus: Population Growth in Jeffersonian Political Economy," *Virginia Magazine of History and Biography* 88, no. 3 (1980): 259–76; Stephen Watts, *The Republic Reborn: War and the Making of Liberal America*, 1790–1820 (Baltimore: Johns Hopkins University Press, 1987), 71–81, 219–20.

66 他认为，"自力更生"是人类平等的基础：只有在缺乏相互依赖的层级关系的情况下，"所有人类似乎才能是平等的"。Alan Magruder, *Political, Commercial, and Moral Reflections on the Late Cession of Louisiana* (Lexington, KY: D. Bradford, 1803), 77, 78.

67 George Logan, *Five Letters Addressed to the Yeomanry of the United States* (Philadelphia: Eleazer Oswald, 1792), 4, 11–12, 28. 类似的看法还可参见，Magruder, *Political, Commercial, and Moral Reflections on the Late Cession of Louisiana*, 77; John Taylor, *Arator, Being a Series of Agricultural Essays, Practical and Political*, 5th ed. (Petersburg, VA: Whitworth and Yancey, 1818[1813]), 24, 22.

68 "证券公司"是一个贬义词，用来指通过买卖股票和政府债券赚钱的人。

69 在杰斐逊1785年写给约翰·杰伊（John Jay）的信中写道："耕种者是最有活力、最独立的人。他们最为善良，与国家紧密相连，通过最持久的连接与国家的自由和利益息息相通。"Thomas Jefferson, "To John Jay. Paris, August 23, 1785," in *Memoir*; （转下页）

　　虽然保守派继续援引个人独立的理想来限制投票权，但杰斐逊、洛根（Logan）和其他农业民主党人认为这种独立性应该更具包容性和平等性。[70] 例如，在1776年弗吉尼亚州宪法草案中，杰斐逊提议，所有成年白人男子都应获得至少50英亩的土地。他认为，这项政策将为一个道德、民主的共和国奠定基础。同时法国移民赫克托·圣约翰·德·克雷弗克（Hector St. John de Crevecoeur）赞扬了这样一个事实，即任何一个"德国乡下人"，只要有一点点信用，都可以在美国购买自己的土地，并完成社会和政治重生："从无到有，从仆人到主人；从某个专制君主的奴隶，到成为一个自由人，是因为他们拥有土地，每一个地方政府都欣然看到土地投资！"他认为，"这真是一个巨大的变化"，土地所有权不仅赋予了即时的公民地位，还带来了个人性格的重大变化。他写道："当我走进自己的土地时，财产、专属权利和独立的美好想法使我的头脑更加清醒。"[71] 在这些更具包容性的农业愿景中，独立是平等主义政治理想的一部分，在美国，土地的可得性使其成为可能。历史学家梅里尔·彼得森（Merrill Peterson）将其描述为"美国政治的巨大异常"：在其刚刚出现在美国时，"民主传统是土地财产的传统"。[72]

　　杰斐逊传说中神话化的小农当然是白人，他们的独立性越来越以有色

（接上页）*Correspondence, and Miscellanies, from the Papers of Thomas Jefferson*, vol. 1, ed. Thomas Jefferson Randolph（Boston: Gray and Bowen, 1830［1785］）, 291.

70　早在1829年弗吉尼亚州宪法大会上，保守的种植园主就呼吁财产独立，以此合理化特许经营权的实质性财产资格。参见Curtis, *Jeffersons Freeholders and the Politics of Ownership in the Old Dominion*, 113; Merrill D. Peterson, *The Jefferson Image in the American Mind*（New York: Oxford University Press, 1960）, 43－44; Alexander Keyssar, *The Right to Vote: The Contested History of Democracy in the United States*, rev. ed.（New York: Basic Books, 2009）, 39。

71　Hector St. John de Crevecoeur, *Letters from an American Farmer*（New York: E. P. Dutton & Co., 1957［1782］）, 28, 16.

72　Peterson, *The Jefferson Image in the American Mind*, 85。Louis Hartz, *The Liberal Tradition in America: An Interpretation of American Political Thought since the Revolution*（New York: Harcourt, Brace 8: World, 1955）, 119－20。彼得森的观点是不完整的；它忽略了在城市工匠和劳动者中盛行的更激进的民主思想，例如参见Seth Cotlar, *Tom Paine's America: The Rise and Fall of Transatlantic Radicalism in the Early Republic*（Charlottesville: University of Virginia Press, 2011）。

人种的从属地位为前提。联邦政府出售给白人定居者的土地是通过武力和欺诈手段从美洲原住民手中获得的，而独立所有权的种族主义理想一直被用来为这些征用行为辩护。随着土地需求的加剧，美国白人越来越多地认为，其他种族的自然劣势使他们无法拥有与独立所有权相关的独特美德。从这个意义上讲，杰斐逊关于"自由帝国"向西延伸并由自耕农居住的愿景，也是一个不断扩大的白人人口的殖民地愿景，最终会永久地侵占和剥夺其他民族的空间。我们在第3章和第6章中会详细探讨这些白人至上主义思想，这些思想在杰克逊时代达到了狂热的程度。[73]

然而，渴望土地的农民并不是唯一一群声称拥有独立和勤劳美德的平民。店主、小商人和各行各业的工匠都可以声称，他们与国内的自由业主一样，不依赖任何主人的恩惠或支持。他们经营自己的企业；他们控制着自己的经济生活条件。[74] 与杰斐逊不同的是，这些商人和工匠几乎没有表示担忧商业会对性格产生腐朽的影响（尽管他们经常警告奢侈和"富裕"的腐朽影响）。历史学家约翰·布鲁尔（John Brewer）写道，"在一个开放的市场中运作，不受庇护人的限制、异想天开和胡思乱想的影响，这很可能是一种确保独立性的方式，将客户个人反复无常所带来的控制"换成更"非个人和平等"的合同和交换关系。从这个角度来看，商业在自由和平等的人之间建立了互惠关系，摆脱了对强大庇护人的依赖。它为平等主义、共和社会中的社会关系提供了一个新的范例，并提供了一种挑战共和国公民身份和美德界限的方式。[75]

---

73 Aziz Rana, *The Two Faces of American Freedom*（Cambridge，MA：Harvard University Press，2010）; Paul Frymer, *Building an American Empire: The Era of Territorial and Political Expansion*（Princeton：Princeton University Press，2017）.

74 关于这一趋势的英国根源，可参见John Brewer, "English Radicalism in the Age of George III," in *Three British Revolutions*：1641，1688，1776，ed. J. G. A. Pocock（Princeton：Princeton University Press，1980），345; Dickinson, *Liberty and Property*，226。

75 Brewer, "English Radicalism in the Age of George III," 346，355 – 57。参见Gary J. Kornblith, "Self-Made Men: The Development of Middling-Class Consciousness in New England," *Massachusetts Review* 26，no. 2/3（1985）: 467 – 69。有趣的是，亚当·斯密在国富论中也做了类似的表述，Adam Smith, *An Inquiry into the Nature and Causes of the Wealth of Nations*, vol. 1（London: Methuen 8: Co.，1904［1776］），387。

在美国，尤其是在东部城市，这些思潮孕育了一种独特的城市工匠共和主义。从18世纪末到19世纪初，美国的工业化落后于英国：大量的城市生产仍在小规模上进行，由工匠师傅和为他们工作的熟练工人在城市小商店里进行生产。这些工匠包括装订工、制革工、裁缝、造船工、鞋匠等，他们声称杰斐逊式的独立理想为自己在美国社会中开辟了一片天地，并将自己与依赖他人的穷人区分开来。[76] 特里斯塔姆·伯格斯（Tristam Burges）在1800年普罗维登斯机械和制造商协会的一次演讲中宣称，与英国同行不同，美国工匠不是"可怜的富人雇佣者"，他们的独立性给了他们教育自己的时间和形成自己政治判断的自由裁量权。他们是属于自己的人，随时准备在美国的自由受到威胁时勇敢地站起来捍卫它。[77]

如果独立的财产所有者的神话将一套独特的**政治**美德投射到农民和工匠身上，它也赋予了他新教所推崇的勤奋自律。[78] 在美国自耕农神话化中，一次又一次重复的农民的基本美德之一是**勤奋**：虽然证券公司和投机者是懒惰的纵容者，但农民却耐心而勤奋。他们的产业源于土地所有权和贸易的恰当结合：拥有财产的勤劳农民可以出售剩余作物，从而改善他们的状况。[79] 盈余将用于支付更高的生活水平、农场的资本改善以及最终购买更多的土地。[80] 马格鲁德（Magruder）写道："如果没有商业为农业产品

76 Sean Wilentz, *Chants Democratic: New York City and the Rise of the American Working Class, 1788 - 1850* (New York: Oxford University Press, 1984), 27 - 32, 90, 92 - 95. McCoy, *The Elusive Republic*, 65.

77 Tristam Burges, "The Spirit of Independence: An Oration Delivered before the Providence Association of Mechanics and Manufacturers" (Providence: B. Wheeler, 1800), 12, 13, 15. Wilentz, *Chants Democratic*, 94 - 95; William R. Sutton, "'To Extract Poison from the Blessings of God's Providence': Producerist Respectability and Methodist Suspicious of Capitalist Change in the Early Republic," in *Methodism and the Shaping of American Culture*, ed. Nathan O. Hatch and John H. Wigger (Nashville: Kingswood Books, 2001).

78 有关18世纪美国这些对比鲜明的美德观念的讨论，参见Jack P. Greene, "The Concept of Virtue in Late Colonial British America," in *Virtue, Corruption, and Self-Interest: Political Values in the Eighteenth Century*, ed. Richard K. Matthews (Bethlehem, PA: Lehigh University Press, 1994); Vetterli and Bryner, *In Search of the Republic*。

79 McCoy, *The Elusive Republic*, 81 - 82.

80 Joyce Appleby, *Capitalism and a New Social Order: The Republican Vision of the 1790s* (New York: New York University Press, 1984), 90.

提供市场，农业就会萎靡不振，社会大众将陷入无精打采的懒惰和放荡状态。"[81] 另外，在商业社会中，土地所有权提供了工作的强大动力，因而成为道德规范的来源。[82]

新教中的勤劳和节俭美德也有助于自耕农抵制在日益富裕的世界中出现的诱惑。例如，面对独立后几十年席卷美国的投机热情和毁灭性的个人债务，农民的辛勤工作和耐心起到了纠偏的作用。杰斐逊写道："适度而稳定的畜牧业收入带来了永久的改善、平静的生活以及公共和私人的有序行为。"[83] 与此同时，作为也许是杰斐逊式民主的主要哲学家，卡罗林的约翰·泰勒（John Taylor of Caroline），对那些"被财富诱惑"的人从农业中叛逃感到遗憾。[84] 市场可以轻松地释放动荡的激情，就像促进纪律和稳定的自我完善一样；在自耕农的形象中，对财富的追求受到自然稳定节奏的制约：季节、土地容量、改良的劳动强度。在一个经济动荡的世界里，自耕农是一个温和和自我控制的典范。这种共和美德和新教工作道德的融合，使得平民独立的原型比以往更具弹性和持久性。它也削弱了贵族独立性，因为后者意味着休闲而不是勤劳。

---

81 Magruder, *Political, Commercial, and Moral Reflections on the Late Cession of Louisiana*, 50.

82 Jean M. Yarbrough, *American Virtues: Thomas Jefferson on the Character of a Free People* (Lawrence: University Press of Kansas, 1998), 64; John Ashworth, "The Jeffersonians: Classical Republicans or Liberal Capitalists?" *Journal of American Studies* 18, no. 3 (1984): 431 - 32; Charles Sellers, *The Market Revolution: Jacksonian America, 1815 - 1848* (New York: Oxford University Press, 1991), 39. 这种广泛的激励形成了美国例外论神话的一部分：土地所有权在美国的广泛扩散导致了大量农业人口具有勤奋和创造力的美德，而不像欧洲农民那样"毫无改善和进取的精神"。Nathaniel Gage, "Address before the Essex Agricultural Society, at Topsfield, September 27, 1837, at Their Annual Cattle Show" (Salem: Essex Agricultural Society, 1837), 10。

83 Thomas Jefferson, "Jefferson to George 'Washington, 14 August 1787," in *The Writings of Thomas Jefferson*, vol. 2, ed. Albert Ellery Bergh (Boston: Gray and Bowen, 1830[1787]), 223.

84 Taylor, *Arator; Being a Series of Agricultural Essays, Practical and Political*, 37.

贵族独立与自然贵族

如果说农民和工匠体现了独立的平民理想，那么富有的南方种植园主则代表了更高的贵族形象。北方和南方的殖民地精英都渴望悠闲的独立，以保障公共领导的生活。有抱负的绅士们不遗余力地遵循古典理想，包括远离表面上的商业活动，因为这可能意味着卑鄙或自私自利的动机，也包括购买地产、沉迷于精致的绅士文化。[85] 与此同时，总统候选人应避免直接向选民发出呼吁，因为这样的呼吁会暴露出"自私自利和卑鄙的贪婪"，不符合独立绅士的身份。[86] 这种悠闲、拥有土地的公共人物的理想总是更适合南方，那里的种植园奴隶制支撑着一个拥有土地的富裕精英阶层。事实上，这个阶层在南方一直存在到了内战。[87] 对于南方精英来说，关于土地独立和美德的共和主义表述自然而然地合理化了他们的政治权力和地位，并将自己与北方资本家区分开来。[88]

当本杰明·沃特金斯·利（Benjamin Watkins Leigh）在1829年弗吉尼亚州制宪会议上站起来捍卫奴隶主的政治特权时，他大量借鉴了这一

---

85 Wood, *The Radicalism of the American Revolution*, 197 - 212; Garrett Ward Sheldon, *The Political Philosophy of Thomas Jefferson* (Baltimore: Johns Hopkins University Press, 1991), 121 - 22; Breen, *Tobacco Culture*, 84 - 106.

86 Charles Sydnor, Gentlemen Freeholders: Political Practices in Washington's Virginia (Chapel Hill: University of North Carolina Press, 1952), 46; Gordon Wood, *Empire of Liberty: A History of the Early Republic, 1789 - 1815* (Oxford: Oxford University Press, 1009), 160.

87 Wood, *The Creation of the American Republic*, 71. Dal Lago, "Patriarchs and Republicans: Eighteenth-Century Virginian Planters and Classical Politics," 500 - 501; Kenneth S. Greenberg, *Masters and Statesmen: The Political Culture of American Slavery* (Baltimore: Johns Hopkins University Press, 1985), 3 - 22. 关于南北战争前南方平民和贵族独立之间两极分化的出色讨论，可参见 Stephanie McCurry, *Masters of Small Worlds: Yeoman Households, Gender Relations, and the Political Culture of the Antebellum South Carolina Low Country* (New York: Oxford University Press, 1995), 37 - 91。

88 Dal Lago, "Patriarchs and Republicans: Eighteenth-Century Virginian Planters and Classical Politics"; David Hackett Fischer, *Albions Seed: Four British Folkways in America* (New York: Oxford University Press, 1989), 411 - 18.

贵族传统。本杰明·沃特金斯·利询问与会代表："那些不得不依靠日常劳动维持生活的人是否能够参与或确实参与了政治事务？"他宣称："他们从未参与，永远不会参与，也永远不能参与。"[89] 虽然他话里的倒刺是为了没有财产的"日结工"准备的，但它也伤害了全州的小农，因为它似乎使体力劳动本身声名狼藉。[90] 然而，更能说明问题的是，利本人一直为欧洲贵族式的悠闲独立而奋斗。他承认，"我接受了专业教育。**在这个**

50 **国家**，这被认为可以培养富有政治职责的思想，但我从来没有将我的思想转向任何一般性的政治问题，也没有感受过专业习惯对思想的缩小和窄化"。[91] 作为一名职业律师，利感到自己的职业兴趣和人格与他所追求的公正无私的政治家的理想之间的紧张关系，而这一理想只能通过对大量财产的持有来维持。

　　然而，在相对平等的美洲殖民地白人男性社会中，这种贵族的独立理想一直是脆弱的。独立后，它受到杰斐逊时期农场主和其他人的攻击。杰斐逊坚决反对由特权和财富维持的"贵族秩序"。取而代之的是，他设想了一种"拥有天赋和美德的自然贵族"。[92] 例如，在1779年的《关于进一步普及知识的法案》序言中，杰斐逊解释了他提议的教育改革的一个主要目的，他认为："那些自然赋予了天才和美德的人，应该获得也值得获得有价值的自由教育，并能够捍卫其同胞的神圣权利和自由。"与泰勒一样，他认为美德和才能广泛分布于社会的不同阶层。因此，他坚持认为，应该"不考虑财富、出身或其他偶然条件或环境"，提拔有才能和有

89　*Proceedings and Debates of the Virginia State Convention, of 1829‑30*, vol. 1（Richmond：Samuel Shepherd & Co., 1830），158.

90　在这篇演讲中，他还将西方的"农民"比作东方的奴隶，之后，利的雕像经常表现为被哈里森堡的农民吊死/烧死的形象。Merrill D. Peterson, ed., *Democracy, Liberty, and Property：The State Constitutional Conventions of the 1820s*（Indianapolis：Bobbs-Merrill, 1966），337。事实上，这句话也变得臭名昭著，它在整个19世纪30年代被用来证明南方对自由劳动的敌意。

91　*Proceedings and Debates of the Virginia State Convention, of 1829‑30*, vol. 1, 158.

92　*Thomas Jefferson and the New Nation：A Biography*（New York：Oxford University Press, 1970），113；Thomas Jefferson, "To John Adams," in *Thomas Jefferson：Political Writings*, ed. Joyce Appleby and Terence Ball（Cambridge：Cambridge University Press, 1999［1813］），187.

道德的人。[93] 在他的共和理想中，仍然存在着一个领导阶层，其卓越品质和接受古典教育与社会其他阶层不同，但这也是一个对人才开放的阶层。

　　然而，杰斐逊和泰勒都认为这些善良的领导人是独立的土地所有者。在他们看来，基于土地的独立性特别重要，可以抵消新一代现代精英日益增长的权力，他们会威胁到这个年轻的共和国。这些人聚集在权力中心周围，靠政府的慷慨生活，并从政府获得特殊的经济特权。他们是专属公司特许状的受益者、高薪的部长和军官，其中最重要的是银行家和"股票经纪人"，他们为政府债务提供资金或获得发行货币的专属权利。这些现代权力掮客在英国激增，杰斐逊和泰勒决心阻止他们在美国的优势地位。相反，他们想要构建的是一个拥有土地的农业精英群体，这个群体将"不受股票买卖、职务观念或个人恶习的影响；专注于将才能与真正的性格结合起来"。[94]

　　这些信念反映了18世纪英国共和主义的影响，历史学家称之为国家意识形态，在美国建国一代中具有很高的影响力。其核心是对行政权力爆炸性增长及其对英国宪法神圣平衡的颠覆的担忧。[95] 从17世纪90年代开始，英国政府开始通过债务为其雄心勃勃地发起对外战争提供资金，成立了英格兰银行来管理其利息支付，并制定了新的税收政策，这需要大幅扩大国家官僚机构。大型特许公司也开始对商业和帝国扩张过度关注，并随之产生了一批新的富商和金融家。从国家的角度来看，这些新的精英们不具备土地所有者的独立性，对英国的自由构成了深刻的威胁，因为他们在没有提供任何有益的制衡的情况下增强了皇权。[96] 杰斐逊和泰勒同意：在他们看来，这正是亚历山大·汉密尔顿（Alexander Hamilton）和联邦党人以及后来共和党的民族主义者试图引入美国的腐朽的贵族制。

51

93　"Bill for the More General Diffusion of Knowledge," in *Thomas Jefferson: Political Writings*, ed. Joyce Appleby and Terence Ball (Cambridge: Cambridge University Press, 1999 [1779]), 136.

94　Taylor, *Arator, Being a Series of Agricultural Essays, Practical and Political*, 42.

95　Bernard Bailyn, *The Ideological Origins of the American Revolution*, enlarged ed. (Cambridge, MA: Harvard University Press, 1992 [1967]), 55–93.

96　Dickinson, *Liberty and Property*, 103–10, 170–85.

广泛的**依赖性**是其主要特征之一。[97]

为了避免这种腐朽堕落，年轻的美国不仅需要有道德和独立的领导人，还需要由机警的小企业主主导的选民，他们会选择合适的领导人并对他们进行监督和控制。詹姆斯·麦迪逊（James Madison）曾表示，共和主义选民至少足够明智，能够"选择有美德和智慧的人。"[98] 杰斐逊也相信自耕农会辨识并尊重优秀的人才；但他也认为他们会对他们的领导人保持谨慎的监督。事实上，他认为自耕农的政治美德通常是消极的或防御性的：他们应该**嫉妒**自己的权利，时刻**警惕**颠覆他们自由的阴谋，并愿意"在必要时，用武器抵抗任何侵犯，无论是真实的还是想象的"。[99] 正如我们所看到的，平民的独立是这个故事的组成部分：根据相关的神话，小业主是廉洁的，总是倾向于形成自己的判断。由于不习惯于任何形式的奴役，他将强烈抵制任何侵犯其自由的行为。摩根（Morgan）写道，"矛盾的是，对自耕农的颂扬充当了政治顺从的核心思想"，"在这种政治中，独立农民旨在团结在自然贵族的背后，对抗那些威胁他们的腐朽势力"。[100]

在这个年轻国家的大部分地区，这种顺从政治不会长期存在：美国独立引发了一股强大的政治平均主义潮流，到了杰克逊时代，这种潮流将冲击白人中自然贵族的观念，迫使美国精英们以更加民主和更加个人化的方式重新想象他们的政治生活。[101] 例如，在围绕批准《美国宪法》的辩

---

97 Morgan, *Inventing the People*, 167 – 68.

98 摘自 Ralph Ketcham, *James Madison：A Biography*（Charlottesville：University Press of Virginia, 1990［1971］），262。

99 Yarbrough, *American Virtues：Thomas Jefferson on the Character of a Free People*，114；Forrest McDonald, *Novus Ordo Seclorum：The Intellectual Origins of the Constitution*（Lawrence：University Press of Kansas, 1985），76.

100 Morgan, *Inventing the People*, 169。摩根在这里概括了17世纪和18世纪的情况，但他有针对性地包括了杰斐逊、麦迪逊的农业思想，以及他们在18世纪90年代组成并产生后续影响的政治联盟。其他历史学家认为，正是这种顺从的文化使杰斐逊和麦迪逊等南方精英免于受到民主挑战，增强了他们对选民政治敏锐性的信心，并帮助他们成为民主改革的旗手。参见 Richard Buel Jr., *Securing the Revolution：Ideology in American Politics, 1789 – 1815*（Ithaca：Cornell University Press, 1972），81；Wood, *Empire of Liberty*，167。

101 Gordon Wood, *The Radicalism of the American Revolution*（New York：Random House, 1992），229 – 369.

论中，一些反联邦主义者比杰斐逊走得更远，拒绝了政治领导人在才智、训练或美德方面应**优于**选民的前提。相反，他们认为立法机构应该成为社会的一面镜子：政治代表应该具有与其选民相同的背景和特征，以便他们能够忠实地为选民代言。[102] 反联邦主义散文家布鲁图斯（Brutus）写道，"农民、商人、技工（译者：原文为 mecanick，可能是 mechanic，技工）和其他各种各样的人应该根据他们各自的权重和数量来选出代表"，这样立法者就可以"密切了解"人民的"需求"。[103] 布鲁图斯和其他激进的反联邦主义者坚持认为，独立的自耕农和工匠拥有管理自己所需的所有知识和美德，他们不需要受过传统训练或悠闲的领导阶层。[104] 他们认为，任何关于自然贵族的言论都是维护社会和经济精英政治特权的策略。

1800 年杰斐逊当选总统后，他的政治联盟中更激进的一派接受并拓展了这种平等主义观点。例如，费城的记者和政治家威廉·杜安（William Duane）就是最热心的推动者之一。杜安是杰斐逊时期美国最受欢迎的编辑之一，从某个角度来看，他的作品也反映了杰斐逊和泰勒的农业共和主义：他谴责政府的资助，批评有资金支持的政府债务以及从中获利的"冒险家"和"投机者"；他警告不要增加农民的税收负担，这会危及他们的独立性，使他们为新的寄生贵族的奢侈生活方式买单。[105] 与杰斐逊和泰勒一样，他也呼吁美国人不惜一切代价避免英国的政府模式，他认为联邦主义者决心在美国重建这种模式，因为它会将美国农民和技工从自由人转变为"奴隶"。[106]

---

102 Saul Cornell, "Aristocracy Assailed: The Ideology of Backcountry Anti-Federalism," *Journal of American History* 76, no. 4（1990）: 1156 – 68.

103 Brutus, "Essay III, 15 November 1787," in *The Anti-Federalist: Writings by Opponents of the Constitution*, ed. Herbert. Storing（Chicago: University of Chicago Press, 1985［1787］）, 125.

104 Cornell, "Aristocracy Assailed: The Ideology of Backcountry Anti-Federalism."

105 William Duane, *Politics for American Farmers ...*（Washington, DC: R. C. Weightman, 1807）, 3, 14, 19, 21, 30, 66. 事实上，杜安在 1819 年重印了约翰·泰勒的《结构解释和宪法证明》的章节，强调了反对银行业和投机的论点，并忽略了泰勒对奴隶制的辩护。Wilentz, *The Rise of American Democracy: Jefferson to Lincoln*, 214.

106 杜安对"充满活力的政府"剥夺农民和工匠独立性的方式特别敏感。Duane, *Politics for American Farmers*, 65, 14, 62, 57.

但是，他没有将这种新的、金融和官僚贵族的腐败与独立领导阶层的美德进行对比，而是将政治美德完全交给了美国谦卑的生产者手中，他们靠自己的劳动生活，据杜安估计，他们是"我们人口的二十分之十七"。[107] 他认为，正是这些生产者的辛勤劳动和创新使现代社会成为可能。[108] 正是他们和他们自己每天都为公共利益作出贡献，而不寻求任何人的特殊帮助。他们是**有用的社会成员**，与不断试图从他人的行业中获利的"闲散"和"挥霍"精英形成了鲜明的对比。此外，正是他们依靠自己的劳动维持生计的能力使农民和技工有了独立的权利。杜安敦促道："告诉（联邦党人）你们像他们一样获得独立。在你的**脑海**中，你会问，在拥有数亿英亩土地的美国，谁能在没有**彼此**的情况下做得最好，**农民、技工还是商人**？"[109] 与此同时，他还讽刺了那些自命不凡的英国贵族，他们认为自己的地位使他们有权从"沉闷的公民生活追求"中解脱出来：他们是对社会毫无贡献的水蛭。[110]

在杜安对英美精英的讽刺性攻击中，休闲独立的绅士的经典形象——他摆脱了劳动的要求，从而可以将注意力转向公共事务——被颠覆了。由于无法靠自己的劳动维持生活，他成了另一种掠夺性依赖的物种。杜安将他共和主义思想中关于平民的部分与费城工匠中长期盛行的生产主义和平等主义结合在一起，这种平等主义本身也受到福音新教平等主义的影响。这种令人兴奋的组合给杰克逊时代民主党核心观念中的民粹主义和民主言论蒙上了阴影。

---

107 同上，3。

108 关于在城市工匠中盛行的生产者伦理，可参见Sutton，"To Extract Poison from the Blessings of God's Providence."。

109 强调文字出于 Duane，*Politics for American Farmers*，83，95。尽管如此，他依然担心这些技工出于经济原因而产生"依赖"："有没有一个人了解这些事情，并且没有观察到许多有价值的技工和商人因为害怕失去客户而将自己的政治观点依附于［有钱人］。"在这里，杜安准确地再现了杰斐逊的担忧，唯一不同的是，杜安认为这些技工和商人可以选择抵制这种依赖。William Duane，"Local Politics，"*Aurora General Advertiser*，September 21，1810，p. 2。

110 Duane，*Politics for American Farmers*，83.

第4章

杰克逊时代的独立

> 通过什么方式，可以如此精心地发展出一个民族的所有伟大和高尚的品质，使这个国家的每一个公民都成为自由的有产者，[1] 成为他所居住的土地的主人？

> ——众议员阿尔伯特·加里顿·哈里森
> （Albert Galliton Harrison），1838 年[2]

尽管独立的有产者的神话仍然是杰克逊时代美国政治思想和言论的核心，但其内容已经发生了变化。到 19 世纪 20 年代，除南方腹地之外，悠闲、有公益精神的贵族理想几乎从美国政治辞令中消失。剩下的只有自耕农和工匠的平民独立。正如 18 世纪晚期的农民和工匠一样，杰克逊时代的独立代表着社会地位：独立意味着在一个将依赖视为社会自卑和经济失败的标志的社会中成为一个完整的公民。但现在，这是一种单一的、无差别的地位，所有白人男子都认为自己有权享有这一地位，杰克逊的民主党人利用这一地位来论证白人男性社会坚定的有关平等和民主的愿景。在他们的影响下，独立有产者的神话助长了民粹主义政治，其斗争目标是富人和权势者所拥有的不公平特权以及表面上使他们得以生存的

---

1 自由的有产者是指拥有其土地的完全和不可撤销的所有权的人。

2 *Cong. Globe*，25th Cong.，2nd sess.，Appendix 393（June 1838）.

政府慷慨资助。[3]

55   这一神话还将这些民粹主义者的力量引向了捍卫个人自由和财产所有权的扩张上。在民主党的言论中，恶棍指的是威胁要侵犯小业主领域的权势精英：有权在短时间内收回贷款，并在资金紧张的农民中制造恐慌的银行家；使用新的生产方法剥夺了工人实现所有权和自我掌控的能力的工厂主；购买了大片土地，驱逐了试图获得小小立足点的定居者的投机者。[4] 每种恶棍都以自己的方式削弱了农民和工匠对其财产和工作生活的控制，使他们感觉自己是佃户或工薪工人。在这种背景下，独立性被认为是个人自主性的条件，在这种条件下，小业主拥有对自己工作的控制权，包括他们接轨市场经济的程度。[5]

    正如我们在接下来的两章中将会探讨的，杰克逊时代民主党人也指责

---

3 许多历史学家已经提醒人们注意共和主义思想在杰克逊时代美国社会的持久重要性，例如参见Harry L. Watson, *Liberty and Power: The Politics of Jacksonian America* (New York: Hill and Wang, 1990), 42 - 72; James L. Huston, "Virtue Besieged: Virtue, Equality, and the General Welfare in the Tariff Debates of the 1820s," *Journal of the Early Republic* 14, no. 4 (1994): 523 - 47; J. William Harris, "Last of the Classical Republicans: An Interpretation of John C. Calhoun," *Civil War History* 30, no. 3 (1984): 255 - 67; Kenneth S. Greenberg, *Masters and Statesmen: The Political Culture of American Slavery* (Baltimore: Johns Hopkins University Press, 1985), 4 - 22; Donald K. Pickens, "The Republican Synthesis and Thaddeus Stevens," *Civil War History* 31, no. 1 (1985): 57 - 73; Jean H. Baker, *Affairs of Party: The Political Culture of Northern Democrats in the Mid-Nineteenth Century* (Ithaca: Cornell University Press, 1983), 143 - 76; Major L. Wilson, *The Presidency of Martin Van Buren* (Lawrence: University Press of Kansas, 1984), 87 - 90。

4 Douglas T. Miller, *Jacksonian Aristocracy: Class and Democracy in New York*, 1830 - 1860 (New York: Oxford University Press, 1967), 32 - 35; Henry Nash Smith, *Virgin Land: The American West as Symbol and Myth* (Cambridge, MA: Harvard University Press, 1970 [1950]), 159; Steven Hahn, *The Roots of Southern Populism: Yeoman Farmers and the Transformation of the Georgia Upcountry, 1850 - 1890* (New York: Oxford University Press, 1983), 36; Jeremy Atack and Fred Bateman, *To Their Own Soil: Agriculture in the Antebellum North* (Ames: Iowa State University Press, 1987), 225; Mills Thornton III, *Politics and Power in a Slave Society: Alabama, 1800 - 1860* (Baton Rouge: Louisiana State University Press, 1978), 310 - 11.

5 James Oakes, "From Republicanism to Liberalism: Ideological Change and the Crisis of the Old South," *American Quarterly* 37, no. 4 (1985): 561; Thornton, *Politics and Power in a Slave Society: Alabama, 1800 - 1860*, 310.

政府加速了对个人独立性的侵蚀。立法机构向银行家授予了特许状，包括强大的美国第二银行，授权他们操纵经济，为自己谋利。政府征收关税从而保护了国内工厂主，增加了他们的财富。政府与富有的、关系良好的投机者达成交易，然后这些投机者求助于法院，以确保他们的财产不受贫穷定居者的影响。因此，第一个在美国政治中表现出来的群众平等主义运动发现自己在捍卫私人自由的时候必须对抗国家。这是一场不涉及社会主义或革命梦想的运动，不是为了被剥夺的劳动阶级，而是为已经享有充分民主公民身份并期待分享扩大市场带来的财富和机会的白人小业主（和准业主）发声。[6] 后来的许多对经济不平等日益加剧感到沮丧的美国人也会发现自己遵循着同样的意识形态。

即使民主党在支持白人男性业主保护他们的财产和自由免受掠夺性精英的侵害的时候，他们也支持白人男性业主维护自己对有色人种和女性的优越性。白人农民的独立是以廉价土地的供给为前提的，而对土地的极度需求导致了对美洲原住民的暴力征用和大规模屠杀，民主党人越来越多地通过种族主义的非人化来合理化这一点。与此同时，日益高涨的种族主义浪潮将非裔美国人描绘成"奴性"和天生有依赖性的人，甚至在白人的公民权利和政治权利扩大的同时，类似种族主义观念也被用来削弱非裔美国人的公民和政治权利。最后，白人男子还援引性别化的独立理想来维护和捍卫他们对家庭的父权统治，并抵制妇女权利的扩张。在这几方面，独立有产者神话中日益平民化的个人主义理想被更明确地表述为白人男性的特权。这也将被证明是一个有着持久影响力的思想遗产。　56

对"贵族"的反抗

当安德鲁·杰克逊于1824年竞选总统时，他是以完美的政治局外人

6　这一著名观点由路易斯·哈特兹（Louis Hartz）提出，参见 Louis Hartz, *The Liberal Tradition in America: An Interpretation of American Political Thought since the Revolution* (New York: Harcourt, Brace 8: World, 1955), 5 - 24, 114 - 42. 有关民主党人接纳市场经济的讨论可参见第 6、7 章。

身份自居的。[7] 作为苏格兰－爱尔兰移民后裔，杰克逊在卡罗来纳州边远地区长大，在田纳西州边境地区学习法律并涉足政治，然后在1812年战争中作为军事指挥官赢得了全国性的声誉。杰克逊带领一队来自田纳西州和肯塔基州的志愿者军队，在新奥尔良战役中击败了一支规模更大、训练有素的英国军队，拯救了因一系列令人尴尬的失败而严重受损的民族自豪感。随后，他取得了进一步的军事成就：与塞米诺尔人的作战，协助吞并了西班牙人控制的佛罗里达州，并在美国参议院短暂就职。

尽管杰克逊作为战争英雄很受欢迎，但他的政敌在1824年将他视为一个不折不扣的暴发户。自1800年杰斐逊当选总统以来，国家政治一直由民主共和党主导，民主共和党领导人亲自挑选了詹姆斯·麦迪逊（James Madison）和詹姆斯·门罗（James Monroe）担任下两任总统。由于门罗没有明确的继任者，几位政治生涯建树颇丰的候选人挺身而出竞选总统。其中包括约翰·昆西·亚当斯（John Quincy Adams），老约翰·亚当斯之子；众议院议长亨利·克莱（Henry Clay）；以及威廉·克劳福德（William Crawford），他在麦迪逊和门罗任期中都出任了财政部部长。杰克逊赢得了选举人团的多数票，震惊全场，但远未获得宣布彻底胜利所需的多数票。根据《宪法》的要求，选举随后被提交众议院，克莱利用其影响力将总统职位交给亚当斯。亚当斯随后任命克莱为国务卿。这场交易迅速遭到广泛谴责，被称为"腐败的交易"，是对民主共和党政治道德崇高标准的公然冒犯。杰克逊谴责克莱是"西方的犹大"（克莱来自肯塔基州），并将目光放在了1828年的总统竞选上。[8] 与此同时，亚当斯也被证明是一位不受欢迎的、政治上不得力的总统，而备受挑战。

与此同时，选民中更广泛的变化也有利于杰克逊。1815年杰克逊击57 败英国军队后的十年里，选举权大幅扩大。一些老州取消了财产资格对

7　就像杰克逊精心培养的公众形象的许多其他方面一样，这也只是部分的事实。杰克逊一生大部分时间都参与政治。

8　"腐败交易"被认为是正在崛起的杰克逊政治联盟中的一类引人注意的事件，相关富有启发性的讨论以及杰克逊自己的政治信仰，参见Robert V. Remini, *The Legacy of Andrew Jackson: Essays on Democracy*; *Indian Removal, and Slavery*（Baton Rouge: Louisiana State University Press, 1988）, 13 - 20。

选民的限制，新的州加入了联邦，其宪法更具包容性。[9] 同一时期，总统候选人的选择方式也发生了变化：到1828年，只有南卡罗来纳州和特拉华州将选择权留给州议会；在其他地方，他们都是由选民直接选举产生的。[10] 杰克逊的盟友通过在全国范围内建立密集的组织委员会和党派报纸网络动员了这些新选民，并在美国历史上首次集合了全国范围的大规模选民。[11] 他们的竞选内容完美地适应了这一新的政治现实：他们将杰克逊呈现为人民意志的纯粹体现，他将从腐败的华盛顿机构手中夺回人民的合法权利。与此同时，他们嘲笑亚当斯是一个软弱的势利小人，一个与普通美国人的生活完全脱节的世界主义者。

杰克逊在1828年的决定性胜利使美国政党政治重新洗牌。他的胜利最终打破了长期存在的民主共和党联盟，并促使民主党成立。主要由克莱领导的杰克逊的反对者最终于1834年合并成为辉格党，从而开创了第二党系，这一制度仅持续了20年。民主党人花了几年时间才完全建立了自己的政治身份。但他们塑造政治身份的过程却反映了杰克逊精心打造

9　Sean Wilentz, *The Rise of American Democracy: Jefferson to Lincoln*（New York：Norton，2005），183 - 202。略有差异的视角可参见 Donald Ratcliffe, "The Right to Vote and the Rise of Democracy，1787 - 1828," *Journal of the Early Republic* 33，no. 2（2013）：219 - 54；Andrew W. Robertson, "Jeffersonian Parties, Politics, and Participation：the Tortuous Trajectory of American Democracy," in *Practicing Democracy：Popular Politics in the United States from the Constitution to the Civil War*, ed. Daniel Peart and Adam I. P. Smith（Charlottesville：University of Virginia Press，2015）。

10　Michael F. Holt, T*he Rise and Fall of the American Whig Party: Jacksonian Politics and the Onset of the Civil War*（New York：Oxford University Press，1999），8.

11　Mark R. Cheathem, *The Coming of Democracy: Presidential Campaigning in the Age of Jackson*（Baltimore：johns Hopkins University Press，2018），1 - 63；David S. Heidler and Jeanne T. Heidler, *The Rise of Andrew Jackson: Myth, Manipulation, and the Making of Modern Politics*（New York：Basic Books，2018），264 - 363。对于美国早期扩大选举权和民众政治参与的讨论，参见 Alexander Keyssar, *The Right to Vote: The Contested History of Democracy in the United States*, rev. ed.（New York：Basic Books，2009）；Ratcliffe, "The Right to Vote and the Rise of Democracy"；Robertson, "Jeffersonian Parties, Politics, and Participation"；Reeve Huston, "Rethinking the Origins of Partisan Democracy in the United States，1795 - 1840," in *Practicing Democracy：Popular Politics in the United States from the Constitution to the Civil War*, ed. Daniel Peart and Adam I. P. Smith（Charlottesville：University of Virginia Press，2015）。

的政治形象的关键要素：民主党人声称代表普通人反对长期统治美国政治的"贵族"。他们声称"代表美国"小农的经济利益对抗银行家、实业家和土地投机者。[12] 他们还声称代表了普通白人对"劣等"种族的压制，特别是后者在反抗白人霸权的时候。

民主党人在构建这些政治信息时，主要参照了独立有产者的神话，并将其重新用作民粹主义活动的工具。在小册子、公开演讲和社论中，他们一次又一次地谈到席卷全国的令人不安的变化：普通美国人所珍视的独立性正在受到一个不断上升的精英阶层的破坏，他们积累了特殊的经济特权和权力，并利用这些特权和权力控制国家经济。他们警告说，很快，自豪的美国自耕农和工匠将沦为"少数资本家的依附者"，仅仅是"贵族世袭土地上的农奴"。[13] 这些呼吁构成了一个非常成功的修辞策略的一部分，民主党人利用这一策略来引导美国人对经济和社会变革的焦虑。民主党言论中普遍存在一种令人不安又吸引眼球的信息，即美国的例外主义本身正受到威胁：独立性的削弱将把美国拖入欧洲的境况，由一小群贵族统治无土地穷人，美国的救赎的道德潜力将被削弱。[14]

那么，个人独立的主要威胁在哪里呢？首先，作为美国第一次严重的经济萧条，1819年的经济恐慌和收缩暴露了**银行**对普通人生活的巨大影响力。许多农民，特别是西部的农民，以分期付款的方式从政府土地办

---

12 事实上，杰克逊本人是一个狂热的土地投机者，一直属于奴隶主精英阶层。他们的利益（和政治观点）有时会与较穷农民的利益发生冲突。参见 J. M. Opal，"General Jackson's Passports: Natural Rights and Sovereign Citizens in the Political Thought of Andrew Jackson, 1780s - 1820s," *Studies in American Political Development* 27（2013）: 69 - 85。即使在杰克逊1829年就任总统之际，他对当时许多紧迫的经济问题的立场仍不清楚。

13 Amos Kendall，"Democratic Celebration," *Globe*, December 13, 1832, p. 2; Samuel Clesson Allen，"Address Delivered at Northampton, before the Hampshire, Franklin, and Hampden Agricultural Society, October 27th, 1830"（Northampton: T. Watson Shepard, 1830），27.

14 关于美国人对杰克逊时代历史的看法的精彩讨论，参见 Rush Welter, *The Mind of America: 1820 - 1860*（New York: Columbia University Press, 1975），3 - 74。对于美国人对其例外性的担忧，参见 Jonathan A. Glickstein, *American Exceptionalism, American Anxiety: Wages, Competition, and Degraded Labor in the Antebellum United States*（Charlottesville: University of Virginia Press, 2002）。

公室购买了他们的农场，他们需要资金来支付。当突如其来的经济衰退使无数地方银行陷入危机时，银行纸币大幅贬值。土地管理局完全停止接受许多地方纸币。即使有一个可靠的货币，小麦和其他主食的价格下跌也会使农民所赚到的现金难以满足其还款义务。丧失抵押品赎回权的浪潮席卷了西部各州。与此同时，随着银行拼命收回贷款以维持偿付能力，位于美国各地城镇的基于信贷体系运转的大量小规模企业家和企业主纷纷破产。[15]

银行被普遍指责为这些痛苦剧变的罪魁祸首，它们在经济生活中广泛行使的自由裁量权受到了严格的审查。银行不仅可以选择借款人，还可以有选择地收回贷款。它们可以保护受欢迎的客户，这些客户通常是富有的企业家。当银行自身的储备耗尽时，它们可以通过暂停支付金币或银币（或"铸币"）来保护自己免于破产。小企业主惊讶地发现，他们依赖于一个新的精英阶层的专断意志，该阶层现在控制着整个国家的货币和信贷流动。北卡罗来纳州民粹主义州长约翰·布兰奇（John Branch）愤怒地表示，银行可以免于偿还自己的债务，即使那些小额借款人"为了满足债权人的要求而被盘剥到连最后一头养家糊口的母牛都没有"。[16] 与此同时，雇主可以合法地用货币支付工人的工资，即使这些货币已经严重贬值，因此，痛苦也蔓延到了工薪阶层。

来自俄亥俄州的民主党参议员威廉·艾伦（William Allen）认为，整个银行体系似乎变得极为贵族化：通过赋予一小部分特权阶级对货币的垄断控制权，并让普通美国人面临其不可预测的波动，它"使我们的绝大多数公民丧失了支撑其自由所不可或缺的精神和目标的独立性"。[17] 在这 59 种情况下，负债本身似乎是一种危险的依赖形式。例如，民主党的《纽约晚报》哀叹说，一旦一个农民被说服了为改善或"装饰"而抵押土地、进行贷款，"他的房子、附属建筑、围栏和三叶草田……都成了幻影，因

15　Andrew H. Browning, *The Panic of 1819: The First Great Depression* (Columbia: University of Missouri Press, 2019), 217 - 250; Charles Sellers, *The Market Revolution: Jacksonian America, 1815 - 1848* (New York: Oxford University Press, 1991), 149 - 164.

16　引自 Sellers, *The Market Revolution*, 162。

17　William Allen, "Great Democratic Festival," *Globe*, September 9, 1837, p. 2.

为居住者只是可以随意使用它们的租户"。银行成为事实上的所有者，农民再也不能"以平静、满足的独立意识看着自己的农田和草地了"。[18] 债务在侵蚀农民的独立性的同时，也给美国社会带来了深刻的不平等。民主党人警告说："个人债务……产生了一种破坏人类平等的依赖关系。"[19] 他们的政治对手可能会赞扬信贷和丰富的货币是经济增长和共同繁荣的来源；民主党人则认为，事实上政治对手正在将美国社会划分为不平等的阶层社会：债权人和依赖他们的借款人。

19世纪30年代初爆发的与美国第二银行的斗争主导了这一时期的政治，并反映了对新金融精英日益增长的权力的深层焦虑和沮丧。该银行是一家由私人股东拥有的公司，但它履行着许多重要的公共职能：它征收联邦税收，向联邦政府贷款，并为其支付账单；在向全国范围内的小型国有银行发放和收回贷款的过程中，它也对美国货币实施了相当大的控制。[20] 民主党人开始将这一公私混合实体视为他们所担心的一切的化身：一个新的金融贵族所掌握的巨大权力的整合。[21] 杰克逊在1831年否决了银行重组计划，这一具有争议性的决定激起了全国的愤怒，并在随后的20年中强化了党派身份的划分。

谢勒（Shaler）法官在匹兹堡与民主党同僚交谈时警告说，美国银行已经将其贵族触角延伸到整个经济："商业社会成为了它的债务人。制造商允许自己依赖于它的意志。贸易、商业、交易、房地产的兴起和萧条……商业和制造业城市里的每件事都取决于它至上的意志。"[22] 银行代表了一种新的、有组织的"**金钱权力**"，它迅速有效地将全美国人陷入经济依赖的状态。谢勒法官问道，一旦银行拥有全部的经济力量，谁还会

---

18 重印为 "The Farmers," *Extra Globe*，November 3，1834，p. 296。

19 "Address to the Democratic Republican Electors of the State of New York"（Washington，DC：Globe，1840），19.

20 关于美国第二银行在美国经济中的作用和影响的深入讨论，参见 Jane Ellen Knodell, *The Second Bank of the United States："Central" Banker in an Era of Nation Building，1816 - 1836*（Abingdon，UK：Routledge，2017）。

21 关于围绕该银行的政治争论，参见 Watson, *Liberty and Power*，132 - 71。

22 "A Patriot," *Extra Globe*，August 23，1834，p. 135.

在政治上挺身而出?[23] 与此同时，来自密苏里州的著名民主党参议员托马斯·哈特·本顿（Thomas Hart Benton）猛烈抨击第二银行是"有钱的寡头政治"的核心。他的许多担忧中包括了银行对大量房地产的持有，这实际上使其成为一个传统的土地贵族和无数租户的主人。本顿宣称："共和国想要的是自由人，而不是房东和房客。"[24] 60

除了银行、工厂和它们所预示的劳动分工强化之外，个人独立性面临的威胁也日益突出。随着新市场向东部的工匠开放，他们面临着扩张的压力，富有进取心的工匠在商业资本主义投资者的帮助下，开始设计新的更廉价的生产方法，也更加依赖非熟练劳动力。[25] 越来越多的资本密集型工厂生产在所有权和劳动力之间制造隔阂，而这两个因素在工匠的形象中是统一的。曾经期望在固定期限结束时获得独立地位的熟练工人发现自己陷入了这些新的困境；较大的城市工场失去了获得必要技术和资本的机会，无限期地以较低的工资进行生产。[26] 即使在农村地区，工匠们也越来越多地面临着来自大型城市工场的竞争，这些工场生产的商品要便宜得多。对许多工匠来说，独立的梦想、成为一个不依赖工资的劳动者的梦想似乎正在消失。[27]

---

23 同样地，《路易斯维尔公共广告人》的编辑担心，"猛犸银行"巨大的财政力量会使"我的后代成为名门贵族的奴隶。""From the Editor", *Louisville Public Advertiser*，再印于 *Indiana Democrat*，May 31, 1834, p. 3。

24 Thomas Hart Benton, "Speech of Mr. Benton, of Missouri, on Introducing a Resolution against the Renewal of the Charter of the Bank of the United States" (Washington, DC: Duff Green, 1831), 13. "Bank Reform," *Ohio Statesman*, September 5, 1837, pp. 1 - 2.

25 Miller, *Jacksonian Aristocracy*, 30 - 34; Bruce Laurie, *Artisans into Workers: Labor in Nineteenth-Century America*(New York: Hill and Wang, 1989), 38 - 39, 83.

26 Sellers, *The Market Revolution*, 18 - 27; John Lauritz Larson, *The Market Revolution in America: Liberty, Ambition, and the Eclipse of the Common Good* (Cambridge: Cambridge University Press, 2010), 104 - 12.

27 Richard Stott, "Artisans and Capitalist Development," *Journal of the Early Republic* 16, no. 2 (1996): 262 - 65.历史学家对这种变化发展的速度持不同意见，参见 Laurie, *Artisans into Workers*, 15 - 112; Robert H. Babcock, "The Decline of Artisan Republicanism in Portland, Maine, 1825 - 1850," *New England Quarterly* 63, no. 1 (1990): 3 - 34; James L. Huston, *Securing the Fruits of Labor: The American Concept of Wealth Distribution, 1765 - 1900* (Baton Rouge: Louisiana State University Press, 1998), 126 - 29。

　　这一时期工人阶级的政治言论反映了这些焦虑。罗得岛木匠和早期劳工组织者塞思·路德（Seth Luther）嘲笑东北部的棉纺厂是非共和主义的"贵族"机构，将工人降低到完全依赖的状态，因此不适合自由人。[28] 曾担任纽约州民主党州长的塞拉斯·赖特（Silas Wright）认为，工厂工人忍受着一种"特殊的依赖性，这种依赖性在我国任何其他阶层的劳动者中都前所未有"。他指责资本家"对制造业工人的生活、舒适度和独立性"拥有巨大的权力，并指责法律赋予制造商的特权迫使工人陷入"这些依赖性状况"。[29] 1842年《华盛顿环球报》[30] 哀叹道，工厂工人已经沦落到"可怜的奴隶"的水平，他们的主人形成了一个新的危险的贵族群体。[31] 在《新英格兰工匠》转载的一篇对工人的演讲中，演讲者宣称，工厂将使工人"完全依赖于少数雇主，并永远粉碎作为自由唯一保障的独立精神"。[32]

　　部分问题在于工匠的"去技能化"：与前工业工坊的学徒不同，学徒最终会掌握一门手艺并独立门户，而在工厂或城市制造厂[33] 工作的工人往往被限制在更简单的重复性工作中，从事这类工作永远不会使他们真正进入技术行业。[34] 缺乏自己创业所需的技能的工厂工人可能会无限期地

61

28　Seth Luther，"An Address to the Working Men of New England on the State of Education and on the Condition of the Producing Classes in Europe and America"（New York：George H. Evans，1833），24 - 26.

29　引自 Ransom Gillet, *The Life and Times of Silas Wright,* 2 vols.（Albany：Argus Company，1874），2：1487 - 88。

30　《华盛顿环球报》长期以来一直是杰克逊民主党的主要机关报。

31　"Domestic Industry," *Globe*，January 11，1842，p. 3。 参见 Richard Latner，"Preserving 'the Natural Equality of Rank and Influence'：Liberalism，Republicanism，and Equality of Condition in Jacksonian Politics," in *The Culture of the Market：Historical Essays*，ed. Thomas L. Haskell and Richard F. Teichgraeber III（Cambridge：Cambridge University Press，1993），222。

32　"Address to the Workingmen of Massachusetts，by the Committee Appointed for That Purpose by the Northampton Convention," *New England Artisan*，October 25，1834，p. 1.

33　威伦茨（Wilentz）写道："制造厂可能被认为是一个没有使用机器进行生产的工厂，这里的定义是20多名工人集中在一起工作，每个人都以严格细分的程序完成某种旧的手工任务。"参见 Wilentz, *Chants Democratic：New York City and the Rise of the American Working Class, 1788 - 1850*（New York：Oxford University Press，1984），115。

34　Jonathan A. Glickstein, *Concepts of Free Labor in Antebellum America*（New Haven：Yale

做工薪劳动者，依靠老板来维持日常生计，在"严密监督"的、严格控制的工作场所工作。[35] 对许多工人来说，这种永久工薪劳动的条件本质上是有辱人格的；他们称之为"工资奴役"（或"有偿奴役"）。例如，一位劳工发言人解释说，城市工人"不会**仅仅**因为贫穷而抱怨有偿奴役。他们实际上反对的是，有偿奴役使工人阶级出于对资本家的极度依赖状态，他们需要资本家给予他们本来就应当属于他们的面包和工作，他们还依赖资本家来延续他们的生活、维护他们的道德"。[36]

　　与银行一样，工厂被广泛视为国家的产物，由特殊的立法宪章创建。1812 年战争后，联邦政府对制成品征收了严格关税，以保护在与英国冲突期间兴起的年轻的国内产业。这些保护性关税在 18 世纪后期不断增加，最终不仅激怒了农民和种植园主，因为他们觉得自己受到了国外贸易伙伴的不公平报复，也激怒了城市工人，因为工人们认为这些关税是对富裕资本家的补贴。[37]《西部评论》认为，保护性关税是"破坏共和国劳动人民的独立性"阴谋的一部分。该评论认为，这些关税旨在加速美国向制造业经济的转型，这将加速劳动分工，并将美国工人的贫困和痛苦加剧到英国同行的水平。[38] 与此同时，《华盛顿环球报》敦促读者记住，尽管关税本应保护国内工人，但它们并没有保护"在自己的工场里为自己工作的健康技工或工匠"。相反，关税会创造出一群依赖于"吝啬主人的自由裁量权"的劳动力。[39]

　　对美国小生产者日益增长的依赖性的焦虑最终也可以在 19 世纪 30 年代土地政策，特别是"优先购买"政策的辩论中发现。[40] 优先购买权允许

University Press，1991），10 - 11，53 - 92.

35　Wilentz，*Chants Democratic*，115.

36　William West，"Chattel and Wages Slavery，"*Liberator*，September 25，1846，p. 156.

37　双方一致认为，联邦政府需要设置适度的关税；但是，为了保护某些美国制造业部门免受竞争而专门设计的附加保护性关税引起了民主党人的愤怒。

38　"Art. I. — Report of the Secretary of the Treasury，"*Western Review* 1，no. 1（1846）：5.

39　"Domestic Industry，"3.

40　关于这些辩论和它们的政治背景的精彩综述，可见 John R. Van Atta，"'A Lawless Rabble'：Henry Clay and the Cultural Politics of Squatters' Rights，1832 - 1841，"*Journal of the Early Republic* 28，no. 3（2008）：337 - 78。

那些自行占据联邦土地的人以每英亩1.25美元的最低政府价格购买他们占用和耕种的农田，然后其他人才能竞购。包括辉格党领袖亨利·克莱在内的反对者坚持认为，这是对违法乱纪者的放纵。另外，支持者则认为，它使贫困农民能够实现他们所渴望的独立。1838年1月，阿肯色州的威廉·富尔顿（William Fulton）在参议院讲到了"使（定居者）在追求独立时冒着巨大风险的进取精神"，并担心如果土地被拍卖给富有的投机者，这种进取精神也会被抢走。[41] 亚拉巴马州的克莱门特·科默·克莱（Clement Comer Clay）敦促他的同事们"尽可能扩大政府的支持，让每一位勤劳的老州贫困农民都有机会成为自由人"。他认为，毕竟正是贫苦农民的"进取和毅力"使文明的出现成为可能。[42]

在主流民主党的观点中，主要的罪魁祸首是富裕的投机者"团伙"，他们购买了大片西部土地，并等待在当地开发、土地增值后将其转售获利。参议院中优先购买权的捍卫者，其中许多人代表较新的州，担心这些投机者会成为欧洲式的土地贵族，将美国自豪的定居者变成佃户。例如，密西西比州的罗伯特·沃克（Robert Walker）认为，面向投机者的大规模拍卖"肯定会在新州引入地主和佃户制度，根据这一制度，占用者将不是他耕种的土地的所有者，而是某个缺席地主的附庸。地主将以年度租金的形式获得耕种者的几乎所有劳动利润。一方面，它将建立一种卑鄙的依赖关系，另一方面，它也将建立一种专制的权力关系"。[43]

密歇根州的卢修斯·里昂（Lucious Lyon）补充说，投机者手中囤积的大量土地会致使东部的贫困农民无处可去，迫使他们继续做"某个富有地主的佃户"，并"将他们的孩子也安置到一家制造厂"。[44] 这样，优先购买权被视为治疗东部和西部地区经济依赖关系的解药。沃克明确表示，有限购买权"鼓励了作为自由之母的农业生产，滋养了美德、自由和独立"。[45]

到19世纪40年代，西部的廉价土地已经成为民主党的灵丹妙药。土

---

41 *Cong. Globe*，25th Cong.，2nd sess.，Appendix 137（January 1838）.

42 *Cong. Globe*，25th Cong.，2nd sess.，Appendix 140（January 1838）.

43 *Cong. Globe*，24th Cong.，2nd sess.，Appendix 168（January 1837）.

44 *Cong. Globe*，25th Cong.，2nd sess.，Appendix 139（January 1838）.

45 *Cong. Globe*，24th Cong.，2nd sess.，Appendix 169（January 1837）.

地不仅赋予了白人农民拥有自己农场的机会，为渴望摆脱束缚的城市工薪阶层提供了安全阀，而且也可能提高其余工人的工资。在1840年选举期间，《华盛顿环球报》的一期特刊这样为优先购买权辩护：

> 在这些法律政策下，忍受着低工资或就业不足，或发现自己因依 63
> 赖状态而堕落的劳动者或技工，不仅可以立即解放自己，而且可以确
> 保其子女的独立和生活舒适。因此，在老州里，退出劳动的人数越
> 多，工资就越高，而那些继续劳动的人的依赖性也就越低。[46]

西部的廉价土地会吸引东部城市过剩的劳动力，减少劳动力竞争，提高工资。同样，本杰明·法尼尔·亨特上校（Col. Benjamin Faneuil Hunt）认为，西部土地的大量供给是工人自由的先决条件："即使另一个人没有付给他足够的钱，一个人也可以为自己工作。他可以自由地进行交易，因为一片无边无际的处女地［和］独立家园的乐趣邀请他这样的男子汉去耕耘。"[47] 西方"处女地"的开放意味着美国工人不会被提供低工资的雇主所束缚；他的视野比那些在英国工厂工作的贫穷的"可怜虫"要宽广得多。[48] 19世纪30年代和40年代，土地改革议程在民主党人中引

---

46 "Address to the Workingmen of the United States," *Extra Globe*, September 26, 1840, p. 294。19世纪40年代，有影响力的劳工领袖乔治·亨利·埃文斯（George Henry Evans）也提出了这一论点，并在其报纸《工人代言人》上不厌其烦地发表这一观点。更多讨论，参见 Paul K. Conkin, *Prophets of Prosperity: Americas First Political Economists* (Bloomington: Indiana University Press, 1980), 222 – 58。

47 Benjamin Faneuil Hunt, "Speech of Col. Benjamin Faneuil Hunt, of Charleston, South Carolina, Delivered at the Request of the Democratic Republican General Committee" (New York: James Rees, 1840), 6.

48 同上，杰斐逊三十五年前也有过同样的观察，参见 Thomas Jefferson, "Letter to Mr. Lithson, Jan. 4, 1805," in *The Writings of Thomas Jefferson*, vol. 11, ed. Albert Ellery Bergh and Andrew Adgate Lipscomb (Washington, DC: Thomas Jefferson Memorial Association, 1905 [1805]), 55 – 56。经济历史学家对他的论点的有效性提出了严重怀疑，参见 Clayne Pope, "Inequality in the Nineteenth Century," in *The Cambridge Economic History of the United States*, vol. 2, ed. Stanley L. Engerman and Robert E. Gallman (Cambridge: Cambridge University Press, 2000), 111。

起广泛共鸣，最终于19世纪50年代末被共和党采纳，并导致1862年《宅地法》的通过。

由于杰克逊时代的民主党人批评"资本家"并哀叹经济日益固化，一些历史学家将他们视为充满怀旧情绪的前市场生存文化的捍卫者。在这种对内战前政治的解读中，个人独立的言论可以用来团结农村社区，他们渴望将自己与经济现代化隔离开来，并保持与更广泛世界的相对孤立。[49]尽管这一观点反映了南部高地等地区一些孤立的自给自足的农民的态度，但它从根本上错误地描述了杰克逊时代更广泛的政治形势。[50]

事实上，政治辩论中两边的演说家和记者都高度赞扬美国经济的惊人增长，这似乎为劳动人民打开了前所未有的机会领域，并播下了一个伟大繁荣的新国家的种子。马萨诸塞州民主党人小罗伯特·兰图尔（Robert Rantoul Jr.）得意地说："我们的商业因其自身固有的活力而蓬勃发展，它收集了每个地区的战利品。"他接着赞扬了美国"大城市"的发展，以及连接美国内陆并带来广泛共享繁荣的运河和铁路。[51]事实上，很少有社论家或政治家不认可这些转变是某种上帝认可的进步。[52]当辉格党在19世纪30年代初联合起来反对杰克逊的民主党时，他们之间广泛的经济分歧并不是关于**是否**接受市场社会，这个问题已经基本解决了。更确切地说，

64

---

49 Sellers, *The Market Revolution*, 8‑33；Lawrence Frederick Kohl, *The Politics of Individualism: Parties and the American Character in the Jacksonian Era*（New York: Oxford University Press, 1989）, 21‑62。但是，塞勒斯（Sellers）还认为，个人独立的伦理是以本质上资本主义的财产概念作为绝对核心概念为前提的（这与前资本主义文化的"使用价值社群主义"形成对比），因此包含了灭亡的种子。Sellers, *The Market Revolution*, 10。

50 关于美国南方的"二元经济"，参见Harry L. Watson, "Slavery and Development in a Dual Economy: The South and the Market Revolution," in *The Market Revolution in America: Social, Political, and Religious Expressions, 1800‑1880*, ed. Melvyn Stokes and Stephen Conway（Charlottesville: University Press of Virginia, 1996）。

51 Robert Rantoul Jr., "An Oration Delivered before the Inhabitants of the Town of South Reading ... on the Fourth of July, 1832"（Salem: Foote 8; Brown, 1832）, 29.

52 有关两党对美国进步的广泛信念，可进一步参考Daniel Feller, *The Jacksonian Promise: America, 1815‑1840*（Baltimore: Johns Hopkins University Press, 1995）, 1‑13；Welter, *The Mind of America: 1820‑1860*, 3‑25。

分歧在于接受一个**什么样**的市场社会。

　　当他们试图表达清晰的经济愿景时，民主党人用个人独立的概念来定义他们期望的混合经济。广义而言，他们接受了政治理论家 C. B. 麦克弗森（C. B. MacPherson）所说的"简单市场社会"：一个"商品和服务的生产和分配受市场调控，但劳动力本身不是商品"的社会，工人保留对自己土地或工厂的所有权，为自己工作，因此他们"保留了对自己的精力和技能的掌控"。[53] 正如我们将在第 6 章和第 7 章中所探讨的，民主党人一贯赞扬市场本身为这个国家的小业主带来繁荣和经济机会。另外，他们批评了强大的经济机构，如大型银行、公司和工厂，这些机构通常与"成熟"资本主义经济的崛起有关。[54] 他们将这些视为贵族手段，会根据富人的利益扭曲健康的市场运作，从而使小业主陷入依赖状态。[55] 换句话说，杰克逊时代的民主党人看到了国家进步和繁荣的另一条道路——这条道路可以维系小生产者主导经济的美国例外主义。

53　C. B. MacPherson, *The Political Theory of Possessive Individualism: Hobbes to Locke*（Oxford：Clarendon Press, 1962）, 51, 52。参见 Alan Kulikoff, "The Transition to Capitalism in Rural America," *William and Mary Quarterly* 46, no. 1（1989）: 136 - 41。例如，一本民主党小册子攻击辉格党，将这样的话定性为辉格党领导人的言论："劳动力是一种商品，就像市场上的商品一样买卖。""The Democrats Almanac and People's Register for 1841"（Boston：E. Littlefield, 1841）, 10。

54　正如克里斯托弗·克拉克（Christopher Clark）所指出的，历史学家们经常将市场社会的到来与资本主义的到来混为一谈。Christopher Clark, "The Consequences of the Market Revolution in the American North," in *The Market Revolution in America: Social, Political, and Religious Expressions, 1800 - 1880*, ed. Melvyn Stokes and Stephen Conway（Charlottesville: University Press of Virginia, 1996）, 30。民主党作家偶尔也会自己注意到这种区别，例如，1848 年《芝加哥民主党人报》的一篇文章赞扬了"商业时代"的开始，但也警告说腐败的"资本"有可能危及小业主的商业经济，将其变成一个剥夺赤贫工人独立性的资本家的世界。"Land Reform. From the *Chicago Democrat*," *North Star*, February 25, 1848. 也可参见 Elizabeth Anderson, "When the Market Was 'Left,'" in *Private Government: How Employers Rule Our Lives（and Why We Don't Talk about It）*（Princeton：Princeton University Press, 2017）, 22 - 33。

55　John Ashworth, *Slavery, Capitalism, and Politics in the Antebellum Republic*, vol. 1：*Commerce and Compromise, 1820 - 1850*（Cambridge：Cambridge University Press, 1995）, 307; Paul Goodman, "Moral Purpose and Republican Politics in Antebellum America, 1830 - 1860," *Maryland Historian* 20（1989）: 10。

共和思想的私有化

在美国，贵族独立理想的逐渐消失，与18世纪开始的共和思想私有化同时发生。这种私有化明显体现在作为独立有产者神话不可或缺的两个概念的内容不断变化：土地财产和公民美德。在英国共和思想中，土地不被理解为商品；更确切地说，它是一种稳定的财产，由同一个家族代代相传。如果财产所有权的目的是为了确保共和国权力的均衡分配，那么财产必须稳定。事实上，**财产的安全**保障了土地所有者的独立性，从而保障了他们的自由。[56] 在这种情况下，财产所有权被理解为一种可继承的统治权：其所有者被分配了统治这一领域的责任，这一责任将代代相传。[57] 土地财产的所有权被认为是社区的永久利益；这意味着长期的依附。这与股票和信贷等更具可替代性的财产形成了对比，后者可以"随时撤回"。[58] 因此，土地所有者可以期望其子孙继承并生活在同一块土地上，他们也应将社区的长期利益放在心上。他们的土地利益的永久性是其公民美德的源泉之一。正如波考克（Pocock）所说，财产"将个人锚定在权力和美德的结构中"。[59]

这些思想在美国从未像在英国那样广泛流传。殖民地时期的美国人对

---

56 J. G. A. Pocock, *The Machiavellian Moment: Florentine Political Thought and the Atlantic Republican Tradition* (Princeton: Princeton University Press, 1975), 390; John Phillip Reid, *The Concept of Liberty in the Age of the American Revolution* (Chicago: University of Chicago Press, 1988), 5; Gordon Wood, *The Radicalism of the American Revolution* (New York: Random House, 1991), 178‑79.

57 Pocock, *The Machiavellian Moment*, 390‑91, 450; Richard L. Bushman, "This New Man': Dependence and Independence, 1776," in *Uprooted Americans: Essays to Honor Oscar Handlin*, ed. Richard L. Bushman et al. (Boston: Little, Brown, 1979), 90.

58 Rowland Berthoff, 转引自 Benjamin Watkins Leigh, "Independence and Attachment, Virtue and Interest: From Republican Citizen to Free Enterprise, 1787‑1837," in *Uprooted Americans: Essays to Honor Oscar Handlin*, ed. Richard L. Bushman et al. (Boston: Little, Brown, 1979), 111; Wood, *The Radicalism of the American Revolution*, 269‑70。

59 Pocock, *The Machiavellian Moment*, 391.

他们所认为的与世袭贵族相连的封建制度对财产的限制感到愤怒。[60] 独立战争后，他们的抵抗只增不减。杰斐逊本人批评了长子继承权的法律和习俗：他认为，如果财产在一个家族的儿子之间分配，那么家族将无法在多代之后仍然保持其统治地位。阻止业主分割或出售其财产的继承法也遭到了攻击和废除。[61] 杰斐逊推动将所有权视为"绝对统治"，与前封建的撒克逊历史相关。[62] 与此同时，著名的联邦主义者诺亚·韦伯斯特（Noah Webster）认为，"财产平等和必要的疏远不断破坏着强权家族的结合，这是共和国的灵魂"。[63] 疏远仅仅意味着出售或转让财产给他人的权利，这与平等和优绩主义统治有着广泛的联系：这意味着任何人原则上都可以在他的努力和才能允许的范围内获得尽可能多的财产。

将土地视为商品的趋势在杰克逊时代日益加剧：放松对土地所有者的法律限制是南北战争前美国财产律师关注的中心问题之一。[64] 对土地所有者使用权的再限制被认为是腐败和贵族时代的遗产，尽管土地投机经常受到谴责，但土地作为可交易财产的观念被视为个人自由。此外，在实践中，土地不断买卖，因为低廉的价格使农民能够购买土地，进行改良，然后再转售获利，将他们的家庭带到更远的西部。土地作为社区永久利

---

60 Holly Brewer, "Entailing Aristocracy in Colonial Virginia: 'Ancient Feudal Restraints' and Revolutionary Reform," *William and Mary Quarterly* 54, no. 1 (1997): 307 – 11. Forrest McDonald, *Novus Ordo Seclorum: The Intellectual Origins of the Constitution* (Lawrence: University Press of Kansas, 1985), 13 – 36; Gregory S. Alexander, *Commodity and Propriety: Competing Visions of Property in American Legal Thought*, 1776 – 1970 (Chicago: University of Chicago Press, 1997); Christopher Michael Curtis, *Jeffersons Freeholders and the Politics of Ownership in the Old Dominion* (Cambridge: Cambridge University Press, 2012.).

61 Thomas Jefferson, "To John Adams," in *Thomas Jefferson: Political Writings*, ed. Joyce Appleby and Terence Ball (Cambridge: Cambridge University Press, 1999 [1813]). 长子继承权是指将家庭的全部财产授予长子的继承规则。法律学者认为，这些攻击在很大程度上是象征性的，因为长子继承权和限嗣继承权在美国并不经常使用；Alexander, *Commodity and Propriety*, 40。然而，它们还是成了关于杰斐逊的流行传说。

62 Alexander, *Commodity and Propriety*, 53, 45.

63 引自 Bushman, "'This New Man': Dependence and Independence, 1776," 90。

64 Alexander, *Commodity and Propriety*, 120; Sellers, *The Market Revolution*, 45 – 50.

益的想法几乎已经失去了意义。[65] 这一新兴的、与市场兼容的财产所有权观点非但没有将个人锚定在特定的社区和互惠义务网络中，反而勾勒出了一个私人领域，在这个私人领域中，个人不受干预，包括政府的干预，基本上不受对他人的明确义务的约束。独立所带来的社会地位与新古典共和传统中的公民"人格"脱钩。[66]

类似的变化也逐渐重新定义了共和主义的美德观念，更加重视个人性格特征。我们在第3章中已经看到，杰斐逊时期的美国人将平民独立与私人化的新教美德联系起来，尤其是勤俭节约和温和。这些传统的公民美德主导了共和主义传统。[67] 在围绕美国建国的政治辩论中，同样的组合也在更早的时候就已经很明显了。例如，佛蒙特州和宾夕法尼亚州的宪法坚持认为，"经常重温基本原则，坚定地坚持正义、温和、节制、勤劳和节俭，对于维护自由之福和保持政府自由是绝对必要的"。[68] 同时，联邦主义者和反联邦主义者都将他们在美国共和主义中看到的危机追溯到奢侈和贪婪的兴起以及人民中"勤劳和节俭"的衰落。根据一位知识历史学家的说法，"非公民"的美德概念在18世纪80年代以"机械化频率"流传。[69]

---

65 回想他的老家肯塔基州，亨利·克莱（Henry Clay）声称无法"回忆起一个人，或任何个人的后代，曾留在了他们最初定居的土地上"。引自 Berthoff，"Independence and Attachment，Virtue and Interest，"112。 也 可 参 见 Daniel Feller, *The Public Lands in Jacksonian Politics*（Madison：University of Wisconsin Press，1984），195‑97；Marvin Meyers, *The Jacksonian Persuasion: Politics and Belief*, 2nd ed.（New York：Vintage Books，1960 [1957]），135。

66 Curtis, *Jefferson's Freeholders and the Politics of Ownership in the Old Dominion*，97‑125.

67 Isaac Kramnick，"The 'Great National Discussion'：The Discourse of Politics in 1787，" *William and Mary Quarterly* 45，no. 1（1988）：17. Rowland Berthoff，"Peasants and Artisans，Puritans and Republicans：Personal Liberty and Communal Equality in American History，" *Journal of American History* 69，no. 3（1982）：579‑98；Judith Shklar, *American Citizenship: The Quest for Inclusion*（Cambridge，MA：Harvard University Press，1991），63‑73.

68 引自 Kramnick，"'I1：1e'Great National Discussion，" 17。

69 同上，16。也可参见 Drew R. McCoy, *The Elusive Republic: Political Economy in Jeffersonian America*（Chapel Hill：University of North Carolina Press，1980），77‑85；Jack P. Greene，"The Concept of Virtue in Late Colonial British America，" in *Virtue, Corruption, and Self-Interest: Political Values in the Eighteenth Century*, ed. Richard K. Matthews（Bethlehem，PA：

本杰明·富兰克林（Benjamin Franklin）的《自传》是美国个人主义的伟大宣言之一，他是共和主义和新教美德融合的缩影。该书于1791年首次出版，1794年至1828年间再版22次。它的影响尤其在杰克逊时代的民主党所吸引的"生产阶级"中最为深远。在富兰克林所推崇的美德中，勤劳和节俭可以说是最重要的。富兰克林写道，这些美德最直接地维持他的个人独立性，并确保他"没有债务，不会受到限制，也没有成为债权人的奴隶"。[70] 此外，他列举的所有十三种美德都是*私人化*的，因为它们被视为个人成功、财富和幸福的秘诀，而不是主要用于实现公共和政治目标。对他来说，美德与谨慎追求个人利益密切相关。[71]

然而，将富兰克林的美德观描述为利己主义是错误的。富兰克林一次又一次地提出勤俭节约不仅是一种"获取财富的手段"，而且也是道德正直的先决条件：他写道，诚实和公正对一个拥有独立生活手段的人来说总是更容易的。[72] 当然，富兰克林后来的职业生涯体现了他对公共利益的奉献，正如他在自传第三部分中所强调的那样。事实上，他的自传可以被解读为一种持续的努力，以调和对自我利益的审慎追求与道德和政治美德。对富兰克林来说，这些都是美好生活中相互支持的要素——任何人都可以享受美好生活，无论他出身多么卑微。努力工作、谨慎储蓄和简单的习惯都使美国人获得了一定的财富；摆脱贫困和奢侈的腐败影响，因为这两种都带来了依赖；要建立良好的声誉；保持快乐，免于服务他人的义务；并最终将精力投入公共事业。实现这种生活的主要道德挑战不是以公共利益的名义征服自我利益，正如古典共和主义传统所描述的那样。相反，主要的道德挑战是对懒惰和无纪律的征服，为服务于自我和社会的有目的的活动服务。[73]

在18世纪，勤劳、节俭和谨慎等私人美德的重要性提升与对自利

Lehigh University Press, 1994）; Joyce Appleby, *Capitalism and a New Social*（转下页）（接上页）*Order: The Republican Vision of the 1790s*（New York: New York University Press, 1984）, 96; Wood, *The Radicalism of the American Revolution*, 216 - 18。

70　Benjamin Franklin, *Autobiography*（New York: Norton, 2012［1791］）, 90, 80.

71　Eric MacGilvray, *The Invention of Market Freedom*（Cambridge: Cambridge University Press, 2011）, 104.

72　富兰克林曾写道："空袋难直立。"引用自谚语。Franklin, *Autobiography*, 91。

73　Kramnick, "The 'Great National Discussion'," 17.

观念本身的重新评估不谋而合。历史学家丹尼尔·沃克·豪（Daniel Walker Howe）写道，"在这一时期初期，利己主义通常被认为是一种激情"，需要通过理性的自律来严格控制。然而，"到后来"，哲学家和神学家"毫无疑虑地把它提升到了理性能力的级别"。[74] 他们之所以做到了这一点，部分原因是将利己主义一分为二："自我放纵"，或短期的自我利益，仍然是一种危险的冲动，但长期的"开明的自我利益"并非如此。[75] 事实上，开明的自我利益可能是自律的来源，也是懒惰和冲动性自我满足的敌人。因此，它不仅是个人幸福感和成就感的来源，而且也是激励个人对社会作出积极贡献的一种方式。[76]

到了杰克逊时代，富兰克林的美德和开明利己主义的激励力量已经完全融入了共和国理想公民的形象。一位历史学家在某种程度上夸张地认为，"共和党公民的男性美德，实际上被聚焦到努力工作、储蓄和再投资，而这些都被认为是个人成功和国家经济进步的最佳途径"。[77] 更准确地说，这些经济美德已经融入了更古老的公民诚信和献身精神中。小兰图尔（Rantoul Jr.）写道："只有正确理解自己的真正利益，才能使一个人愉快地保持美德。"努力工作、节俭和诚实会带来财产独立，这反过来将帮助个人抵制腐败的影响，并带来"光明和信念"。[78] 因此，个人的利益和

---

74 Daniel Walker Howe, *Making the American Self: Jonathan Edwards to Abraham Lincoln* (Oxford: Oxford University Press, 2009 [1997]), 28. Richard L. Bushman, *From Puritan to Yankee: Character and the Social Order in Connecticut, 1690–1765* (Cambridge, MA: Harvard University Press, 1967), 276–88.

75 Howe, *Making the American Self,* 29.

76 阿历克西·德·托克维尔（Alexis de Tocqueville）对这一杰克逊时代广为传播的观点发表了著名的评论："美国人很愿意从正确理解的利己主义角度解释他们的所有行为。他们乐于证明，开明的自爱是如何经常引导他们互相帮助，并使他们愿意为国家的利益牺牲一部分时间和财富的。"Alexis de Tocqueville, *Democracy in America*, trans. Arthur Goldhammer, vol. 2 (New York: Library of America, 2004 [1840]), 611。

77 Berthoff, "Independence and Attachment, Virtue and Interest," 117–18. Shklar, *American Citizenship*, 63–73.

78 Robert Rantoul Jr., "Remarks on Education," in *Memoirs, Speeches, and Writings of Robert Rantoul, Jr.*, ed. Luther Hamilton [Boston: John P. Jewett and Co., 1854. (1838)], 85. McCoy, *The Elusive Republic*, 77–79.

幸福将会符合社会的利益。

戈登·伍德（Gordon Wood）在关于独立战争时期"美德"模糊性的文章中指出，"古典美德源自公民参与政治，……现代美德源自公民对社会的参与"，特别是参与生产性经济活动。[79] 在杰克逊时代民主党的政治思想中，我们在杰斐逊派激进人士威廉·杜安（William Duane）的著作中看到的这种"生产主义"理想取得了决定性的胜利。一次又一次，民主党人将农民或工匠的美德与他们作为独立**生产者**的地位联系起来。一次又一次，民主党人怀疑政治是道德腐败的根源，而不是美德的源头。这种转变可以再次追溯到杰克逊时代的平等主义。杰克逊时代的民主党选民由小农、工匠和劳动者组成，他们大部分时间都从事经济活动。推崇他们是共和美德的典范，同时抹杀那些贵族精英，或将他们贬损为权贵，这意味着改变了共和美德的含义，将经济生活的尊严和价值置于政治生活之上。[80]

事实上，内战前美国的自耕农和工匠是完美的过渡性人物，站在共和主义和自由资本主义理想的交汇点上：作为独立的有产者，他们摆脱了依赖的恶习；与此同时，他们是财富的生产者和创造者，为日益全球化的市场经济作出了贡献。政治理论家埃里克·麦克吉尔夫雷（Eric MacGilvray）写道："只要市场参与者能够与自由公民的经典形象联系起来，那么这两个自由概念几乎可以互换使用：市场经济所依赖的自由交换权可以被视为共和国自由一直依仗的财产安全所有权的必然结果。"[81] 杰克逊时代民主党的意识形态在这一偶然的融合开始崩溃之前蓬勃发展，而这一时机正是其对市场自由和政治自由兼容性的具有显著乐观态度的原因。我们将在后面的章节中更详细地探讨这种乐观、其政治含义及其对美国政治思想的持久影响。

79　Gordon S. Wood, "Classical Republicanism and the American Revolution," *Chicago-Kent Law Review* 66（1990）: 32.

80　关于这些转变的简要回顾，参见Rowland Berthoff, "Conventional Mentality: Free Blacks, Women, and Business Corporations as Unequal Persons, 1820 - 1870," *Journal of American History* 76, no. 3（1989）: 753 - 84。

81　MacGilvray, *The Invention of Market Freedom*, 165。参见Berthoff, "Peasants and Artisans, Puritans and Republicans."。

种族的突出性

　　最初，共和主义的独立理想讲述了一个与众不同的故事。它讲述了财产所有者这一特权阶层，他们的性格和美德使他们特别适合做政治代理人和肩负起政治责任。相比之下，穷人被认为在政治上不值得信任。他们的经济依赖性使他们容易受到富有的赞助人或煽动家的操纵和俘虏。

69　与此同时，他们在社会中缺乏长期的财产"利益"，这使他们成为一股潜在的激进和不负责任的政治力量。

　　当杰克逊时代的民主党抨击这种长期排斥是欧洲贵族的遗产时，他们面临着解释为什么最贫穷的白人也适合自治的挑战。他们越来越多地用种族因素来进行解释：杰克逊时代的独立神话讲述了一群特权种族的人，由于他们的种族和文化遗产，他们非常适合掌握政治权力，注定要拥有和统治北美大陆。[82] 托马斯·罗德里克·德鲁（Thomas Roderick Dew）于1831年为奴隶制辩护，这标志着南方政治观点的一个转折点。他明确表示：在弗吉尼亚州，"肤色本身就是……区别的标志，是贵族的真正标志，所有白人都是平等的，尽管他们的职业多种多样"。[83] 因而，白人至上

---

[82] Lois E. Horton, "From Class to Race in Early America: Northern Post-Emancipation Racial Reconstruction," *Journal of the Early Republic* 19, no. 4 (1999): 2, 18 – 33; Joshua A. Lynn, *Preserving the White Man's Republic: Jacksonian Democracy*; *Race, and the Transformation of American Conservatism* (Charlottesville: University of Virginia Press, 2019). 对于民主党人来说，种族是他者性和劣等性的决定性标志。他们向欧洲移民张开双臂，其中包括爱尔兰和德国移民，他们在参议院大厅宣扬这些移民的美德，尽管他们的辉格党对手对"旧世界的流氓和贫民……成群结队地涌入这个国家"感到担忧。Senator William Merrick, *Cong. Globe*, 25th Cong., 2nd sess., Appendix 130 (January 1838)。

[83] Thomas Roderick Dew, "Review of the Debate in the Virginia Legislature of 1831 and 1832" (Richmond: T. W. White, 1832), 113. J. K. Paulding, *Slavery in the United States* (New York: Harper & Bros., 1836), 73。历史学家小莱西·福特（Lacy Ford Jr.）写道："不管私底下如何蔑视这种说法，奴隶主精英们不得不在公共领域接受白人平等，这是统治民族的民主精神，以确保白人团结起来对抗反奴隶制主张。" Lacy K. Ford Jr., "Making the 'White Man's Country' White: Race, Slavery, and State-Building in the Jacksonian South," *Journal of the Early Republic* 19, no. 4 (1999): 736。

成为自耕农共和国的前提：原住民和非裔美国人是被贬低的阶级，而白人可以将他们的公民地位建于其上。[84]

进取、勇敢、和平的白人定居者的神话描绘了他们的文明劳动被美洲原住民的"野蛮"反抗所阻碍，这是个人独立性种族化的一个关键工具。当然，在某些方面，流行的美洲原住民形象是独立性的缩影。他们通常被描绘为强烈抵抗权威、固执到极点、能够舒适地独处、具有坚韧和自立的品德。然而，在白人的想象中，这种独立性似乎与任何一种改善或**进步**都是注定脱节的。无数白人声称，即使有充裕的闲暇时间，美洲原住民也对培养他们的思想、道德或礼仪不感兴趣。他们指责美洲原住民对工作毫无兴趣，尤其是对"改善"和改良美国景观的农业工作不感兴趣。他们惯常地将美洲原住民的种族主义刻板印象永久化，认为他们像孩子一样缺乏理性：担任安德鲁·杰克逊作战部长的刘易斯·卡斯（Lewis Cass）写道，原住民的思想异常容易受到"狂野而低俗的迷信"的影响。尽管白人传教士和教育家付出了巨大的努力，但这些美洲原住民似乎无法理性地自我控制："不顾后果，他是冲动的孩子。无论激情如何激励他，他也不受道德考虑的约束。"[85] 简而言之，另一位评论家写道，原住民的"粗鲁的独立"从来没有产生任何智力、道德和公民成果，使他们有资格成为共和国公民。[86]

到19世纪30年代和40年代，对这一假定的欠缺的普遍解释是种族主义。卡斯指出，似乎"印第安人的习惯或气质中存在一些不可逾越的障碍"，阻碍了他们的进步。他更具体地声称，那些"获得财产"并开始欣赏共和制度的少数原住民是"**混血儿**"，是他们的白人血统开启了文明 70

---

84 Alexander, *Commodity and Propriety*, 219；David R. Roediger, *The Wages of Whiteness：Race and the Making of the American Working Class*（London：Verso, 1991），46 – 47, 72 – 73, 144 – 45；Edmund Morgan, *American Slavery, American Freedom：The Ordeal of Colonial Virginia*（New York：W. W. Norton, 1975），381。关于种族和奴隶制在美国公民身份和公民地位建构中作用的扩展讨论，另见Shklar, *American Citizenship*。

85 Lewis Cass, "Removal of the Indians," *North American Review* 30（1830）：74.

86 Richard H. Colfax, "Evidence against the Views of the Abolitionists, Consisting of Physical and Moral Proofs, of the Natural Inferiority of the Negroes"（New York：James T. M. Bleakley, 1833），26.

之门。[87] 卡斯的观点反映了美国人对种族差异理解的重要转变。虽然建国一代仍然相信，种族差异在很大程度上是由环境造成的，但这种观点在面对日益高涨的固化种族等级伪科学的论述时逐渐崩溃。[88] 美国知识分子利用新兴的颅相学伪科学，为最粗俗的种族谩骂提供了可信性。例如，在波士顿自然历史学会年会上，著名的医生和自然科学家塞缪尔·莫顿（Samuel Morton）认为，美洲原住民是一个独立种族的一部分，其道德和智力上的劣势在经验上是可以被证明的。他引用了大量的人种学观察以及对头骨大小的分析，声称他们天性暴力、狡诈和不道德。他还坚持认为，他们的认知能力有缺陷，"他们的头脑对简单的真理充满了渴望"，他们没有表现出"对艺术或科学的偏爱"。[89]

这些种族主义思想被吸收到独立有产者的神话中，并成为向西扩张的理由之一。例如，来自俄亥俄州的民主党众议员亚历山大·邓肯（Alexander Duncan）在讨论1845年俄勒冈领土问题时宣称，美洲的制度是为"我们的盎格鲁－撒克逊—美国种族"而设计的，在这些制度的支撑下，这个种族将"茁壮成长，大放异彩"。他似乎认为这是一个相当包容的类别，包括"俄罗斯农奴"和"奥斯曼奴隶"，他们在被运送到美国时，"也成了一个自由人，拥有与他所逃离的主人一样有担当的灵魂"。[90] 然而，美洲原住民是不同的。他宣称，他们不适合这样的自由；相反，他

87　Cass，"Removal of the Indians," 69，71.

88　Reginald Horsman，Race and Manifest Destiny：*The Origins of American Racial Anglo-Saxonism*（Cambridge，MA：Harvard University Press，1981），116－57；Deborah A. Rosen，*American Indians and State Law：Sovereignty，Race，and Citizenship，1790－1880*（Lincoln：University of Nebraska Press，2007），102－52.

89　Samuel George Morton，"An Inquiry into the Distinctive Characteristics of the Aboriginal Race of America"（Philadelphia：john Penington，1844），11.

90　Speech of Rep. Duncan of Ohio on the Oregon Bill，*Cong. Globe*，28th Cong.，and sess.，Appendix 178（January 1845）。帝国扩张是讨论白人主义内涵的背景之一。谁是白人（或盎格鲁－撒克逊人），谁"适合"美国自由，这些问题在辩论中起着重要作用。Matthew Frye Jacobson，*Whiteness of a Different Color：European Immigrants and the Alchemy of Race*（Cambridge，MA：Harvard University Press，1998），203－21；Paul Frymer，*Building an American Empire：The Era of Territorial and Political Expansion*（Princeton：Princeton University Press，2017），128－71。

们是"为一种自然状态而生"。参议员本顿在为佛罗里达州塞米诺尔人的屠杀和流离失所辩护时也做出了类似的对比:坚韧不拔、善良的白人有产者是文明的承载者;只有通过击败阻碍他们前进路上顽固的"野蛮人",才能为他们的劳动扫清障碍。[91]

这样的言论为杰克逊时代美国个人独立概念的转变提供了更多的线索。独立不再是排斥贫穷白人的工具,它已经演变为所有(努力工作的)白人男性平等享有的**权利**,也是释放他们道德和公民潜力的关键。堕落无知的英国工厂工人的平凡形象表明,白人甚至盎格鲁-撒克逊血统都不足以培养出有道德的公民。但是,让这个"顽强的种族"拥有自己的土地,他们就会成长为具有独立思想和精神的自主、勤劳、负责任的个人,带来了自由的文明。[92] 这一重新制定的理想对包括欧洲移民在内的白人男性同时具有包容性和平等性,联邦政府有意招募这些移民定居西部前哨,并严格排斥有色人种。[93] 在独立有产者的神话中,阶级等级已演变为种族等级;在这个新的民主国家中,完整的公民身份已经成为白人的特权。[94] 71

独立和白人至上也以其他方式联系在一起:如果独立有产者的种族化神话被用来为扩张主义暴力**辩护**,那么小企业主的政治经济则有助于进一步激励暴力扩张。事实上,对土地的渴求是小农社会的特有现象。随着家庭的扩大,儿子们渴望自己成为独立的土地所有者,他们需要更多的土地。历史学家丹尼尔·维克斯(Daniel Vickers)写道,"购买足够的土地和生产设备的基本动机,至少是为了确保家庭中的任何人都不必依赖他人工作",这既是社区内部的"社会分裂",也是向外的暴力扩张主

---

91 Ken Mueller, *Senator Benton and the People: Master Race Democracy on the Early American Frontiers*(DeKalb: Northern Illinois University Press, 2014), 133-76.

92 《民主评论》写道,土地开启了"进步精神中的冲动渴望",这一渴望潜伏在人性的"欧洲储备"中。然而,美洲原住民不具备这一精神渴望,他们"确实也存在过,但是就像自然系统中的真空一样,每时每刻都处于消失的危险中"。"Our Indian Policy," *United States Magazine and Democratic Review* 14(1844): 170, 169。

93 一些学者用赫伦沃克民主或"统治民族"民主来描述这种特殊的政治结构。参见Pierre van den Berghe, *Race and Racism: A Comparative Perspective*(New York: Niley, 1967)。

94 Rogers M. Smith, *Civic Ideals: Conflicting Visions of Citizenship in U.S. History*(New Haven: Yale University Press, 1997), 197-242.

义。[95] 一次又一次，白人定居者对土地的渴望推动了扩张主义政策，从杰克逊强迫成千上万的克里克人和切罗基人离开他们的祖传土地到不断发生的塞米诺尔战争。它还促使联邦政府战略性地运用土地政策，以大量移民的流入来压倒原住民群体。[96] 杰克逊的选举成功很大程度上归功于他愿意迫使东南部部落离开他们的土地，这使得他在整个南部各州的选民中几乎无懈可击。[97]

财产独立性需要不断扩张领土这一事实在当时对美国人来说并不神秘。正如我们在第2章中看到的，杰斐逊本人已经清楚地理解了这一点；亚历山大·邓肯也是如此。他认为，如果美国被限制在最初的十三个州，它将由"数百名富有的垄断者、资本家和地主，以及数以百万计的奴隶、乞丐和叫花子"组成。人口增长和地理限制也将复制"欧洲"的不平等和依赖模式。他将这一不愉快的景象与他现在所看到的美国西部进行了对比，那里有"超过一千万快乐和独立的人，他们在没有主人的命令下吃饭、睡觉和工作，不会因为上级的皱眉而畏缩；只是吃着神赐福给他们快乐劳碌的食物；喝着从自己的泉眼里涌出的纯净水；他们昂首阔步，他们的灵魂对他们的同胞负责，在以后对他们的上帝负责；在他们男子气概的脸上，带着造物主的形象"。[98]

在这里，白人群体对土地的渴求已经转变为共和自由的一个崇高前提。事实上，邓肯并不是唯一一个将领土扩张视为当代和后代白人的义

---

95 Daniel Vickers, "Competency and Competition: Economic Culture in Early America," William and Mary Quarterly 47, no. 1（1990）: 18。当然，这些事实掩盖了自耕农神话的核心要素之一：自耕农本质上是和平的。关于这方面的精彩论述，参见 John A. Dix, "Rural Life and Embellishment," in *Speeches and Occasional Addresses*, vol. 2（New York: D. Appleton, 1864［1851］）, 336。

96 有关美国政府将土地政策作为帝国扩张工具的广泛讨论，参见 Frymer, *Building an American Empire*。关于南方农民对土地的渴求，参见 Keri Leigh Merritt, *Masterless Men: Poor Whites and Slavery in the Antebellum South*（Cambridge: Cambridge University Press, 2017）, 38–61。

97 Ashworth, *Slavery, Capitalism, and Politics in the Antebellum Republic, vol. 1: Commerce and Compromise, 1820–1850*, 371–72.

98 Speech of Rep. Duncan of Ohio on the Oregon Bill, *Cong. Globe*, 28th Cong., 2nd sess., Appendix 178（January 1845）.

务的人。这是"天定命运论"（Manifest）的一部分，许多民主党人热烈支持这一观点：随着美国人口的增长，越来越多的欧洲人逃离压迫环境，到美洲来寻求独立和自由，他们将需要占据土地。毕竟，这不就是上帝为北美注定的命运吗?[99]

正如法律历史学家阿齐兹·拉纳（Aziz Rana）所记录的那样，独立所有权的理想和对领土扩张的强烈愿望构成了"定居者殖民"心态的一部分，这种心态从最早的时候就定义了美国的政治计划。拉纳列出了其四个关键组成部分：第一，认为"经济独立是自由公民身份的道德基础"；第二，承诺征服以获得广泛土地所有权所需的领土；第三，共和公民身份的排他性观念，认为许多人不适合获得"经济独立的利益"；第四，希望招募和欢迎白人移民，以便在新征服的领土上居住。[100]正如拉纳指出的那样，美国人常常努力掩盖这种美国社会的甚至他们自己的暴力和殖民特征："将原住民领土视为空旷的土地，是定居者努力将自己转变为'原住民'和摆脱殖民主义的一部分。"[101]这种趋势在19世纪40年代关于俄勒冈领土的辩论中非常明显，例如，在辩论中，民主党政治家反复将美国自由的良性和平传播与英国在世界各地的野蛮殖民主义进行对比。[102]独立有产者的神话及其和平勤劳的白人定居者的理想化形象助长了这种混乱。

美洲原住民领导人和活动家看到了这些混乱，他们强烈质疑和平的自耕农传播文明的说法。相反，他们指出是肆无忌惮的白人侵略者觊觎 73 原住民的土地，并以武力和欺诈手段夺取土地，这违反了他们自己签订的条约义务，违反了所有可以想象的正义和国际法原则。他们讲述了切罗基农民和小业主被残忍地强迫离开家园，他们的土地、作物和牲畜被

99　参见，Reynolds, speech to Congress on the Oregon Bill, *Cong. Globe*, 27th Cong., 3rd sess., Appendix 111（January 1843）; Daniel S. Dickinson, speech to the Senate on the Oregon question, *Cong. Globe*, 29th Cong., 1st sess., Appendix 327（February 1846）。

100　Aziz Rana, *The Two Faces of American Freedom*（Cambridge, MA: Harvard University Press, 2010）, 12 - 13.

101　同上，9。

102　Daniel S. Dickinson, Speech to the Senate on the Oregon question, *Cong. Globe*, 29th Cong., 1st sess., Appendix 321 - 327（February 1846）.

偷走而不受惩罚的故事。[103] 切罗基激进分子约翰·里奇（John Ridge）写道，这些暴行揭示了美国是一个掠夺性的殖民国家，被"不光彩的理论，即'强权即正义'所激励"，在大量证据面前用种族主义的家长主义作幌子隐藏其赤裸裸的私利，以此论证美国原住民无法进行"文明"的生活。[104]

　　如果美洲原住民被认为表明了原始独立性是没有能力改进的，那么非裔美国人则通常被描述为具有奴性、依赖自然。在1850年的密歇根州制宪会议上，一位英国先生反思了世界各地"有色人种"的"依赖、屈从和卑微"。他认为，他们曾在非洲为奴，受制于王子和酋长的铁律。如果给予他们自由，他们几乎不知道自己该怎么办，因为他们"无法自治"。[105]其他人则引用了曾经被用来合理化对无财产的白人的排斥的说法：他们认为，黑人无知，容易被"别有用心的"、有政治野心的人操纵。由于没有培养出形成自己判断的独立性，他们很容易被鼓动成"危险"的力量。[106]19世纪20年代，吟游诗人的表演变得非常流行，通常将黑人奴隶描绘成幼稚、知足、容易受骗的形象，从而强化了这种表述。[107]

103　John Ross et al., "Memorial and Protest of the Cherokee Nation," in *Letter from John Ross ... Followed by a Copy of the Protest of the Cherokee Delegation*（［Washington, DC］, 1836）; "The Following Memorial ...," *Cherokee Phoenix*, March 5, 1831.

104　John Ridge, "Strictures," *Cherokee Phoenix*, March 13, 1828.例如，他回应了关于切罗基人"从自然或宪法角度都没有能力订立条约或合同"的指控。也可参见Kelly Wisecup, "Practicing Sovereignty: Colonial Temporalities, Cherokee Justice, and the 'Socrates' Writings of John Ridge," *Native American and Indigenous Studies* 4, no. 1（2017）: 30 - 60。

105　*Report of the Proceedings and Debates in the Convention to Revise the Constitution of the State of Michigan*（Lansing: R. W. lngals, 1850）, 295, 293。一位印第安纳州的代表宣称："根据上帝的旨意，黑人已经被标记为奴仆，并被判处奴役；软弱的人能够扬言消除上帝施加于他们身上的麻风病吗？" *Report of the Debates and Proceedings of the Convention for the Revision of the Constitution of the State of Indiana*, 1850, vol. 1（Indianapolis: A. H. Brown, 1850）, 251.

106　L. H. Clarke, ed., *Report of the Debates and Proceedings of the Convention of the State of New York ...*（New York: J. Seymour, 1821）, 105. Philip S. Foner, *A History of Black Americans*, vol. 2（Westport, CT: Greenwood Press, 1983）, 206 - 7.

107　Scott Malcomson, *One Drop of Blood: The American Misadventure of Race*（New York: Farrar, Straus and Giroux, 2000）, 323 - 29.

　　这些普遍存在的对非裔美国人的奴性和"堕落"的呈现也是北方和西部各州自由黑人逐渐被剥夺选举权的一部分。19世纪初，随着白人投票权的扩大，黑人投票权不断缩小。包括新泽西州、马里兰州和康涅狄格州在内的几个州剥夺或限制了黑人在美国独立后获得的投票权。纽约州、宾夕法尼亚州和北卡罗来纳州也紧随其后，1819年后加入联邦的每个州都禁止黑人投票。[108] 那些在州宪法大会上为这种投票权收缩辩护的人常常援引最原始的种族刻板印象观念。

　　事实上，这种刻板印象是**白人**作为一种集体身份的组成部分。随着来自不同文化和背景的欧洲移民努力争取在新国家的成员身份，他们的白人身份成为一种重要的归属标志。历史学家大卫·罗迪格（David Roediger）写道，在美国，具有不同欧洲背景的工人"正在成为**白人工人**，他们认为自己的自由和工作尊严适合成为'不是奴隶'或'不是黑人（negurs）'的人"。[109] 如果黑色皮肤代表温顺和孩子般的依赖，那么白色皮肤则代表了进步和自治所需要的勤奋、理性和强烈的独立精神。因此，许多白人工人抵制任何形式的种族混合，因为这有可能模糊这一关键的界限。例如，宾夕法尼亚州哥伦比亚市1834年爆发了种族暴乱，暴乱的捍卫者写道，有一个阴谋试图"打破肤色之间的明显障碍，贫穷的白人可能逐渐陷入黑人的堕落状态，他们可能与黑人一样，成为奴隶和工具"。[110] 提高黑人的经济、社会或政治地位就是威胁这一"独特的障碍"，这种障碍保护了独立的白人自由人的地位和特权。事实上，杰克逊时代美国的许多贫穷白人开始把他们的白人血统本身想象成一种**财产**形式，就像工匠有时将他们的技能定义为一种财产，将他们与下层阶级区

108 Keyssar, *The Right to Vote*, 44 - 49。1790年至1850年间，美国原住民的政治权利也有所缩小，但幅度较小。

109 Roediger, *The Wages of Whiteness*, 49. David Brion Davis, *The Problem of Slavery in the Age of Emancipation*（New York: Knopf, 2014）, 15 - 44; Shklar, *American Citizenship*, 63 - 101; Jacqueline Jones, *A Dreadful Deceit: The Myth of Race from the Colonial Era to Obama's America*（New York: Basic Books, 2013）, 97 - 144.

110 James Collins et al., 引自 Philip Foner and Ronald Lewis, eds., *The Black Worker: A Documentary History from Colonial Times to the Present*, vol. 1（Philadelphia: Temple University Press, 1978）, 176。

分开来，并将他们标记为共和政体中的利益相关者。[111]

奴隶制在现在比以往任何时候都更加广泛实践和有利可图，推动了白人种族主义的复兴。事实上，杰克逊时代标志着历史学家称之为美国"第二次奴隶制"的高潮。到19世纪20年代，基于奴隶劳动的、推动了大西洋世界经济扩张的糖业生产开始停滞不前，并被另一种大宗商品所取代：棉花。轧棉机的发明、肥沃的南部平原上对美洲原住民土地的占领以及英国工业纺织品生产的兴起，共同创造了一个利润丰厚的新产业。其核心是100多万黑奴的强迫劳动。为了满足全球对机织纺织品的急剧增长的需求，美国人投资并建立了巨大的新的强迫劳动营，并通过从东部主人那里购买奴隶，将他们与家人分离，并用铁链将他们带到数百英里的肥沃的棉花地带。随着棉花为南方和北方都带来了巨大的财富，奴隶制度对美国经济的影响越来越深。[112]

正如我们所看到的，美国人早就把奴隶制理解为个人独立的对立
75 面。这种两极性在他们的政治言论中不断出现：工厂工人被沦为**奴隶**；债务人变成了**奴隶**；支付关税补贴北方工业的种植园主正在沦为**奴隶**。1818年版《韦氏词典》对"自由人"一词给出的第一个含义是："享有自由的人，或不受他人意志支配的人；不是奴隶或附庸。"[113] 这种聚焦性对比一直在共和思想中发挥着重要的概念作用，可以追溯到其古典起源。但到了杰克逊时代，在全球棉花繁荣的巅峰时期，它已经变得明显种族化：特别是黑奴，他是白人共和主义者所要逃避的征服和依赖的缩影。[114] 我们在第6章和第8章中会更详细地探讨了奴隶制的意识形态意义。

111 Ford, "Making the 'White Man's Country' White," 737. Cheryl I. Harris, "Whiteness as Property," *Harvard Law Review* 106, no. 8 (1993): 1707 - 91.

112 Edward E. Baptist, *The Half Has Never Been Told: Slavery and the Making of American Capitalism* (New York: Basic Books, 2014); Sven Beckert and Seth Rockman, eds., *Slavery's Capitalism: A New History of American Economic Development* (Philadelphia: University of Pennsylvania Press, 2016).

113 http://webstersdictionary1828.com.

114 Roediger, *The Wages of Whiteness*, 49 - 50.

"依赖和无助": 性别与家庭

独立有产者的神话最终也成为美国父权制的意识形态的载体。正如我们在第2章中所看到的,共和主义的财产独立的理想一直是性别化的:它意味着男性的自我主张和自我掌控。在共和主义者的想象中,这一直与军事勇气有关:自由人也是公民士兵,他们将拿起武器捍卫自己的自由。相比之下,依赖性持续女性化。历史学家罗兰·贝索夫(Rowland Berthoff)写道:"妻子和未婚女儿就像仆人和奴隶一样,在古典共和理论和普通经验中都是依赖者。"他继续说道:"在19世纪的美国,女性通常被混为一谈,被称为'脆弱、可爱和依赖的'。"[115] 一个失去了独立性的男人被认为是被阉割的,沦为了女人的状况。[116]

在南北战争前的美国,这些假设深深地铭刻在家庭生活和家庭法中。当一名女性结婚时,她就失去了以自己名义持有财产的能力。她所有的财产,包括她挣的工资,都属于她的丈夫。[117] 因此,对于已婚妇女来说,独立所有权实际上是不可能实现的。事实上,美国家庭法在很大程度上仍受古老的习惯法的"隐蔽"理念的支配,该理念规定已婚妇女的法律和公民身份从属于丈夫的身份。用著名英国法学家威廉·布莱克斯通(William Blackstone)的话来说:"妇女的存在或法律上的存在在婚姻期间被中止了,或者至少被纳入并巩固在丈夫的存在中;在丈夫的庇护、保护和掩护下,她存在着。"[118] 根据这一观点,如果与丈夫分开,女性便既 76

---

115 Berthoff, "Conventional Mentality," 773. Linda K. Kerber, "The Paradox of Women's Citizenship in the Early Republic: The Case of Martin vs. Massachusetts, 1805," *American Historical Review* 97, no. 2 (1992): 351, 354.

116 Matthew McConnack, *The Independent Man: Citizenship and Gender Politics in Georgian England* (Manchester: Manchester University Press, 2005), 12 - 30.

117 这一规范在实践中亦有例外, Jane H. Pease and William H. Pease, Ladies, *Women, and Wenches: Choice and Constraint in Antebellum Charleston and Boston* (Chapel Hill: University of North Carolina Press, 1990), 90 - 114。

118 引自Norma Basch, *In the Eyes of the Law: Women, Marriage, and Property in* (转下页)

没有利益，也无法发出公开的重要的声音。当然，丈夫和妻子的这种法律融合是具有明确等级的：妻子扮演着一个低人一等的从属角色，严格服从丈夫的权威。[119]

一名妇女在家庭中的从属地位标志着她不配成为共和政体的正式公民。正如我们在过去几章中所看到的，独立有产者的神话在财产所有权与公民能力和美德之间形成了强大的联系。在1853年马萨诸塞州制宪会议上，一位西蒙兹先生（Mr. Simonds）直言不讳地阐述了独立性对妇女的影响：

> 我发现，人类与所有被创造的智力一样，被分为两大类，独立的和从属的。我认为，独立自主指的是那些合法拥有主权的人，他们独立于社区，而不是从属于社区。因此，我必然得出结论，社区中的女性处于依赖状态。她们永远不能，也永远不应该被认为拥有自主统治的权力。[120]

西蒙兹表达了一种普遍持有的观点，根据这一观点，妇女与儿童被归类为二等公民，其依赖性使他们丧失了政治权利。[121] 历史学家琳达·克伯（Linda Kerber）写道："作为国家的居民，女性只是居民。只有男性才是国家成员。"[122] 事实上，随着投票权逐渐扩大到所有白人男性，阶级差异与正式公民身份的分配脱钩，种族和性别作为公民身份边界的标志变得

（接上页）*Nineteenth-Century New York*（Ithaca: Cornell University Press，1982），48 - 49。布莱克斯通的论述在19世纪的美国被广泛使用，同上，42 - 69。

119 关于内战前性别角色的争论，参见 Michael D. Pierson, *Free Hearts and Free Homes: Gender and American Antislavery Politics*（Chapel Hill: University of North Carolina Press, 2003），6 - 20。

120 *Official Report of the Debates and Proceedings in the State Convention, Assembled May 4th, 1853, to Revise and Amend the Constitution of the Commonwealth of Massachusetts*, vol. 1（Boston: White & Potter, 1853），210.

121 Judith Wellman, "Women's Rights, Republicanism, and Revolutionary Rhetoric in Antebellum New York State," *New York History* 69, no. 3（1988）: 356, 375.

122 Kerber, "The Paradox of Women's Citizenship in the Early Republic," 370.

越来越重要。[123] 要成为一个正式的公民，就必须拥有白人男性特有的美德和能力。

然而，从19世纪30年代开始，妇女依赖性的性质和范围成为公众争论的问题。习惯法的批评者开始争辩说，严格的家庭等级观是封建压迫的残余。许多州开始考虑进行法律改革，至少使已婚妇女能够拥有财产。[124] 例如，在1850年的印第安纳州制宪会议上，激进的民主党人罗伯特·戴尔·欧文（Robert Dale Owen）提出了妇女财产权的问题。他将熟悉的共和主义分类扩展到了婚姻，他认为，妇女无法持有财产，使她们必须忍受一种彻底的、有辱人格的依赖，这种依赖会伤害她们和丈夫的品格。他警告说，丈夫的绝对统治会带来"与暴政相关的粗野和专横的天性，以及……与卑劣的恐惧相关的胆小和屈服的天性"。在这种情况下，家又怎么可能成为公民美德的源泉呢？这样的妇女怎么能把她们的儿子塑造成有道德的公民呢？"从如此卑微的源头，"他问道，"有什么美好或高贵能够出现吗？"[125]

他（和其他改革者）得到的答案揭示并澄清了腐蚀理想的个人独立性的性别假设。在内战前宪法惯例中反复表达的最常见的焦虑是妇女的财产所有权会破坏婚姻本身，以竞争和不和取代幸福的和谐。在直接回应欧文时，一位拉瑞登先生（Mr. Rariden）认为改革者将打破赋予婚姻"魅力和力量"的"利益统一"；取而代之的是，他们只会留下"不和和

---

123 Nancy Isenberg, *Sex and Citizenship in Antebellum America* (Chapel Hill: University of North Carolina Press, 1998), 15–74; Berthoff, "Conventional Mentality," 757–58; Wellman, "Women's Rights, Republicanism, and Revolutionary Rhetoric in Antebellum New York State," 353.

124 这些改革在一些新英格兰州出现得更早，参见Silvana R. Siddali, *Frontier Democracy: Constitutional Conventions in the Old Northwest* (Cambridge: Cambridge University Press, 2016), 314。

125 *Report of the Debates and Proceedings of the Convention for the Revision of the Constitution of the State of Indiana, 1850*, vol. 1, 466. 与欧文一样，许多早期的女权主义者呼吁共和主义价值观，尤其是个人独立的理想，呼吁更大的自由。Jean Matthews, "Race, Sex, and the Dimensions of Liberty in Antebellum America," *Journal of the Early Republic* 6, no. 3 (1986): 275–91.

疏远"。[126] 哈登先生（Mr. Haddon）则更进一步："一个妻子拥有独立的财产，由她独立处置和管理，就可能会在贸易上与丈夫竞争，或者成为他竞争对手的伙伴。这种关系可能会产生不利和对立的利益。"他预测，即使这种竞争的可能性也会"彻底摧毁他们对彼此的感情，并彻底摧毁婚姻生活中的真正幸福"。[127] 其他人则预见到家庭中的"分歧和冲突"会升级，因为爱和无私服从的纽带被精明的计算和围绕"利益"的讨价还价所取代。[128]

正如历史学家诺玛·巴斯克（Norma Basch）所指出的那样，这种反应揭示了对个人主义本身范围的基本焦虑。赋予妇女拥有财产的权力，从而将婚姻重新想象为拥有财产的个人之间的契约关系，对大多数美国男性来说，这似乎都太遥远了。[129] 论辩双方的发言人都认为美国社会存在两个不同的领域：严酷的、有男子气概、竞争激烈的政治和市场世界；以及和平、滋养的家庭生活领域。第一个领域是平等主义的、个人主义的和充满冲突的；第二个领域则是等级的、共同的和和谐的。[130] 想象打破这一界限，将家庭融入艰难严峻的男性世界，就是在想象一种反乌托邦——一个离散的个体在无休止、令人筋疲力尽的竞争中的世界。"我认为女人适合另一个领域，"一位巴斯科姆先生（Mr. Bascom）说，"我这样理解

126 *Report of the Debates and Proceedings of the Convention for the Revision of the Constitution of the State of Indiana，1850*，vol. 1，475.

127 同上，470。有趣的是，哈登在这里一字不差地重申了四年前奥康纳先生在1846年纽约宪法会议上提出的论点。*Report of the Debates and Proceedings of the Convention for the Revision of the Constitution of the State of New York，1846*（Albany：Evening Atlas，1846），1057。

128 *Report of the Debates of the Convention of California on the Formation of the State Constitution，in September and October*；1849（Washington，DC：John T. Towers，1850［1849］），260；*Report of the Debates and Proceedings of the Convention for the Revision of the Constitution of the State of Indiana，1850*，vol. 1，477，475，485，486，806，818；Berthoff，"Conventional Mentality."

129 巴斯克问道："他们是在鼓励个人主义如尖刀般入侵和分裂家庭，这个残酷竞争的社会中剩下的避风港吗？"Basch，*In the Eyes of the Law*，141。

130 例如，就连欧文也认为，财产权只会通过使妇女免于恐惧和虐待，从而增强她们的家庭美德，使她们的无私天性得以更彻底地展现。*Report of the Debates and Proceedings of the Convention for the Revision of the Constitution of the State of Indiana，1850*，vol. 1，465 - 67。

女性，她们生来就不是为了与我们一起生活在繁忙的生活场景中，参与我们的辛劳、斗争和关注，而是为了被安置在我们的家中，在我们每天的辛劳结束后，在我们的火炉旁，带着她的微笑来到我们身边，并用一种亲切的问候来迎接我们。只有这种问候才能使我们拥有一个幸福的家。这就是她适应的位置。"[131]

　　女性的特殊角色是补充和抵消男性领域的严酷个人主义，这意味着女性需要维护其社会和道德特性，这是以其依赖性为前提的。拉瑞登说，"在很大程度上，正是这种依赖促进和培养了女性的可爱品质"，这构成了她独特的美德。他补充说，依赖滋养了女性的"奉献和自我牺牲精神"，并使她们"准备好将所有（她们的）希望奉献给丈夫的愿望"。[132]

　　那些认为将女性限制在这种从属地位并将她们塑造成甜美的恳求者是不公正和扼杀女性的人，像早期女权主义者萨拉·格里姆克（Sarah Grimke）和伊丽莎白·卡迪·斯坦顿（Elizabeth Cady Stanton），最终都遇到了基于自然的质疑。例如，受欢迎的女性作家莉迪亚·西格尼（Lydia Sigourney）认为，女性天生适合她们的依赖角色，因为正是依赖激发了她们独特的美德。"服从的义务是由我们的天然位置和上帝法令所赋予的，它使我们谦卑，这是虔诚的本质"。她还强调了女性

78

---

131 同上，486。路易斯安那州的普雷斯顿先生（Mr. Preston）对这一观点进行了另一次有力的阐述，参见 *Proceedings and Debates of the Convention of Louisiana: Which Assembled at the City of New Orleans January 14, 1844*（New Orleans: Besancon, Ferguson 8: Co., 1845 ［1844］），150。

132 *Report of the Debates and Proceedings of the Convention for the Revision of the Constitution of the State of Indiana, 1850*, vol. 1, 476, 475。然而，私人家庭领域并没有完全与政治生活隔绝。例如，作为母亲和妻子，妇女被期望帮助塑造她们的儿子和丈夫成为有道德的公民。参见 Linda K. Kerber, *Women of the Republic: Intellect and Ideology in Revolutionary America*（Chapel Hill: University of North Carolina Press, 1980），269 – 88；Jan Lewis, "The Republican Wife: Virtue and Seduction in the Early Republic," *William and Mary Quarterly* 44, no. 4（1987）: 689 – 721。某些形式的公众影响也被视为与女性家庭生活相兼容：玛丽·凯利（Mary Kelley）写道，内战前，女性就可以"作为塑造公民社会特征的教育工作者、作家、编辑和改革者，主张她们的公民身份"。Mary Kelley, *Learning to Stand and Speak*（Chapel Hill: University of North Carolina Press, 2006），246。

的诚信和无私。[133] 同样，一位有影响力的作家和教育家凯瑟琳·比彻
（Catharine Beecher）坚持认为，女性的优秀品格取决于她"保持依赖和
无防卫的地位，不提出任何要求，不维护任何权利，只维护荣誉、正直
和爱的天赋"。上帝使女性不同于男性，并赋予她不同的影响模式，这
也只会加强她的依赖性：妻子对丈夫的依赖给了她强大的动力，促使
她将丈夫的性格塑造得更好；为了做到这一点，她将努力做到"在智力
上表现得有教养和优雅，因而她的品位和判断力将受到尊重；在感情
和行为上表现得仁慈，因而她的动机将受到尊重"。[134] 事实上，比彻认
为，女性天生依赖私人的教导和榜样，这使她们在道德上优于男性。[135]
她还认为，她们的爱与和解的天性让她们在美国政治中扮演了一个至
关重要的角色（尽管是间接的）：作为妻子、母亲、教育者和作家，她
们可以调解冲突，软化似乎正在分裂国家的派系和充满敌意的"政党
精神"。[136]

　　并非所有关于女性天性的观点都是如此仁慈。除了女性作为一个受
原始、无私情感支配的生物的崇高形象外，还有另一个更为阴暗的印
象，即性欲旺盛的妻子，她们难以控制的欲望使得她们无法理性地自我
控制。[137] 一位纳维先生（Mr. Nave）（同样来自印第安纳州）回顾了古罗
马和现代法国已婚妇女的财产权历史，将其与"不忠"和"放荡"联系
起来。他认为，让妇女独立于丈夫，就会放松婚姻控制和导致性的无政
府状态。"是这样一种感觉，她可以依靠一个人，一个可以仰望的人，一

---

133 Lydia Sigourney, *Letters to Young Ladies*, 2nd ed.（Hartford：W. Watson, 1835［1833］），37-38. Basch, *In the Eyes of the Law*, 140.

134 凯瑟琳·比彻是哈丽特·比彻·斯托的妹妹，也是一位杰出的作家和教育家。Catharine Beecher, *An Essay on Slavery and Abolitionism, with Reference to the Duty of American Females*（Philadelphia: Henry Perkins, 1837），101-2。

135 这是一种非常常见的修辞模式：在赞美女性超凡的道德纯洁的同时，女性从属地位（以及保护她们不受权力和利益的严酷世界影响的重要性）的论点也会被提及。她们将成为男性获得道德救赎的源泉。

136 Beecher, *An Essay on Slavery and Abolitionism, with Reference to the Duty of American Females*, 110-37.

137 关于女性刻板印象中这种双重性的进一步思考，参见 Pease and Pease, *Ladies, Women, and Wenches*; Lewis, "The Republican Wife: Virtue and Seduction in the Early Republic."。

个她可以全心全意爱慕的人，只有这样一种感觉才能控制共同体中的女性部分。"[138] 纳维的观点反映了一种长期存在的趋势，即将女性描绘成诱惑者，一旦她们逃离从属领域，就会威胁男性的自我控制。在杰克逊时代的美国，那些敢于公开发表政治改革主张的女性，如弗朗西斯·赖特（Frances Wright）、萨拉·格里姆克（Sarah Grimke）和她的妹妹安吉丽娜·格里姆克（Angelina Grimke），经常被谴责为散播社会混乱的妓女。[139]

这些基于自然的论辩的核心类似一个紧急警告：将妇女归为独立业主会产生一种奇怪可笑的和不自然的性别倒置现象，或者会破坏妇女的天性，两者都会带来严重的社会后果。例如，一位巴杰先生（Mr. Badger）担心已婚妇女的财产权会"推翻至高宣言"，因为上帝宣言要求妻子服从丈夫。而已婚妇女的财产权有可能"让女人成为男人的统治者"。[140] 另外，克拉克先生（Mr. Clarck）警告说："你不能把男人所拥有的权力，以及他在国家事务和贸易事务中所行使的权力交给［女人］，因为如果你这样做的话，她就不再是女人了。"她的天性会堕落，她的美德会退化，她会成为一个怪物。[141] 波茨先生（Mr. Botts）用类似于1849年加利福尼亚州制宪会议的方式发表讲话，宣称"这一妇女权利学说是那些精神上的两性人、艾比·福尔索姆（Abby Folsom）、弗朗西斯·赖特（［Frances］Wright）以及同伙的学说"。[142] 当这些反常的女性进入了公共领域，她们

---

138 *Report of the Debates and Proceedings of the Convention for the Revision of the Constitution of the State of Indiana, 1850*，vol.，485。也可参见 p. 473。在这些辩论中，人们经常援引法国女性滥交这一假定事实。Basch, *In the Eyes of the Law*, 146 - 47。

139 参见 Isenberg, *Sex and Citizenship in Antebellum America*，41 - 74。关于杰克逊时代美国公共领域性别界线的精彩讨论，参见 Mary P. Ryan, *Women in Public: Between Banners and Ballots, 1825 - 1880*（Baltimore: Johns Hopkins University Press, 1990），130 - 41。关于这三位早期女权主义者政治思想的富有启发性的讨论，参见 Lisa Pace Vetter, *The Political Thought of America's Founding Feminists*（New York: New York University Press, 2017）。

140 *Report of the Debates and Proceedings of the Convention for the Revision of the Constitution of the State of Indiana, 1850*, vol. 1, 815, 817. Basch, *In the Eyes of the Law*, 56 - 57.

141 *Report of the Debates and Proceedings of the Convention for the Revision of the Constitution of the State of Indiana, 1850*, vol. 1, 471 - 73.

142 *Report of the Debates of the Convention of California on the Formation of the State Constitution, in September and October, 1849*, 260.

实际上就烧死了自己的女性自我。

在美国妇女争取参政权这项直到1919年才被第十九修正案最终保障的政治权利的漫长道路上，性别化的个人独立神话一直是一个重要障碍。1854年，斯坦顿（Stanton）在纽约州议会发表演讲时，对女性既不渴望也不适合个人独立这种假设提出了最尖锐的批评。她认为，女性天生适合"受他人意志影响、任由他人摆布的堕落生活"是男性偏见的根源，因为这让他们相信，法律和政治上的劣势并不会最终对女性造成伤害。[143]

80　在杰克逊时代的民主党人的政治修辞中，自力更生的拼搏者神话被特权阶级白人男性所利用，他们自称是政治和经济平等的标准承袭者。正如我们所看到的那样，这种平等主义并不仅仅是一种矫揉造作：随着贵族式独立性的消失，以独立农场主和工匠为原型的平民独立脱颖而出，并成为对抗经济不平等的武器。同样的转变也使个人独立与日常生活、新教徒勤劳节俭的美德更加紧密地联系在一起，并弱化了新古典主义共和主义的公民美德。但它也加深了这个神话的排他性：当白人男性选民试图为自己的权力和地位辩护时，它固化加深了将女性和有色人种排除在完全公民身份之外的界线。接下来我们将讨论的是这些变化如何重塑了美国人对民主和国家本身的理解。

143　Elizabeth Cady Stanton, "Address to the Legislature of New York"（Albany: Weed, Parsons, and Co., 1854）, 16‑17.

民 主

> ［工厂工人］依靠雇主的恩惠维持生计，大多数人根据雇主的意愿投票；他们变成了单纯的依赖者，失去了每一个美国公民应有的精神。
>
> ——费利克斯·格伦迪（Felix Grundy）参议员，1832年[1]

个人独立的理想尽管排除了许多共和主义的内涵，但其在杰克逊时代民主党的民主政治理论中仍然发挥了至关重要的作用。它既抵御了暴民的非理性，也构成了反抗暴君和煽动政治家的堡垒。事实上，政治乐观主义很大程度上是基于这样一种信念，即美国人与历史上几乎任何其他**民族**都不同：他们不仅拥有平等的权利和自由，而且拥有独立所必需的权利和自由。在这个意义上，民主党人也非常依赖于他们从托马斯·杰斐逊和卡罗林的约翰·泰勒那里继承下来的农业神话。[2]

---

1 Felix Grundy, *Register of Debates*, 21nd Cong., 1st sess. 407（February 1832）.

2 杰斐逊对杰克逊时代民主党的影响有许多的讨论。关于泰勒对杰克逊时代思想家影响的证据，可参见，例如 "Democracy," *Globe*, July 5, 1837, p. 3; Stephen Simpson, *The Working Man's Manual*（Philadelphia: Thomas L. Bonsal, 1831）, 18; "Radicalism," *United States Magazine and Democratic Review 3*, no. 10（1838）: 107. John Ashworth, *Slavery, Capitalism, and Politics in the Antebellum Republic, vol. 1: Commerce and Compromise, 1820 - 1850*（Cambridge: Cambridge University Press, 1995）, 35, 381; Rush Welter, *The Mind of America: 1820 - 1860*（New York: Columbia University Press, 1975）, 407; Arthur Schlesinger Jr., *The Age of Jackson*（Boston: Little, Brown, 1945）, 155, 119。

　　然而，"更高"的悠闲独立的贵族理想的消失带来了对杰斐逊政治观的修正。杰斐逊、麦迪逊以及其他开国元勋一代的领袖人物一同设想过一个道德高尚的精英阶层，他们受过古典教育，受过政治领导能力的专门训练，更广泛的公众都能接受他们的执政与领导。他们认为，这些精英的存在是必要的，部分原因是政治本身的性质：这是一门复杂而微妙的艺术，需要大量的教育和实践智慧。[3] 但是，大多数杰克逊时代的美国人坚决反对这种政治观点。在平等主义情绪的浪潮中，他们将政治重新定义为一种相对简单的事务，只需要常识和个人诚信。他们认为，政治的伟大目标是保护平等、普遍的权利，反对精英的权力和特权。对于这项工作，自耕农的简单美德就足够了，这种简单美德会体现在对富人和强权的野心具有防御性的警惕。杰斐逊的"自然贵族"的智慧、训练和书本知识已经变得多余。

　　这种转变标志着在美国影响深远的反政治势力的崛起。杰克逊时代的民主党人越来越怀疑政治权力的**建设性**作用。[4] 在他们看来，政治不再是在无政府状态下创造出和维持住秩序的普罗米修斯活动。相反，这是一项较为温和的活动，旨在保护独立个人免受不必要的侵犯。伴随着这种缺乏动力的政治观念，在杰克逊本人的形象中出现了一种持久存在的美国人原型：政治局外人、人民中的谦逊者、骑马前往华盛顿与政治阶级的过度行为作斗争，以保护美国人的自由免受大政府的暴行。

民主的公众

　　正如我们在第 4 章所看到的，杰克逊时代的民主党人不断警告说，美国人正从自由人沦为房客和奴隶。这一警告引起了农民和工匠对其社会地位受到侵蚀的极度焦虑。它还反映了对共和国健康和生存的具体政治

3　这一观点在《联邦党人文集》中有明确和一致的表达。

4　另外，许多杰克逊时代的美国人赞扬利用联邦权力进行防御，打破垄断，遏制金融"贵族"的过度行为，遏制土地投机者，而且这些防御目标激发了相当多的政治激进主义。有关进一步讨论，参见第 7 章。

关切。像杰斐逊和泰勒一样，许多杰克逊时代的美国人怀疑一个共和国能否在广泛的经济依赖中生存下来，更不用说**民主**共和国了。我们必须更仔细地审视杰克逊时代美国人对民主本身的理解，从而找到原因。

对许多民主党人来说，美国的民主标志着一个决定性的突破，不仅是与欧洲分道扬镳，而且是摆脱了整个人类政治历史的桎梏。在他们看来，美国人是世界上第一群认识到"每个人都拥有一种自然和天生的权利，在政府和政治事务中可以平等发言"的人，这一权利是"上帝直接赋予的礼物"，不依赖于任何"出生的偶然或财产所有权"。[5] 民主理论家乔治·坎普（George Camp）早在其1841年出版的《民主》一书中，就对所有继承下来的政治理论的不足表示惊讶，并补充道，"几乎可以自信地断言，**在有关民主政府的独特理论建设中，尚未发表具有关联性和哲学性的阐述**"。[6] 基于其理论视角，坎普认为过去所有时代的政治思想都被明显错误的不平等假设所玷污；他觉得自己正在进入一个未知的领域。与此同时，《民主评论》敦促读者将"历史古迹"视为应当"回避的教训"，并自信地迈入民主未来的"处女地"。[7] 这种态度与沉浸在古罗马共和国经验中的美国建者的思想截然不同。事实上，在一些杰克逊时代美国人的复述中，即使是辉煌的古罗马共和国，回顾起来也只是"残酷的专制"，其中"特权阶层"以"世袭的、无法容忍的、无望的奴役"为基础进行着统治。[8]

从根本上讲，民主党人的信心来自美国例外主义的强大叙事。他们深

83

5　Governor Marcus Morton of Massachusetts，引自 *Wisconsin Democrat*，February 21，1843，p. 3。

6　原文中亦有强调；George Camp，*Democracy*（New York：Harper and Brothers，1841），13. John William Ward，"Jacksonian Democratic Thought：'A Natural Charter of Privilege，'" in The *Development of an American Culture*，ed. Stanley Coben and Lorman Ratner（New York：St. Martin's Press，1983［1970］），58。

7　"The Great Nation of Futurity," *United States Magazine and Democratic Review 6*，no. 23（1839）：427. Welter，*The Mind of America：1820－1860*，6；John Ashworth，"Agrarians"& "Aristocrats"：*Party Political Ideology in the United States，1837－1846*（Cambridge：Cambridge University Press，1983），7－20.

8　Robert Rantoul Jr.，"An Oration Delivered before the Inhabitants of the Town of South Reading ... on the Fourth of July，1832"（Salem：Foote & Brown，1832），8.

信民主会在美国取得成功，因为他们认为美国**公众**与历史上任何其他民族都不一样。美国白人男子与欧洲白人男子相比，最突出的特点是财产独立。除了受教育的机会外，美国人的独立性将使他们能够应对两个普遍存在的对民主的批评：第一，它将演变为混乱的变化无常的暴民统治；第二，它将滑向暴政，因为野心勃勃的煽动性政治家会利用人民的激情来煽动他们。这些批评是民主批评者从古典雅典的例子中收集到的担忧，法国大革命的爆发和拿破仑·波拿巴的崛起使这些担忧再被激活。民主党人认为，只有通过独特的"民众的智慧和美德"，才能将美国从这些危险中拯救出来；这种美德总是与独立性的神话联系在一起的。[9]

首先，暴徒统治的危险。民主党人经常将美国有序、理性的公众与欧洲动荡、非理性的人群进行对比。民主党人并没有否认或忽视放纵的和无政府暴徒的存在，而是将其隔离在了旧世界。例如，小罗伯特·兰图尔（Robert Rantoul Jr.）宣称："我们这里没有那些在旧世界腐败的城市中会遇到的无原则的和被遗弃的可怜虫。"他解释道，美国公众是一个拥有自己财产的公众，因此对秩序和法治有着强烈的兴趣。[10]与此同时，他在1837年为《华盛顿环球报》撰写的"自耕农"一文中，正面讨论了民主的人民是"反复无常"和"任意妄为"的、是会提出"任意和不断变化的命令"的观念。他认为，这一个"常见"错误来源于简单的混淆："受过教育的"和"勤劳的"美国公民所组成的世界是从"无知的暴徒、易怒的民众、依赖共和国的古代平民"中分离出来的。美国根本无法与雅典的"激烈的民主"类比，它的自由也不能轻易地移植到那些其人民不具有美国公众的"清醒"美德和独立精神的国家。[11]

84

9　Benjamin Butler，"Representative Democracy in the United States：An Address Delivered before the Senate of Union College"（Albany：C. Van Benthuysen，1841），17.

10　Robert Rantoul Jr.，"An Oration Delivered before the Gloucester Mechanic Association on the Fourth of July，1833"（Salem：Foote 8：Chisholm，1833），39. 由联邦党人转变为民主党人的弗朗西斯·贝利斯（Francis Baylies）也提出了类似的观点："在欧洲，这类人构成了'乌合之众'，但在我们这儿这样的人只有少数；我们最贫穷的公民也具有高度的独立感和男子气概，这将长期保护他们免受贿赂、腐败和恐吓的影响。""Reply，"*Globe*，May 29，1833，2。

11　"Democracy，"*Globe*，July 5，1837，p. 3.

与此同时，改革者和劳工运动家警告说，工厂生产的出现将使美国工人缺乏教育和产生依赖，这将使他们变得动荡不安和缺乏理性。工厂里漫长的工作时间和艰苦的工作条件会将工人"淹没在无知里"，既没有"道德尊严，也没有智力和有机力量来抵抗这些品质的转变"。[12] 因为微薄的工资，工人几乎勉力过活，既没有时间也没有资源来让自己和孩子接受教育；他们正迅速堕落到欧洲劳工的水平。[13] 更具体地说，在工厂里不断的辛勤劳动导致了"全部优良本性的自焚"：工人们沦为"动物"，他们无法控制自己，他们的激情无法受到理性的约束。[14] 民主党人警告说，不能指望那些被迫穷困潦倒的工人组成一个理性、有序的公众。他们并没有像旧时的共和主义（和清教主义）那样将劳工的堕落归咎于他们自己的"放纵"，而是寻求了结构性的经济解释。

在表达这些担忧的同时，杰克逊时代的美国人借鉴了杰斐逊等人的观点。在美国，杰斐逊曾辩称："每个人，无论是根据他的财产，还是根据他的满意状况，都会有兴趣支持法律和秩序。"因此，美国人适合自由和自治，而"欧洲城市的**下层人**"[15] 则不适合。杰斐逊警告说，在欧洲群氓的手中，美国的自由将"立即被扭曲，破坏和摧毁公共的和私人的一切"。民众经济状况的根本差异解释了为什么法国大革命失败了，而美国人则成功了："它失败了……因为城市中的暴徒，作为原本实现它的工具，由于无知、贫穷和邪恶而堕落，无法被限定在理性行动之中。"[16] 法国大革命的崩溃和整个欧洲君主制的持续只会加剧美国人的感受，也就是在短期内，只有他们才有能力进行有序的自治。

然而，对大多数民主党人来说，这些对无政府主义非理性暴民的担忧

---

12 Seth Luther, "An Address to the Working Men of New England on the State of Education and on the Condition of the Producing Classes in Europe and America"（New York：George H. Evans, 1833）, 13, 14.

13 "The Factory System," *Working Man's Advocate*, March 24, 1832, p. 3.

14 Anon., "The Condition of Labor: An Address to the Members of the Labor Reform League of New England, by One of the Members"（Boston：Published by the author, 1847）, 11.

15 下层人是"群众"的贬义词。

16 Thomas Jefferson, "To John Adams," in *Thomas Jefferson: Political Writings*, ed. Joyce Appleby and Terence Ball（Cambridge：Cambridge University Press, 1999［1813］）, 190.

远不如民主失败的第二个潜在根源重要：贵族或暴政的出现使自由逐渐衰落。我们已经看到，民主党人担心新的商业和工业贵族的崛起，他们正在巩固权力，破坏美国。从杰斐逊、泰勒和其他杰斐逊同时代人那里继承的政治理论使民主党人倾向于关注这一威胁。[17] 事实上，民主党人通常断言，几乎所有以前存在过的社会都是少数人阴谋控制多数人的压迫之所。参议员威廉·艾伦（William Allen）评论道："在每个人类社会中，都有一方被不断地赋予更高权力和更多幸福，而另一方被不断贬低进软弱和痛苦的深渊。"[18] 安德鲁·杰克逊的亲密顾问、民主党政策的制定者之一阿莫斯·肯德尔（Amos Kendall）认为，事实上，"**贵族制度**"暗指"在所有的文明和野蛮国家中"，"少数人能够依靠多数人的劳动而生活"。[19] 在他们看来，人类历史就是一个不间断的压迫和统治景象。[20] 因此，许多的国庆日演讲都会从梳理1776年之前笼罩着整个人类世界的暴政和虐待开始。[21]

在他们看来，政府一直是统治的工具。精英们阴谋利用政府、授予自己特权，这使他们能够剥削其他人。他们使自己成为国王和领主，并将平民排除在政治权力之外。[22] 1834年在北安普敦工人大会上，一位发

---

17 Gordon Wood, *The Creation of the American Republic: 1776 - 1787*（Chapel Hill: University of North Carolina Press, 1998［1969］）, 30.

18 William Allen, 引自意大利法学家和哲学家 Cesare Beccaria, "Great Democratic Festival," *Globe*, September 9, 1837, p. 2。

19 Amos Kendall, "Democratic Celebration," *Globe*, December 13, 1832, p. 2.

20 参见，例如 Theodore Sedgwick Jr., *Public and Private Economy, Part First*（New York: Harper & Brothers, 1836）, 198; William Balch, "Popular Liberty and Equal Rights: An Oration Delivered before the Mass Convention of the R. I. Suffrage Association"（Providence: B. F. Moore, 1841）, 7; "Art. I. — Report of the Secretary of the Treasury," *Western Review* 1, no. 1116（1846）: 2 - 3。

21 参见，例如 Rantoul, "An Oration Delivered before the Inhabitants of the Town of South Reading ... on the Fourth of July, 1832," 3 - 15; Edwin Forrest, Esq., "Oration Delivered at the Democratic Republican Celebration of the Sixty-Second Anniversary of the Independence of the United States"（New York: J. W. Bell, 1838）。

22 参见，例如 Kendall, "Democratic Celebration," 2; Samuel Clesson Allen, "Address Delivered at Northampton, before the Hampshire, Franklin, and Hampden Agricultural Society, October 27th, 1830"（Northampton: T. Watson Shepard, 1830）。

言者说："各国政府的目标一直都是反对平等享有自然权利，人民总是沦为供养少数人的劳动力，而这些人并不比他们强。"[23] 正如我们将在第 6 章中探讨的那样，这种对经济剥削的强调和讨论是常见的：杰克逊时代的美国人认为，精英们**总是**利用政府的权力从许多人那里榨取劳动力，这种非法榨取形成了历史上有闲阶层的物质基础。这是构成他们对政治世界理解的基本历史叙述之一。杰克逊的第一大党派报纸《美国电讯报》的头版文章曾宣称："权力总是从多数人手中被窃取，集中到少数人手中。"[24] 因此，政府主要表现为对自由的威胁——一种需要小心控制的危险。[25] 民主党人往往将政治本身视为自由与权力之间的无休止的战争。[26]

这一点再怎么强调也不为过。从民主党的观点来看，维持自由共和国的挑战是限制政治权力。对他们来说，贵族是一个基本的政治术语：它描述了一类人，他们使用法律并藏在法律背后，使用国家的强制力授予自己特权。[27]《纽约晚报》一位署名为"反特权"的作家将贵族简单地定义为政府授予"公民权利"或"公民特权"的人，而这些权利"被社会大众所拒绝"。[28] 这些法律赋予的特权，无论是世袭头衔还是专属银行特许状，都使他们能够支配和剥削大多数人。虽然政府表面上是为了平等保

86

23　"Address to the Workingmen of Massachusetts, by the Committee Appointed for That Purpose by the Northampton Convention," *New England Artisan*, October 25, 1834, p. 1.

24　Harry L. Watson, "Andrew Jackson's Populism," *Tennessee Historical Quarterly* 76 (2017): 225.

25　关于这一趋势在民主党思想中的讨论，参见 Welter, *The Mind of America: 1820 - 1860*, 165 - 79, 219 - 49; Ashworth, *"Agrarians"& "Aristocrats,"* 17 - 20。

26　Harry L. Watson, *Liberty and Power: The Politics of Jacksonian America* (New York: Hill and Wang, 1990), 47。有关共和主义理想如何影响杰克逊时代民主党政治理论的概述，参见该书，42 - 72。

27　在这一点上，他们效仿了卡罗林的约翰·泰勒，后者断言："通过法律转移财产就是贵族，而贵族就是通过法律转移资产的。"John Taylor, *An Inquiry into the Principles and Policy of the Government of the United States* (Fredericksburg: Green and Cady, 1814), 397. Ashworth, *"Agrarians"& "Aristocrats"*127 - 29; Welter, *The Mind of America: 1820 - 1860*, 78; Yehoshua Arieli, *Individualism and Nationalism in American Ideology* (Baltimore: Penguin Books, 1964), 160。

28　引自 William Leggett, "American Nobility," in *A Collection of the Political Writings of William Leggett*, vol. 2, ed. Theodore Sedgwick Jr. (New York: Taylor & Dodd, 1840[1836]), 158。

护大多数人而存在的，但它们总是被腐蚀，并被用来推进当权者的私人意图。[29] 事实上，这正是腐败的含义：为私人或派系目的篡夺公共权力。

民主党人通过诉诸人类性格结构来解释这种普遍存在的腐败倾向。一位民主党演说家警告说："当权者与失势者很不一样。条件境况会极大地改变人的性格。"[30] 具体来说，接近权力会点燃人的"野心"，使人的性格失去平衡；他们会对权力产生不可救药的渴望。只有最强大的人才能承受这些腐败的影响；只有最强大的人才能保持理性的卓越和维护超越自私激情的共同利益。对大多数杰克逊时代的美国人来说，把希望寄托在政治领导人非凡的自我克制上似乎是愚蠢的。新英格兰地区民主党领袖之一乔治·班克罗夫特（George Bancroft）写道："这个时代最危险的趋势是政府行政中的腐败。无论是什么性质的当权者都会自然而然地喜欢扩大他们的权力范围。"[31] 这种观点深深植根于共和主义观念中：作为英格兰思想家们的一种信仰，它影响了杰斐逊和泰勒；[32] 它在反联邦主义者中深受欢迎；它被杰克逊时代的民主党人完全继承。[33]

历史学家丹尼尔·沃克·豪（Daniel Walker Howe）解释道，个人性格的普遍理想类型是由一种"官能心理学"所提出的，这种心理学认为人性是由一系列等级排列的力量或官能组成的："机械的"（没有意识控制的反射）、"动物的"（本能欲望和情感）和"理性的"（谨慎和良心）。理

---

29 这个进取精英产生腐败的故事挖掘出了共和民粹主义的深层脉络，这可以追溯到马基雅维利，后者认为，罗马共和国的下降和衰落是由于"土地和财富集中在一个不值得信任和不爱国的贵族群体手中，以及随之而来的坚定的自由民阶级的衰落"。Samuel Dennis Glover, "The Putney Debates: Popular versus Elitist Republicanism," *Past & Present*, no. 164 (1999): 52。

30 Balch, "Popular Liberty and Equal Rights," 13。其他人认为，公共援助的受益者也是如此："过去历史中的无数事实……表明，当人们获得特许权利时，他们要求的特权就会越来越多，而公共支出也越来越多。"William G. Boggs, "The Crisis Met: A Reply to Junius" (New York: Office of the Evening Post, 1840), 4。

31 George Bancroft, "Letter to the "Workingmen of Northampton," *Boston Courier*, October 22, 1834, p. 3.

32 参见第3章，第50—51页（页边码）。

33 Bernard Bailyn, *The Ideological Origins of the American Revolution*, enlarged ed. (Cambridge, MA: Harvard University Press, 1992 [1967]), 55 - 93.

性的力量旨在调节其余力量，使它们达到和谐的平衡。但理性的力量也是最弱的，它所发出的警告常常被其余下等力量的迫切要求所淹没。正如我们将看到的，辉格党最担心的是无政府主义和无序的情绪会搅乱民主的公众未经培养和训练的性格。另外，民主党人则讲述了一个相反的故事：在他们看来，是有教养的精英的性格通常因接近权力而失去平衡。正是他们的自尊心和雄心壮志对美国宪法秩序构成了最大的威胁。[34]

同一故事的另一种变体描述了统治欲是财富集中的自然副产品。富人们生活在富裕的环境中，很容易想象出自己的优越性，并感到自己有权享有政治统治权。例如，参议员艾伦（Allen）将政治腐败的威胁追溯到"财富的骄傲"，而"财富的骄傲"很容易演变为"对政治优势的渴望"。[35] 财富可能会轻易燃起其持有者的"贪得无厌"：安德鲁·杰克逊不断提到"金钱利益"，保护和扩大财富的愿望激起了对无限权力的渴望。与此同时，有广泛影响力的政治记者威廉·莱格特（William Leggett）指出，"贪得无厌的财富野心"是美国腐败的主要根源，而**集中的金钱力量**则是"狡猾、自私、贪婪和永不知足的暴君"，对美国自由构成了最紧迫的威胁。[36]

因此，抑制那些渴望政治权力的野心勃勃的人是任何民主政府最紧迫的目标之一；事实上，可以毫不夸张地说，民主党人认为民主本身在很大程度上是一种限制政治权力的策略。[37] 继杰斐逊和泰勒之后，他们坚持严

34 Daniel Walker Howe, *The Political Culture of the American Whigs* (Chicago: University of Chicago Press, 1979), 29. 民主党的这种观点在18世纪80年代和90年代对美国贵族的广泛攻击中可以找到先例；参见 Gordon Wood, The Radicalism of the American Revolution (New York: Random House, 1992), 271 - 86; Herbert. Storing, *What the Anti-Federalists Were For: The Political Thought of the Opponents of the Constitution* (Chicago: University of Chicago Press, 1981), 18。

35 Allen, "Great Democratic Festival," 2.

36 William Leggett, "Rich and Poor," in *A Collection of the Political Writings of William Leggett*, vol. 1, ed. Theodore Sedgwick Jr. (New York: Taylor 8: Dodd, 1840 [1834]), 109, 110. "Danger of Aristocracy," *Mechanic's Advocate*, February 12, 1848, p. 76.

37 Welter, *The Mind of America: 1820 - 1860*, 178 - 79. 在这里，民主党人也继承了国家传统的元素，认为民众集会主要是为了抵御王室的过度统治。Wood, The Creation of the American Republic, 24; Ashworth, *"Agrarians" & "Aristocrats"* 18 - 19; J. G. A. Po cock, "Machiavelli, Harrington, and English Political Ideologies in the Eighteenth

格执行宪法，因为如果政治家和法官在解释宪法条款时享有广泛的自由裁量权，宪法将不再是对政治权力的有效制约。民主党人还捍卫各州的权利，反对联邦政府的统一力量，并将个人权利，即对政府过度行为的制约，置于其政治理论的核心。此外，他们还推动缩短任期、缩短立法会期、通过选举产生的司法机构、重要政策问题的全民公决，甚至选民的指示权，[38] 所有这些都使公职人员处于短期工作状态。民主党人发现自己处于一种自相矛盾的境地，一边努力赋予民主的公众以自治权，一边又试图束缚他们。[39] 但他们其实并不想限制公众，而是想要限制其政治代表所行使的政治权力。[40]

　　然而，民主党人知道，他们所设计的制度约束可能会被下定决心做贵族和暴君的人所规避。塞缪尔·杨（Samuel Young）说："原则、书面契约、义务和誓言，对于贪婪和野心的粗暴侵犯来说，只是微弱的障碍。"[41] 他们自己的理论预测，精英们会对宪法的限制施加压力，并尽可能扩大他们的权力。针对这一趋势，最后的保障就是人民。"只有人民才能防范权力扩张的危险"。[42]《民主党评论》这样赞扬了北卡罗来纳州参议员纳撒尼尔·梅肯（Nathaniel Macon）的观点，即"篡夺和腐败的倾向是所有人类制度的本质；但制度也是唯一的镇痛剂，使民众的声音在根本的和绝对的权威面前不断出现"。[43] 民众在这一理论中扮演着基本角色，这也是一种保守的、防御的角色。人民必须防止野心勃勃的精英们破坏共和国

Century," *William and Mary Quarterly* 22, no. 4（1965）: 565。

38 也就是说，选民有权指示代表如何就特定政策问题进行投票。

39 Welter, *The Mind of America: 1820 - 1860*, 174 - 75.

40 《民主评论》写道："每个政府都存在着执政与被执政之间的利益分歧，无论其构成如何，是否具有代表性。"作者认为这是任何政府中最重要的分歧。"True Theory and Philosophy of Our System of Government," *United States Magazine and Democratic Review* 15, no. 75（1844）: 231. L. Ray Gunn, *The Decline of Authority: Public Economic Policy and Political Development in New York, 1800 - 1860*（Ithaca: Cornell University Press, 1988）, 154 - 68。

41 Samuel Young, "Oration Delivered at the Democratic Republican Celebration of the Sixty-Fourth Anniversary of the Independence of the United States"（New York: Jared W Bell, 1840）, 13 - 14.

42 Bancroft, "Letter to the Workingmen of Northampton," 3.

43 "Nathaniel Macon," *United States Magazine and Democratic Review* 1, no. 1（1837）: 26.

的自由；他们必须捍卫自己的权利，捍卫宪法对权力的限制。[44]

像杰斐逊一样，民主党人形容好公民时总是提及他们拥有**嫉妒**的自由；事实上，他们经常称赞这种特殊形式的嫉妒是公民美德的顶峰。在《波士顿季刊评论》（*Boston Quarterly Review*）上，奥雷斯特斯·布朗森（Orestes Brownson）将优秀的民主党人描述为"一个嫉妒权力的人，总是尝试解释所有可疑的问题，以增加人民的权力，而不是政府的权力"。[45]其他人则警告说，人民应该永远"嫉妒自己的权力"。[46]或者用杰克逊自己的话说，人民应该"保持清廉和不被腐蚀，对自己的权利也保持警惕和嫉妒"。[47]事实上，这种嫉妒构成了杰克逊关于公民品格的核心描述：公民应该为自己的自由、自主和易怒而自豪，对政治家的动机保持怀疑，不要轻信浮夸的精英。他们只应向宪法本身及其授权的法律的权威低头，因为这些都被视为主权人民的化身。

正是在这种情况下，自力更生的拼搏者的神话变得突出出来。对于许多民主党人来说，似乎只有独立的人才能成功地扮演杰克逊理论所赋予他们的角色。帮助制定民主党经济政策的威廉·古奇（William Gouge）辩称，"农民和修理工"是唯一能够抵抗银行日益增长的政治权力的独立人士。他写道："商业阶层被银行的网缠住了，他们无法提供太多帮助。"[48]他还警告说，编辑们通常也受惠于资助报纸的金融利益。其他人也同样

44　安德鲁·杰克逊执政的标志性成就是否决了银行的否决权，这一点很重要。事实上，杰克逊否决的立法比之前历届总统的总和还要多。

45　Orestes A. Brownson, "Art. IV: The American Democrat," *Boston Quarterly Review* 1, no. 3（1838）: 375. 当时，布朗森（Brownson）仍然是一位狂热的民主党人。

46　Rantoul, "An Oration Delivered before the Inhabitants of the Town of South Reading ... on the Fourth of July, 1832," 25.

47　Andrew Jackson, "Farewell Address," in *A Compilation of the Messages and Papers of the Presidents, 1789 - 1902*, vol. 3, ed. James D. Richardson（New York: Bureau of National Literature, 1903〔1837〕）, 306.

48　William Gouge, "A Short History of Banking in the United States of America," in *A Short History of Paper Money and Banking, ... to Which Is Prefixed an Inquiry into the Principles of the System*（Philadelphia: T. W Ustick, 1833）, 231. 参见 "The Moral of the Crisis," *United States Magazine and Democratic Review* 1, no. 1（1837）: 112, 111. 有关古奇的影响，参见 Sean Wilentz, *The Rise of American Democracy: Jefferson to Lincoln*（New York : Norton, 2005）, 510.

担心，"依赖性的借款人"的泛滥将使人们难以对抗银行精英日益增长的权力。他们敦促他们的同胞选举"独立"的代表，例如农民，他们的生计来源于自己的辛勤劳动。[49] 参议员艾伦辩称，银行正在悄悄地扩大其资助范围，以创造巨大的"依赖利益"，抵消大多数人的民主力量。[50] 参议员托马斯·哈特·本顿（Thomas Hart Benton）更直言不讳地预测说，随着房地产持有量的不断增加，美国银行很快就能"驱使……房客去投票"。[51]

如果银行家们逐渐通过庇护和依赖关系扩大政治领地，那么制造商和其他资本家也不会落后太多。在肯德尔（Kendall）看来，制造商们正在稳步破坏"独立工匠利益集团"的政治意愿，他写道："我们已经听说，他们这些男性经营者推着车去投票支持他们主人的意愿。"[52] 其他人则讲述了当员工试图作为自己的代表担任政治职务时，工厂老板会对其进行恐吓的故事。[53] 简单地说，工厂工人——通常被称为"操作工"——被他们的经济依赖所吓倒。杰克逊时代的民主党人就像他们之前的许多共和主义者一样，认为经济依赖很容易转变为政治顺从：那些"依凭他人意志"而工作的人，那些依靠他人谋生的人，很难实践自己的政治影响力。[54] 或者更糟糕的是，他们的依赖性可能会破坏他们自由思考的能

49 Anon., "An Address to the Farmers of Rhode Island, on the Subject of the General Election of Officers, in April, 1828," (Providence: H. H. Brown, 1828), 8.

50 Allen, "Great Democratic Festival," 2.

51 Thomas Hart Benton, "Speech of Mr. Benton, of Missouri, on Introducing a Resolution against the Renewal of the Charter of the Bank of the United States" (Washington, DC: Duff Green, 1831), 13.

52 Kendall, "Democratic Celebration," 2; Samuel Tilden, "Divorce of Bank and State: An Address to the Farmers, Mechanics, and Workingmen of the State of New York," in *The Writings and Speeches of Samuel J. Tilden*, vol. 1, ed. John Bigelow (New York: Harper and Bros., 1885 [1838]), 86 - 87. Andrew J. Donelson, "Draft by Andrew J. Donelson on Public Lands, the Tariff and Nullification," in *The Papers of Andrew, Jackson*, vol. 10, ed. Thomas Coens Daniel Feller, and Laura-Eve Moss (Knoxville: University of Tennessee Press, 2016 [1832]), 644.

53 Luther, "An Address to the Working Men of New England on the State of Education and on the Condition of the Producing Classes in Europe and America," 24.

54 Senator Felix Grundy, *Register of Debates*, 22nd Cong., 1st sess. 407 (February 1832.). Sedgwick, *Public and Private Economy*; *Part First*, 221; State Rights and Free (转下页)

力："为了居有定所，劳动者依赖于人，而房子是他无法拥有的；为了食能果腹，劳动者依赖于人，而这些食物是他被迫以高昂的价格从囤积者和小贩们那里购买的；而且，哦，最可悲的是，为了获得想法，他还是需要依附于人。"[55] 不论是哪种情况，劳动者将无法履行在杰克逊政治想象中民主公众**必须**履行的基本职能：将政治权力控制在适当的范围内。

　　对于其他杰克逊时代的作家来说，拥挤的城市生活本身似乎滋生了依赖。《民主党评论》（*Democratic Review*）写道："在城市里，男人成群结队。""他们从自己的阶级"或媒体"那里了解当前的时事观点"，这点燃了"他们的激情、兴趣或虚荣心"。城市居民能够敏锐地意识到城市生活中的精细社会等级制度，完全依赖于他人的意见，也完全被"人造"时尚所吸引。这种情况只会损害"所有真正的独立和人格的提升，损害所有的精神自由和无畏"。在城市里，人们更容易成为野心勃勃的煽动者的牺牲品。相比之下，自耕农在相对孤立的环境下工作，管理自己的事务，追求更"独立的生活"，有足够的时间和空间形成自己的想法。[56] 其他人也赞同种观点，即农民远离城市的罪恶瘟疫。[57] 农业在促进独立的过程中，"在精神和现实条件上"都使自耕农免受"腐败的传染"。[58] 到19世纪40年代，超验主义者已经挪用了其中一些主题；他们把大众社会及其所要求的一致性视为对独立思想和角色的威胁。事实上，梭罗的《瓦尔登湖》（*Walden*）可以被解读为一个个人独立的实验，虽然需要对其经济前 90

（接上页）Trade Association, "Political Tract No. 8: Free Trade and the American System; a Dialogue between a Merchant and a Planter"（Columbia: Times and Telescope, 1832）, 11.

55 Anon, "The Condition of Labor: An Address to the Members of the Labor Reform League of New England, by One of the Members"（Boston: Published by the author, 1847）, 10.

56 "New York City vs. New York State," *United States Magazine and Democratic Review* 6, no. 23（1839）: 500, 501. John A. Dix, "Rural Life and Embellishment," in *Speeches and Occasional Addresses*, vol. 7.（New York: D. Appleton & Co., 1864［1851］）, 335.

57 Henry Nash Smith, *Virgin Land: The American West as Symbol and Myth*（Cambridge, MA: Harvard University Press, 1970［1950］）, 171.

58 Nathaniel Gage, "Address before the Essex Agricultural Society, at Topsfield, September 27, 1837, at Their Annual Cattle Show"（Salem: Essex Agricultural Society, 1837）, 12, 14. "American Society," *Knickerbocker Magazine* 8（1836）: 210.

提条件给予谨慎的关注。[59]

　　当然，独立并不是自耕农政治美德的唯一来源。首先，在这一时期，大多数美国人理所当然地认为，基督教信仰是所有公民美德不可或缺的先决条件，无论公民是否拥有财产。[60] 其次，自耕农生活在更接近大自然的地方，在杰克逊式的想象中，大自然是道德勇气和身体活力的源泉。[61] 在农场和边疆，"他周围的一切都是宏大的、开放的、自由的、非人工的，他的思想在不知不觉中……拥有相应的基调"。在这些更自然的情况下，人会被民主赖以建立的"广泛的自然权利原则"所吸引。[62] 在1831年的一次演讲中，威廉·福斯特·奥蒂斯（William Foster Otis）呼吁"波士顿的年轻人"去寻找灵感，寻找"新创造的西部。那里的泉水未受污染。那里的文明适合未受损害的天然本性。在那里，我们可以看到年轻的武装起来的美国人如何与荒野搏斗，然后我们可以回去想象我们的父辈们是如何生活的"。[63] 与人为形成对立的**自然**观念在杰克逊时代的政治修辞中起到了强大的象征作用，我们将在第7章中对此进行更全面的探讨。[64] 现在，值得注意的是，它与自耕农的独立性之间的联系：大自然使"那些

59　梭罗写道："我比康科德的任何一个农夫都更具独立性，因为我没有抛锚固定在一座房屋或一个农场上，我能随我自己的意向行事，那意向是每一刹那都变化多端的。"Henry David Thoreau, *Walden* (Boston: Beacon Press, 1997[1854]), 51.

60　Mark A. Noll, *Americas God: From Jonathan Edwards to Abraham Lincoln* (Oxford: Oxford University Press, 2002), 103 – 6. 部分原因是，民主党人坚定相信政教分离，所以他们不像政治对手那样经常强调这一点。有关民主党在表达对民主公众的信仰时利用宗教原则的一个极好的例子，参见Anon., "On the Intelligence of the People," *United States Magazine and Democratic Review* 8, no. 34 (1840). 关于民主党人广泛认同新教假设的进一步讨论，见第7章。

61　John William Ward, *Andrew Jackson: Symbol for an Age* (London: Oxford University Press, 1955), 27 – 29.

62　"New York City vs. New York State," 501.

63　William F. Otis, "An Oration Delivered before the 'Young Men of Boston,' on the Fourth of July, 1831" (Boston: Carter, Hendee, and Babcock, 1831), 33.

64　杰克逊本人被他的支持者誉为"自然伟人"，"在自然学校接受教育"和"天然去雕饰"，与他的对手约翰·昆西·亚当斯的傲慢、文雅形成鲜明对比。引自Ward, *Andrew Jackson: Symbol for an Age*, 51 – 53。

自力更生的人"远离了城市中心的"虚假腐败",从而"保护了他们"。[65]

正如新古典主义共和传统一样，杰克逊时代个人独立的理想支撑着公民美德。适当的独立将使美国公民能够抵抗政治权力和经济现代化的腐败冲击，并坚定地维护公共利益。正如它在杰斐逊时期的早期化身一样，杰克逊时代关于独立经营者的神话也带有怀旧色彩。对于杰斐逊和他那一代人来说，这让人想起了一个神话般的撒克逊时代，在1066年诺曼人入侵英国之前，在腐败的封建等级制度从欧洲大陆传入之前，英国人过着简单而自给自足的生活。[66] 但是，杰克逊时代的民主党人将这种怀旧情绪转移到了美国建国上。他们承诺恢复共和国最初几年的纯朴和美德，而共和国最初的几年一直被野心勃勃的贵族精英所腐化。在这样做的过程中，他们将18世纪末的美国神话化为一个平等的民主社会，那个社会靠许多普通人的朴素美德和常识支撑着。

政治的简洁性 91

对于一些民主党人，尤其是那些已经开始吸收浪漫主义思想的人来说，美国选民的独立性和美德使他们有权接触道德和政治真理。班克罗夫特（Bancroft）表示，那些作出决定的民众可能会受到非法的激情诉求的影响，或受到暴徒的恐吓，但如果公众意见是众多独立决定的集合，那么这些公众意见将是明智和公正的。人们拥有"自由的本能；对自由的可爱与美丽的自然感知"，除非这种本能受到不利于自由思想的条件的影响，否则它肯定会盛行开来。[67] 因此，民主党人区分了公众的两个版

---

65 关于美国思想中把美德与自然联系起来的田园主题，参见 Leo Marx, *The Machine in the Garden: Technology and the Pastoral Ideal in America* (Oxford: Oxford University Press, 2000 [1964])。

66 Gregory S. Alexander, *Commodity and Propriety: Competing Visions of Property in American Legal Thought, 1776 - 1970* (Chicago: University of Chicago Press, 1997), 45 - 55; Bailyn, *The Ideological Origins of the American Revolution*, 79 - 84.

67 George Bancroft, "An Oration Delivered before the Democracy of Springfield ..., July 4th, 1836" (Springfield, MA: George and Charles Merriam, 1836), 18.

本——一个是暴徒，另一个则是独立个人的集合。公众意见这一术语首次在杰克逊时代的政治修辞中被广泛使用，只有当公众意见反映了众多独立灵魂的"更高尚的精神自由"时，它才是**真实的**。[68]

其他人则站在独立公众的立场上发表了更为温和的观点，并试图将其公民美德建立在谨慎的自我利益之上。他们认为，独立的男人会毫不犹豫地站起来，为了自己的利益绝不屈服。[69]杰克逊时代的受众也不断被劝告，要及时捍卫**他们的**权利和机会、自由和社会地位。此外，一些民主党人认为，这种美德和利益的融合为民主制度提供了力量和稳定性。毕竟，如果民主对普通人提出了极高的要求，如果它需要非凡的知识或利他主义，那么民主的前景将会是暗淡的。泰勒警告说，对于支持自由制度来说，人民的美德过于脆弱、过于分散不均；相反，他认为，只要有权监督其统治者，即使是一个缺乏公民美德的民族，也可以在适当的制度下，为了自卫而奋起捍卫自由。[70]同样，坎普也不遗余力地论争道，民主不需要特别的大众美德，即使是自私自利的人也可以捍卫互利的规则和制度。[71]

杰克逊本人也赞同这种观点，他将"金钱利益"的赤裸裸的野心与"伟大的人民群体"的谦逊的自我利益进行了对比，后者导致人们不仅努力工作和储蓄，而且促使他们以体面和尊重的态度对待他人，他宣称："如果他们没有更高或更好的动机来管理他们，他们至少会意识到，自己的利益要求他们公正地对待他人，因为他们希望自己也获得正义。"

92

---

68 "New York City vs. New York State," 501.

69 Ashworth, *Slavery, Capitalism, and Politics in the Antebellum Republic*, vol. 1: *Commerce and Compromise, 1820 - 1850*, 311; Ashworth, "Agrarians" & "Aristocrats" 16 - 20.

70 Taylor, *An Inquiry into the Principles and Policy of the Government of the United States*, 530 - 31.

71 Camp, *Democracy*, 96 - 103。参见Ashworth, "Agrarians" & "Aristocrats" 15 - 19。此外，民主党人毫不怀疑，人民会有足够的知识来保护自己。1845年路易斯安那州制宪会议的一位与会者说："每个人都知道自己是否或多或少地享有自由，或是承受着或多或少的负担。没有必要对政府有深刻的了解也能意识到这一切。"*Proceedings and Debates of the Convention of Louisiana ... Jan. 14, 1844* (New Orleans: Besancon, Ferguson, & Co., 1845), 175。

因为小业主们对特殊权力或垄断没有很大的期望，他们更有可能被自己的利益所驱使，"热爱自由，只渴望平等的权利和平等的法律"，因为这些是他们繁荣发展的条件。[72] 同样，《民主党评论》赞扬了这些"没有野心的劳动者"，他们"满足于对社会有用，不渴望被人羡慕，或者以某种方式的与众不同"。虽然他们可能没有"推理的天赋能力"，但他们谦逊的利己主义体现了一种简单但无可挑剔的理性，这使他们认可自由和平等，憎恶"贵族魔鬼"。[73]

那么，对于许多杰克逊时代的美国人来说，在历史上劳苦大众的自由总是受到攻击和损害，而民主的天才之处就在于赋予了他们以保护自己的权利。杰克逊时代的美国人宣称选举权是自然权利，是他们自卫的手段。[74] 事实上，有些人想把民主想象成一个"自我调节"的系统，就像市场本身一样，它包含着自我修正手段。[75] 只要人民是独立的，不受任何形式的政治或经济奴役，他们就能去平衡和纠正精英们的贪婪和野心。这种纠正所需要的美德类似于自我保护的本能：只要土地丰富且分布广泛，它就会自然产生。几乎无限延伸的西部领土为美国人的子孙后代提供了保障。

在美国人的思想中，利益取代了美德，成为主要的政治动机，这通常可以追溯到18世纪80年代末的联邦党人。他们在独立战争后对美国的民主实验感到失望。例如，詹姆斯·麦迪逊（James Madison）在《联邦党人文集》第10篇中就曾发出著名的论断，在任何自由社会中，自私

72　Jackson，"Farewell Address，" 296，305. Watson，"Andrew Jackson's Populism，" 223 - 24；Ward，"Jacksonian Democratic Thought，" 68.

73　Anon.，"On the Intelligence of the People，" 364，363，366.

74　Welter，*The Mind of America: 1820 - 1860*，179 - 85.

75　John O'Sullivan，"Introduction: The Democratic Principle — the Importance of Its Assertion, and Application to Our Political System and Literature，" *United States Magazine and Democratic Review 1*，no. 1 (1837)：7. 事实上，许多民主党人看到了民主与市场之间概念上的广泛而密切的关系。他们认为，就像市场一样，民主是一个以消除特权为前提的、关于平等权利和自由竞争的制度。和市场一样，他们也将其视为限制政府权力的策略。例如，参见 James Fenimore Cooper，*The American Democrat*（New York：A. Knopf，1931［1838］），117 - 20。

自利的派系形成是政治生活的必然特征。他曾写道，"派系形成的潜在原因根植于人类本性"，通常可归因于对经济利益的争夺。然而，麦迪逊认为，只有体量庞大的具有代表性的共和国才能缓和这种分裂的影响。首先，一个精心设计的代表制方案可以确保选举出道德高尚的领导人，他们将成为"公共福利的合适的守护者"。其次，现代共和国将是如此体量庞大，包含如此之多的不同派别和利益，以至于没有人会轻易垄断政治权力。[76]

　　杰克逊时代的民主党人拒绝了这两个麦迪逊式的论点。[77]首先，正如我们所看到的，他们否定了选举应该或能够赋权公正的精英的假设，这些精英的智慧和美德无法超越派系冲突；事实上，他们的看法正好相反：除了少数例外，精英比普通人更有可能追求私人的和派系的利益。[78]然而，公众对维护自身自由的兴趣则不易受到派系的影响：这是一种广泛而共享的兴趣，极有可能与公共利益**完全一致**。其次，杰克逊时代的美国人并不同意美国的领土辽阔可以阻碍派系暴政。他们的核心叙事警告说，美国出现了一个金钱利益集团，范围涉及全国，影响深入每个州。少数民主党人也开始使用类似的术语来描述奴隶主及其北方金融家的权力或"奴隶权力"。[79]

　　因此，民主党人对派系利益问题的看法与麦迪逊不同。正如我们在第4章中所探讨的，民主党人希望通过严格限制政府并阻止其分配财富和经济机会，将派系冲突排除在政治之外。虽然他们同意麦迪逊的观点，即经济利益是派系冲突的最重要来源，但他们认为，政府只需要比强制执

76　James Madison, "Federalist No. 10," in *The Federalist*, ed. George W. Carey and James McClellan(Indianapolis: Liberty Fund, 2003[1787]), 43 - 44, 47.

77　尽管杰克逊时代的民主党人不断地援引杰斐逊，但他们几乎从未提及麦迪逊（或围绕宪法批准的任何辩论）；几乎没有证据表明他们明确采纳了他的观点。

78　从这个意义上说，尽管他们永远不会承认这一点，但他们比杰斐逊更关注亚当斯；参见Judith Shklar, "The American Idea of Aristocracy," in *Redeeming American Political Thought*, ed. Stanley Hoffmann and Dennis Thompson(Chicago: University of Chicago Press, 1998), 152.

79　参见Jonathan H. Earle, *Jacksonian Antislavery and the Politics of Free Soil, 1824 - 1854*(Chapel Hill: University of North Carolina Press, 2004), 1 - 48。

行基本权利再多做一些，就可以将围绕经济产品的竞争严格排除在公共领域之外。从这个意义上说，确保政府受到严格限制是人民的主要民主责任。只要他们能够做到这一点，政府就可以在无须某种基于美德的英勇壮举的帮助下自行运转，美国也可以保持自由和公正。为了了解杰克逊时代的民主党人是如何得出这种观点的，我们有必要再次回到杰克逊时代之前的杰斐逊时期和共和主义。

杰斐逊时期的美国人也认为，自由的主要威胁来自腐败、野心勃勃的精英，比如典型的就是亚历山大·汉密尔顿及其追随者。杰斐逊部分借鉴了国家意识形态，坚持认为权力腐蚀了人的性格，这种腐蚀将不可避免地威胁共和国的自由。正如政治理论家让·亚布罗（Jean Yarbrough）所言，杰斐逊警告说："几乎所有当选官员都有贪赃枉法的欲望，希望以牺牲那些自满的、错乱的多数人的利益来增加权力和私人利益。"[80] 与此同时，约翰·泰勒认为，政治权力的本质是侵略性和扩张性的。[81] 因此，他们两人都专注于权力的限制和分散。杰斐逊写道，"把所有的关注和权力集中在一个身体里"是消灭自由最可靠的方式。[82] 将政治权力分散给州和地方政府以及严格解释和执行宪法的各项限制是他们政治愿景的核心。在1800年杰斐逊上任总统后，他们以现代政治世界前所未有的方式重塑了美国：他们专门缩小了政府规模，减少了税收和联邦债务，取消了除三个国家外的所有其他外交使团，解散了军队，并敦促疲弱无力的外交政策机构尽力促进自由贸易。戈登·伍德（Gordon Wood）写道，杰斐逊等人渴望"建立一个没有传统权力特征的一般性政府"。[83] 94

就像杰克逊式的民主理论一样，杰斐逊的政治理论在很大程度上依赖于独立人士对雄心勃勃的精英保持警惕。然而，杰斐逊相信，人民的

---

80 Jean M. Yarbrough, *American Virtues: Thomas Jefferson on the Character of a Free People*（Lawrence: University Press of Kansas, 1998）, 110.

81 Robert E. Shalhope, *John Taylor of Caroline: Pastoral Republican*（Columbia: University of South Carolina Press, 1980）, 64 - 65.

82 Thomas Jefferson, "To Joseph C. Cabell," in *Thomas Jefferson: Political Writings*, ed. Joyce Appleby and Terence Ball（Cambridge: Cambridge University Press, 1999［1816］）, 205.

83 Gordon Wood, *Empire of Liberty: A History of the Early Republic, 1789 - 1815*（Oxford: Oxford University Press, 2009）, 287.

警觉会得到领导阶层积极责任的补充和支持。杰斐逊对受过古典教育的"天生贵族"的描述嵌入在一种对政治的经典理解中，即认为政治是一种脆弱而苛刻的实践，需要相当多的实践智慧和美德。例如，在1779年，杰斐逊曾写道，正在建立的美国政府急需"非凡的才能"，美国大学必须向"国家权利和自由的未来卫士们"传授必要的"科学和美德"。[84] 没有受过这样训练的人民，本应当对领导阶层的政治权力施加严格限制，但在目前条件下，他们注定会遵从**贵族精英**的美德和判断。[85] 在1813年给约翰·亚当斯（John Adams）的信中，他写下了著名的论断："这种形式的政府是最好的，它提供了最有效的途径，让这些天生的贵族能够通过纯粹的挑选，进入政府的办公室。"[86] 古典共和政体的等级结构及其不同的社会秩序已经被扁平化了，但并非完全扁平化。

正如我们在第3章中简要讨论的，"自然贵族"的角色一直是是否通过《宪法》的辩论中争论的焦点。联邦主义者对革命后国家政治的混乱作出了自己的回应，他们希望恢复有才华、有声望的人的政治权力，这些人自然会赢得人民的尊重和服从。[87] 因此，反联邦主义者指责他们密谋建立贵族政府：联邦主义者将广泛代表普通民众的州议会的权力挪移到遥远的首都，在那里，少数当权的官员控制着整个美国领土的命运，由此，联邦主义者以牺牲其他人的利益为代价，赋予了少数"富有而雄心勃勃的"人以权力。[88]

---

84 Thomas Jefferson，"A Bill for Amending the Constitution of the College of William and Mary，" in *The Papers of Thomas Jefferson*，vol. 2，ed. Julian P. Boyd（Princeton：Princeton University Press. 1950［1779］），538 - 39.

85 Shalhope，*John Taylor of Caroline：Pastoral Republican*，105.

86 Jefferson，"To John Adams，" 187.

87 Wood，*The Creation of the American Republic*，492 - 518.

88 "Centinel，Letter I，" in *The Anti-Federalist：Writings by the Opponents of the Constitution*，ed. Murray Dry（Chicago：University of Chicago Press，1985［1787］），14. "Essays of Brutus，I，" in *The Anti-Federalist：Writings by the Opponents of the Constitution*，ed. Dry。在这方面，杰斐逊对才华横溢的贵族的信仰可以说更接近于联邦党人。Shklar，"The American Idea of Aristocracy，" 152。

　　反联邦党人在宪法问题上输掉了争论，但在杰克逊时代，他们提出的
有关民主代表制的反贵族版本获得了胜利。一代人之后，杰克逊时代民
主党人终于压制了杰斐逊式的政治活动。如果不是在实践中，至少是在 95
理论上，再也没有自然贵族的容身之地了。在 19 世纪早期围绕扩大选举
权的斗争中，民主党人驳斥了政治是一个需要受过训练的精英所具有的
特殊美德的领域的论点。[89] 到 19 世纪 20 年代末，对他们来说，这种政治观
点似乎是无法接受的精英主义。民主党人主张竞争政治职务的平等权利，
他们倾向于接受任何声称拥有卓越才能和受过良好训练的候选人。他们
认为重要的立法问题应该通过全民公投来解决。他们将怀疑延伸到司法
部门和立法机构：他们认为，法官应该是作出常识性判断的普通人，而不
是援引人们无法理解的神秘法律理论的专家。[90] 密歇根州州长约翰·巴里
（John Barry）坚持认为，"头脑健全、心地诚实的普通人足以胜任政府的
最高的和最重的职责"。[91] 人们仍然期望这些普通人秉持着对公共利益的无
私尊重来执政，但他们这样做不需要特殊的天赋或培训。事实上，由于
杰克逊时代的美国人坚持呼吁指示权，他们坚持认为，当选政府职位不
需要特别的判断能力或智慧：代表是公共观念的工具。正如安德鲁·杰克
逊自己所说，公职人员的职责"简单明了，聪明的人很容易就能胜任这
份工作"。[92]
　　杰克逊式的反精英主义迫使政治本身进行重新概念化。民主党人没

---

89 Merrill D. Peterson, *The Jefferson Image in the American Mind*（New York: Oxford University
　　Press, 1960）, 82 - 83; Ashworth, *Slavery, Capitalism, and Politics in the Antebellum
　　Republic, vol. 1: Commerce and Compromise, 1820 - 1850*, 296 - 97。从 18 世纪 90 年代有
　　关民主共和主义社会的政治言论中可以看出这种扁平化早就开始了。但它在杰克逊时代赢
　　得了决定性的胜利。

90 Welter, *The Mind of America: 1820 - 1860*, 81 - 82; Ashworth, "*Agrarians*" & "*Aristocrats*,"
　　11 - 15.

91 引自 Ashworth, "*Agrarians*" & "*Aristocrats*," 13。

92 Andrew Jackson, "First Annual Message," in *A Compilation of the Messages and Papers of the
　　Presidents, 1789 - 1902*, vol. 2, ed. James D. Richardson（New York: Bureau of National
　　Literature, 1903［1829］）, 449。有关杰克逊自己对多数决民主的狂热信仰的讨论，参见
　　Robert V. Remini, *The Legacy of Andrew Jackson: Essays on Democracy, Indian Removal,
　　and Slavery*（Baton Rouge: Louisiana State University Press, 1988）, 7 - 44。

有坚持认为人民有能力掌握智慧和专业知识，而这些知识和专业知识曾经是受过训练的政治精英的专利，他们只是否认任何此类专业知识的必要性。他们拒绝将政治视为一种复杂而微妙的实践。因此，他们认为约翰·昆西·亚当斯（John Quincy Adams）等"学院派"的推论如果不是有害政治的话，至少也是与政治无关的。[93] 他们认为，政治应该被正确理解为一件简单的事情，只需要忠实地应用自然原则或直觉常识。那些持不同观点的人正是为限制选举权而斗争的人；他们试图延续一个古老的神话，一个有关**神秘复杂性**的神话，其目的始终是使人民被排斥在权力之外的现象合理化。[94] 正如杰克逊时代民主党人所理解的那样，民主打破了这个神话，因为它体现了一个划时代的发现，即立法者只需要"作为单纯的门徒坐在自然的脚边"颁布法律。[95] 这些基本的自然法则——这些"少数简单、不言而喻的公理"——对人民及其代表来说都是同样显而易见的。[96]

96   在这种政治观点中，民主党神话中自力更生的拼搏者所具有的暴躁、消极是唯一必要的德行。虽然民主党呼吁公众积极参与政治生活，但民众的主要责任是确保其代表忠实执行任何独立个人都能理解的常识或自

93　Ward，Andrew Jackson：*Symbol for an Age*，52，71；Ward，"Jacksonian Democratic Thought." John Henry Eaton，*Letters of Wyoming，to the People of the United States，on the Presidential Election*（Philadelphia：S. Simpson & J. Conrad，1824），88。杰克逊时代政治修辞中明确的反智主义标志着杰克逊时代和其之前的杰斐逊时期之间的另一个关键区别；参见 Ward，*Andrew Jackson：Symbol for an Age*，49‐50；Richard Hofstadter，*Anti-Intellectualism in American Life*（New York：Knopf，1963），154。

94　Forrest，"Oration Delivered at the Democratic Republican Celebration of the Sixty-Second Anniversary of the Independence of the United States，" 8‐10.

95　Orestes Brownson，"Art. IV：Address of the Democratic State Convention of Massachusetts，" *Boston Quarterly Review* 1，no. 1（1838）：57. Welter，*The Mind of America：1820‐1860*，171；Silvana R. Siddali，*Frontier Democracy：Constitutional Conventions in the Old Northwest*（Cambridge：Cambridge University Press，2016），129‐31，145.

96　Forrest，"Oration Delivered at the Democratic Republican Celebration of the Sixty-Second Anniversary of the Independence of the United States，" 7。一位致辞者在1845年杰克逊的葬礼上致辞道："美国西部的政治家们如同徜徉在无路的树林中一般，吸收着森林的健康空气和纯粹的自由原则。他们自由的心中流淌着将他们带向社会制度建设道路的潜在情感。"引自 Ward，*Andrew Jackson：Symbol for an Age*，73。

然法，而不是利用政府来充实自己或朋友的腰包。[97] 正如历史学家布莱恩·巴洛格（Brian Balogh）所言，这种对共和主义思想的改写保留了共和主义者的**警惕性**，但却抛弃了共和主义**治理**。[98] 在这个新的民主政治神话中，人民的声音是纯洁和高尚的，因为它被非政治化了：它主要被视为政治权力的工具，而且仅仅是对政治权力的制约。因此，它可以不受权力所带来的腐败的污染。杰斐逊式的独立理想，就像之前的古典共和理想一样，被分裂了：对于普通的自耕农来说，独立激发了一种防御性的警惕；对于一个悠闲的领导阶层来说，拥有理想的独立性需要适合领导政治的天赋、专门的训练以及要求更高、更严苛无私的性格。虽然这种分裂在许多辉格党人的政治思想中持续存在，但绝大多数民主党人反对这种分裂。

当约翰·亨利·伊顿（John Henry Eaton）在其颇具影响力的竞选宣传《怀俄明书信》（*Letters of Wyoming*）中赞扬杰克逊时，他认为，杰克逊作为华盛顿和联邦政治阴谋的局外人，体现了一个谦逊的农民的坚强独立性，他只是不得不放下犁，去了权力殿堂。杰克逊是"一个普通公民，不信奉任何党派，不依附任何体系，不结盟，没有任何偏见，他直接来自人民，对人民的感情、愿望和需要有着密切的了解"。关于那些狡猾的、受过欧洲礼仪的教育、阴谋反对美国自由的精英们，伊顿警告说，杰克逊天生的"洞察力"将"打乱你的计划，而他独立诚实的举止将使他们蒙羞"。这就是民主党对领导的看法：一个完美体现了人民的诚实和朴素美德的人，一个白手起家、自力更生的人，他的声誉只归功于他自己，一个没有被欧洲贵族思想和书本知识玷污的人，他将代表常识反对

97　这并不意味着杰克逊时代的选民对政治漠不关心或置身事外，或者流行的意识形态鼓励他们这样做。格伦·阿尔舒勒（Glenn Altschuler）和斯图亚特·布鲁明（Stuart Blumin）为这种不太可能的观点进行了论证，参见 Glenn C. Altschuler and Stuart M. Blumin, *Rude Republic: Americans and Their Politics in the Nineteenth Century*（Princeton: Princeton University Press, 2000）。

98　Brian Balogh, *A Government out of Sight: The Mystery of National Authority in Nineteenth-Century America*（Cambridge: Cambridge University Press, 2009）, 18‑31, 117‑21。巴洛格认为，这种转变在杰斐逊时期的意识形态中已经发生；我认为它发生在稍后时期。

"**领导人物**"的腐朽的优雅。[99]杰克逊是第一位以局外人身份参选的总统；是第一个来自西部边境，第一个出生于贫困家庭，没有名门血统的总统。他的成功为美国政治家树立了一个新的榜样，一个至今仍然影响深远的榜样。

当然，杰克逊也是一个富有的奴隶主。事实上，他仅在自己的几处产业中的一处——隐士居——中就拥有100多名奴隶，这已经足以使他成为身份显赫的南方精英。研究杰克逊时代民主党政治领导人的历史学家认为，他们与辉格党领导人之间几乎没有实质性的社会或经济差异。几乎所有民主党领导人都是社会地位高的男性。一位历史学家写道："俄亥俄州杰克逊式民主党人，就像他们的对手一样，包括'大量商人、制造商、银行家、企业家和专业人士'。……密西西比州两党领导人都对奴隶、银行和投机很有好感。"[100]在这方面，平等主义包容性的言论具有误导性：在大多数情况下，我们在民主党政治中都找不到占据政治领导地位的"普通人"。相反，我们发现，美国精英合理化其政治权力的方式发生了转变：精英们认识到，他们必须表现为普通人，出身低微，常识浅陋。随着这一转变，我们见证了之后长久存在的美国式虚假的诞生：披着民主外衣的寡头政治。杰克逊式的民主扩大了政治层面对白人的包容性，在政府高层尤其如此。[101]

此外，需要指出的是，杰克逊时代的这种虚假行为特别有利于奴隶

99 Eaton, *Letters of Wyoming, to the People of the United States, on the Presidential Election*, 51，53，62。民主党的这种姿态是选举胜利者的姿态，双方的候选人很快就学会了在任何情况下都不要宣传自己的高等教育或社会背景；现在所有候选人都是普通农民或普通共和主义者；参见 Harry L. Watson, *Jacksonian Politics and Community Conflict: The Emergence of the Second American Party System in Cumberland County, North Carolina* (Baton Rouge: Louisiana State University Press, 1981), 172–73。

100 Edward Pessen, *Jacksonian America: Society, Personality, and Politics* (Homewood, IL: Dorsey Press, 1969), 183.

101 同上，56，160，182–95; Charles Sellers, "Capitalism and Democracy in American Historical Mythology," in *The Market Revolution in America: Social, Political, and Religious Expressions, 1800–1880,* ed. Melvyn Stokes and Stephen Conway (Charlottesville: University Press of Virginia, 1996), 322; Charles Sellers, *The Market Revolution: Jacksonian America, 1815–1848* (New York: Oxford University Press, 1991), 345–62。

主的利益。在将种植园主同化为善良的"土地领主"过程中，神话保护了他们免受民主党政治中的平均主义的冲击。历史学家约翰·阿什沃思（John Ashworth）写道："通过将奴隶主与农民合并，杰斐逊和民主党的传统掩盖了奴隶主的社会权力，甚至忽视了奴隶的困境。"[102] 当约翰·泰勒歌颂"农业阶级"并称赞农业是"自由的卫士"时，他完美地诠释了这一合并。[103] 从他的角度来看，土地所有者和农场主的美德和独立性也属于谦逊的自耕农和富裕的奴隶主。民主党人坚称，真正的区别在于这些基于土地利益的集团，与包围他们独立生活方式的银行家和实业家之间区别。为了让这个故事变得可信，为了将种植园主改造成一个耕种土地的农民，奴隶必须完全消失。事实上，杰克逊时代的民主党人尽了最大努力，不让奴隶制成为美国政治对话的一部分。他们的努力体现在臭名昭著的"钳口律"中，该规则于1836年至1844年期间禁止国会阅读或讨论由选民提交的任何反奴隶制请愿书。

　　最后，必须从宗教的角度来看待民主党人对政治是由不言而喻的原则支配的简单事务的确信。许多秉持着民粹主义平均主义而被吸引入民主党的福音派教徒，包括许多卫理公会教徒（到1830年，卫理公会派已成为美国最大的教派），对加尔文教派试图垄断国家权力深表担忧。[104] 例如，在19世纪的头30年里，卫理公会巡回牧师（他们中大多数人几 98

---

102 Ashworth, *Slavery*; *Capitalism, and Politics in the Antebellum Republic, vol. 1: Commerce and Compromise, 1820 - 1850*, 340. 阿什沃思（Ashworth）认为，事实上，美国农业平均主义影响如此强烈的原因正是因为它得到了这个强大阶级的支持。他写道："事实上，前资本主义激进传统在美国变得突出是因为它非常适合用于维护一个极为强大和坚定的社会群体——南方奴隶主的权利。在其他国家，激进主义在正常时期仍然不在政治范围内；它需要战争、社会革命，或两者兼而有之的支撑。但是在美国，这种激进主义的核心要求是建立一个平等、权力原子化的社会，它非常适合奴隶主的需要"（第347页）。

103 John Taylor, *Arator*; *Being a Series of Agricultural Essays, Practical and Political*, 5th ed.（Petersburg, VA: Whitworth and Yancey, 1818[1813]）, 14, vi.

104 Richard J. Carwardine, "'Antinomians' and 'Arminians': Methodists and the Market Revolution," in *The Market Revolution in America: Social, Political, and Religious Expressions, 1800 - 1880*, ed. Melvyn Stokes and Stephen Conway（Charlottesville: University Press of Virginia, 1996）, 298; Nathan O. Hatch, *The Democratization of American Christianity*（New Haven: Yale University Press, 1989）, 170.

乎没有接受过正规教育）对加尔文教派的神职人员机构及其认为其博学的牧师可以向群众灌输神学教义的假设进行了猛烈的批评。这些持不同观点的牧师教导说，神的启示可以降临到各个阶层和阶级的人身上，尤其是那些谦卑的人、"农夫、裁缝、木匠或鞋匠"的身上。[105] 他们经常提醒受众，基督自己是木匠的儿子，而使徒们则是穷人和没受过教育的人。[106]

这种批评基于这样一个基本假设，即生活中最重要的真理是简单的，任何认真寻求它们的人都可以轻易地获得。在精神问题上，就像在道德和政治问题上一样，根本不需要专家的指导。[107] 这种假设广泛支持了民主党的政治观点。如果神职人员是一个由欺诈精英组成的群体，有利益驱动他们宣称上帝的话语是复杂的，只有经过适当训练的人才能进行解读，那么对受过教育的政治阶层的自命不凡也可以很容易地从类似的角度来进行解读。[108] 对于许多福音派人士，以及更广泛的民主党人来说，这似乎是一种进步的解放的教义，是具有时代性的对贵族的民主攻击的实现。历史学家威廉·麦克劳林（William McLoughlin）写道，正是这种新教徒的个人良知和普通选民判断力中民主性的融合，"最终产生了在十九世纪主导美国生活的反制度主义个人主义"。[109]

"党派精神"

在新兴政治理论的一个重要领域，民主党人发现自己与自力更生的拼

---

105 Francis Asbury, the visionary leader of the American Methodist movement, 引自 Hatch, *The Democratization of American Christianity*, 83。

106 同上，45。

107 Noll, *America's God*, 382.

108 Richard Hofstadter, *Anti-Intellectualism in American Life* (New York: Vintage Books, 1962), 154-55; Curtis D. Johnson, *Redeeming America: Evangelicals and the Road to Civil War*, American Way Series (Chicago: Ivan R. Dee, 1993), 15.

109 William G. McLoughlin, *New England Dissent, 1630-1833: The Baptists and the Separation of Church and State*, vol. 2 (Cambridge, MA: Harvard University Press, 1971), 1282.

搏者神话格格不入。到19世纪30年代末，在马丁·范布伦（Martin Van Buren）的指导下，他们建立了历史上第一个专业化、大众化的政党。他们建立了一个全国性的政党委员会网络，"从区级和乡镇级委员会一直延伸到四年一次的全国代表大会"，不仅包括选拔候选人的提名委员，还包括"中央委员会、投票委员会和各种辅助组织"。[110] 政治活动几乎全年都在进行，地方委员会开会批准提名，起草公共决议，并组织政治游行。[111] 99 除这种广泛的民众动员之外，一个新的职业政治组织者阶层开始出现，取代了沿海精英中较老的、非正式的领导层。

正如我们在第3章中指出的那样，共和主义传统将政党视为推动自身利益、侵犯公共利益的派别，美国的创始人们也同意这一点。因此，民主党推行政党纪律的努力在一些地区遭到了强烈抵制，尤其是那些尚未经历过实质性的两党竞争的南部和西部地区。[112] 例如，是否通过政党代表大会来选择被提名人担任公职的问题就在民主党内爆发了争议。无论属于激进派还是保守派，许多选民对他们应该支持政党代表大会选出的候选人的建议感到愤怒。一位伊利诺伊州公民在1819年表达了这一普遍存在的观点，他坚持认为"作为这个唯一的而庄严的自由国家的**平等**成员，每一个能理解自己行动后果的公民都会独立地作判断和行动，……不受党团、提名或代表团的影响"。他谴责政党是"工于心计的、富裕的和邪恶的人手中的机器"，意在操纵公众舆论。[113] 他赞成当时在伊利诺伊州政治中盛行的自我提名：政府公职的候选人只需通过当地报纸宣布自己竞选，选民将根据自己的是非判断对他们进行评判，而不需要任何

---

110 Wilentz, *The Rise of American Democracy: Jefferson to Lincoln*, 516; Richard P. McCormick, *The Second American Party System*（Chapel Hill: University of North Carolina Press, 1966），349.

111 Wilentz, *The Rise of American Democracy*: *Jefferson to Lincoln*, 516.

112 有关美国政党组成不均衡的精彩讨论，参见McCormick, The Second American Party System。以下关于政党组建的讨论主要借鉴了杰拉尔德·伦纳德（Gerald Leonard）对杰克逊时代伊利诺伊州的富有启发性的研究: Gerald Leonard, *The Invention of Party Politics: Federalism, Popular Sovereignty; and Constitutional Development in Jacksonian Illinois*（Chapel Hill: University of North Carolina Press, 2002）.

113 *Illinois Intelligencer*, June 9, 1819, 引自Leonard, *The Invention of Party Politics*, 59 - 60。

党派身份。[114]

19世纪20年代和19世纪30年代，类似的争议在伊利诺伊州和其他地方不断加剧，很快成为全国范围内党派辩论的问题。到1836年，许多辉格党人将总统选举视为涉及人民主权问题的全民公投，以及"是否应由一个自选的和不负责任的官员组成的大会将其决定强加于自由的人民……总之，马丁·范布伦的主张是否应强加给美国人民，不管他们是否愿意"。[115] 他们还抨击杰克逊试图"向人民发号施令，强迫他们选择谁作为他的继任者"。[116] 多年来，这种言论一直是辉格党自我身份概念的组成部分。《辛辛那提公报》（*Cincinnati Gazette*）写道："（辉格党人）独立思考，根据自己的判断行事，这样做，他们就不能成为或继续成为政府的一部分，因为这个政府需要所有承认给予支持的人暗中服从它的所有命令。"而民主党人似乎满足于"被牵着鼻子走，被揪着衣领走，或被鞭子抽着走"。[117]

事实上，辉格党利用自力更生的拼搏者神话对民主党的党派建设提出了强有力的批评。他们认为，民主党通过培养广泛的政治依赖者网络来获得民众支持。辉格党控诉杰克逊向忠诚的党派成员提供联邦办公室的职位，并贿赂新闻界成员。[118] 更重要的是，他们指责民主党人奉行一种以效忠"国王"安德鲁·杰克逊为前提的政治风格，这将会使人民自行堕落。杰克逊的追随者组成了"一支雇佣军随从军，遍布全国各地、城

100

---

114 *Sangamo Journal*，February 20，1836，引自Leonard，*The Invention of Party Politics*，58。

115 *Sangamo Journal*，October 29，1836，引自Leonard，*The Invention of Party Politics*，153 - 54。也可参见Thomas Brown，*Politics and Statesmanship: Essays on the American Whig Party*（New York：Columbia University Press，1985），32。

116 "From the Savannah Republican. Van Buren Opposed to the South and West," *Richmond Whig*，May 1，1835，4.

117 "Why Are Not the Whigs United？" 重印于 *National Intelligencer*，May 21，1835，p. 3。也可参见 "New Constitution of Tennessee," 重印于 *National Intelligencer*，May 11，1835，p. 2。

118 参见，例如John Pendleton Kennedy，*Defence of the Whigs. By a Member of the Twenty-Seventh Congress*（New York：Harper & Brothers，1844）；Anon.，"The Andover Husking; a Political Tale Suited to the Circumstances of the Present Time, and Dedicated to the Whigs of Massachusetts"（Boston：J. H. Eastburn，1842）。

市、村庄，甚至隐蔽的山谷中，他们的观点和奴性中的污秽感染了整个共同体"。[119] 辉格党人指出，如果每个希望担任公职的人都认为，屈从于党是首要要求，那么几乎所有政治活跃公民的性格和独立性都将受到威胁。[120] 亨利·克莱（Henry Clay）的热心支持者、《真正的辉格党》（*True Whig*）的编辑卡尔文·科尔顿（Calvin Colton）写道："因此，人们必须留在党内，忠于党的安排、决定和提名，**这不是因为他们忠于党的原则和措施，而是因为害怕**。如果他们坚持自己的独立性，他们将失去分配**战利品**的份额。"[121]

总而言之，辉格党描绘了一幅杰克逊政治的黑暗画卷。这是一种自上而下的民粹主义政治，自吹自擂的政治精英及其受贿的追随者操纵着公众，尤其是穷人和心怀不满的人，精英们蓄意煽动着他们的激情。[122] 科尔顿写道，民主党的"**天才之处**"在于"群众中的**谄媚和奴役**，领导人中的**专制**。它完全**反对**真正的民主，它是建立**专制王位**的合适基础"。[123] 这幅图画中没有个人独立的空间。民主党只是名义上代表民主；事实上，它代表着民粹主义暴政。它所奖励的忠诚是服从和奴役的品质，这些品质都不适合自由人。[124] 它激起的激情是妒忌，它会通过侵犯富人的财产来

---

119 Anon., *The Political Mirror, or, Review of Jacksonism*（New York：J. P. Peaslee，1835），204.

120 《政治镜报》（*Political Mirror*）的作者写道："可以说，无论是在上层阶级还是下层阶级，无论是牧师还是门外汉，没有一位官吏禄虫或者期待这些官位的人是自己的主人。"同上，2。

121 Calvin Colton，"Junius Tracts No. VI. Democracy"（New York：Greeley & McElrath，1844），10. 也可参见James Barbour，"Proceedings of the Democratic Whig National Convention"（Harrisburg，PA：R. S. Elliott & Co.，1839）；Anon.，"An Address to the Freemen of Rhode Island，by a Republican Farmer"（［Providence，RI］，1829）。

122 参见John Whipple，"Address of John Whipple，to the People of Rhode Island，on the Approaching Election"（Providence，RI：Knowles and Vose，1843）；Nicholas Biddle，"An Address Delivered before the Alumni Association of Nassau-Hall，on the Day of the Annual Commencement of the College，September 30，1835"（Princeton：Robert E. Hornor，1835）；Samuel L. Southard，"Mr. Southard's Speech，Continued，" *National Intelligencer*，March 31，1835.

123 Colton，"Junius Tracts No. VI. Democracy，" 10.

124 例如，《奥尔巴尼日报广告人》（*Albany Daily Advertiser*）讽刺崇拜杰克逊的民主党人放弃了他们的"共和主义独立"，在他们的政治"神明"面前卑躬屈膝；"Politics of the Day. From the Albany Daily Advertiser. Royal Democracy，" *National Intelligencer*，April 21，1835，p. 3。

满足妒忌。在辉格党看来，这是对杰斐逊的理想，即建立一个有道德的、自力更生的拼搏者的共和国的最大威胁。[125]

民主党人对这些攻击进行了强有力的回应，他们将共和主义神话中的一部分与另一部分进行了对比。他们认为，真正的危险在于富有的贵族会通过分裂人民的忠诚和利用其缺乏组织性的特点来挫败人民的意愿。例如，一位年轻的斯蒂芬·道格拉斯（Stephen Douglas）在致"伊利诺伊州民主派共和主义者"的公开信中警告说，人们"可能过于依赖其动机的纯洁和正直，从而缺乏足够的一致性和精力采取行动"。道格拉斯为全州提名大会辩护，他认为只有这样才能"体现和实现人民的意愿；保持人民的优势，团结他们的所有努力"。[126]《芝加哥民主党人》（*Chicago Democrat*）写道，反对党派大会和纪律的人仅仅是"贵族"，他们将通过"在党内播种不同意见"而获利。[127]道格拉斯也有点假惺惺地坚持认为，党派大会是"自由的和自愿的"，"由党员自发地召集、无私地进行"。[128]它们的裁决正体现了人民自己的声音。

回顾美国政党的起源，马丁·范布伦自己认为，在没有政党组织的情况下，美国的政治"充斥着争夺权力的个人派系"。他认为，人民之间的这种混乱和分裂只会让雄心勃勃的精英们受益。事实上，他坚持认为，这是贵族在一个真正民主的共和国里获得权力的唯一指望：他们必须确保他们的"对手在面对几个"候选人时发生分裂。[129]在范布伦和大多数民主党人的眼中，1824年臭名昭著的"腐败交易"是这一事实的决定性例证。

---

125 有关进一步的讨论，参见Brown, *Politics and Statesmanship: Essays on the American Whig Party*, 27–34; Joshua A. Lynn, "Popular Sovereignty as Populism in the Early American Republic," in *People Power: Popular Sovereignty from Machiavelli to Modernity*, ed. Christopher Barker and Robert G. Ingram（Manchester: Manchester University Press, 2022）, 144–59。

126 Stephen Douglas, "To the Democratic Republicans of Illinois, Dec. 1835," in *The Letters of Stephen A. Douglas*, ed. Robert WI. Johannsen（Urbana: University of Illinois Press, 1961［1835]）, 27, 25.

127 *Chicago Democrat*, July 8, 1835, 引自Leonard, *The Invention of Party Politics*, 132。

128 Stephen Douglas, "To the Democratic Republicans of Illinois, Nov. 1837," in *The Letters of Stephen A. Douglas*, ed. Robert W. Johannsen（Urbana: University of Illinois Press, 1961［1837]）, 47.

129 Martin Van Buren, *Inquiry into the Origins and Course of Political Parties in the United States*（New York: Hurd & Houghton, 1867）, 4.

对范布伦来说，这一挫折证明，政党组织和纪律是人民主权不可或缺的关联因素：没有它们，人民将仍然容易受到贵族阴谋的影响。[130] 他写道，只要民主党"足够聪明地运用核心小组或会议制度"，并"真诚地利用它对大众事业施加的影响"，他们就取得了胜利。[131]

再一次值得注意的是，民主党的政治理论与《联邦党人文集》中的政治愿景形成了对比。在《联邦党人文集》第10篇中，麦迪逊将动员起来的大量民众描述为威胁侵犯少数人权益的**派别**。他曾希望，在一个庞大而多样化的共和国里，类似这样的政治派别难以合并。但是，民主党人推翻了这一仍为许多辉格党所拥护的理论。对范布伦来说，政党的职能正是创造和维持全国范围内的、动员起来的、能够根据统一目标行动的大量民众。此外，他还将庄严的国会大厅视为腐败贵族的中心，而麦迪逊将其视作抵御政治派系入侵的最后堡垒。毕竟，正是在那里，"腐败交易"得以执行；正是在这里，人民手中的权力可能再次被个人的野心和阴谋夺取。[132]

有趣的是，尽管民主党人坚持认为，政党纪律不涉及严重"牺牲原则或独立性"，但他们也认可，为了国家的利益，公民有道德义务使自己的偏好服从于政党的偏好，"难道说与其放弃一些个人偏好的政策方案，不如危害公众的幸福或公共自由吗"？当然，公民在提名过程中可以自由地充分地表达自己的偏好；但在那之后，他们必须接受党派的"意见妥协"，而不是固执地坚持己见。巴尔的摩民主党全国代表大会的全体成员警告说："他们可能在幡然醒悟时发现为时已晚，他们牺牲了最好的事业来满足他们对自己意见的骄傲，这种骄傲感并不会因为成就而获得满足，而只是为自己感到满足。"[133] 在这类警告声中，民主党人普遍推崇的令人

102

130　Leonard, *The Invention of Party Politics*, 46。范布伦引用了让 - 雅克・卢梭的原则，即"行使主权的权利不可剥夺地属于人民"。Van Buren, *Inquiry into the Origins and Coarse of Political Parties in the United States*, 11。

131　Van Buren, *Inquiry into the Origins and Course of Political Parties in the United States*, 5。然而，范布伦承认这一政治规则有一个例外。

132　Leonard, *The Invention of Party Politics*, 135 - 37, 129.

133　"Statement by the Democratic Republicans of the United States, Washington, July 31, 1835," in *History of American Presidential Elections, 1789 - 1968*, vol. 1, ed. Arthur Schlesinger Jr. (New York: Chelsea House, 1971 [1835]), 621, 622 - 23.

艳羡的独立判断变成了一种自私形式，阻碍了民主意志的形成。

在民主党的政治修辞中发挥了如此重要作用的杰克逊式的个人独立理想早已经不再是英国贵族式的了。到了19世纪20年代，它明显地受到了平均主义思潮的影响，这些思潮在一些反联邦主义者和18世纪90年代激进的工匠活动家中那里已初见端倪。[134] 杰克逊时代的民主党人游说公众、代表公众，同时也代表了一种原则上包括所有白人男性的独立观念。虽然在早些时候独立的理想在白人男性中划出了阶级界限，界定了完全公民身份的门槛，但对于民主党人来说，独立的理想并没有如此的作用。当民主党人承认存在着一群有依赖性的白人时，他们是为了唤起人们对美国生活中一种严重的反常现象的关注，一种对美国例外主义的腐蚀。正确的反应不是将这些依赖者排除在公民权之外，而是从源头上纠正问题，并使所有愿意努力生活的白人最终都能拥有财产、获得独立性。

这个新的平等主义神话从几个方面强烈反映了个人主义价值观和假设。最重要的是，它称颂了个人自由中占绝对优势的私人性图景。随着独立的理想逐渐脱离了旧的共和主义假设，抛弃了杰斐逊的自然贵族制度和公民奉献的严格道德规范，它变得更加关注私人生活。它赞扬了自主个人对自己的工作和家庭的控制，以及可能对其产生影响的约束或义务的不存在。它支持一种政治，其既定目标是防止政府干预至高无上的个人事务。

103　　　这个神话还把美国白人社会想象成一群对自己命运负责的有进取心的行动者。这一想象趋势不仅由于市场的扩张而加剧，而且还因为西部土地的扩大而愈加强烈。在关于土地政策和"天定命运论"的漫无边际的辩论中，那些支持廉价土地和军事扩张的人不断地将勇敢的定居者神话化，在他们的故事里定居者们赌上身家、一路向西，冒着各种危险，用自己的双手清理土地，通过努力工作、谨慎自律和男子气概来创造自己的命运。这位勇往直前的人物经常被视为独立的典范，他的劳动创造了

---

134 有关进一步的讨论，参见 Seth Cotlar, *Tom Paine's America: The Rise and Fall of Transatlantic Radicalism in the Early Republic*（Charlottesville: University of Virginia Press, 2011）。

人类文明。随着平民的独立理想从英国田园式的乡村转移到崎岖的美国西部，其含义发生了变化：西部定居者们代表了一个充满活力和流动性的社会，它由个人的主动性和努力创造并重建。[135]

当广大白人男性选民拥有自己的农场或商店，或有理由渴望自己的农场或商店时，这种个人主义神话往往会进一步导致一个平等主义政治议程。杰克逊时代的民主党人利用这些政治思想保护白人业主免受掠夺性贷款的侵害，保护现金贫乏的农民免受繁重税收的压迫。他们利用这些政治思想使州和地方政府更加民主化，并拓展了向民选官员问责的权利。他们还援引它们来试图保护工匠的生计，使其免受资本主义转型的影响，因为资本主义转型会使工匠们沦为长期受雇劳动者。由于他们倾向于相信富有的银行家、投机者和实业家的财富来源于腐败的政府的偏袒，因此他们往往在广泛攻击集中的经济力量（种植园奴隶主明显是个例外）时暗含反政府的言论。

与此同时，这种个人主义观点也具有深刻而强烈的排他性。在英国，撒克逊人的独立神话是为一个单一种族的但阶级分化尖锐的社会制定的。在19世纪的美国，它被重新构造，以适应一个族群和种族多元化的社会，这个社会的特点是白人男性日益平等，但种族等级制度日益强化。有色人种被逐渐描述为在本质上无法实现个人独立，而个人独立是民主和文明社会所必需的。与独立相关的坚韧、自立的美德越来越多地被编码进白种人的概念中。这样，自力更生的拼搏者神话也表达了白人男性至上的集体性观点，证明侵略性的领土扩张、奴隶制和父权统治是正当的。在这一神话中，理想化的个人主义社会成员专指白人男子，他们处于种族和性别等级的上层，他们的个人地位首先由可遗传的群体身份决定。　104

最后，杰克逊时代的民主党人为了动员大众选民重构了自力更生的拼搏者神话，也描绘了一幅动人心魄的美国民主的乌托邦图景。他们对谦逊的自耕农和工匠赞不绝口，后者的财产所有权似乎能直接产生个人诚信和公正判断。他们坚持认为，这种日常美德足以胜任治理工作，而治

135　有关此变化的进一步思考，参见 Smith, *Virgin Land: The American West as Symbol and Myth*, 133 – 44, 165 – 73。

理工作仅仅是抵制腐败和维护不言而喻的自然法则。因此，他们对本国政府的所作所为持怀疑态度。此外，所有这些想法都被铭刻在美利坚民族的例外论视野中，在民主党的想象中，美利坚民族与人类历史的进程日益分离。这种令人头晕目眩的意识形态兴奋剂几乎被所有的美国建国先贤所拒绝，却在美国政治话语中留下了持久的印记。[136]

---

136 有关这种乌托邦图景与美国边疆的精辟讨论，参阅 Greg Grandin, *The End of the Myth: From the Frontier to the Border Wall in the Mind of America* (New York：Metropolitan Books, 2019)，113 - 31，esp. 123 - 24。

自然权利的拥有者

自18世纪末以来，美国个人主义的主导政治话语一直是权利话语。《独立宣言》宣称，所有人都"被造物主赋予了若干不可剥夺的权利"，这是所有合法政府的基础。19世纪上半叶制定的许多州宪法都大同小异地复述了这一话语。例如，1802年的《俄亥俄州宪法》宣布"所有人生而拥有平等的自由和独立，并享有自然的、固有的和不可剥夺的若干权利"。该宪法的权利清单中包括生命、自由、财产以及"幸福和安全"。此外，它还坚持认为，"每一个自由的共和国政府"都是"建立在人民赋予的权威之上，其宗旨是保护人民的权利和自由，保护人民的独立"。[1] 这一基本信念贯穿于杰克逊时代美国的政治辞令中，即政府的存在首先是为了保护个人的权利、为个人服务。

在杰克逊时代的政治想象中，保护权利意味着保护个人免受不必要的干涉。州宪法规定，个人有权不受阻碍地进行礼拜、讲话、集会和持有财产。他们有权获得人身安全，有权不被任意逮捕和拘留。他们有权携带武器，有权不让士兵驻扎在家中。历史学家拉什·韦尔特（Rush Welter）写道，杰克逊时代的民主党人不断借鉴这种语言：在阐述个人的自然权利时，他们通常是"列举他们不允许政府对自己做的事情"。[2] 权利

---

1 *The Constitutions of the United States and of the State of Ohio with Amendments, Annotations, and Indexes ...* (Cincinnati: Robert Clarke & Co., 1886), 63.

2 Rush Welter, The Mind of America: 1820 - 1860 (New York: Columbia University Press, 1975), 416.

界定了主权个人应该毫无疑问进行至高统辖的范围界限。[3]

106   这些信念形成了影响深远的自然权利拥有者的神话，认为美国人拥有独特的自由，可以作出自己的选择，追求自己的幸福，并在不受侵犯的情况下收获自己的劳动回报。根据这一神话，美国的最基本承诺是：承诺摆脱束缚个人的旧世界的压迫枷锁。体现在美国宪法文件中的权利平等地适用于所有白人男性，这是实现基本承诺的保障。

这一广泛流传的神话确保了涵盖广泛重要政策领域的政治辩论最终落脚在关于个人自由的争端。尤其是民主党人援引该神话来捍卫政教分离，维护个人良心和宗教自由的权利。他们运用该神话来谴责禁酒法是家长式的侵犯自由的行为，并要求扩大言论自由，反对正式和非正式的审查制度。他们将选举权重新定义为一项自然权利，并利用权利拥有者的神话来保护它不受财产资格和天赋论的限制。然而，接下来的三章并不会试图讨论所有这些不同的争议，而是聚焦于对美国个人主义发展具有最大意义的两个情境：经常主导杰克逊时代政治环境的有关经济的辩论和不断激化的奴隶制争议。

第6章和第7章回顾了第一部分中关于银行和货币、关税、工业化和土地的经济争论。但这两章将从不同的角度看待这些辩论：它们不会强调自力更生的拼搏者的主题，而是侧重于权利的修辞。这两章将表明，编辑和政治家，尤其是民主党方面的编辑和政治家们，也将这些争论视为压迫性权力和个人自然权利之间的激烈竞争。在这些辩论中，民主党指责富人侵犯了美国生产者的财产权，他们常常在政府的帮助下剥夺了生产者辛勤劳动的成果。在编辑和政治家们的言辞中，经济不平等被重新引入无处不在的个人自由习语中。

第7章将特别关注自由市场理念的普及。当许多杰克逊时代的民主党人奋力想象一个由独立于自由裁量权的自然权利拥有者组成的社会时，他们接受了一个自然的、自我调节的市场的乌托邦思想。他们开始相信，

---

3 实际上，权利并非如此绝对；它们的执行也极不平衡，取决于地方官员的自由裁量权。例如，Laura Edwards，"The Reconstruction of Rights：The Fourteenth Amendment and Popular Conceptions of Governance," *Journal of Supreme Court History* 41，no. 3（2016）：310‑28。

美国人的民族天赋在于他们愿意摆脱旧世界的"人为"等级制度，开创一个由自然权利和市场自由定义的天佑新秩序。他们认为，在这样一个社会中，个人可以自由选择和竞争，奖励自然会流向最有价值的人。过去被纵容的精英们将被剥夺他们的特权，而辛勤工作的小生产者积累的财富足以维持舒适的生活。在一个由白人小生产者组成的流动和相对富裕的社会中，建立在**劳动**尊严基础上的平均主义突显了经济竞争和个人孤岛中强烈的个人主义面向。

尽管民主党关于权利的言论在某些方面具有包容性和平等性，但在另一些方面却具有明显的排他性。典型的权利拥有者是白人和男性，那些没有这些特权特征的人发现他们的权利即使不是完全不存在，也很脆弱。虽然第6章探讨了这些排他性，但第8章将讨论废奴主义者如何利用权利拥有者的神话来挑战这些排他性。废奴主义者认为，在自然权利的理想中，平等主义批判的核心范围是不易控制的。把美国与自然权利或上帝赋予的权利联系起来，就是把它与一个神话般的前政治历史联系起来，即美国摆脱了传统的等级制度。从这个角度来看，许多社会和政治不平等，包括父权制和白人至上，都可能被视为不自然的和不合法的。[4]因此，他们利用自然权利拥有者的神话来实现包容性的人权政治。从长远来看，废奴主义思想几乎影响了所有随后的美国平等主义运动，它们重塑了权利话语和美国个人主义的含义。

最后，接下来的三章将从共和主义思想转向到一套不同的知识传统。自然权利的拥有者的神话来源广泛：加尔文主义神学和长期以来新教徒争取宗教宽容的斗争、约翰·洛克（John Locke）哲学的广泛普及，以及苏格兰启蒙运动。当然，当杰克逊时代美国的政治神话创作者们利用这些传统时，也改造了它们，以适应日益由市场关系定义的流动、民主社会。与第一部分一样，第二部分展示了主要发源于英国的思想是如何在美国被吸收和重新解释的，以及它们是如何在杰克逊时代表达白人社会的个人主义观点的。

4　Daniel T. Rodgers, *Contested Truths: Keywords in American Politics since Independence* (New York: Basic Books, 1987), 46, 45 – 79。参见 Hendrik Hartog, "The Constitution of Aspiration and 'The Rights That Belong to Us All,'" *Journal of American History* 74, no. 3 (1987): 1013 – 34。

第6章

生产者的权利

> 社会的作用是确保每一位成员都能获益于自己的勤劳和才能。社会的滥用在于使用诡计或强力，将这些劳动果实转移到其他成员手中。
>
> ——卡罗林的约翰·泰勒，1813年[1]

当杰克逊时代的民主党人谴责不断加剧的经济不平等时，他们使用了几种不同的政治语言。我们在第一部分看到他们利用共和主义思想谴责银行家、投机者和富有的制造商是专横的贵族，这些人威胁着美国小业主的骄傲独立。同时，他们常常在同样的演讲和社论中援引自然权利作为补充性的话语。他们把这些贵族描绘成机会主义的水蛭，他们不是为自己工作，而是从美国辛勤工作的生产者那里**偷走**劳动果实，侵害劳动者的产权。

这些令人不安的故事从自然权利拥有者的神话中获得了道德紧迫感。美国本应成为所有白人男性平等享有自然权利的避风港。特别是财产是这一平等承诺的核心：尽管旧世界的劳动者已经习惯了被剥夺他们生产的大部分产品，但美国人应该**拥有**他们工作的全部价值。[2] 然而，民主党

1　John Taylor, *Arator, Being a Series of Agricultural Essays, Practical and Political*, 5th ed. (Petersburg, VA: Whitworth and Yancey, 1818[1813]), 193.

2　正如丹尼尔·罗杰斯（Daniel Rodgers）所解释的，这一权利从未被认为是绝对的："至于财产，没有人怀疑一个人的货物在需要的情况下是可转让的、可征税的、（转下页）

人坚称，肆无忌惮的精英正在污染美国例外主义的源头。在定居者清理和耕种了土地之后，富有的土地投机者纷纷涌入，窃取他们的劳动成果。制造商积极争取保护性关税，从而推高了消费品的价格，实际上也剥夺了生产者的劳动成果。银行家们以操纵信贷和货币的方式骗取了辛勤工作的农民的收入。民主党人警告说，这些攻击都危害了劳动者的财产权利的安全性。

就像自力更生的拼搏者神话一样，自然权利的拥有者神话将个人主义假设注入这些广泛的经济辩论之中。它描绘了一幅关于美国社会的图景，这是追求自身利益和幸福的自由个体的集合。它表明了严格来说**工作本身是个人努力和技能的呈现**。它坚持认为，生产者有权获得他们通过个人努力和创造力所创造的恰如其分的财富，而经济不公正的定义就是**妨碍和破坏选贤举能的秩序**。在当时的民主党的政治修辞中，争取经济平等的斗争变成了保护私有产权不受干涉的斗争，这样美国的生产者就可以尽其所能地参与工作和竞争。

这些强有力的观点也影响了杰克逊时代有关种族和性别的激烈争论。当白人男性为其剥削美洲原住民、奴役非洲裔美国人和压迫女性进行辩护时，他们援引了自己作为**生产者**的神圣权利。他们坚称，这些被排斥的群体无法在没有胁迫的情况下认真工作，也无法负责任地管理自己的收入。因此，他们得出结论，产权只属于那些天生能够充分利用这些权利的人。与此同时，包括妇女和黑人废奴主义者在内的被排斥群体利用同样的神话谴责父权制和白人至上主义，称其是一种社会地位特权的形式，违反了美国核心的优绩主义原则。在所有这些方面，权利都成了关于平等和不平等的广泛辩论的焦点。

为了使这些观点更加清晰，我们必须从探索它们的思想来源入手。我们必须特别关注通过新教神学和约翰·洛克（John Locke）著名的政治著

（接上页）应受惩罚的、'服务于公共用途的'……权利法案中所指的不可剥夺的并不是'一个人始终持有'，而是围绕着'财产'一词的一组动词，包括获得、拥有和捍卫，这些动词的漏洞足以让公共需要和公共福利从其中获得它们的合法份额。" Daniel T. Rodgers, *Contested Truths: Keywords in American Politics since Independence* (New York: Basic Books, 1987), 63.

作传到美国的劳动产权理论。[3] 在杰克逊时代，这一理论主导了美国人对经济正义的思考，并彻底塑造了普遍的产权概念。因此，它构成了自然权利拥有者神话的重要组成部分。[4]

财产权劳动理论

财产权劳动理论认为，所有合法的财产所有权最初都来自个人劳动。约翰·洛克在他的《政府论下篇》中有一个著名的论点，即处于自然状态的个人通过将他们拥有的劳动与自然混合而获得财产。[5] 当他们在森林里采摘苹果时，当他们耕种一小块土地并收获时，他们的劳动将一小部分无人拥有的自然变成了个人财产。此外，洛克认为，这种劳动产生了一种权利：个人获得自己劳动成果的**权利**。[6] 在他看来，保障这一权利是任何合法政府的根本目的之一。因此，未经个人的同意而剥夺他的劳动成果是对自然权利的侵犯。

111

3　关于洛克在美国的影响，参见 Michael P. Zuckert, *The Natural Rights Republic: Studies in the Foundation of the American Political Tradition* (Notre Dame: University of Notre Dame Press, 1996); Michael P. Zuckert, *Natural Rights and the New Republicanism* (Princeton: Princeton University Press, 1994), 189–310; Steven M. Dworetz, *The Unvarnished Doctrine: Locke, Liberalism, and the American Revolution* (Durham: Duke University Press, 1990); Jerome Huyler, *Locke in America: The Moral Philosophy of the Founding Era* (Lawrence: University Press of Kansas, 1995); Donald Lutz, "The Relative Influence of European Writers on Late Eighteenth-Century American Political Thought," *American Political Science Review* 78, no. 1 (1984): 189–97.

4　本章对财产权劳动理论的分析特别参考了 James L. Huston, *Securing the Fruits of Labor: The American Concept of Wealth Distribution, 1765–1900* (Baton Rouge: Louisiana State University Press, 1998)。

5　"无论他把什么东西从大自然本来的状态中移走，并留在自己掌控中，他把自己的劳动和自己的东西混合在一起，从而使它成为自己的财产。" John Locke, *Two Treatises of Government* (Cambridge: Cambridge University Press, 2000[1690]), 288。

6　然而，洛克确实在这一理论中附加了某些条件。例如，个人无法合理地占有超出其使用范围的资源；他们还必须为其他人留下"足够的、同样好的"。后一项条件是著名的洛克"附文"，其确切含义一直存在争议。

　　财产权劳动理论的全部意义需要在对比其他几种背景观念的情况下才能显现出来。到19世纪初，几乎所有美国人都拒绝了休闲是高贵或杰出的标志这一观点。这一拒绝标志着划时代的重新评价人类劳动的高潮。政治理论家朱迪丝·施克莱（Judith Shklar）写道，从古典时期开始，"几乎所有人都认为体力劳动会伤害我们，劳动的人是不纯洁的"。[7]相反，美国人从未停止过赞扬辛勤劳动，包括体力劳动，以及节俭、节约和谨慎的美德。正如我们在第一部分中看到的，他们将这些美德与共和国公民联系起来，并将其投射到自耕农的理想化形象上。事实上，美国人对工作的痴迷导致来自欧洲上流社会的观察者们抱怨说，除了工作，美国人什么都不想，这让他们几乎没有闲暇去培养人性中更精致的方面。1829年巴兹尔·霍尔上尉（Captain Basil Hall）写道，美国人是"一个非常严肃的民族，可悲的是，他们对闲适优雅的艰深艺术一无所知"。[8]

　　美国对劳动的重新评价有两个重要的思想来源。一个是政治经济学中新兴启蒙运动"科学"。**增长**是商业经济的自然轨迹这一观点是在18世纪后半叶才出现的，这是对数十年中大西洋世界前所未有的经济扩张和繁荣的回应。直到那时，政治经济学家们已经有理由期望他们的社会能够永远摆脱困扰了西方世界一千多年的停滞和贫困循环。[9]这种期望建立在人类对劳动的承诺和付出之上。正如亚当·斯密在其《国富论》的开篇中明确指出，西方社会的日益繁荣完全归功于"劳动生产力的提高"。[10]在这种情况下，工作不再仅仅被视为粗俗的（如果必要的话）苦工。工

7　Judith Shklar, American Citizenship: The Quest for Inclusion (Cambridge, MA: Harvard University Press, 1991), 68. Gordon Wood, The Radicalism of the American Revolution (New York: Random House, 1992), 33 – 36.

8　Captain Basil Hall, Travels in North America in the Years 1827 and 1828, vol. 1 (Philadelphia: Carey, Lea & Carey, 1829), 258.

9　Joyce Appleby, Capitalism and a New Social Order: The Republican Vision of the 1790s (New York: New York University Press, 1984), 27 – 35; Drew R. McCoy, The Elusive Republic: Political Economy in Jeffersonian America (Chapel Hill: University of North Carolina Press, 1980), 17 – 47.

10　Adam Smith, An Inquiry into the Nature and Causes of the Wealth of Nations, vol. 1 (London: Methuen & Co., 1904 [1776]), 2.

作是人类进步的引擎。历史学家乔伊斯·阿普尔比（Joyce Appleby）写
道："那些对世界新生产力感到惊叹的人正在提高劳动的价值，这就是普
通人所做的事情。"在启蒙运动政治经济学家及其支持者的著作中，**劳动** 112
者成了世界历史的推动者。[11]

　　第二个更古老的思想来源是加尔文主义神学。社会学家马克斯·韦伯
在其经典论著中曾提醒人们注意劳动在 17 世纪清教徒思想中所代表的尊严
和重要性。劳动已成为一种神圣的戒律，适用于社会的各个阶层。辛勤劳
动，甚至包括利润和物质财富，都被视为个人神圣的证明。[12]清教徒赞许劳
动是克服懒惰以及由懒惰不可避免导致的其他恶习的一种方式。[13]它也有助
于抵制奢侈消费的习惯，因为奢侈消费会让人们不理性地自我放纵。在这
两种意义上，工作中的规训与自律被视为社会和谐的先决条件：它使人们
不再以自我为中心，并且能够在神圣有序的创造中找到自己的用武之地。[14]

　　这两个思想来源都为财产权劳动理论提供了道德支持。如果劳动是有
尊严和神圣的，那么劳动者本身也是如此，他对自己的劳动成果的天然

---

11 Appleby, Capitalism and a New Social Order, 35; Jeffrey Sklansky, The Soul's Economy:
Market Society and Selfhood in American Thought, 1820 - 1920 (Chapel Hill: University of
North Carolina Press, 2002), 18 - 19. 年轻的民主党人沃尔特·惠特曼（Walt Whitman）
于 1844 年为《纽约民主党人》（*New-York Democrat*）撰稿，他完美地捕捉到了这种对待
人类劳动和生产力的新态度："是劳动，让人从具有可变价值的东西中获得了一切。劳
动是把他从野蛮状态中唤醒的护身符；它把沙漠和森林变成了耕地；它用城市覆盖了地
球，用船只覆盖了海洋；它给了我们富足、舒适和优雅，而不是匮乏、痛苦和野蛮。"Walt
Whitman, "True Democratic Logic," in The Collected Writings of Walt Whitman, the
Journalism, vol. 1, ed. Herbert Bergman (New York: Peter Lang, 1998 [1844]), 197。

12 Michael Walzer, The Revolution of the Saints: A Study in the Origins of Radical Politics
(Cambridge, MA: Harvard University Press, 1965), 210 - 11; Max Weber, The Protestant
Ethic and the Spirit of Capitalism, trans. Stephen Kalberg (Los Angeles: Roxbury, 2002
[1905]), 105 - 6.

13 McCoy, The Elusive Republic, 78 - 79. 这一清教徒主题与洛克的财产理论之间的联系非
常明确：事实上，洛克的《政府论下篇》可以被解读为"激进加尔文主义政治的经典文
本"。参见 Isaac Kramnick, "The 'Great National Discussion': The Discourse of Politics in
1787," William and Mary Quarterly 45, no. 1 (1988): 3 - 32。

14 J. E. Crowley, This Sheba, Self. The Conceptualization of Economic Life in Eighteenth-
Century America (Baltimore: Johns Hopkins University Press, 1974), 3, 17, 53 - 56.

拥有权似乎是对其个人价值的公正和适当的承认。这种想法在工匠中长期盛行，他们将自己对社会的生产贡献视为尊严和地位的象征。[15] 在小生产者占白人男性人口绝大多数的美国，这已发展成为一种强有力的道德共识。事实上，在一个几乎没有悠闲的贵族的流动社会中，**工作**正迅速成为美国富人和穷人地位和身份的核心。历史学家艾萨克·克拉姆尼克（Isaac Kramnick）写道："对个人和社会的全新理解正在出现。先赋地位，即为个人预先分配确定的生活等级，越来越多地被个人成就所取代，后者成为个人身份的主要定义者。"而成就越来越多地被定义为工作的效果。[16] 那些靠他人的劳动生存的人在这个新兴的社会观念中没有合法的地位——他们是违背上帝意愿、侵犯同胞自由和尊严的盗贼。[17]

财产权劳动理论，以及其支持的**劳动价值**理论，在美国独立战争时期广泛传播。[18] 它提供了一个概念视角，美国人可以通过这一视角看到自

---

15 Ronald Schultz, "God and Workingmen: Popular Religion and the Formation of Philadelphia's Working Class, 1790 - 1830," in *Religion in a Revolutionary Age*, ed. Ronald Hoffman and Peter J. Albert (Charlottesville: University Press of Virginia, 1994), 139.

16 Isaac Kramnick, *Republicanism and Bourgeois Radicalism: Political Ideology in Late Eighteenth-Century England and America* (Ithaca: Cornell University Press, 1990), 7 - 8. 克拉姆尼克在这里描述的是英美18世纪一种明显的自由主义世界观的出现。关于早期这种世界观在美国出现的具体讨论，参见 Gordon Wood, "The Enemy Is Us: Democratic Capitalism in the Early Republic," *Journal of the Early Republic* 16, no. 2 (1996): 293 - 308; Daniel T. Rodgers, *The Work Ethic in Industrial America*, 1850 - 1920, 2nd ed. (Chicago: University of Chicago Press, 2014 [1978]), 1 - 29。

17 Wood, *The Radicalism of the American Revolution*, 276 - 86. 对于杰克逊时代美国的这一观点的精彩而简短的概括，参见 Orville Dewey, "The Nobility of Labor," *Emancipator*, April 8, 1841。

18 Michael Merrill and Sean Wilentz, introduction to *The Key of Liberty* by William Manning, ed. Merrill and Wilentz (Cambridge, MA: Harvard University Press, 1993), 60. Huston, *Securing the Fruits of Labor*, 13 - 28; Sklansky, *The Soul's Economy*, 19 - 31; Huyler, *Locke in America*, 219 - 23, 237 - 46。劳动价值理论在概念上不同于财产权劳动理论，它认为所有的经济价值或财富都是由劳动创造的。关于美国早期劳动价值理论的讨论，参见 Alex Gourevitch, *From Slavery to the Cooperative Commonwealth: Labor and Republican Liberty in the Nineteenth Century* (New York: Cambridge University Press, 2014), 82 - 86; Sean Wilentz, *Chants Democratic: New York City and the Rise of the American Working Class, 1788 - 1850* (New York: Oxford University Press, 1984), 157 - 68。

己社会的独特性。1783年，公理会牧师埃兹拉·斯蒂尔斯（Ezra Stiles）写道："这项实验从未如此有效地进行过，每个人都能收获自己的劳动成果，每个人都能感受到自己在总体权力体系中的份额。"[19] 赫克托·圣约翰·德·克雷弗克（Hector St. John de Crevecoeur）写道，"美国人是一种新的人类"，他从旧世界的"非自愿的懒惰、奴役性的依赖"和"贫穷"中解放出来，"在这里，对他的勤劳的回报与他的劳动进步齐头并进"。[20] 这只是美国是建立在对贵族的拒绝的基础上的另一种表述。如果贵族是一个没有生产能力、侵占了他人的劳动的阶级，那么拒绝支持这种侵占就意味着在原则上拒绝了贵族的存在。

113

这种对美国独特性的表述在整个内战前时期都在继续传布，美国人和在美国的外国人都在不断复述着这一表述。法国工程师兼经济学家米歇尔·舍瓦利埃（Michel Chevalier）写道："这是自社会起源以来，人民第一次公平地享有他们的劳动成果，并显示出他们无愧于拥有男子气概的特权。多么光荣的成就啊！"[21] 事实上，在这一时期，美国人将自己的社会与欧洲进行了这样的对比：欧洲仍然处于贵族式政治经济的控制之下，[22] 一个阶级通过偷窃属于另一个阶级的东西来谋生。相比之下，在美国，工人"被允许为自己的利益而工作，为拥有**财产**而工作，从事对自己有用的职业，也享有自己的劳动成果"。[23] 1840年一篇名为《致劳动者》（"Address to Working Men"）的匿名文章中，"一名机械师"观察到，欧

---

19 Ezra Stiles，"The United States Elevated to Glory and Honor. A Sermon，Preached before His Excellency Jonathan Trumbull，Esq ..."（New Haven：Thomas & Samuel Green，1783），35.

20 Hector St. John de Crevecoeur，*Letters from an American Farmer*（New York：E. P. Dutton & Co.，1957［1782］），40.

21 Michel Chevalier，*Society，Manners and Politics in the United States，Being a Series of Letters on North America*（Boston：Weeks，Jordan，and Co.，1839），437。参见 pp. 206 – 7，209。威伦茨写道："所有财产都来源于人类劳动的学说在美国早期和内战前赢得了大量支持者。"Sean Wilentz，"Americas Lost Egalitarian Tradition，" *Daedalus* 131，no. 1（2002）: 67；Huston，*Securing the Fruits of Labor*，186.

22 赫斯顿用这个词来描述"贵族利用他们的社会地位来获得政治权力，从劳动者那里榨取劳动成果，并将这些成果授予自己"的社会（*Securing the Fruits of Labor*，31）。

23 Theodore Sedgwick Jr.，*Public and Private Economy，Part First*（New York：Harper & Brothers，1836），180.

洲工人无法与美国同行相提并论，因为"他们的劳动属于土地领主"。[24] 在这位匿名作者看来，这是欧洲和美国之间的决定性的差异。[25]

在杰克逊时代，这种洛克式的美国例外主义故事得到了两党的支持，辉格党人也对它表示了衷心的认可与敬意。辉格党众议员内森·阿普尔顿（Nathan Appleton）写道，美国是"一个伟大的政治和文明的新实验"，与其他地方不同，劳动者有"享有自己劳动果实的保证"。[26] 民主党人的观点与辉格党人的区别仅仅在于：虽然辉格党认为财产权劳动理论在美国大部分地区都获得了支持与践行，但民主党人认为这一理论遭到了系统性的侵犯。他们认为美国出现了一个新的不事生产的贵族阶层。那么，对于杰克逊时代的民主党人来说，财产权劳动理论既是彰显美国生活独特性的一种视角，也是斥责那些背叛了美国生活的人的一种理据。因此，对他们来说，财产权劳动理论是对新兴经济秩序的平等主义批判的基础：它的批判之刃曾经主要指向欧洲，现在也转向了美国人自己的社会。

这种平等主义转向有其自身的思想和政治历史，可以一直追溯到英国内战。在洛克使财产权劳动理论名垂千古之前，清教平等主义者曾用财产权劳动理论来证明他们对英国贵族制度的攻击是正当合理的。用一位历史学家的话说，清教平等主义者们接受了"一个人有权获得自己的劳动成果的基本原则；他有权在其中拥有财产权，从他手中夺走财产就是盗窃"。[27] 他们利用财产权劳动理论来谴责消费税、什一税、运用各种手段以

---

24 Anon., "Address to Working Men, on the Low Price of Wages, by a Mechanic"（New York, 1840）, 4.

25 他还认为，从这个意义上说，银行业"使少数人不需要劳动就能获得财富"，这一特征基本上是属于欧洲的，而且一定起源于"俄罗斯或西班牙"，在那里，工人的潦倒最为严重。同上。

26 Nathan Appleton, "Labor, Its Relations in Europe and the United States Compared"（Boston: Eastburn's Press, 1844）, 9 - 10.

27 Brian Manning, *The English People and the English Revolution, 1640 - 1649*（London: Heinemann, 1976）, 279。Ronald Schultz, *The Republic of Labor: Philadelphia Artisans and the Politics of Class, 1720 - 1830*（New York: Oxford University Press, 1993）, 10 - 13。平等主义者自己也在引导着清教徒的思想潮流；参见 Walzer, *The Revolution of the Saints*, 211。

低价榨取劳动商品的商人以及他们认为不公正的其他形式的侵占。平等主义者领袖约翰·利伯恩（John Lilburne）质疑道："那么，你沙沙作响的丝绸和天鹅绒，以及闪闪发光的金银花边是什么？它们不是我们眉毛上的汗水，是我们背部和腹部的渴望吗？"[28] 另一本平等主义小册子谴责这种挪用行为直接违反了《圣经》中的诫命，"**你要用汗水换面包。这里的 '你' 指的是全人类，没有例外**"。[29] 尽管在 1660 年英国君主制复辟后，这种"生产者主义"的平均主义思想沉寂了许多年，但它在大西洋两岸的工匠中留存了下来，直到 18 世纪末再次爆发。[30]

　　"生产者主义"的平均主义思想的复兴是美国早期政治思想的一个重要特征。例如，在马萨诸塞州农民和酒馆老板威廉·曼宁（William Manning）的写作中就可以发现这一点，他谴责了依靠美国辛勤劳动者为生的富商和律师的"骄傲和炫耀"。[31] 他坚称："没有人可以不劳动就拥有财产，除非他是通过武力或诡计、欺诈或运气从他人的收入中获得财

28　John Lilburne，"The Mournful Cries of Many Thousand Poor Tradesmen"（London：Humphrey Harward，1648），53.

29　作者继续说道："当一个人通过劳动获得了面包，即必需品时，那就是他的面包；现在另一个人根本不出汗，却让这个人从他的劳动中通过税率、税收、租金等方式向他致敬，这就是盗窃。" Gerrard Winstanley，"More Light Shining in Buckingham-Shire..."（London，1649），10。这本引人注目的小册子捍卫所有人的平等自由、自由贸易和对土地的自然权利，"因为如果人们靠汗水来吃面包，那么就必须有土地来播种玉米"（同上）。例如，Theophilus Fisk，"An Oration on Banking，Education，& C. Delivered at the Queen-Street Theater，in the City of Charleston，S.C.，July 4th，1837"（Charleston，SC：Office of the Examiner，1837），4；Eric Foner，*Vie Fiery Trial: Abraham Lincoln and American Slavery*（New York：Norton，2010），113；Bruce Palmer，*"Man over Money": The Southern Populist Critique of American Capitalism*（Chapel Hill：University of North Carolina Press，1980），11。

30　关于美国平等主义思想的影响，参见 Schultz，*The Republic of Labor*，3 - 139；James L. Huston，*The British Gentry，the Southern Planter，and the Northern Family Farmer: Agriculture and Sectional Antagonism in North America*（Baton Rouge：Louisiana State University Press，2015），3 - 28；Alfred F. Young，"English Plebian Culture and Eighteenth-Century American Radicalism，" in *The Origins of Anglo-American Radicalism*，ed. Margaret C. Jacob and James R. Jacob（New Jersey：Humanities Press International，1984）。

31　William Manning，*The Key of Liberty*（Cambridge，MA：Harvard University Press，1993 [1799]），125 - 39.

产。"[32] 曼宁的观点体现了一种工匠生产主义，这种生产主义崇尚自律、努力工作，以及小生产者的适度财产和体面，以对抗富人的贪婪和奢侈，以及所谓的穷人的懒惰。[33] 这种平等主义叙事也可以在几位法国启蒙思想家的著作中找到，他们的作品在18世纪后期横渡大西洋，帮助塑造了美国人的思想观念。[34]

这些不同的知识脉络贯穿了汤姆·潘恩（Tom Paine）的作品。例如，潘恩在其具有爆炸性和广泛影响力的《人的权利》一书中，将盗窃劳动成果界定为政治的起源：政府是"一个持续不断的战争和勒索体系"，侵占和消耗了"人类四分之一以上的劳动"。[35] 潘恩继续指出，革命的"目的"就是将文明从这种剥削制度中解放出来，并确保生产者的财产权。[36] 此外，杰斐逊本人也曾辩称，"联合的第一原则"是"**保证**每个人都能自由从事其产业，并由此获得劳动成果"。[37] 正如我们在第3章中简要论述的，杰斐逊派激进分子威廉·杜安（William Duane）利用这一概念框架，对

115

---

32 同上，136。曼宁坚持认为，对所有自由政府最顽固的反对意见始终来自"那些没有劳动的人"（138）。

33 William R. *Sutton, Journeymen for Jesus: Evangelical Artisans Confront Capitalism in Jacksonian Baltimore*（University Park: Pennsylvania State University Press, 1998），30 - 33；Eric Foner, *Tom Paine and Revolutionary America*（New York: Oxford University Press, 1976），38 - 45.

34 C. F. 沃尔尼（C. F. Volney），一位法国历史学家，他的著作以"廉价的袖珍书形式"在英国和美国的城市工人阶级中流传。E. P. Thompson, *The Making of the English Working Class*（New York: Vintage Books, 1963），98 - 99。Constantin Francois de Chassebeuf Volney, comte de, *The Ruins, or, A Survey of the Revolutions of Empires*（Albany: S. Shaw, 1822［1791］），48 - 51。另一个相关的来源是一些法国政治经济学家，他们被称为"重农学派"，他们影响了杰斐逊、富兰克林和卡罗林的约翰·泰勒。他们也将财产权劳动理论视为自然权利的一项基本原则，并用它来谴责合法化的"掠夺"制度，这种制度使法国贵族无须劳动即可获得财产。参见 Ronald L. Meek, *The Economics of Physiocracy*（London: Ruskin House, 1962），15 - 36。

35 Thomas Paine, *Rights of Man*（Mineola, NY: Dover Publications, 1999［1791 - 92］），112, 146.

36 同上，147。潘恩认为："每个人都希望从事自己希望的职业，以尽可能少的代价，和平、安全地享受自己的劳动成果和财产的产出。当这些目标达到后，所有建立政府应该达到的目标也都得到了满足。"（第136页）

37 Thomas Jefferson, "To Joseph Milligan, April 6, 1816," in *The Writings of Thomas Jefferson*, vol. 13, ed. Albert Ellery Bergh（Washington, DC: Thomas Jefferson Memorial Association 1907［1816］），466.

美国的不平等进行了更为雄心勃勃的抨击。他写道，有道德的生产阶级不断沦为特权阶层的牺牲品，特权阶层霸占了越来越大的生产力份额，"奴役那些靠劳动获得面包的产业工人"并代言了一种"**懒惰的奢侈**"的趋势。[38]

然而，究竟谁算是"贵族"，仍然是一个不断演变、充满分歧和争议的问题。例如，法国启蒙思想家倾向于以经济自由化的名义谴责压迫民众的欧洲政府、无所事事的土地贵族和贪得无厌的教士精英。[39] 曼宁（Manning）列出的黑名单要长得多，其中包括富有的美国商人和投机者，以及"不用体力劳动就能谋生"[40] 的专业人士，比如律师和银行家。潘恩（Paine）在两种观点之间左右为难：一面是他本人被自由原则所吸引，一面是18世纪70年代末费城工人阶级中普遍存在的观点，即富裕的、哄抬面包价格的谷物出口商**损害**了穷人的利益。[41] 这种观点多样性说明了生产者权利论述的灵活性和不确定性。在一个不断变化的经济世界中，它可以被用来同时对抗旧的和新的财富形式；因此，它可以被用来同时支持和抵制新兴的自由经济秩序。[42]

杰克逊时代生产者的权利

同样的平均主义叙事，及其张力和模棱两可都贯穿于杰克逊时代民主党的政治辞藻之中。民主党人经常将自己的选民称为"生产阶级"，并

---

38 William Duane, *Politics for American Farmers ...*（Washington, DC: R. C. Weightman, 1807），94。有关进一步的讨论，参见Huston, *Securing the Fruits of Labor*, 29-58; Richard J. Twomey, *Jacobins and Jeffersonians: Anglo-American Radicalism in the United States*, 1790-1820（New York: Garland, 1989），138-70; Stephen Watts, *The Republic Reborn: War and the Making of Liberal America*, 1790-1820（Baltimore: Johns Hopkins University Press, 1987），224-32; Arthur Schlesinger Jr., *The Age of Jackson*（Boston: Little, Brown, 1945），21-26。

39 沃尔尼和重农主义都是如此；参见本章注释34。

40 Manning, *The Key of Liberty*, 127；参见pp. 135-43。

41 Foner, *Tom Paine and Revolutionary America*, 145-82.

42 同上，40。

指责他们的政治对手迎合的是没有生产力的贵族。例如，在《印第安纳民主党人》(*Indiana Democrat*)的编辑看来，这似乎是美国**最大的**政治分歧：安德鲁·杰克逊得到了"国家真正的栋梁与骨肱"的支持，而他的对手只是"**那些认为自己有权靠别人的劳动生活的人**"。[43]跟潘恩一样，民主党人还将人类历史想象为精英不断侵犯谦卑的生产者权利的故事。[44]

事实上，民主党人将这种惯常的盗窃生产者劳动成果的行为描述为"平等权利"被背叛的更广泛故事的一部分。继洛克之后，他们认为所有合法政府的**目标**都应该是保护个人的自然权利。在他们看来，美国宪法的权威性就在于它梳理并保护了这些自然权利。[45]因此，他们否认了辉格党人通常会维护的观点，即当个人离开自然状态进入文明社会时，他们丧失了部分或全部的自然权利。民主党人谴责辉格党的信条，即人类社会是建立在"契约"或"合同"之上的，通过这种契约，个人放弃自己的自然权利以换取保护其社会权利和自由的宪章。这一论辩也成为当时的热门议题。[46]继杰斐逊之后，民主党人坚持认为，这一前提假设只是剥

---

43 "Political Mechanics," *Indiana Democrat*, September 4, 1830, p. 3。民主党领袖在新罕布什尔州对其他党派人士发表讲话时，将辉格党的对手描述为"违背圣经的禁令，不靠自己的汗水生活"的人，Harry Hibbard et al., "Address of the State Convention to the Democratic Republicans of New Hampshire," *New Hampshire Patriot and State Gazette*, August 3, 1840, p. 1。Frederick Robinson, "An Oration Delivered before the Trades Union of Boston and Vicinity, on Fort Hill, Boston, on the Fifty-Eighth Anniversary of American Independence" (Boston, 1834), 6。

44 Samuel Tilden, "Divorce of Bank and State: An Address to the Farmers, Mechanics, and Workingmen of the State of New York," in *The Writings and Speeches of Samuel J. Tilden*, vol. 1, ed. John Bigelow (New York: Harper and Bros., 1885 [1838]), 82 – 83; Sedgwick, *Public and Private Economy, Part First*, 72, 207, 209; Amos Kendall, "Democratic Celebration," *Globe*, December 13, 1832, p. 2.

45 更准确地说，民主党人还将民众认可视为宪法合法性的必要条件，但这并不是一个充分的条件：如果人民同意"人为"原则，他们认为由此产生的宪法也将是非法的。

46 B. F. Bailey, Esq., "An Oration, Delivered at Burlington, Vt, on the Fourth of July, 1828, Being the Fifty-Second Anniversary of American Independence" (Burlington, VT: E. & T. Mills, 1828), 4; George Bancroft, "Mr. Bancroft's Address," *Franklin Mercury*, February 24, 1835, pp. 2 – 3; George Camp, *Democracy* (New York: Harper and Brothers, 1841), 48.

削和不公正的幌子，因为这一历史性宪章很可能会允许任何数量的暴力和特权。例如，在英国，"皇家宪章"就"取代了正义法令和自然法则"，允许了对劳动成果的直接盗窃。[47]

针对这些历史性的被允许的不公正，杰克逊时代的民主党人主张个人享有其劳动成果的权利是永恒不变的。小罗伯特·兰图尔（Robert Rantoul Jr.）宣称，在任何时候和任何地方，生产者都拥有一致的自然权利："**我们有权拥有我们所有的才能以及它们的成就，无论它们的名称或性质是身体、精神或者道德。**"从洛克的自我所有前提出发，他将个人的财产权推论到了其自身的劳动成果上。他认为，每个工人都有机会利用自己的才干和技能获得"他可以公平获得的最高酬劳"。其他人没有资格对这些收入提出索取的要求：只要生产者不"侵犯任何其他人的权利"，这些收入就由劳动者自由支配。[48]《民主评论》（*Democratic Review*）强调说："那么，财产权就保证了每个人都能得到并仅仅获得自己的劳动果实，它禁止每个人将他人的劳动果实据为己有。"[49]

正如我们所看到的那样，这一禁令性质的论述提供了美国例外主义的一个特别版本，也获得了杰克逊时代的民主党人的热烈拥护：他们不断称赞美国是世界上唯一真正的生产者权利的避难所。一本民主党选举小册子宣称："如果平等的权利和公平的竞争场得以延续，我们、我们的孩子以及我们孩子的孩子都将享受他们的劳动成果，并在体面和独立的环境中抚养他们的后代，直到最新一代美国人。"[50] 另外，欧洲的法律和制度

---

47 Stephen Simpson, *Die Working Man's Manual*（Philadelphia：Thomas L. Bonsai, 1831），9. 民主党人在这里基本上是重复了潘恩在其《人的权利》（*Rights of Man*）一书中对埃德蒙·伯克的批驳。

48 Robert Rantoul Jr., "An Address to the Workingmen of the United States of America," in *Memoirs, Speeches, and Writings of Robert Rantoul, Jr.*, ed. Luther Hamilton（Boston：John P. Jewett & Co., 1854［1833］），224，229.

49 "What Is the Reason？'How Much Land and Property, and I Have None！'" *United States Magazine and Democratic Review* 16, no. 79（1845）：20. 兰图尔和这位作者（其政治倾向于乌托邦社会主义）得出的不同政治结论说明了劳动理论的价值灵活性。

50 William G. Boggs, "The Working Man Defended, by the Author of the 'Crisis Met'"（New York：Office of the Evening Post, 1840），4.

则被认为设计成"将多数人的财产转移给少数人"。[51] 民主党人不断指责辉格党人试图在美国重新创造这种欧洲体制，损害作为美国立国基础的自然权利。[52]

事实上，民主党人将这种关于生产者权利的广泛论述应用在了当时几乎所有的重大经济争议之中。[53] 例如，在关于西部土地政策的反复争论中，民主党人将投机者描述为一个没有生产力的阶级，他们试图"通过掠夺勤劳的耕种者来致富"，从后者辛勤劳动中获取收益。[54] 另外，定居者是生产阶级的一分子，通过"额头上的汗水"使文明本身成为可能：他们清理了土地，使其适合耕种，但却被无所事事的投机者抢夺了土地。[55] 宾夕法尼亚州国会议员约翰·加尔布雷斯（John Galbraith）表示赞同："投机者什么都不会生产，他们是蜂房里的雄蜂，靠别人的劳动来存活和变肥。"[56]《北安普敦民主党人》（*Northampton Democrat*）还认为，西部土地的自由获取是使劳动者能够获得自己劳动成果的关键，因为没

---

51 Tilden, "Divorce of Bank and State," 1: 83.

52 弗吉尼亚州民主党人休·加兰德（Hugh Garland）这样总结了两党之间的差异："人类是上帝双手的杰作，被赋予神圣的能力，并成为不朽的继承人。人应该按照自己的天性生活，享受自己的天赋权利，踏着绿色的土地，呼吸着清澈自由的空气，靠自己额头的汗水生活，享受着自己辛勤劳动的果实，心灵如同四肢一样自由；自由地选择自己的幸福模式，追随那神圣的、永远活跃的原则的冲动，这种原则遍布万物，存在于自然之中，在人的心中最强大，以颠覆其有害品质，扫除感染，压制一切邪恶？或者，他将被他的同伴奴役，直到大地，结出果实，献给一只蠕虫同伴；俯卧行走，像野兽一样畏缩，被用作工具、设备或被动的东西，最终不被承认权利或利益；他的灵魂变得卑贱，被自私所驱使，在一切善中变得软弱，在邪恶中变得坚强？" Hugh Garland, "The Second War of Revolution; or the Great Principles Involved in the Present Controversy between Parties"（Washington, DC: Democratic Review, 1839), 19–20.

53 John Ashworth, *"Agrarians" & "Aristocrats": Party Political Ideology in the United States, 1837–1846*（Cambridge: Cambridge University Press, 1983), 23–24; Lawrence Frederick Kohl, *Vie Politics of Individualism: Parties and the American Character in the Jacksonian Era*（New York: Oxford University Press, 1989), 186–227.

54 William Fulton, *Cong. Globe*, 25th Cong., 2nd sess., Appendix 136（January 1838）.

55 James Buchanan, *Cong. Globe*, 25th Cong., 2nd sess., Appendix 132（January 1838）。参见 Henry Nash Smith, *Virgin Land: The American West as Symbol and Myth*（Cambridge, MA: Harvard University Press, 1970[1950]), 169–70。

56 John Galbraith, *Register of Debates*, 24th Cong., 2nd sess., Appendix 153（March 1837）.

有土地的劳动者"连他们劳动成果的三分之一或四分之一都无法获得或掌控"。[57]

同样的修辞模式贯穿了有关关税的辩论中。来自北卡罗来纳州的参议员威利·曼格姆（Willie Mangum）认为，保护性关税反映了"垄断者的利益，反映了资本家的利益，他们对土地产出的消费超过了他们用汗水生产的劳动果实"。[58]他坚持认为，这些关税是一种将美国人辛勤劳动所得转移给制造厂商的手段：它抬高了消费品的价格，将利润放入资本家囊中。[59]卡罗林的约翰·泰勒在 1821 年的《揭露暴政》（*Tyranny Unmasked*）中也提出了同样的论点：关税是一种侵占农业劳动成果，并将其非法转移到制造商口袋中的手段，虽然在他看来，农业劳动也包括奴隶主的"劳动"。[60]密西西比州众议员约翰·克莱伯恩（John Claiborne）更进一步指责富有的制造商根本没有生产能力："除了针对平等原则的胆大包天的暴行……除了牺牲劳动者来充实非劳动者腰包的可耻行径，你们的关税制度还剩什么？"[61]十年后，阿莫斯·肯德尔（Amos Kendall）认为，关税只是一种"现代手段，取代了古代的直接掠夺、家臣关系、什一税和其他手段，用来欺骗**劳动者**，使他们愿意奉养**游手好闲者**，并维持社会中不自然的和不公正的阶层区隔，而这些手段现在已经被数百万劳动者所理解所容忍"。[62]换言之，关税不亚于对美国农民财产的系统性盗窃和对他们权利的严重侵犯。

但恰恰是有关银行业的争论将这种民粹主义的财产劳动权理论推上

---

57 "Freedom of the Public Lands，" *Northampton Democrat*，January 26，1847，p. 2.

58 Willie Mangum，*Register of Debates*，22nd Cong.，1st sess. 314（February 1832）.

59 这一论点在民主党人中很常见。另参见 State Rights and Free Trade Association，"Political Tract No. 8：Free Trade and the American System；a Dialogue between a Merchant and a Planter"（Columbia：Times and Telescope，1832），4.

60 John Taylor，*Tyranny Unmasked*（Indianapolis：Liberty Fund，1992［1821］），152。这在南方种植园主中成了一种口头禅。例如，*Proceedings and Debates of the Virginia State Convention*，0/1829‐30，vol. 1（Richmond：Samuel Shepherd & Co.，1830），250‐51.

61 John Claiborne，*Cong. Globe*，24th Cong.，2nd sess.，Appendix 89（January 1837）. 克莱伯恩还以同样的措辞谴责了银行和"股票经纪人"。

62 Amos Kendall，"Free Trade，" *Kendall's Expositor* 3，no. 4（1843）：60‐61.

了台面。威廉·古奇（William Gouge）的《纸币和银行业简史》（*Short History of Paper Money and Banking*）在民主党人读者和政策制定者中广泛流传，他将自己对银行的抨击建立在人类"对其全部劳动成果拥有"天然权利的基础上。[63] 他观察到，银行赢得了印刷纸币的特权，也赢得了放贷和获利的特权，而银行放贷的数额远远超过了其金库中实际持有货币数额——本质上银行是通过想象中的钱获利。他清楚地意识到，由于财富不能凭空创造，银行实际上是通过法律允许的欺诈行为攫取了社会生产力的一部分。约翰·加尔布雷斯（John Galbraith）表示赞同：银行家只是"将他人劳动的产品转移给自己的人"，贷款并不涉及"任何劳动生产成果"。[64]

这些论点将更激进的民主党人吸引到硬通货，包括金币和银币的问题上，他们认为，这些金币和银币的价值更准确地反映了与之进行交换的劳动力的价值。这里需要记住的是，当时美国政府还没有发行纸币。市场上用于交换的纸币是由互相竞争的银行印制的，并以有息贷款的形式进行发放。它们在市面上的价值取决于每家银行的声誉，而声誉可能会在一夜之间发生变化。对许多民主党人来说，这一制度似乎是一个旨在剥夺劳动者全部劳动价值的腐朽体系。[65]《纽约晚报》（*New York Evening*）撰文写道，在美国人被"纸上承诺"和"纸上银行"欺骗之前，"每个人的劳动都是自己的，在不扣除任何百分比的情况下，每个人都充分享受自己的劳动成果，以增添上帝的荣光"。在该文作者的眼里，银行家不过是"合法篡夺劳动成果的人"，他们明目张胆地侵犯了工人的"个人权

---

63 William Gouge, "An Inquiry into the Principles of the System," *in A Short History of Paper Money and Banking, ... to Which Is Prefixed an Inquiry into the Principles of the System ...* （Philadelphia：T.W. Ustick, 1833）, 91.

64 Galbraith, *Register of Debates*, 24th Cong., 2nd sess., Appendix 150, 151（March 1837）。另见 "Convention of the Democratic Party of Mississippi, "*Extra Globe*, July 12, 1834; "The Farmers," *Extra Globe*, November 3, 1834, pp. 295 - 96; Rush Welter, *The Mind of America: 1820 - 1860*（New York：Columbia University Press, 1976）, 84 - 86.

65 这一指控有很多事实支持，因为工人们通常以贬值的纸币支付工资，他们被迫以面值接受。Charles Sellers, *The Market Revolution: Jacksonian America*, 1815 - 1848（New York：Oxford University Press, 1991）, 160.参见 Schlesinger, *The Age of Jackson*, 115 - 31。

利”。[66] 然而，许多民主党人的认知并没有走到这一步：他们的愤怒不是针对银行业或纸币本身，而是针对富有的精英通过拥有和经营私人银行对经济行使自由裁量权。[67]

此外，对一些民主党人来说，银行只是突出反映了一系列更广泛的问题，这些问题是公司形式所特有的。例如，1845年，《俄亥俄政治家》（Ohio Statesman）批评道："无数与财富相关的计划和体系无非是披着公共事业的欺骗性外衣，通过公司行为窃取和掠夺生产阶级应得的收益。"从《俄亥俄政治家》的观点来看，大多数公司无非是一些立法手段，为了给富有的投资者带来不公平的收益而设计出来的。作者继续说道："这些谋取私利的计划设计得如此巧妙，以至于人们几乎看不到或感觉不到它们的实际运作，它们是如此具有迷惑性并大声地宣称要让工人阶层受益，从而诱使工人们相信它们对他们的生存是必要的。"[68] 投资者声称需要这些特权才能从事有价值的公共工作；相反，民主党人辩称，投资者们只是利用这些特权来榨取他人的劳动成果。

然而，必须指出的是，许多民主党政治家在谴责银行家、投机者和其他"贵族"的同时，他们自己也深深地卷入了银行业和土地投机，因此他们自己也很符合没有生产能力的贵族阶级的描述。包括杰克逊本人在内的许多人都是种植园主和奴隶主，从非常字面的意义上来说，他们的财富也是从他人的劳动中抢夺而来的。按照当时的标准，许多人非常富有，他们的钱是通过投机生意的巨额收益而不是通过耐心的积累而产生的。[69] 这些人之所以齐聚在杰克逊旗帜之下，是因为他们被排除在政治权力之外而感到沮丧，或者是因为他们觉得自己的城镇或地区没有平等地分享现代化和发展带来的经济利益。佛蒙特州民主党

119

---

66 "The Democracy," New York Evening Post, October 2, 1834, p. 2。有趣的是，作者还赞扬了黄金和白银，因为与纸币不同，它们的价值取决于寻找和提取它们所需的劳动力。

67 Robert Richard, "The 'Great Depression,' the People's Bank, and Jacksonian Fiscal Populism in North Carolina, 1819–1833," Tennessee Historical Quarterly 76, no. 3 (2017): 240–57.

68 "The Tax Law — Capital against Labor," Tri-Weekly Ohio Statesman, August 18, 1845, p. 3.

69 Pessen, Jacksonian America, 182–83, 187, 195.

领袖、历史学家伦道夫·罗斯（Randolph Roth）写道，这些精英"仍然希望在他们的社区里有铁路、银行、工厂和大学"；他们常常私下里"承认，只有对公司的责任限额和关税保护作出保证，他们才能吸引到投资"。[70]

在这里，我们面临着各地民粹主义民主运动都会面临的最具弹性的问题之一：代议制领导的问题。民主党人士自然希望推举有名望的人从而帮助他们赢得选举。这些人逐渐认识到，他们可以通过接纳尖锐的民粹主义经济观念并谴责特权精英来赢得民心和权力。在演讲和立法记录中，他们必须被视为民粹主义改革者。但无论是在北方还是南方，他们往往对挫败那些他们公开宣布的平等主义政治目标抱有强烈的个人兴趣。罗斯（Roth）写道，富有的民主党领导人经常在幕后工作，以缓和党派的政策目标，防止该党变成真正的"进步叛乱"者。[71]美国的两党制进一步加剧了这一趋势。在争取吸引尽可能多的白人选民时，民主党有强烈的动机去吸收工人群体的政治能量，同时又抑制他们的激进主义。[72]在有关自然权利拥有者神话的民主党版本中，私有产权的神圣性格外突出，这也促进了上述这一努力的实现。

70　Randolph Roth, *The Democratic Dilemma: Religion, Reform, and the Social Order in the Connecticut River Valley of Vermont, 1791 – 1850* (Cambridge: Cambridge University Press, 1987), 251.

71　同上，254。另见 Sellers, *The Market Revolution*, 345 – 63; Daniel Peart, "An 'Era of No Feelings'"? 对美国早期政党与民众参与关系的深入讨论，参见 *Practicing Democracy: Popular Politics in the United States from the Constitution to the Civil War*, ed. Daniel Peart and Adam I. P. Smith (Charlottesville: University of Virginia Press, 2015)。历史学家对杰克逊时代美国的政党如何代表其选民的利益和要求不同意见；参见 Reeve Huston, "The Parties and 'the People': The New York Anti-Rent Wars and the Contours of Jacksonian Politics," *Journal of the Early Republic* 20, no. 2 (2000): 243 – 44.

72　例如，参见 Sutton, *Journeymen for Jesus*, 167 – 211; Wilentz, *Chants Democratic*, 172 – 216。当然，在每一个功能性民主制度中都需要政治妥协。然而，两党的动态机制使得城市工人很难建立自己的政党，这可能会给他们更坚定的平等主义思想赋予更坚实的制度基础，让他们自己的领导人在政治舞台上占有一席之地。

劳动者的（市场）价值

财产权劳动理论是内战前美国经济公正思想的核心。对辉格党人和民主党人来说，一个公正的社会是一个白人生产者能够收获自己劳动成果的社会，在这个社会中不存在依靠其他白人生活的阶级。[73] 然而，这种抽象的共识掩盖了关于**生产劳动**的性质和价值的根本分歧。当他们在这些争议中表明立场时，民主党人越来越多地将劳动本身与市场以及自主的、力争其劳动报酬的自然权利的拥有者的愿景捆绑在一起。 120

在杰克逊时代，美国人首先在谁算是生产者的问题上产生了分歧。在光谱的一端，城市劳工运动家坚持认为，只有那些用自己的双手劳动的人才算作生产者；在他们看来，只有农民、工匠和工厂工人属于"生产阶级"的成员。[74] 例如，西奥菲勒斯·菲斯克（Theophilus Fisk）对波士顿的城市运转逻辑进行了这样的阐述：

> 但据说，垄断者、专业人士、富人也会劳动，就像农民和工匠一样。他们确实会劳动——但这是为了获取别人已经获得的东西的一种劳动。律师们措辞文雅的信件"愿博大人一笑"，连一锅水都煮不开。银行行长和出纳发行的印花破纸上满是虚假的付款承诺，它们从来没有让成熟的禾捆覆盖山丘，也从没有让山谷展露笑颜。把羽毛笔插在耳朵后面的懒洋洋的寄生虫们从未在无边无际的森林中伐过木。[75]

银行家和律师可能会在办公室里工作很长时间，但这并不能使他们

73 Huston, *Securing the Fruits of Labor*, 8, 130 – 31, 219 – 58.

74 Jonathan A. Glickstein, *American Exceptionalism, American Anxiety: Wages, Competition, and Degraded Labor in the Antebellum United States*（Charlottesville: University of Virginia Press, 2002）, 119 – 36.

75 Theophilus Fisk, "Capital against Labor: An Address Delivered at Julien Hall, before the Mechanics of Boston"（Boston: Daily Reformer, 1835）, 7.

成为菲斯克眼中的**生产者**，因为他们所生产的只是一些欺诈计划，从他人那里攫取财富；他们自己并没有创造真正的财富。一方面，更温和的主流民主党人倾向于将他们的网撒得更广一些，将小店主、店员、小商人、各类专业人士、蓄奴种植园主，甚至政府官员都包括进生产者行列。[76] 另一方面，辉格党人则倾向于尽可能广泛地定义生产者阶级：这一阶级几乎包括了所有受雇的人。[77] 这一分歧所带来的后果严重，因为任何站在生产阶级之外的人都被认为是在偷窃别人的东西，因此被冠以贵族之名。

美国人对如何**计算**个人劳动成果也存在分歧。在半自给自足的经济中，财产权劳动理论相对容易使用：农民参与了自己大部分产品的全部生产过程，并且只出售或交换有限数量的产品，以获得他们认为公平的回报。他们究竟生产了什么很清楚；除了盗窃或欺诈，税收是他们可能被剥夺劳动成果的唯一明显手段。[78] 但是，在市场关系越来越复杂、信贷和价值波动的纸币越来越重要、供应链也越来越复杂的情况下，该理论的应用变得更加困难，非法的剥夺手段似乎层出不穷。[79] 农民所获的商品价格是否反映了他们劳动的全部价值，还是各种中间商合谋剥夺了其中的一部分？[80] 熟练工人的工资是否反映了其劳动的真实价值？如何确定任何人的劳动价值？[81]

对于一些活跃在东北城市的工匠和工人运动家来说，这些问题的答案与个人主义背道而驰。他们指责市场竞争扰乱了传统的手工艺生产模式，

---

76 Maurice Neufeld，"Realms of Thought and Organized Labor in the Age of Jackson," *Labor History* 10，no. 1（1969）: 7；Wilentz，*Chants Democratic*，158；Huston，*Securing the Fruits of Labor*，75‑76；Rantoul，"An Address to the Workingmen of the United States of America." 参见Congressman Franklin Plummer's remarks on the floor of the House，*Register of Debates*，23rd Cong.，1st sess. 4834‑35（May 1834）。

77 Wilentz，"America's Lost Egalitarian Tradition，" 72。

78 当然，这种说法太简单了：农产品是由家庭生产的，有时是在奴隶的帮助下生产的，他们的生产贡献由白人男性户主拥有和控制。

79 Huston，*Securing the Fruits of Labor*，73，192‑93；Glickstein，*American Exceptionalism, American Anxiety*，128；Schlesinger，*The Age of Jackson*，311。

80 例如，参见，"Political Economy. No. li，" *Extra Globe*，November 17, 1834，p. 325。

81 汤姆·潘恩在1797年也承认了这一日益增长的困难；参见Thomas Paine，*Agrarian Justice*，2nd ed.（Paris：W. Adlard，1797），30。

压低了工资，从而**剥夺**了熟练生产者的劳动成果。历史学家威廉·萨顿（William Sutton）写道，巴尔的摩的工匠们倾向于接受一种生产者主义的思想，"这种思想捍卫了勤劳和温和的工人对其劳动成果的权利，并主张反对市场实践，用流行的话来说，这种做法不可避免地会'横征暴敛'"。[82] 这些思想混合了社会主义早期思潮的观念，其在英国工人阶级中广受欢迎，并支持了一种新兴的阶级意识的出现。[83] 在纽约、费城和巴尔的摩，工人们尝试了不同形式的组织，从工会到生产者合作社，旨在通过集体的方式捍卫他们应得的收入。[84]

在美国的几个城市以外，在广大的农村地区，拥有财产的选民这一形象充斥了个人自由的神话，这些集体主义思想的吸引力有限。当主流民主党人为这些选民量身定制平等主义宣传话语时，他们放弃了市场的个人主义逻辑，转而论述劳动的价值。例如，《西部评论》（*Western Review*）考察了整个人类历史上精英阶层从生产阶级那里获取财富的许多策略，并坚持认为只有自由贸易就可以让生产者"享受自己苦心经营的产业的果实"。[85] 许多民主党人都认为，市场是一个公正的制度，它向劳动力提供回报，保护财产权不受非生产性精英的控制。亚当·斯密在《民主评论》（*Democratic Review*）上以类似的方式写道，他对自由贸易的愿景是其注

82　William R. Sutton，"'To Extract Poison from the Blessings of God's Providence': Producerist Respectability and Methodist Suspicions of Capitalist Change in the Early Republic，" in *Methodism and the Shaping of American Culture*，ed. Nathan O. Hatch and John H. Wigger（Nashville: Kingswood Books，2001），228.

83　Noel Thompson，*The People's Science: The Popular Political Economy of Exploitation and Crisis*，1816 – 1834（Cambridge: Cambridge University Press，1984），111 – 57. 参见 Esther Lowenthal，*The Ricardian Socialists*（New York: Columbia University，1911）。

84　Wilentz，*Chants Democratic*，157 – 68；Schultz，*Tite Republic of Labor*，181 – 233；Sutton，*Journeymen for Jesus*，131 – 211；Gourevitch，*From Slavery to the Cooperative Commonwealth*，82 – 96；Bruce Laurie，*Artisans into Workers: Labor in Nineteenth-Century America*（New York: Hill and Wang，1989）；Edward Pessen，*Most Uncommon Jacksonians: The Radical Leaders of the Early Labor Movement*（Albany: State University of New York Press，1967），173 – 96.

85　"Art. I. — Report of the Secretary of the Treasury，" *Western Review* 1，no. 1（1846）: 37.

定"使（人类）能够更彻底地获得其辛勤劳动的所有成果"。[86]

因此，任何试图通过立法改变财富流动方向的行为都是对生产者权利的侵犯。从这个意义上说，保护性关税也是偷窃一些人的财富，将其转移到另一些人手里。对于阿莫斯·肯德尔（Amos Kendall）来说，原则上，这与"海盗"或"路霸"的赤裸裸的盗窃行为毫无差异。[87]《南方文学信使》（*Southern literary Messenger*）杂志用这样的措辞描述了这种情况：一个人"在农场辛勤工作；另一个人说，我只会从事制造业工作，除非农民把他三分之一或一半的收入给我，否则我就无法靠制造业工作生活"。[88]制造商非但没有开发出生产性的工作，反而要求国家补贴他的无利可图的职业工作。事实上，政府通过进口税从农民那里获得了这些制造业补贴，从而提高了农民购买消费品的价格。支撑关税的论证假设，个人的劳动成果仅仅是他的"收入"——也就是说，无论市场情况如何，个人收入都不受关税的影响，市场都会为劳动者的劳动支付报酬。[89]肯德尔明确表示，只有个人之间不受限制的"产品或制成品交换"才能为双方带来"自己劳动的全部成果"。[90]关税迫使农民购买高于市场价值的必需品，使他们失去了其工作的真正的全部价值。

事实上，这套有关**偷窃**和**掠夺**的语言在民主党人反对关税和银行家的广泛言论中很常见，只要法律改变了财富在"自然"渠道的流动方向，它就是从美国勤劳的生产者那里窃取财富。或者，稍微重申一下这一点：法律对商品或劳动的市场价格的任何改变都是对自然权利的侵犯。例如，

86　"The Reciprocal Influence of the Physical Sciences and of Free Political Institutions，"*United States Magazine and Democratic Review* 18，no. 91（1846）：13。更进一步的讨论，参见Huston，*Securing the Fruits of Labor*，69 - 75。参见Conde Raguet，*The Principles of Free Trade，illustrated in a Series of Short and Familiar Essays：Originally Published in the Banner of the Constitution*（Philadelphia：Carey，Lee，and Blanchard，1835［1829 - 32］），274 - 75，270。

87　Kendall，"Free Trade，"60.

88　"The Tariff Question，"*Southern Literary Messenger* 8，no. 7（1842）：425.

89　当然，任何商品、服务或收入税都可以被理解为阻止人们获得自身劳动力的市场价格。但是，为了维护市场运作的体制框架，需要征收一定的税收。杰克逊时代的人倾向于认为，只要税收适度且分配公平，就不会侵犯任何人的权利。

90　Amos Kendall，"Warring on Mankind，"*Kendall's Expositor* 1，no. 25（1841）：390.

《纽约晚报》认为，银行执照使金融精英们能够印制"虚假"的破纸，并将其冒充真金白银进行交换，从而获得了远超他们所提供的服务工作的市场价值或"**交换价值**"的收益。这就是合法的盗窃。《纽约晚报》认为，可交换价值是衡量劳动价值的真正标准，但前提是它不被欺诈、垄断或其他立法干预所扭曲。[91] 对许多民主党人来说，保护经济不受这种侵占是合法政府的基本职责之一。当时，自由市场被认为是实现完全自由交换的制度，是个人捍卫其享受劳动成果的自然权利的唯一途径。[92]

　　一些自由贸易者重新建构了洛克的权利思想，使其更加明确地支持市场竞争。费城自由贸易会议发表的一份报告宣称："以其认为最有利于促进自身利益的方式运用自己的劳动和资本，这是每个人毋庸置疑的权利。"[93] 显然，从这个角度来说，关税和其他贸易限制是对个人权利的侵犯，是对自由政府合法职能的背叛。国家权利和自由贸易协会（the State Rights and Free Trade Association）要求："宪法的制定和法律的制定是为了什么，难道不是要让每个公民都能诚实地利用自己的劳动，以获得最大的利益……并与其他公民一样，他们的这一行为将受到法律的保护吗？"[94]

　　正如前几段所指出的，在民主党修辞中被神话化的"生产阶级"并不是传统意义上的某个社会或经济**阶级**。相反，"生产阶级"被想象成各种背景和行业的有进取心的个人所组成的集合体，他们应享有自己的私人劳动成果。其中最突出的成员是"靠自己的劳动和勤奋，开辟了农场，

123

91　"Principles of Taxation," *New York Evening Post*, reprinted in the *Wisconsin Democrat*, October 25, 1842, p. 2。在其他地方，《纽约晚报》称市场价格是"自然的"，关税是剥夺美国农民和工匠"劳动收益"的手段。"Operation of the Tariff," reprinted in the *Wisconsin Democrat*, May 4, 1843, p. 3。

92　Welter, *The Mind of America: 1820–1860*, 85.

93　"Free Trade Convention," *New York Evening Post* (reprinted from the *Philadelphia Gazette*), October 8, 1831, p. 2。其他人则简单地主张了一项基本的自然权利，即"进入那些他们认为可以获得报酬的……诚实的行业" A New Yorker, "For the Evening Post," *New York Evening Post*, September 15, 1835, p. 2。"Address to the People of the United States, by the Convention of South Carolina," *New York Evening Post*, December 1, 1832, p. 2。

94　State Rights and Free Trade Association, "Political Tract No. 8: Free Trade and the American System; a Dialogue between a Merchant and a Planter," 8.

建造了小屋，拥有土地所有权，享受辛勤劳动和经营成果"的独立的定居者，是将剩余的粮食运到市场进行交换的"勤劳上进"的小农，是依赖于国际商品价格的蓄奴种植园主。[95] 从民主党人的观点来看，统一这些不同生产者的道德逻辑是优绩主义：在崎岖的边境地区和竞争激烈的经济体系中，白人男子有权获得他们的努力和才能所能斩获的一切。民主党人吸收了一种平等主义和生产主义的语言，这种语言的引领性可以指向更激进的方向，并将其与市场挂钩。

然而，许多民主党人仍然相信，这种优绩主义的愿景将为白人男性带来广泛的平等。他们之所以相信这一点，不仅是因为他们认为美国白人男性的能力大致相等，而且因为他们认为生产劳动的回报是固定的。[96] 杰克逊总统在他的告别演说中讲道："种植园主、农民、机械师和劳动者都知道，他们的成功取决于他们自己的经营和经济活动，他们绝不能指望因为自己的辛勤劳动而一夜暴富。"[97] 家庭可以通过其成员一生的劳动和节俭的储蓄，随着时间的推移变得富有，但突然的天降横财是值得怀疑的。田纳西州众议员约翰·贝尔（John Bell）宣称："巨额财富通常是由他人的劳动成果和资本组成的，这些成果是通过狡诈、无理要求和欺诈获得的。"[98] 马萨诸塞州民主党州长马库斯·莫顿（Marcus Morton）表示，她相信，"防止严重的社会条件不平等的最有效保证"就是"让每个人都能获得自己的劳动果实，继承人之间平等分配无遗嘱财产"。[99] 在调查了主要由小生产者主导的农村经济之后，民主党人认为他们的经济个人

95　Senator Clement Comer Clay（Alabama），*Cong. Globe*，25th Cong.，2nd sess. 143（January 1838）; Samuel Cartwright，"Convention of the Democratic Party of Mississippi，"*Extra Globe*，July 1，2，1834，p. 44.

96　John Ashworth，"The Jacksonian as Leveller，"*Journal of American Studies* 14，no. 3（1980）: 413.

97　Andrew Jackson，"Farewell Address，"in *A Compilation of the Messages and Papers of the Presidents*，1789 - 1902，vol. 3，ed. James D. Richardson（New York: Bureau of National Literature，1903［1837］），305.

98　John Bell，*Register of Debates*，22nd Cong.，1st sess. 3361（June 1832）.

99　"Morton's Message — Equal Distribution of Intestate Property，"*Providence Daily Journal*，January 25，1843，p. 2. 参见 William Allen，*Cong. Globe*，23th Cong，2nd sess.，Appendix 251（February 1838）.

主义是一种广泛的平等主义。[100]

生产者的权利和白人男性霸权

与自力更生的拼搏者神话一样，自然权利的拥有者神话也同时被用于支持平等主义和从属关系。即使是在他们向银行家、富有的投机者和其他资本家声张生产者的权利时，杰克逊时代的民主党人也将这些权利再造为白人男性的专属特权。在他们的修辞中，财产权劳动理论不仅与美 124 国例外论的叙事紧密结合，还与种族等级论牢不可分。在这里，他们也站在意识形态变革的前沿。

民主党人一次又一次地利用财产权劳动理论来为驱逐和灭杀美洲原住民辩护，这两项都是民主党的优先事项。他们经常将美洲原住民描述为前农业时代的野蛮人，他们不为改善土地而**劳动**，因此他们对其祖先的土地没有合法的所有权。[101] 刘易斯·卡斯（Lewis Cass）写道："毫无疑问，……造物主希望地球从自然状态中被开垦出来并被耕种；……一个流浪猎人部落……对他们漫游的国家拥有非常不完善的占有权。"[102] 与此同时，佐治亚州众议员詹姆斯·韦恩（James Wayne）在众议院发言时引用了瑞士哲学家埃默尔·德·瓦特尔（Emer de Vattel）的话："那些人，比如古代德国人和现代鞑靼人，他们拥有肥沃的土地，却不屑于耕种土地，

100　Harry L. Watson, "Andrew Jackson's Populism," *Tennessee Historical Quarterly 76* （2017）：232；Richard Lamer "Preserving 'the Natural Equality of Rank and Influence：Liberalism, Republicanism, and Equality of Condition in Jacksonian Politics," in *The Culture of the Market： Historical Essays*, ed. Thomas L. Haskell and Richard F. Teichgraeber III（Cambridge：Cambridge University Press, 1993）, 208；Ashworth, "The Jacksonian as Leveller," 412；Welter, *The Mind of America： 1820 – 1860*, 86.

101　当然，许多美洲原住民确实从事农业，而杰克逊时代冲突的核心是，西南部的许多人已经完全融入了当时美国人从事的密集农业。此外，早期的白人定居者从美洲原住民那里学到了许多耕作技术。

102　Lewis Cass, "Removal of the Indians," *North American Review* 30（1830）：77.

宁愿选择以劫掠为生，……他们应该作为野蛮和邪恶的野兽被灭绝。"[103]他勉强承认，这些人可能对他们杀死的猎物或捕获的鱼拥有"用益权"，但他坚称，他们对土地没有合法产权，因此无权排斥来自西方的定居者。对一些民主党人来说，这种类型的失败具有道德和宗教意义，因为它表明美国原住民已经辜负了上帝的恩典。毕竟，上帝曾命令人类靠辛勤劳动来谋生。对于韦恩（和瓦特尔一样）来说，这意味着"耕种土壤的义务"；这也意味着私人土地所有权。简而言之，北美的原住民"没有达到上帝所希望的状态"。[104]

这些都不是新的论点，也不是瓦特尔的独创理论。事实上，它们直接来自洛克，洛克利用它们来支持殖民地定居点。传统上，土地的合法所有权是以首次占有为基础的，但洛克在考虑到美洲大陆的情况下重新建构了所有权的法律和道德基础。[105] 洛克在《政府论下篇》中写道："人类的财产就是他犁地、种植、改良、栽培的土地和他能够收获的这块土地上的产品。他通过自己的劳动，确实将其从普通土地中分离出来。"[106] 当洛克写下这些语句时，他几乎肯定是想到了美国。他曾直接参与为边缘殖民地卡罗来纳州起草一部新宪法，而《政府论下篇》中至关重要的关于财产的第5章，充斥着美洲原住民的例证。[107] 他尖锐地将勤劳的耕种者

---

103 James Wayne, *Register of Debates*, 21st Cong., 1st sess. 1125（May 1830）。瓦特尔多次被引用为针对美国原住民的暴力行为辩护；他也是形成安德鲁·杰克逊自己关于"文明国家"特权概念的关键来源。J. M. Opal, *Avenging the People: Andrew Jackson, the Rule of Law, and the American Nation*（New York：Oxford University Press, 2017），3，5 - 8，95，168，170。

104 Wayne, *Register of Debates*, 1124 - 26。参见 Claudio Saunt, *Unworthy Republic: The Dispossession of Native Americans and the Road to Indian Territory*（New York：W. W. Norton, 2020），27 - 83；Paul Frymer, *Building an American Empire: The Era of Territorial and Political Expansion*（Princeton：Princeton University Press, 2017），104 - 13。

105 芭芭拉·阿尼尔（Barbara Arneil）写道，洛克的创新标志着"财产概念历史上的一个关键转折点"，并在美国被广泛采用。Barbara Arneil, *John Locke and America: The Defence of English Colonialism*（Oxford：Clarendon Press, 1996），170，171 - 76。

106 Locke, *Two Treatises of Government*, 290 - 91.

107 有关洛克参与卡罗来纳州宪法的讨论，参见 David Armitage, *Foundations of Modern International Thought*（Cambridge：Cambridge University Press, 2013），90 - 113。

所耕耘和圈定的土地与"**美洲**野生森林和未开垦的荒地"进行了对比。[108] 在革命时期，新英格兰的清教传教士反复提及这些观点，以证明剥夺美洲原住民的权利是正当的。著名的法学家也采纳了这一观点。例如，曾在宾夕法尼亚州最高法院任职的杰斐逊时代民主党人休·亨利·布拉肯里奇（Hugh Henry Brackenridge）认为："这个大陆的原住民……对他们从未耕种过的土地只能有一点小小的自诩。最公正的分配应该是，他们仅拥有他们的棚屋所在的土地。"[109]

　　杰斐逊本人曾写道，"在我看来，耕种或勤劳似乎是财产的唯一公正标准"。[110] 尽管他认为美洲原住民可以融入"西方文明"，学会在土地上"依靠辛勤劳动而生活"，从而成为自然权利的拥有者，但是许多杰克逊清除法案的捍卫者认为，原住民没有能力遵守劳动约束和纪律。[111] 他们是永久的孩子，是一个"死死抓住"原始生活方式的婴儿种族，永远无法改变。[112] 就像未受过教育的孩子一样，原住民被"激情"和"懒惰"所支配，强烈信仰个人的无拘无束，并且永远都不会主动放弃这一信仰。民主党人和辉格党人都用这些种族主义的假设来论证，美国原住民天生就不适合一种从劳动中汲取能量从而保持活力的文明，因此他们注定要灭亡。[113] 佐治亚州众议员理查德·王尔德（Richard Wilde）

108 Locke, *Two Treatises of Government*, 294.

109 Hugh Henry Brackenridge, *Law Miscellanies: Containing an Introduction to the Study of the Law; Notes on Blackstone's Commentaries*(Philadelphia: P. Byrne, 1814), 124。他也认为，在上帝眼中，美洲原住民的生活方式是"令人憎恶"的。

110 引自 Arneil, *John Locke and America: The Defence of English Colonialism*, 191。这句话出现在杰斐逊关于宾夕法尼亚州和康涅狄格州边界争端的笔记。

111 Thomas Jefferson, "Draft of the 5th Annual Message to Senate and House of Representatives," in *State of the Union Messages of the Presidents of the United States*, vol. 1, ed. Fred Israel(New York: Chelsea House, 1967[1805]), 82.

112 Lewis Cass, "Removal of the Indians," *North American Review* 30(1830): 75。参见 Michael Paul Rogin, *Fathers and Children: Andrew Jackson and the Subjugation of the American Indian*(New York: Knopf, 1975), 114-23。

113 Horace Greeley, *An Overland Journey from New York to San Francisco in the Summer of 1859*(New York: CM. Saxton, Barker, and Co., 1860), 151. Michael Paul Rogin, "Liberal Society and the Indian Question," in *"Ronald Reagan," the Movie, and Other Episodes in Political Demonology*(Berkeley: University of California Press, 1987); Saunt, *Unworthy Republic*, 231-81.

表示："他们的体格明显带有野蛮色彩。"他指的是"印第安人不能工作"。[114] 正如我们在第4章中看到的，这些观点得到了一些新兴的伪科学文献的支持，这些文献声称有色人种在本质上是劣等的。[115] 在18世纪与19世纪之交，受过教育的美国人大体上同意启蒙运动的观点，即所有人都属于一个种族，所有人都有能力不断进步，他们之间的明显差异主要是由于环境方面的因素。而在整个杰克逊时代，这种观点被一种新的"科学"的种族主义所掩盖，这种种族主义在种族之间划分出了鲜明的区别。[116]

财产权劳动理论的经典诠释以自然状态为出发点——一种尚未被人类劳动所改善的土地共有状态——讲述了一个人类不断迈向文明的故事。从洛克到杰斐逊，美洲原住民一直被用来作为这种原始状态的例证。在杰克时期的观念中，原住民永远被遗弃在那里：这是一个野蛮的"种族"，他们不幸地欠缺一种可完美性，而正是这一品性使白人摆脱了自然状态、进入了文明的生活。当代历史学家弗朗西斯·帕克曼（Francis Parkman）

126 写道："印第安人是由石头雕凿出来的。治标而不治本是很难做到的。低等能量种族往往拥有扩张和同化的力量，而对这种力量他们知之甚少；正是这种固定和刻板的品性显示了他们的灭亡。"[117] 如果对于这样的民族也执行每个人都有权享受自己劳动成果这一基本分配原则，则既不能为西

---

114 Richard Wilde, *Register of Debates*, 21st Cong., 1st sess. 1093, 1096（May 1830）.

115 参见Reginald Horsman, *Race and Manifest Destiny: The Origins of American Racial Anglo-Saxonism*（Cambridge, MA: Harvard University Press, 1981）, 116 - 38, 189 - 207。

116 关于启蒙运动观念，参见Nicholas Guyatt, *Bind Us Apart: How Enlightened Americans Invented Racial Segregation*（New York: Basic Books, 2016）, 1 - 132。关于这种掩盖，参见James Brewer Stewart, "The Emergence of Racial Modernity and the Rise of the White North, 1790 - 1840," *Journal of the Early Republic* 18, no. 2（1998）: 181 - 217。

117 Francis Parkman, *The Conspiracy of Pontiac*（New York: Collier Books, 1962［1831］）, 63。参见Daniel Dickinson, "Address Delivered at the Fan of the Queens County Agricultural Society, October 17th, 1843," in *Speeches, Correspondence, Etc. of the Late Daniel Dickinson of New York*, vol. 1, ed. John R. Dickinson（New York: G. P. Putnam & Sons, 1867［1843］）, 114 - 15; Deborah A. Rosen, *American Indians and State Law: Sovereignty, Race, and Citizenship, 1790 - 1880*（Lincoln: University of Nebraska Press, 2007）, 104 - 8。

进提供保障，也不能为富裕和进步带来希望。[118]

美洲原住民作家和运动家以最强烈的措辞谴责了这些种族主义论调，并指出其中明显的虚伪。例如，在《切罗基民族的纪念和抗议》（"Memorial and Protest of the Cherokee Nation"）中，切罗基族领导人认为，正是被强制驱逐政策所合法化的白人针对切罗基族的系统性暴力将他们从定居的农耕状态驱赶到没有土地、安全或传统社区的"野蛮生活"中。美国，特别是佐治亚州，根本就不是所谓"文明"的代理人，而是无法无天和野蛮暴虐的根源。[119]此外，在提出这一论述时，作者们强调了切罗基人在他们的土地上投入的**劳动力**。他们提到了玉米地、苹果园和桃园、磨坊和砖房以及其他被白人入侵者所劫掠盗取的"大量附属加工场所"。作者们认为，切罗基人的权利正在被摧毁，他们的劳动成果被盗用以满足白人对土地的渴求，"贪婪的肮脏冲动"激发了这种渴求。作者们徒劳地要求"应充分保障切罗基公民的个人权利，保障其财产和所得"，"作为自由人，他们应该有自由根据自己的喜好选择留在或离开某个地方"。[120]

奴隶制也对美国财产权利的种族化作出了不可估量的贡献。毕竟，**奴役**是杰克逊时代社会批判的主要隐喻之一，它与财产权劳动理论有着深刻的联系。一位劳工运动家写道："奴隶制的本质是被迫劳动，而劳动的收益则被另一个人拿走和享用。"[121]正如我们所看到的，民主党人经常指责他们的政治对手正是这样对待白人工人的。他们认为，工厂工人只是拥有另一种名称的奴隶：虽然他们不像黑人奴隶那样被南方奴隶主圈养，但他们的劳动力被雇主**拿走**，而获得的工资几乎不足以养活自己。[122]与此

118　Cheryl I. Harris, "Whiteness as Property," *Harvard Law Review* 106, no. 8（1993）: 1721 – 24.

119　John Ross et al, "Memorial and Protest of the Cherokee Nation," in *Letter from John Ross ... Followed by a Copy of the Protest of the Cherokee Delegation*（［Washington, DC］, 1836）, 17, 22 – 23, 29 – 30. 参见 "New Echota," *Cherokee Phoenix*, November 18, 1829。

120　Ross, "Memorial and Protest of the Cherokee Nation," 30, 29。参见 "New Echota," *Cherokee Phoenix*, May 18, 1833.

121　Langton Byllesby, "On the Sources and Effects of Unequal Wealth"（New York: Lewis J. Nichols, 1826）, 33。参见 Simpson, *The Working Man's Manual*, 49。

122　Gourevitch, *From Slavery to the Cooperative Commonwealth*, 69, 80; Ashworth, "Agrarians" & "Aristocrats," 31.

同时，当农民的辛勤劳动的所得被各种法律手段（包括银行执照和纸币、关税和土地投机者的盘剥）所攫取时，他们也就成了"奴隶"。1840年，一位民主党演讲者怒吼道："让那些不劳动的人要么通过银行要么通过政府随意增加劳动者的负担，你就会让自己和你的后代成为他们的奴隶。"[123]

当然，这些论点应该使得民主党在原则上反对奴隶制。在杰克逊时代的美国南方盛行的"第二奴隶制"是一种异常残忍、系统化和无情的强迫劳动制度。当奴隶主努力实现产量最大化和成本最小化时，他们发明了一种高度精细的整合了监视和酷刑的制度系统，旨在榨干那些被强迫奴役的劳动力身体中的每一滴生产力。在"压迫系统"下，奴隶被要求满足不断增加的劳动配额，如果失败，就会遭到暴力殴打。他们互相竞争，比谁能工作得最快，如果落后了就会被残忍的手段对待。历史学家爱德华·巴普蒂斯特（Edward Baptist）写道，"每一种酷刑的现代方法都曾被使用过"，包括"性羞辱、肢体迫害、电击、压力姿势下的单独监禁、火烧，甚至是水刑"。[124] 它们的效果可以从报纸上随处可见的悬赏抓捕逃跑奴隶的广告中看到，那些广告经常以耸人听闻的细节列举这些刑罚所造成的伤疤和畸形。现在，历史学家已经表明，在内战前的几十年里，这种"暴力创新"带来了棉花生产率的巨大提高。当然，这些生产力所带来的"果实"被种植园主垄断，他们成为"美国，可能乃至世界上，最富有的白人阶层"。[125]

很难想象一个比奴隶制更加不符合财产权劳动理论的经济体系了。事实上，早期对奴隶制的批评者曾援引它来谴责奴隶主是强行榨取和窃取他人劳动的贵族。[126] 例如，克雷弗克（Crevecoeur）曾感叹，这是一种多么不自然的景象，无所事事的精英人士"不事劳作，无须辛苦"地奢侈生活，而奴隶"没有任何劳有所得的希望"。[127] 然而，对于大多数杰克逊

---

123 "Address to the Workingmen of the United States," *Extra Globe*, September 26, 1840, p. 293.

124 Edward E. Baptist, *The Half Has Never Been Told: Slavery and the Making of American Capitalism*（New York: Basic Books, 2014）, 141.

125 同上，117, 111 - 44。

126 Huston, *Securing the Fruits of Labor*, 61 - 63。参见 Shklar, *American Citizenship*, 79。

127 Crevecoeur, *Letters from an American Farmer*, 155, 156.

时代的民主党人来说，这种逻辑在黑人种族劣等性这一自以为是的前提下是行不通的。他们否认黑人劳动者有权获得他们自己的劳动成果，因为这是赋予白人的特权。他们坚持认为，"黑色人种"由于智力低下和道德品质不足，不适合享有个人权利。[128]

詹姆斯·保尔丁（James Paulding）1836年的著作《美国的奴隶制》（*Slavery in the United States*）就是一个例证。作为与马丁·范布伦（Martin Van Buren）关系密切的著名民主党人，他认为黑人天生就不适应经济自由。黑人深受"非洲种族构成中天生的懒惰冷漠"之害，这使他们对普通的经济激励措施反应迟钝。他们也被完全"剥夺了不断进步的神圣属性"，而这一属性慷慨地给予了白人。保尔丁将整个非洲描述为一片"贫瘠的沙漠；遍布野蛮的野兽和野蛮的人"，他们一直生活在不间断的退化中，直到欧洲人登陆了非洲海岸。保尔丁预测，如果黑人摆脱了奴隶制的有益强制并被赋予平等的权利，他们将被历史所湮没：他们将"在冬天的严寒中灭亡，因为他们就像蚱蜢一样在无所事事中度过了夏天"。[129] 因此，他坚持认为，将黑人视为有权享受自己劳动成果的自由公民其实是一种不公的虐待。其他人将自由的黑人比作"蝗虫"，黑人不能或不愿为自己而工作，只会"消耗我们（白人）公民的辛勤劳动的成果"。[130] 他们一致认为，令人无比振奋的财产权劳动理论逻辑根本不适用于黑人。

128

128　Rogers M. Smith, *Civic Ideals: Conflicting Visions of Citizenship in U.S. History* (New Haven: Yale University Press, 1997), 203 – 6; Harris, "Whiteness as Property."

129　J. K. Paulding, *Slavery in the United States* (New York: Harper & Bros., 1836), 58, 70, 72, 59. 有关可类比的范例，参见 William Drayton, *The South Vindicated from the Treason and Fanaticism of the Northern Abolitionists* (Philadelphia: H. Manly, 1836); Richard H. Colfax, "Evidence against the Views of the Abolitionists, Consisting of Physical and Moral Proofs, of the Natural inferiority of the Negroes" (New York: James T. M. Bleakley, 1833). Gerald S. Henig, "The Jacksonian Attitude toward Abolitionism in the 1830's," *Tennessee Historical Quarterly* 28, no. 1 (Spring 1969): 50 – 52.

130　*Providence Gazette*, 引自 Jacqueline Jones, *A Dreadful Deceit: The Myth of Race from the Colonial Era to Obama's America* (New York: Basic Books, 2013), 100. 或者，更广泛地说，他们坚持认为，由于黑人无法独立地、负责任地生活，他们的自由将引发"罪恶泛滥"，从而危及白人的权利。James Whitcomb, "Mr. Whitcomb's Report," *Indiana Democrat*, February 18, 1832, p. 3.

这种种族主义排斥往往被编织进杰克逊时代平等主义的框架中。对许多民主党人来说，剥夺白人自己的劳动成果就是**把他们当作了黑人**，也就是说，把他们当作劣等种族的成员、不适合拥有自由的下等阶级。例如，克莱伯恩（Claiborne）谴责北方地区的工厂使白人男女工人"比南方奴隶更卑躬屈膝"。[131] 事实上，民主党人经常指责北方工业家对待他们的（白人）工人的态度比南方种植园主对待奴隶的态度**更差**。他们认为，这种虐待是对自由的白人工人尊严的一种严重侮辱，他们的尊严不仅基于他们作为个人的价值，也基于他们属于特权种族的成员。[132] 在19世纪30年代和40年代被民主党媒体广泛使用的"白人奴隶制"一词就是抓住了这种种族愤怒的感觉，虽然它的道德愤怒有时针对奴隶制本身，但它也被用来谴责将白人降到了黑人的地位。[133] 通过这种方式，白人种族主义为杰克逊时代的平等主义提供了道德能量。

从19世纪30年代开始，少数民主党人开始坚称奴隶制实际上**是**对生产者权利的侵犯。[134] 持这种不同政见的俄亥俄州参议员托马斯·莫里斯（Thomas Morris）说："棉花包和银行钞票……它们终于相遇并热烈拥抱，它们都在寻找同一个目标——依靠他人的无偿劳动而存在。"莫里斯认为，"奴隶权力"是一种贵族权利，类似于银行业精英的权力，两者都是在剥削劳动力的基础上蓬勃发展起来的。[135] 马萨诸塞州著名民主党人小西

131 John Claiborne, *Cong. Globe*, 24th Cong., 2nd sess., Appendix 92（January 1837）.

132 David R. Roediger, *The Wages of Whiteness: Race and the Making of the American Working Class*（London: Verso, 1991）, 68-71.

133 同上，72-74。Noel Ignatiev, *How the Irish Became White*（New York: Routledge, 1995）, 62-121; Joel Olson, *The Abolition of White Democracy*（Minneapolis: University of Minnesota Press, 2004）, 31-63。

134 参见Jonathan H. Earle, *Jacksonian Antislavery and the Politics of Free Soil, 1824-1854*（Chapel Hill: University of North Carolina Press, 2004）; Sean Wilentz, "Slavery, Antislavery, and Jacksonian Democracy," in *The Market Revolution in America: Social, Political, and Religious Expressions, 1800-1880*, ed. Melvyn Stokes and Stephen Conway（Charlottesville: University Press of Virginia, 1996）。

135 Thomas Morris, *Cong. Globe*, 25th Cong., 3rd sess., Appendix 168（February 1839）。事实上，辉格党人和共和党人用来描述奴隶制的有组织、腐败的政治影响的"奴隶权力"一词，只是对杰克逊时代的"金钱权力"概念的一种修改——最初是莫里斯自己创造的。

奥多·塞奇威克（Theodore Sedgwick Jr.）以类似的理由反对奴隶制，他认为南方种植园主形成了一个不具有生产力的贵族群体，对这些贵族来说，劳动本身已经被奴役和耻辱所玷污。对于塞奇威克和后来加入自由土壤运动的其他民主党人来说，奴隶制似乎是对美国自由社会愿景的一种破坏，在这个社会中，个人应当以平等的权利拥有者的身份，依靠自己的劳动成果生活。奴隶制是欧洲式贵族和劳工剥削的产物，因此不应存在于自由世界中。[136]

　　然而，即使是那些反对南方奴隶制的民主党人，也通常拒绝废除奴隶制的呼吁：为什么那些自己可能在作坊中实行"白人奴隶制"或"工资奴隶制"的北方精英如此关注南方黑人奴隶的困境？ 1847年，《北安普敦民主党人》（Northampton Democrat）写道："我们当中有很多人声嘶力竭、长篇累牍地讨论黑人奴隶'无望的苦役'，黑人奴隶因为害怕受到鞭笞而被迫劳役。"但同样这些批评者"对于那些因担心饥饿和其他比驱使者的鞭子更严重的苦厄而付出劳动的人的境遇却不置一词，这些人所获得的报酬比他们的劳动付出相比，更显微薄"。[137] 在《民主党人》（Democrat）看来，工厂里的白人工人能够保留的劳动成果份额甚至比南方奴隶更少，南方奴隶至少在老年时有地方居住、有人照顾。[138] 将政治精力集中在黑人奴隶制上就会分散人们对白人工人阶级所遭受的更深层次剥削的注意力，这是一种有利于"虔诚的"北方资本家利益的分散策略。

　　正是废奴主义者自己最终将财产权劳动理论作为平等权利的种族包容性愿景的一部分。弗雷德里克·道格拉斯（Frederick Douglass）写道，奴隶制只能被一种荒诞可笑的理论颠倒所合理化：奴隶可以"什么都不拥有，什么都不占有，什么都得不到，但必须属于他人。奴隶享用自己

---

136 Sedgwick, *Public and Private Economy, Part First,* 246 – 55. 参见 Eric Foner, *Free Soil, Free Labor, Free Men: The Ideology of the Republican Party before the Civil War*（London: Oxford University Press, 1970）, 65, 68; John Ashworth, *Slavery, Capitalism, and Politics in the Antebellum Republic,* vol. 2: Die *Coming of the Civil War,* 1850 – 1861（New York: Cambridge University Press, 2007）, 187 – 92。

137 "Freedom of the Public Lands," 2.

138 这种与南方奴隶制的消极对比通常被提及；Roediger, *The Wages of Whiteness,* 76 – 77。

辛勤劳动的果实，身穿自己亲手缝制的衣物就是一种盗窃行为"。对道格拉斯来说，奴隶主事实上是非法的贵族体制的最臭名昭著的例子，他们通过残酷的暴力勒索他人、依靠他人的劳动从而"无所事事"地生活。[139]《自由之声》（*Voice of Freedom*）对此表示赞同：它引用了可以追溯到平权主义者的宗教论点，谴责奴隶主是对上帝的反叛，"吞咽着用别人的血汗所换取的面包"。[140] 废奴主义者坚持认为，对这种道德暴行的唯一公正回应就是立即废除奴隶制，赋予非洲裔美国人在美国南北相同的平等权利。许多人也谴责北方普遍存在的种族偏见，认为这种偏见维护了一个"社会地位"社会，剥夺了黑人自由的经济机会和他们的劳动成果。我们在第 8 章中会更全面地探讨这些观点。

130 　最后，在内战前的美国，女性尤其是已婚妇女对自己的劳动成果享有很少的权利。除了少数例外，已婚妇女的生活包含了大量的劳动。在农场里，她们抚养（通常是很多）孩子，做饭，打扫房子，洗熨、缝补衣服。她们还生产了家庭生活所需的各种商品：养鸡并收集鸡蛋，喂养奶牛并挤奶，制作黄油、奶酪，以及种植维护菜园。[141] 即使是农村地区的中产阶级妇女也不仅仅做缝纫，而是要自己生产织物：她们洗涤和清洁纤维，"纺纱、编织羊毛和亚麻，制作毛毯、毡布和亚麻布"。[142] 她们还制作"泡菜、苹果酒、干果、肥皂、蜡烛，以及几乎所有能将茅棚改造成屋舍的东西"。[143]

　妻子们也在家庭以外从事各种各样的工作。贫穷的妇女把农产品运到镇上，在道路边和市场上出售；她们在其他家庭里做家庭佣工；她们"为

---

139 Frederick Douglass，"Lecture on Slavery，No. 1，" in *Antislavery Political Writings*，1833 - 1860，ed. C. Bradley Thompson（Armonk，NY：M. E. Sharpe，2004［1850］），26.

140 重印为"Objections Glanced At，" *Friend of Man*，August 11，1836，p. 1。

141 John Mack Faragher，*Sugar Creek：Life on the Illinois Prairie*（New Haven：Yale University Press，1986），101。 参见 Nancy Grey Osterud，"Gender and the Transition to Capitalism in Rural America，" *Agricultural History* 67，no. 2（1993）：14 - 29。

142 Thomas Nichols，*Forty Years of American Life*，2 vols.（London：John Maxwell & Co.，1864），1：23；Jeanne Boydston，*Home and Work：Housework，Wages，and the Ideology of Labor in the Early Republic*（New York：Oxford University Press，1990），93.

143 Faragher，*Sugar Creek*，101。参见 Nancy F. Cott，*The Bonds of Womanhood："Woman's Sphere" in New England*，1780 - 1833（New Haven：Yale University Press，1977），19 - 62。

铁路施工工人做饭、洗衣"。她们采购生活必需品，或者为了尽量减少家庭开支，她们从废弃物中拾捡食物、旧衣服、废弃的家用工具和柴火。[144] 早期工业化也使妇女越来越多地从事各种有薪工作，生产服装、鞋和纺织品以及其他大规模生产的商品。但是无论有无薪酬，她们的劳动成果都属于她们的丈夫。因此，作为财产权劳动理论核心的自我所有权这一前提被广泛理解为不仅是白人权利，也是男性权利。历史学家珍妮·博伊德斯顿（Jeanne Boydston）写道："丈夫不仅拥有自己劳动时间所产生的价值，还拥有妻子劳动时间所产生的价值。"[145]

正如我们在第4章中所看到的那样，弥漫在战前文学作品中的理想化家庭生活的前提是将亲密的家庭领域与男性为工资或利润而工作的市场领域严格分离。家庭被视为一个避难所，一个"他疲惫的四肢可以得到甜蜜的休息，在乌云密布的风暴中可以得到平静和阳光"的地方。[146] 与这种浪漫的理想一致，女性的家务劳动通常被描述为一种愉快的休闲，而不是一种劳动形式。[147] 博伊德斯顿写道，这个欢乐、有序的家庭成为"女性天性的自然散发"，或者说是她的爱和自然情感的流露。当然，养育孩子是一个典范。在这些方面，劳动力这一概念本身（而不仅仅是所有权）是性别化的，是养家糊口的男性所拥有的领域。[148]

早期女权主义倡导者主张女性有权控制自己的劳动，坚决支持女性参与工作，并维护女性工作的平等尊严，因此他们面临着几种意识形态挑战。萨拉·格里姆凯（Sarah Grimke）在其开创性的《关于性别平等的信件》（*Letters on the Equality of the Sexes*，1838）中指出，在许多不同的文化和文明中，女性实际上是被剥削的劳动者，她们的劳动赋予了他人以闲暇："她从事劳动，而男性享受所谓的生活乐趣。"格里姆凯接

131

144　Boydston, *Home and Work*, 89, 91.

145　同上，135。

146　Jesse T. Peck, Die *True Woman*; *or, Life and Happiness at Home and Abroad*（New York: Carlton & Porter, 1857）, 243.

147　同上，145。参见Cott, *The Bonds of Womanhood*, 63 - 100。

148　Boydston, *Home and Work*, 149, 142 - 63。参见Frances E. Olsen, "The Family and the Market: A Study of Ideology and Legal Reform," *Harvard Law Review* 96, no. 7（1983）: 1497 - 1578。

着描述了美国女性工作的系统性贬值，即使在正式经济体系中："在那些女性特有的职业中，她们的劳动时间价值估计只有男性的一半。"[149] 在她看来，这种贬值是由父权文化造成的，这种文化将女性视为服务于男性欲望的工具，而非自然权利的拥有者。[150] 与此同时，罗伯特·戴尔·欧文（Robert Dale Owen）在为已婚妇女的财产权进行辩护时，简明地普遍化了历史悠久的洛克原则，即法律应"保障她拥有每个人都固有的权利，即拥有自己的劳动成果"。[151]

至此我们应该清楚的是，财产权劳动理论以及它所证明的自然权利是灵活多变而充满歧义的。[152] 工厂工人、农民、商人、种植园主、废奴主义者、女权主义者都可以利用它来推进自己的论述。[153] 正如我们所看到的，对于谁算作生产者，什么算作生产性劳动，以及谁首先有权享有权利，存在着广泛的分歧。然而，庞大而组织严密的民主党媒体普遍所持的观点是，生产者的权利只属于白人男性，这些权利通过市场机制获得了完善的制度化。

事实上，与白人至上主义一样，自由市场将会成为民主党的思想信念之一。通过他们的影响力，自然市场观念不仅与自然权利的拥有者神话密不可分，而且与更基本的美国自由理念密不可分。为了理解其日益增长的重要性和受欢迎程度，我们必须更全面地看待市场，正如它在民主党的言论中所表现的那样：我们必须努力将其视为不仅是生产者权利的体现，而且也是自然法则的反映和神圣和谐的源泉。在民主党人寻求一种凝聚力的来源，在不大幅扩大政府权力的情况下，将一个不断扩张、现代化和日益分裂的国家团结在一起的过程中，他们接受了一种带有乌托邦式的宗教希望的自由市场意识形态。

149 Sarah Grimke, *Letters on the Equality of the Sexes and the Condition of Woman*（Boston：Isaac Knapp, 1838[1837]), 30, 50.

150 她写道："男人总是在某种程度上把女人视为私欲满足工具。"同上，31。

151 *Report of the Debates and Proceedings of the Convention for the Revision of the Constitution of the State of Indiana*, 1850, vol. 1（Indianapolis：A. H. Brown, 1850), 465.

152 Wilentz, "America's Lost Egalitarian Tradition," 68; Huston, *Securing the Fruits of Labor*, 192 - 93.

153 Glickstein, *American Exceptionalism, American Anxiety*, 122 - 23.

第7章

自由市场

> 让财物自行其道，……而事物的自然过程将把它传递给那些通过勤劳和节俭获得它的人。
>
> ——乔治·坎普，1841年[1]

在杰克逊时代占据社会中心地位的广泛经济辩论中，民主党人和辉格党人都将市场[2] 视为道德和物质进步的推动者。特别是民主党人开始认

---

1 George Camp, *Democracy* (New York: Harper and Brothers, 1841), 177.

2 本章中出现的"市场"指的是查尔斯·林德布洛姆（Charles Lindblom）所称的"市场系统"。他将其定义为"不是通过中央命令，而是通过交易形式的相互作用协调全社会人类活动的系统，" Charles E. Lindblom, *The Alarket System: What It Is, How It Works, and What to Make of It* (New Haven: Yale University Press, 2002), 4。这些交易将货物的买方和卖方以及收货人联系起来；将贷款、证券和其他金融工具联系起来；在日益"成熟"的资本主义经济中，它们也将劳动力的买方和卖方联系起来。本章探讨了在杰克逊时代，如此构想的市场是如何被概念化的。在某些情况下，这可以从当代对"市场"或"一般市场"的明确讨论中推断出来。例如，杰克逊时代的美国人会使用，"市场价值"、"市场价格"和"市场交换"；他们对比了"自然"和"人工"市场。他们用的是"国内市场"，而不是国际市场。他们有时泛指"市场"（如："当市场没有供应过剩时"，或"投入市场的此类物品数量越多，价格就会降低得越多"）。Frederick Robinson, "An Oration Delivered before the Trades Union of Boston and Vicinity, on Fort Hill, Boston, on the Fifty-Eighth Anniversary of American Independence"(Boston, 1834), 28; Anti-Slavery Convention of American Women, "An Address to Free Colored Americans"(New York: William S. Dorr, 1837), 18。然而，在大多数情况下，它们指的是特定市场（某些商品或服务），而不是整个市场体系。因此，为了理解他们如何将经济想象为一个全社会协调的系统，我们必须经常（转下页）

为，它不仅是美国自由的体现和个人权利的保障，而且是一种平等主义制度，有利于废除新兴金融和工业精英的"虚假"特权。在民主党人的著作和演讲中，他们将自由市场个人主义转化为国家例外论的话语和民众抗争的话语。在这样做的过程中，他们改变了美国政治思想的轨迹：没有任何一项意识形态成就比自由市场观念对美国个人主义的胜利和韧性作出了更为决定性的贡献。

正如我们在前一章中所看到的，民主党人通过将自由市场与生产者的权利联系起来，从而普及了自由市场观念：他们认为，在不受立法干预的情况下，市场将保证小生产者充分获得其劳动成果。民主党人越来越多地为这一信念辩护；通过援引一种乌托邦式的观点，他们将市场视为一个独立于政府的**自然**和谐的富足领域。他们一次又一次地对比了两种社会观：第一种是社会秩序是由强制的政治权力所维持，这种政治权力压迫多数人，使少数人受益；第二种是社会秩序是由自然法支持，自然法的良性和平等主义约束平等地保护了每个人的权利，并带来了广泛共享的繁荣。在这些良性约束中，市场的经济规律如同万有引力定律一般，在不影响个人自由的情况下约束和指导了人的行为。

这一有力的论述借鉴了一种理想化的牛顿式[3]的自然观，带有明显的宗教色彩。民主党人将自然想象为一个和谐的系统，其复杂的设计反映了上帝的智慧，他们也将市场类比于自然。因此，市场的法则似乎反映了上帝对人类社会，特别是对美国的恩赐：它就在这里，在这个新世界，人类社会最终将摆脱欧洲式的人为等级制度，实现上帝所希望的自然的、和平的自由。这种宗教民族主义在整个19世纪塑造了美国的经济思想，为自由市场思想提供了相当大的权威性。

民主党人的自由市场言论也因其适应性而广泛传播。当他们将自由市场与欧洲贵族制相对比时，自由市场意味着优绩主义、机会和经济增长。它代表着进步和神圣理性战胜了落后的等级制度和偏见。另外，当民主

（接上页）试图挖掘出这些讨论的框架和依据。本章试图重建这些假设，主要是利用民主党用自由贸易反对保护主义和用竞争反对"垄断"的辩护。

3　牛顿认为自然是一个由理性规律支配的和谐系统，这些规律可以通过实证研究来发现。

党人将自由市场与英国和美国东北部部分地区出现的工业经济进行对比时，市场又意味着简单、分权和美德。具体来说，他们援引自由贸易来批评政府对现代化项目的支持，这些项目可能不成比例地造福了商业和工业精英，但危及小生产者对自己生活的掌控。这种以市场的公正性和促进道德品质的倾向为核心的更加保守的叙事逻辑，非常适合那些对经济现代化的破坏性影响感到焦虑的农民和工匠。在我们探索民主党人推广自由市场思想的几种互补方式之前，我们必须首先追溯为自由市场思想奠定了基础的思想的长期变迁。其中，最重要的是苏格兰启蒙运动，它在这个年轻共和国成立最初的几十年中对美国的世俗观念和宗教思想产生了深远的影响，并广泛传播了世俗的乐观主义。

自然社会的来临

在整个18世纪，有关人性和社会的乐观主义新观念开始取代长期以来的加尔文主义教义。这些新思想影响了托马斯·杰斐逊（Thomas Jefferson）和汤姆·潘恩（Tom Paine）的思想，它们表明人们可以和平地以合作的形式生活在一起，享受相对的经济平等，并且不受国家的干涉。它们反映了一种来自苏格兰启蒙哲学和牛顿科学体系的乐观主义，这两种思想都将继续影响杰克逊时代的美国政治思想。

然而，直到18世纪晚期，这些新思想仍然面临着相当大的阻力。联邦党人倾向于认为，人类在面对逆境时容易冲动、不守规矩和诉诸暴力。他们认为，如果没有国家强力，社会将陷入混乱。[4] 约翰·亚当斯（John Adams）在写给杰斐逊的信中写道，"除了武力、权力和力量"，什么都不

134

---

4 杰斐逊这样描述联邦党人："在我们的政府成立之时，许多人基于欧洲的著作和实践形成了自己的政治观点，认为……许多社团中的人不能被秩序和正义所限制，而是被独立于他们意志的权威对他们施加的物质和道德力量所约束。" Thomas Jefferson, "To William Johnson," in *Thomas Jefferson: Political Writings*, ed. Joyce Appleby and Terence Ball（Cambridge: Cambridge University Press, 1999[1823]），450。

能抑制人类的欲望和激情，并维持社会秩序。[5] 例如，这种悲观情绪反映也在他们所认为的军队在公共事务中的合适角色。亚历山大·汉密尔顿（Alexander Hamilton）曾辩称："政府之成立是在通过某种信号显示其军事胁迫力量之后。"[6] 与亚当斯一样，汉密尔顿坚信，武力或至少武力所带来的充分的威胁是维持社会秩序的唯一手段。[7]《联邦条例》实施时期所出现的社会动荡和无政府状态强化了这些想法，并促使联邦党人在1787—1788年支持成立更加强大的联邦政府。[8]

与此同时，保守的新英格兰地区神职人员们教导信众说，任何成功的政府都必须"为遏制欲望，限制人类的暴虐欲望作出规定"。[9] 他们认为，国家强制是强化公共道德、保护社会免受激进主义和社会动荡所袭扰的必要条件。[10] 这些观点反映了他们对人性的悲观评价，他们继承了加尔文主义神学和某些共和主义思想。这两种传统都认为，人类拥有难以控制的激情，只有通过严格的纪律和美德才能抑制这种激情。[11]《联邦党人论文》的作者之一约翰·杰伊（John Jay）写道："大多数人既不聪明也不善良，而美德，就像国家的其他资源一样，只能通过管理得当的强大环

---

5 John Adams，"To Thomas Jefferson from John Adams，9 October 1787，" in *The Papers of Thomas Jefferson*，vol. 12，ed. Julian P. Boyd（Princeton：Princeton University Press，1955〔1787〕），220 – 21.

6 引自 Gordon Wood，*Empire of Liberty：A History of the Early Republic*，1789 – 1815（Oxford：Oxford University Press，2009），111。出于这个原因，汉密尔顿后来对路易斯安那州的收购表示担忧：这将威胁到社会秩序，因为它会让这么多美国人远离国家的强大势力范围；Joyce Appleby，"Commercial Farming and the Agrarian Myth in the Early Republic，" *Journal of American History* 68，no. 4（1982）：848。

7 Charles Maurice Wiltse，*The Jeffersonian Tradition in American Democracy*（New York：Hill and Wang，1960〔1935〕），101.

8 这种悲观的观点得到了进一步地加强，例如，在1786年的谢司起义中，一群马萨诸塞州的农民组成了一支民兵，拿起武器反对该州政府。

9 William Symmes，引自 Nathan O. Hatch，*The Sacred Cause of Liberty：Republican Thought and the Millennium in Revolutionary "New England"*（New Haven：Yale University Press，1977），115。参见 Joyce Appleby，*Capitalism and a New Social Order：The Republican* Vision *of the 1790s*（New York：New York University Press，1984），27。

10 例如，臭名昭著的《外侨与叛乱法》（Alien and Sedition Acts）就反映了后一个目标。

11 Hatch，*The Sacred Cause of Liberty*，93.

境或施政得当的强大政府来积累和发挥作用。"[12]

对这些宗教性观念的主要挑战来自苏格兰。苏格兰启蒙运动哲学家，包括弗兰西斯·哈奇森（Francis Hutcheson）、凯姆斯勋爵（Lord Kames）、大卫·休谟（David Hume）和亚当·斯密（Adam Smith），都认为人类的行为动机是相对有序的，由可预测的激情和利益驱动。[13] 其中包括一种自然的社交性，它将人们带入和平的联合中，并带来普遍的人类"改善自我状况的欲望"。亚当·斯密写道，这种愿望"虽然通常是平静而冷静的，但从出生到死亡将会一直伴随着我们，直到我们进入坟墓时才离开我们"。[14] 斯密和其他哲学家认为，总的来说，人们是可以追求自己的利益的，而这种共同的、理性的追求将引导他们进行合作，并与彼此进行有益的、富有成效的竞争。这种对人类行为动机的看法直接挑战了旧观念，即除非臣服于政府命令，否则人们是反复无常、任意妄为的。[15]

135

---

12 "Jay to General Washington, Philadelphia, June 27, 1786," *The Correspondence and Public Papers of John Jay*, vol. 3: 1782 - 1793（New York: G. P. Putnam's Sons, 1891［1786］), 204 - 5.

13 阿普尔比将这些想法的起源追溯到17世纪晚期英国关于贸易和制造业的初期争论，以及早期政治经济学家托马斯·蒙（Thomas Mun）、约西亚·查尔德（Josiah Child）、尼古拉斯·巴本（Nicholas Barbon）和查尔斯·达文特（Charles Davenant）的著作；参见 Joyce Appleby, *Economic Thought and Ideology in Seventeenth Century England*（Princeton: Princeton University Press, 1978)。约翰·洛克极具影响力的作品，*An Essay Concerning Human Understanding*（1690），是另一个关键来源；洛克在书中指出："对幸福的渴望和对痛苦的厌恶……确实持续不断、永不停歇地影响着我们的所有行为，这些影响稳定而普遍，在所有人和所有年龄段都能观察到。" John Locke, "An Essay Concerning Human Understanding," in *The Works of John Locke, in Nine Volumes*, vol. 1（London: C. Baldwin, 1824［1690］), 35。

14 Adam Smith, *An Inquiry into the Nature and Causes of the Wealth of Nations*, vol. 1（London: Methuen & Co., 1904［1776］), 323。参见 Appleby, *Capitalism and a New Social Order*, 23; Gordon Wood, *The Radicalism of the American Revolution*（New York: Random House, 1992), 218 - 20; Drew R. McCoy, *The Elusive Republic: Political Economy in Jeffersonian America*（Chapel Hill: University of North Carolina Press, 1980), 13 - 47。更广泛的背景，参见 Istvan Hont, *Jealousy of Trade: International Competition and the Nation-State in Historical Perspective*（Cambridge, MA: Belknap Press, 2003), 159 - 322。

15 Appleby, *Capitalism and a New Social Order*, 31.

如果人类的行为同时具有社交性和基本的可预测性，那么社会本身就可以被认为是一个如同物理宇宙本身一样受规则约束的法治体系。[16] 历史学家耶霍舒亚·阿里利（Yehoshua Arieli）写道："天生社交性的概念将牛顿科学体系中自然系统的形象转移到了社会层面，并基于人类的行为动机和驱动力创造了一个社会宇宙。"[17] 波士顿牧师乔纳森·梅休（Jonathan Mayhew）在1749年表示，人类的社交性和仁爱精神将维护社会的"秩序和和谐，正如天体的规则运动和和谐取决于它们彼此之间的相互引力一样"。[18] 这些有关社会秩序的乐观主义新观念可以总结为"社会"是一个离散的实体，值得被探讨和研究，并受其自身法则的约束。[19] 这些观念标志着一种强大的概念创新。国家控制的反面不再只有无政府状态。[20]

杰斐逊深受这场哲学革命的影响。[21] 托马斯·潘恩也是如此，他所著的《人的权利》在美国普及了这场革命的思想成果。他写道："人类社会的秩序在很大程度上不是政府的功绩。"事实上，潘恩认为，社会"先于政府而存在"，而且即使政府被废除，社会也会继续存在。社会不是通过胁迫而是通过"相互依赖和互惠利益"联结在一起的。"天性"使人类具有社交性，并赋予了他们"比获得个人力量更大的天然的需求"。因此，他们自然而然地、不可避免地被组成了社会。此外，社会是有序和可预测的，并受自然规律的约束。潘恩写道，"如果我们考虑到首先将人类凝

---

16 同上，33。法国重农主义者也曾用这些术语构想过社会，他们的思想影响了杰斐逊和其他美国人。对于自然经济秩序概念的诞生和自然人的启发性讨论，参见 Bernard Harcourt, *The Illusion of Free Markets: Punishment and the Myth of Natural Order*（Cambridge, MA: Harvard University Press, 2011），78–91。

17 Yehoshua Arieli, *Individualism and Nationalism in American Ideology*（Baltimore: Penguin Books, 1954），106。阿里利将这种自然社会思想的起源追溯到了洛克的高徒之一——沙夫茨伯里（Shaftesbury）伯爵的哲学思想中。参见同上，88–120。

18 Jonathan Mayhew, "The Love of Our Neighbor," in *Seven Sermons Upon the Following Subjects ...*（Boston: Rogers and Fowle, 1749），126.

19 Appleby, *Capitalism and a New Social Order*, 23.

20 Joyce Appleby, *Liberalism and Republicanism in the Historical Imagination*（Cambridge, MA: Harvard University Press, 1992），169.

21 有关苏格兰启蒙思想对杰斐逊的影响的讨论，参见 Gary Wills, *Inventing America: Jefferson's Declaration of Independence*（Garden City, NY: Doubleday, 1978），20 off。

聚到社会中的那些原则，以及规范他们相互交往的那些动机"，那么人类"就是一种超越其想象的具有一致性的生物"。而在指导人类社会运作的自然法则中，"贸易和商业法则"就是其中一条。[22]

　　这些乐观的牛顿式思想后来被许多杰克逊时代的民主党人所吸收。正如我们在第5章中所看到的，民主党政治家和记者常常认为，政府最重要的职能，也是对某些人来说其唯一合法的职能，就是依照自然法来立法和施政，并保护与之相关的权利。例如，约翰·奥沙利文（John O'Sullivan）宣称，"同一只手既是道德的创始人，也是物质世界的创造者"；两者都受"自发行动和自我调节的相同基本原则"的支配。因此，在他看来，人类社会只需要模仿"物理宇宙的完美自治，被光明的文字书写在大自然伟大宝典的每一页上"。[23] 其他人则将联合人类形成社会的法律比作"光、热和引力的法则"，所有这些都是造物主仁慈天才的表现。[24] 弗吉尼亚州民主党参议员威廉·里夫斯（William Rives）认为，"亚当·斯密对政治经济学所作的贡献，正如培根和牛顿对物理科学所做的，阿尔杰农·西德尼（Algernon Sydney）和洛克为政治科学所做的一样"。[25]

　　一旦社会被重新定义为受有序法则约束的准自治系统，政府的职能就可能发生根本性的改变。它在维护社会凝聚力方面的作用可能会大大

136

22　Thomas Paine, *Rights of Man*（Mineola, NY: Dover Publications, 1999［1791 - 92］）, 107, 109.潘恩自己的思想深受牛顿科学的影响；参见 Eric Foner, *Tom Paine and Revolutionary America*（New York: Oxford University Press, 1976）, 6。

23　John O'Sullivan, "Introduction: The Democratic Principle — the Importance of Its Assertion, and Application to Our Political System and Literature," *United States Magazine and Democratic Review 1*, no. 1（1837）: 7.

24　Samuel Young, "Oration Delivered at the Democratic Republican Celebration of the Sixty-Fourth Anniversary of the Independence of the United States"（New York: Jared W. Bell, 1S40）, 10.

25　William Rives, "Speech of Mr. Rives, of Virginia, on the Currency of the United States, and the Collection of the Public Revenue. Delivered in the Senate U.S. January 10, 1837"（Washington, DC: Globe, 1837）, 6。小西奥多·塞奇威克（Theodore Sedgwick Jr.）也写道，亚当·斯密"在地球上的发现就像牛顿在天上的发现一样"。Theodore Sedgwick Jr., *Public and Private Economy, Part Second*（New York: Harper & Brothers, 1838）, 119.

削弱：它可能会聚焦于保护自然权利。[26] 事实上，政府的局限性似乎是将"自然社会"及其固有权利从人为约束中解放出来的一种方式。相比之下，政府监管可能会对这个法治体系的正常运行产生**不自然**的干扰。[27] 这也正是潘恩所主张的。他哀叹道："政府的运作是多么经常扰乱或破坏社会的自然倾向啊！"他继续说道："政府除提供少数社会和文明不适宜提供的功能之外，再没有必要了。"[28]

杰克逊时代关于拥有权利的个人的神话属于这种乐观的、牛顿式的世界观。当17世纪清教徒引用自然权利这一概念时，他们参考了一套源自十诫的豁免，因此以圣经启示为其基础。这些豁免都是上帝对有罪的人类施加的道德约束。[29] 当潘恩和杰斐逊捍卫自然权利是所有合法政府的基础时，他们已经越过了一个巨大的观念雷池。对他们来说，自然权利来源于人类的基本需求和欲望，这可以通过实证调查来确定：所有人都想要安全和自由；所有人都渴望幸福（以及相应的，避免痛苦）；所有人都渴望财产作为达到这些目的的手段。潘恩写道，自然权利包括"不会损害他人的自然权利的，作为个人为自己的舒适和幸福而行动的所有权利"。[30] 政府需要保护这些权利，除此之外，它只需要让个人在平等的条件下进行自愿的追求就可以了。[31]

这种有关自然社会的、通常被用来构建美国的理想化形象的唯意识论观念的兴起，标志着美国个人主义发展的分水岭。基于清教徒传统，联邦党人倾向于用法团来想象社会，将其视为一系列相互联系的团体或

26　Appleby, *Capitalism and a New Social Order*, 95.

27　同上，34; Appleby, *Liberalism and Republicanism in the Historical Imagination*, 171; Arieli, *Individualism and Nationalism in American Ideology*, 90 – 91; Isaac Kramnick, *Republicanism and Bourgeois Radicalism: Political Ideology in Late Eighteenth-Century England and America* (Ithaca: Cornell University Press, 1990), 86 – 97。

28　Paine, *Rights of Man*, 109, 108.

29　John Witte Jr., *The Reformation of Rights: Law, Religion, and Human Rights in Early Modern Calvinism* (Cambridge: Cambridge University Press, 2007), 281, 229 – 30, 128 – 29.

30　Paine, *Rights of Man*, 30.

31　有关杰斐逊对自然权利的理解以及将其与清教徒观点的知识分野之处的深入讨论，参见 Michael P. Zuckert, *The Natural Rights Republic: Studies in the Foundation of the American Political Tradition* (Notre Dame: University of Notre Dame Press, 1996)。

"秩序"，按等级排列，每个团体都有其独特的功能。"政治团体"的隐喻完美地表达了这一观点。例如，1808 年，波士顿牧师杰迪迪亚·莫尔斯（Jedidiah Morse）曾宣称："必须有统治者和臣民、主人和仆人、富人和穷人的存在。没有这所有的成员的话，人类群体是不完美的，其中一些成员比其他成员更为尊贵；政治团体中也是如此。"[32] 只有在受过教育的社会上层组成的"领导"的指导下，政治体的不同部分才能共同努力，形成一个有凝聚力的社会。历史学家大卫·哈克特·费希尔（David Hackett Fischer）写道："这种政治制度的黏合剂是 18 世纪英美社会的恭顺精神。在这种社会中，'群众'从一出生就被训练成'甘愿成为最自由的国家所必需的从属群体'。"[33] 正如我们在第 3 章中看到的，社会等级观念是英国共和主义的一部分。[34]

到了杰克逊时代前期，这种有机的、等级分明的社会观念已经完全消失了。在政治观点上两派美国人——尤其是民主党人——都将美国社会重新想象为一个由自主个人组成的自愿联盟，每个人都被赋予了自然权利，通过共同利益、契约和自然的社交性而结合在一起，并受自然法则天然的和谐的影响。[35] 事实上，这种平等主义的重新构想使许多杰克逊时代的民主党人所持有的自由市场、小政府的理想成为一种概念上的可能性。《布鲁克林鹰报》（*Brooklyn Eagle*）的年轻记者沃尔特·惠特曼（Walt Whitman）这样说："在每个现代国家里，都有一个阶层希望与人性自由相处，以自信的态度对待人性，并随着人性自身的天性和冲动，给予人性以拓展的机会。"反对这一阶层的是"将人视为**需要被治理**的事物，认

---

32 Jedidiah Morse, "A Discourse Delivered at the African Meeting House in Boston ..."（Boston: Lincoln & Emands, 1808）, 6.

33 David Hackett Fischer, *The Revolution of American Conservatism: The Federalist Party in the Era of Jeffersonian Democracy*（New York: Harper & Row, 1965）, 4.

34 关于 17 世纪和 18 世纪美国思想中这种社会秩序概念的起源，参见 Barry Alan Shain, *The Myth of American Individualism: The Protestant Origins of American Political Thought*（Princeton: Princeton University Press, 1994）, 48 - 83.

35 关于这一观点的进一步讨论，如在整个杰克逊时代的州制宪会议上所进行的辩论中所表达的相关观点，参见 Silvana R. Siddali, *Frontier Democracy: Constitutional Conventions in the Old Northwest*（Cambridge: Cambridge University Press, 2016）, 87 - 112。

为他们有着比法律更无法阻止的邪恶行径"的另一阶层。[36] 他认为，后一个阶层始终是强大的抑制性政府的拥护者，是自由市场和人类进步的敌人。

尽管这种自然的和自我调节的市场的理想类型与美国人对中央集权的长期抵制相得益彰，但它也改变了这种抵制的表达方式。当反联邦党人批评新宪法巩固了联邦政府的权力时，他们是以较小的政治单位，比如州和地方社区的名义这样做的，他们认为这些地方社区的自治权需要被维护。他们认为，在较小的政体中，公民将能够更密切地监督他们选出的官员，并防止一个孤立专横的贵族制的崛起。他们曾担心，新的联邦政府会表现得不像共和政府，而更像是一个皇权政体，高高在上地控制着辽阔的领土。自我调节的社会秩序的概念则不同，因为它从根本上讲是非政治性的。自由市场狂热者以建立自发的经济和道德秩序，不受政治权力及其不可避免的腐败的破坏为旗帜，不仅提议限制联邦政府，而且应限制**所有**政府的规模和范围。[37] 这两种反国家主义思潮都在美国政治思想中幸存并蓬勃发展，只是加入了个人主义的变体形式后才成了主导。

这种个人主义的反国家主义在杰克逊时代的崛起标志着一次重要的欧美思想分野。在欧洲，法国大革命产生了强烈的反个人主义思想。从保守派到激进派的不同政治派别的欧洲人对社会秩序的瓦解和取而代之的利己主义无政府状态的崛起有着强烈焦虑，必然激发了这种反应。有影响力的欧洲自由主义者，从阿历克西·德·托克维尔（Alexis de Tocqueville）和杰曼·德·斯戴尔（Germain de Stael），到年轻的约翰·斯图尔特·穆勒（John Stuart Mill）和朱塞佩·马志尼（Giuseppe Mazzini），都担心他们的社会越来越"原子化"，被个人私利的上升、社会情感和团结的下降

---

36 Walt Whitman, "Some Plain Paragraphs, for Plain People," in *The Collected Writings of Walt Whitman, the Journalism*, vol. 1, ed. Herbert Bergman（New York: Peter Lang, 1998 ［1846］），295.

37 Brian Balogh, A *Government out of Sight: The Mystery of National Authority in Nineteenth-Century America*（Cambridge: Cambridge University Press, 2009），277 - 81; John Lauritz Larson, *The Market Revolution in America: Liberty, Ambition, and the Eclipse of the Common Good*（Cambridge: Cambridge University Press, 2010），148.

所撕裂；与此同时，从圣西门到皮埃尔·勒鲁（Pierre Leroux）的社会主义激进分子到弗里德里希·施莱尔马赫（Friedrich Schleiermacher）等浪漫主义反自由主义者也谴责了后革命时期欧洲"个人主义"的兴起，并期待国家提供新的社会团结的来源，以取代旧的、传统的教会和等级纽带。[38] 法国大革命的混乱遗产，以及封建社会遗留下来的根深蒂固的阶级分裂，使欧洲改革者难以认同从传统主义废墟中能够生出自然和谐的社会秩序。总的来说，他们转向了国家，以建设一个新的现代社会。这种观点上的根本差异解释了 19 世纪及以后美国和欧洲思想之间的巨大分歧。

自然经济：自然宗教的影响　139

"自然"在杰克逊时代的民主党思想中是一个千变万化、充满争议的概念。对一些人来说，对自然的诉求是对正在改变美国生活的新经济力量和机构（包括银行、公司、工厂以及他们财富集中的城市中心）广泛的保守反应的一部分。[39] 在这里，自然意味着田园牧歌。它表达了对简单

38　Alex Zakaras, "Individuality, Radical Politics, and the Metaphor of the Machine," in *The Edinburgh Critical History of Nineteenth-Century Philosophy*, ed. Alison Stone（Edinburgh: Edinburgh University Press, 2011）; Koenraad W. Swart, "'Individualism' in the Mid-Nineteenth Century（1826‒1860），" *journal of the History of Ideas* 23, no. 1（1962）: 77‒90.

39　许多历史学家提示要注意民主党人在政治和经济思想中所使用的自然概念；本章借鉴了许多他们的工作。例如，John William Ward, "Jacksonian Democratic Thought: A Natural Charter of Privilege," in *The Development of an American Culture*, ed. Stanley Coben and Lorman Ratner（New York: St. Martin's Press, 1983［1970］）; John William Ward, *Andrew Jackson: Symbol for an Age*（London: Oxford University Press, 1955）, 13‒97; Rush Welter, *The Mind of America: 1820‒1860*（New York: Columbia University Press, 1975）, 85‒90; John Ashworth, *"Agrarians" & "Aristocrats": Party Political Ideology in the United States, 1837‒1846*（Cambridge: Cambridge University Press, 1983）, 21‒34, 92‒111; Marvin Meyers, *The Jacksonian Persuasion: Politics and Belief*, 2nd ed.（New York: Vintage Books, 1960［1957］）, 26, 10; Jean H. Baker, *Affairs of Party: The Political Culture of Northern Democrats in the Mid-Nineteenth Century*（Ithaca: Cornell University Press, 1983）, 143‒48, 177‒211.

时代的怀念，反对东部精英的虚荣和奢侈，以及西进定居者和伐木工人美德的理想化想象。从这个意义上说，自耕农在土地上过着自然的生活，远离城市生活的"人为"诱惑和干扰。然而，其他人则利用自然的概念来表达基于启蒙运动原则的进步性的政治愿景。与怀旧派一样，他们将自然与正式的平等和优绩主义联系在一起，并将其与**特权**或贵族阶级进行对比。但对他们来说，"自然"经济是一种商业经济，符合上帝和理性的法则，并与道德和物质进步的理想相连。这种更为乐观、启蒙的自然观充斥着民主党更为"进步"的一派的著作和演讲。[40]

对这些民主党人来说，自然社会的理念在很大程度上是一种经济理念。如果社会是为了满足其成员的"相互和互惠利益"而形成的，那么将其结合在一起的法则就是经济法则，即市场法则，它规定了自愿交换的模式。[41]与潘恩一样，民主党人倾向于将这些法则描述为自然的。当它们受到立法"干预"的干扰时，由此带来的财富分配就变成**人为的**了。例如，国会议员约翰·贝尔（John Bell）批评"通过人为手段、附例、保护、奖金或保费"带来的财富集中。[42]其他人则抱怨贵族们"在人为法律的请求下，不事生产"，成为"留在产业中的人的负担"。[43]保护性关税通常被描述为"人造"措施，使富有的制造商能够踩在众多人的肩膀上致富。[44]与此同时，民主党的大敌，美国银行经常被描述为是对自然原则的巨大背离。[45]

当时，"自然"是民主党人的重要道德准则，它尤其适用于财富的合

---

40 另一个区别也与此相关：这种源自自然法则的自然秩序观念明显不同于与田园理想或广阔的美国"荒野"相关的文艺概念，前者也更为抽象。

41 Paine, *Rights of Man*, 109.

42 John Bell, *Register of Debates*, 22nd Cong., 1st sess. 3360（June 1832）。当时，贝尔仍持有杰克逊式的观点，他在19世纪30年代中期成为辉格党人。

43 John Galbraith, *Register of Debates*, 24th Cong., 2nd sess., Appendix 153（March 1837）.

44 例如，参见Conde Raguet, *The Principles of Free Trade, Illustrated in a Series of Short and Familiar Essays: Originally Published in the Banner of the Constitution*（Philadelphia: Carey, Lee, and Blanchard, 1835［1829 - 32］），330。

45 Sean Wilentz, "America's Lost Egalitarian Tradition," *Daedalus* 131, no. 1（2002）：71; Meyers, *The Jacksonian Persuasion*, 10, 26.

理分配。卡罗林的约翰·泰勒在《揭露暴政》(*Tyranny Unmasked*)一书中曾问道,"封建、等级、银行、资金、彩票以及在少数人手中积累财富的保护税收模式"是否"都是在大自然的工作场所中被人为构造出来的"?[46] 对泰勒来说,答案很明显:这些都是人为的发明,因此它们被认为是不公正的。我们在安德鲁·杰克逊最为著名的总统致辞中发现了同样的修辞模式:

140

> 在充分享受上天的恩赐和卓越的工业、经济和美德的果实方面,每个人都有平等的权利受到法律的保护;但是,当法律在自然和公正的条件上额外增加人为的区别,授予头衔、酬金和专属特权,使富人更富有、更有权力,而社会中的卑微成员,包括农民、工匠和劳工,既没有时间也没有手段获得同样的好处时,他们就有权抱怨政府的不公正。[47]

在这里,不公正被认为是对自然的优绩主义统治秩序的人为的、特权的侵犯。在这种由主动生产和自由独立个体之间的交换构成的自然秩序中,每个人都收获着自己劳动的果实。于是,对民主党人来说,市场就是自然的化身。[48]

如果不探究自然宗教这一苏格兰启蒙运动的另一重要遗产,就无法理解这一意义重大的思想变迁。苏格兰启蒙运动思想在美国有着广泛的影响:它们不仅塑造了宗教怀疑论者如杰斐逊和潘恩的思想,而且塑造了新教神学的基本信条。从18世纪中期开始,美国神学吸收了苏格兰常识学派的思想,开始逐步取代加尔文主义对人类心智的悲观主义观念。正统

---

46 John Taylor, *Tyranny Unmasked* (Indianapolis: Liberty Fund, 1992 [1821]), 236.

47 Andrew Jackson, "Veto Message," in A *Compilation of the Messages and Papers of the Presidents*, 1789 - 1902, vol. 2, ed. James D. Richardson (New York: Bureau of National Literature, 1903 [1832]), 590.

48 Jeffrey Sklansky, "William Leggett and the Melodrama of the Market," in *Capitalism Takes Command: The Social Transformation of Nineteenth-Century America*, ed. Michael Zakim and Gary J. Kornblith (Chicago: University of Chicago Press, 2012), 211 - 12.

的加尔文主义者怀疑人类在没有神启的帮助下**认识**世界的能力，但这种新的苏格兰哲学教导人们，人类的直觉和观察可以产生关于上帝和他所创造的世界的准确知识。[49] 这种启蒙思想的自信非常适合以经济增长、科学发现和技术创新为标志的美国社会。

通过人类意识和经验的反思来认识上帝这一想法是自然宗教的基石。例如，弗朗西斯·韦兰（Francis Wayland）的《道德科学的原理》（*Elements of Moral Science*）在美国大学里被广泛传播和阅读，他认为人类有两种方式来了解自己的道德义务。第一种是天启教，即对圣经中上帝话语的研究。第二种是"自然宗教"，即对自然世界结构和设计的理性探究。[50] 韦兰和杰克逊时代的许多美国人一样，相信上帝统治的宇宙是一个有序的系统，由精心设计的自然法则来管理，以达到他的道德目的。[51] 这些法则不仅包括物理和化学定律，还包括人类思维的经验法则和支配人类关系的道德法则。历史学家 D. H. 迈耶（D. H. Meyer）写道："自然世界和道德世界都被认为是受法律约束的系统，由上帝根据自己的法律（而不是任意的意志行为）制定，并由上帝监督，以建立他的荣耀，实现人类的最终救赎。"[52] 因此，通过经验科学或简单地通过理性的系统应用

49　Mark A. Noll, *America's God: From Jonathan Edwards to Abraham Lincoln* (Oxford: Oxford University Press, 2002), 236 - 37。有关苏格兰常识学派对美国神学的影响的进一步讨论，参见 pp. 93 - 113, 233 - 38; D. H. Meyer, *The Instructed Conscience: The Shaping of the American National Ethic* (Philadelphia: University of Pennsylvania Press, 1972); Henry F. May, *The Enlightenment in America* (New York: Oxford University Press, 1976), 307 - 62。

50　自然宗教很少被视为可以完全代替启示宗教：如果没有启示的补充性见解，自然宗教只会关注上帝和人类的责任部分。例如，Francis Wayland, *The Elements of Moral Science* (New York: Cooke and Co., 1835), 135 - 37。

51　Meyer, *The Instructed Conscience*, 24, 19。关于内战前美国自然宗教的内容和影响的进一步讨论，参见 Daniel Walker Howe, *The Unitarian Conscience: Harvard Moral Philosophy, 1805 - 1861* (Cambridge, MA: Harvard University Press, 1970), 69 - 120; Mark A. Noll, *Princeton and the Republic*, 1768 - 1822: The *Search for a Christian Enlightenment in the Era of Samuel Stanhope Smith* (Princeton: Princeton University Press, 1989)。

52　Meyer, *The Instructed Conscience*, 27。这一观点不应与自然神论相混淆，自然神论假定了一位遥远的"钟表匠式的"上帝，他不参与对其造物的日常监督。自然神论在19世纪初左右的美国经历了短暂的全盛时期。上帝作为一个根据法则治理宇宙的"政府"观念完全符合这样一种观念，即每一分钟每一秒的运行都需要神的努力，（转下页）

来研究这些法则，可以帮助揭示上帝对人类的意图和期望。[53]

自然宗教认为，道德法则尤其可以从对人性的研究中得出。著名长老会成员约翰·威瑟斯彭（John Witherspoon）写道："责任和义务的原则必须从人的本性中得出。也就是说，如果我们能够发现造物主是如何塑造他的，或者造物主是为了什么而塑造他的，那当然就是人理应就如此。"[54] 而自然宗教的一个关键"发现"是，人类注定要幸福。韦兰写道，所有人类都展现出"被取悦或被伤害的普遍力量"，他也将其称为"敏感"或"快乐的力量"。他推断说，这种力量的存在必然是"我们造物主意志的象征"：在创造人类幸福能力的过程中，在用"精确适应这些能力"的物体包围我们的过程中，上帝表明人类幸福是他计划的一部分。[55] 这一前提是如此重要，以至于迈耶将自然宗教本身描述为"一种伦理推理方法，其前提是上帝希望人类幸福，促进人类幸福的东西必然是符合上帝的意愿，因此是正确的"。[56] 人类幸福是上帝的最高目标之一，因此它应该成为所有社会和政治组织的首要目标，这是苏格兰哲学在美国最持久的思想遗产之一。我们发现东部宗教机构的继任者和向他们发起挑战的狂

（接上页）以保持物质的运动。例如，辉格党政治经济学家弗朗西斯·鲍恩（Francis Bowen）认为，既然"只有精神"能够移动物质，"上帝的精神必然永远积极地引导着每一条轨道，推动行星在它们的轨道上运行，给予每一个活细胞能量，引导每一个沸腾的水分子"。引自同上，96。有关这一观点的更流行的阐述，参见，例如，"On the Physical Agency of the Deity," *Christian Advocate and journal*, July 12, 1833, p. 1. 关于自然神论在美国人心目中有限地位的讨论，参见 Noll, *America's God*, 143 - 45。

53 参见 Theodore Dwight Bozeman, *Protestants in an Age of Science: The Baconian Ideal and Antebellum American Religious Thought* (Chapel Hill: University of North Carolina Press, 1977); Benjamin M. Friedman, *Religion and the Rise of Capitalism* (New York: Alfred A. Knopf, 2021), 131 - 96。

54 John Witherspoon, *Lectures on Moral Philosophy*, ed. Varnum Lansing Collins (Princeton: Princeton University Press, 1912 [1772]), 4。威瑟斯彭是新泽西大学（现为普林斯顿大学）的校长，也是苏格兰哲学在美国的重要传播者。

55 Wayland, *The Elements of Moral Science*, 94, 95。参见 Elisha P. Hurlbut, *Essays on Human Rights and Their Political Guaranties* (New York: Fowlers and Wells, 1848), 15 - 16.

56 Meyer, *The Instructed Conscience*, 46。参见 James H. Moorhead, "Between Progress and Apocalypse: A Reassessment of Millennialism in American Religious Thought, 1800 - 1880," *Journal of American History* 71, no. 3 (1984): 528。

热的西部边疆福音派都认同这一观点。[57]

142

    杰克逊时代一些最有影响力的学院经济学家或"政治经济学家"认为他们所从事的新兴科学是自然宗教的一部分。[58] 如果道德哲学探讨个人如何通过个人行为促进人类幸福，政治经济学则讨论社会如何通过公共政策促进人类幸福。哥伦比亚大学教授约翰·麦克维卡尔教士（Rev. John McVickar）写道，政治经济学"就是要说明宗教对个人，即'正义的传道者'来说是什么"。他继续说道："被宗教谴责是错误的也是被政治经济学证明是不恰当的，被宗教谴责为违背义务和美德的，也会被政治经济学证明为是反对社会的和平、良好秩序和永久繁荣的。"[59] 换言之，政治经济学无非是对上帝自己对人类社会结构的意图的探究。美国政治经济学家声称，他们发现了**自然的**经济规律，如果这些规律得到忠实的实施，将使人类幸福最大化，从而使他们的社会与神的意志相和谐。[60]

    值得注意的是，亚当·斯密并不持有这种观点，尽管他被美国政治经济学家广泛推崇为其学科的创始人。尽管他确实将市场与"自然"自

---

57 例如，著名的循道卫理公会巡回牧师、民主党党派"狂人"洛伦佐·道（Lorenzo Dow）宣称："人是由他的创造者为了幸福而设计的，追求幸福是他的责任，他也有责任在他人身上推广幸福。"Lorenzo Dow, *Perambulations of a Cosmopolite, or, Travels & Labors of Lorenzo Dow, in Europe and America*（New York：R. C. Valentine, 1855［1816］），333。

58 参见 Stewart Davenport, *Friends of the Unrighteous Mammon: Northern Christians and Market Capitalism, 1815 - 1860*（Chicago：University of Chicago Press, 2008），19 - 83；Henry F. May, *Protestant Churches and Industrial America*（New York：Harper & Brothers, 1949），15 - 16，44 - 45。

59 John McVickar, "Concluding Remarks," in *Outlines of Political Economy ...*（New York：Wilder & Campbell, 1825），187。民主党政治经济学家小西奥多·塞奇威克（Theodore Sedgwick Jr.）也持类似观点，认为"能够使人劳动的自然法则就是幸福法则"；Theodore Sedgwick Jr., *Public and Private Economy, Part First*（New York：Harper & Brothers, 1836），162。

60 正如威廉·萨顿（William Sutton）所指出的，福音派思想领袖越来越推崇这种观点；参见 William R. Sutton, *Journeymen for Jesus: Evangelical Artisans Confront Capitalism in Jacksonian Baltimore*（University Park：Pennsylvania State University Press, 1998），6。有关宗教与学术政治经济学之间关系的详细讨论，参见 Davenport, *Friends of the Unrighteous Mammon*。

由联系在一起，但他也是一个臭名昭著的宗教怀疑论者。[61] 早期的美国政治经济学家，其中许多人也被任命为牧师，巧妙地修改了亚当·斯密的观点，以符合他们自己的宗教信仰。历史学家斯图尔特·达文波特（Stewart Davenport）写道："尽管教士经济学家热衷于他们那个时代的自然神学，因为自然神学告诉他们，所有的自然都是仁慈的造物主的作品，但他们很容易将上帝重新插入斯密的（经济）机制中，在那里，斯密的观点变得很契合造物主的意志，也可能契合其支持者的意志。"[62] 他们还批评或无视了斯密在英国的继任者托马斯·马尔萨斯（Thomas Malthus）和大卫·李嘉图（David Ricardo）的观点，他们更悲观的经济愿景不太适合这种对斯密思想的重新书写。[63] 这种经济与自然宗教的融合将影响整个 19 世纪美国政治经济的进程。直到 1880 年，一位英国作家在评论美国政治经济的独特性时，指出了其中"神学元素的显著性"，以及坚定不移的乐观主义。[64]

对美国政治思想进程至关重要的是，将自然宗教和经济秩序联系在一起的基本假设并不是仅仅局限在学院经济学家的圈子里。事实上，它们已经渗透了当时的政治言论中，尤其是在民主党方面。例如，对市场经济最普遍的辩护基于这样一个前提，即上帝赋予了人类一种"改善自身状况"的天然愿望。民主党人和辉格党人在解释为什么美国经济优于其他国家时，都常常诉诸这种愿望。他们认为，只有美国经济使个人能够根据自己的努力和能力来改善自己的境况。从这个意义上说，美国经济与人类本性的**契合**是独一无二的：在奖励个人生产力、让个人自由地运用自己的劳动和处置自己认为合适的财产的过程中，美国经济赋予了个人改善生活的野心以自由的空间。这种野心反过来又使每个人受益，使　143

61　斯密极少引用"自然自由"，参见 Smith, *An Inquiry into the Nature and Causes of the Wealth of Nations*, 1: 435; Adam Smith, *An Inquiry into the Nature and Causes of the Wealth of Nations*, vol. 2 (London: Methuen & Co., 1904 [1776]), 184.

62　Davenport, *Friends of the Unrighteous Mammon*, 53.

63　同上，30 - 33; Nancy Cohen, *The Reconstruction of American Liberalism, 1865 - 1914* (Chapel Hill: University of North Carolina Press, 1002), 40。

64　T. E. C. Leslie，引自 May, *Protestant Churches and Industrial America*, 136。

社会从野蛮走向文明。[65] 相比之下，在几乎所有其他国家中，社会的所有阶层都受到阶级、公会或继承头衔等人为障碍的束缚，每个人都因此而受苦。[66]

尽管美国人明确反对这种"人为"的不平等，但他们认为**自然的**不平等是完全合法的。事实上，民主党人和辉格党人都经常指出，多样性是自然世界的统治原则之一。在人类身上，它体现在不同水平的天赋和能力上，且有助于证明经济分工的合理性：不同的人天生适合不同的工作。这一原则也防止了在白人中任何形式的持久的贵族制，因为贵贱的区别并没有反映出个人在能力或性格方面真实或**自然的**差异。例如，一位民主党发言人认为，上帝让一些人"在体力和脑力上优于其他人"，而在自由社会中，当个人利用上帝赋予的天赋时，这些差异自然会导致社会和经济不平等。这种不平等是"上帝法则的必然产物"，不应受到干涉。另外，任何因法律特权而产生的不平等都与上帝对天赋和能力分配无关；它在人类之间造成了人为的而非自然的区别。[67] 政治经济学家托马斯·库珀（Thomas Cooper）对此表示赞同，因此他建议反对与"自然法则作对，因为自然法则将生活中更多的美好事物分配给卓越的能力、精力、知识和坚持不懈的努力"。[68]

正如上帝赋予人类不同的天赋和能力一样，他也将不同的优势和劣势分配给了地球的不同地区，以及不同的国家和民族。一位1831年全国自

---

65 他们还认为，人类是由上帝设计的，为了在德性（moral virtue）的实践中找到幸福。出于这些原因，谨慎的自我利益和德性永远不会冲突。Meyer, *The Instructed Conscience*, 99-102。

66 有关这种论述风格的一个具有启示性的范例，参见 "The Reciprocal Influence of the Physical Sciences and Free Political Institutions," *United States Magazine and Democratic Review* 18, no. 91（1846）。

67 "Address to the Workingmen of the United States," *Extra Globe*, September 26, 1840, pp. 289, 291.

68 Thomas Cooper, "Distribution of Wealth," *Southern Review* 8（1831）: 180。辉格党政治经济学家弗朗西斯·鲍恩（Francis Bowen）对此表示赞同；参见 Francis Bowen, "French Ideas of Democracy and a Community of Goods," *North American Review* 69, no. 14s（1849）: 312。参见 James Fenimore Cooper, "To Sir Edward Waller, Bart.," in *The Travelling Bachelor, or, Notions of the Americans*（New York: Stringer and Townsend, 1856 [1828]）, 671。

由贸易大会的与会者写道:"(自由贸易)所允许的普遍的行动自由倾向于最彻底地发挥每个国家的道德和力量,并将其应用于最适合的目标。"另外,"那些诉诸限制性政策的国家,通过立法干预自然和最有利可图的资本使用,使自己处于不利地位"。[69]与个人一样,当时的国家拥有独特的自然的发展能力,而自由贸易是帮助它们实现这一目标的机制。民主自由贸易者经常写到贸易的"自然渠道",即在不受限制性贸易政策阻碍的情况下,由比较优势原则所支配的渠道。在他们看来,美国的优势在于农业、肥沃和广阔的土地。至少在当时,农业是一种自然的生产形式。

上帝不仅创造了自然的多样性,他还制定了一套法则,使其对人类甚有裨益和慷慨无私。这就是自由竞争和贸易的法则。竞争将释放人类个体的多样能力,产生有效的结果;贸易将使地球上所有不同的地区能够分享彼此的自然财富,为所有人带来和平繁荣。如果人类政府能不再阻挠,将贸易从人为的束缚中解放出来,天意将得以彰显。[70]来自南卡罗来纳州的狂热自由商人罗伯特·海恩(Robert Hayne)在参议院回应亨利·克莱(Henry Clay)的提问时,赞扬了上帝亲自写进宇宙自然设计中的丰富繁荣:

> 先生,因为有宗教,所以我相信有自然的政治。请将您的目光投向这片千姿百态的土地,看看它的表面,有丘陵、山谷、岩石和肥沃的田野。请留意它在有限的土壤和气候中的不同生产。看那些浩浩荡荡的河流蜿蜒曲折地流向山边,然后把人类引导到广阔的海洋,把国家分割开来,但又把国家联系起来。任何一个以哲学家的眼光来看待这些事情的人,能读不出这伟大的造物主的设计(在他的作品中写得

69　"Free Trade Convention," *New York Evening Post* (reprinted from the *Philadelphia Gazette*), October 8, 1831, p. 2.

70　根据《民主评论》的观点,自由贸易将"把上帝为其造物成果所做的一切传播到任何地方"——这就是"自然的意图"。Anon., "Free Trade," *United States Magazine and Democratic Review* 9, no. 40 (1841): 342, 341. 有关这种商业天意观根源的讨论,参见 Jacob Viner, *The Role of Providence in the Social Order: An Essay in Intellectual History* (Philadelphia: American Philosophical Society, 1972 [1966]), 32 – 54。

很清楚），即造物主的孩子们应该在自由的商业交往中被联结在一起，并相互交换各种上天赐予他们礼物吗?[71]

这种天意的设计只需要少量的人类合作：人们必须避免通过立法形成任何"邪恶的人工刺激系统"，以破坏自然的自发运作。[72]当然，考虑到人类通过获得特殊经济特权来攫取金钱和权力这一同样自然的倾向，这不是一件简单的事情。但民主党人认为，这对于维护他们年轻的共和国的例外主义至关重要。

因为市场体现了造物主自己的智慧设计，它将世界的自然多样性带入一种富有成效的和谐境界，任何试图改变或改善市场的尝试如果不是异端的话，都是傲慢的。波尔克就任总统期间的财政部部长罗伯特·沃克（Robert Walker）写道：

> 地球、太阳和无数系统在宇宙空间中旋转，在完美的秩序和美好中前进，但如果人类的立法能够干涉和阻止自然法则的话，那么即使是世界的和谐也会受到干扰。控制国家间贸易、调节资本与收益、工资与劳动之间关系的自然法则是完美和谐的，而会带来变化的人类法则总是有害的。[73]

民主党人有时会这样来讲述一个天意必然的故事：尽管人类立法者竭尽全力，但他们只能延迟而决不能破坏市场中方兴未艾的自然逻辑。[74]然而，在其他时候，民主党人会用它来警告那些用人为法则代替自然秩

---

71 Robert Hayne, *Register of Debates*, 22nd Cong., 1st sess. 94（January 1832）.几年内，这一自由贸易的天意愿景将被载入美国最具影响力的经济学教科书。Friedman, *Religion and the Rise of Capitalism*, 255 - 62。

72 同上，95。

73 "Report of the Secretary of the Treasury" *New York Evening Post*, December 12, 1848, p. 1.

74 早在18世纪90年代这一论点在美国就已经存在，费城商人用这一论点谴责在经济困难时期对谷物和其他主食的价格控制。参见Ronald Schultz, *The Republic of Labor: Philadelphia Artisans and the Politics of Class*, 1720 - 1830（New York: Oxford University Press, 1993）, 63 - 64。

序的人的自负。"某商人"在给《纽约晚报》的信中讽刺地警告说，辉格党人希望用一个"大监管者"来取代"上帝亲自制定的自然贸易法则"，而"大监管者"本可以花时间和精力来弥补他们所"缺乏的自然智慧"。[75]另一位民主党发言人将保护主义描述为"通过明显反对神圣政策的人为手段来实现目标"的尝试。[76]因此，经济监管看起来像是至高无上的傲慢——那些误以为自己是神的人的傲慢。[77]

这些观念也得到了英国自由贸易者理查德·科布登（Richard Cobden）的著作的支持，他在19世纪30年代和40年代对英国谷物法的反对引起了国际关注，并影响了美国社会的舆论，尤其是在北方。[78]科布登认为，不受保护主义壁垒约束的自由贸易将带来全球相互依存、远离战争和普遍繁荣。在他看来，关税是对上帝解放世界计划的一种严重的"非自然"扭曲。对进口谷物征收高额关税的谷物法只是一个公开的例子，它"干涉了上帝的智慧，用恶人的法律代替了自然法则"。[79]科布登的著作滋养了美国北方的自由贸易经济思想，与反奴隶制的观点相融合，并促成了"自由劳动"的兴起。[80]

对于科布登来说，就像拥护自由贸易的民主党人一样，自然经济的理念与自然权利紧密相连。与之前的杰斐逊和潘恩一样，杰克逊时代的

---

75 "To Merchants," *New York Evening Post*, October 20, 1840, p. 2，参见Thomas Roderick Dew, *Lectures on the Restrictive System: Delivered to the Senior Political Class of William and Mary College*（Richmond: S. Shepherd & Co., 1829），23。

76 "Address of the Frailty Club to Whomever It May Concern," *Jeffersonian*, May 30, 1842, p. 90.

77 《西部评论》（*Western Review*）认为，经济保护主义者"假装他们比造物主更聪明"。"Art. I. — Report of the Secretary of the Treasury," *Western Review 1*, no. 1（1846）: 34.

78 科布登是所谓的曼彻斯特学派（Manchester School）的领军人物之一。关于他在美国杰克逊时代的影响力的讨论，参见Marc-William Palen, *The "Conspiracy" of Free Trade: The Anglo-American Struggle over Empire and Economic Globalization, 1846 – 1896*（Cambridge: Cambridge University Press, 2016），12 – 32。

79 Richard Cobden, "Free Trade," in *Speeches on Free Trade*（London: Macmillan, 1903 [1843]），35.

80 关于19世纪30年代自由劳动思想及其对财产权劳动理论的依赖的开创性讨论，参见Eric Foner, *Free Soil, Free Labor, Free Men: The Ideology of the Republican Party before the Civil War*（London: Oxford University Press, 1970）第1章。

民主党人通常从自然宗教的戒律中提炼出自然权利和自然经济法则：这两者都是根据理性原则设计的道德世界的特征，可以通过仔细分析人类的天赋能力来发现。权利代表了个人在这个世界上自由航行和发挥其天赋所需的基本保护。威廉·莱格特（William Leggett）写道，"维护人的平等权利是自然政府制度的全部目的和终结目的"，平等权利这一伟大原则"之于政治世界，正如万有引力之于物理世界，它是一个调节原则，独力地和谐地安排了巨大整体的各个部分，平衡了它们的运动，并将所有事物简化为最完美的组织"。[81] 对于莱格特来说，自由市场法则是构成这一自然架构的组成部分。[82]

一些读者可能会反对杰克逊时代民主党人深受宗教假设影响这一观点，部分原因是历史学家有时将他们描述为一个本质上的**世俗**政党。[83] 然而，只有当我们将"世俗"理解为一个比较性术语时，这种认识才是合理的。的确，民主党人通常反对利用国家权力推进教派目标，例如禁止在安息日投递邮件或歧视天主教徒。与辉格党相比，他们也不太可能用罪恶和救赎的语言来描述美国政治。但他们不是宗教怀疑论者，也没有公开地将宗教前提排除在政治论点之外。事实上，如果不考虑其神学基础的话，大多数美国人无论他们是民主党人或辉格党人都无法理解在民主党人修辞中经常出现的自然法则道德化的概念。[84]

在民主党人的政治言论中，他们倾向于支持经济自由。然而，这并不意味着他们反对政府对经济的所有监管。在他们为限制银行家对国内经济的权力而进行的持续斗争中，民主党政府推动了禁止商业银行发行小货币，推动建立了一个公有的"人民银行"，以及成立了一个独立的财

---

81 William Leggett, "The Natural System," in A *Collection of the Political Writings of William Legged*, vol. 2, ed. Theodore Sedgwick Jr.（New York：Taylor & Dodd, 1840/1837）, 332 - 33.参见 Sklansky, "William Leggett and the Melodrama of the Market."。

82 在整个20世纪，以人类福祉的总体最大化为目标的市场的功利逻辑越来越被视为与保护个人权利相矛盾。总的来说，杰克逊时代民主党人并不认可这种紧张。

83 例如，参见 Arthur Schlesingerjr., *The Age of Jackson*（Boston：Little, Brown, 1945）, 350 - 60; Ashworth, *"Agrarians" & "Aristocrats,"* 200。

84 有关进一步的讨论和证据，参见 Ward, "Jacksonian Democratic Thought"; Siddali, *Frontier Democracy*, 84 - 02。

政部来处理联邦资金；他们通过一系列措施来抑制投机泡沫，例如，要求从政府购买土地的所有交易都用硬通货支付。事实上，"硬性货币"本身最好被理解为通过限制私人银行的自由裁量权来扩大公众对货币和经济的控制。[85] 事实上，这一时期的许多辉格党评论员谴责民主党人"管得太多"，尤其是在监管银行和货币方面。[86]

民主党人的回应是，有时需要政府干预以**捍卫**自然经济秩序，防止人为特权或团体扭曲这一秩序。奥沙利文承认："可能还需要大量的积极治理以消除过去错误政府的种种弊端。"[87] 民主党人竭力用同样的方法来证明，10 个小时的工作日也是合理的。例如，马萨诸塞州州长马库斯·莫顿（Marcus Morton）认为，贫困、地理分散、组织困难和缺乏教育使工人容易受到精英阶层的经济力量的影响，他们有时利用这种力量迫使工人为了不合理的低薪进行无谓的超长工作，从而从工人的劳动中获取更多的"成果"。但他将这一结果归咎于那些滥用经济权力的富人的"贪婪"和"野心"，而不是市场力量本身。在他看来，正是这种不自然的滥用使在某些职业中将工作时间限制在 10 小时的立法成为合理的。[88]

最终，无论他们的立法议程能否与他们的言论完全一致，民主党人都成功地普及了一种理解政治和经济生活之间关系的新方法。历史学家丹尼尔·罗杰斯（Daniel Rodgers）在谈到 19 世纪的美国时写道："这是对自由精神力量的最明确的尝试，它并不只存在于法规文书中的例外情况，而是体现在了将公共经济行为视为对'自然'经济法和经济'自由'领

147

---

85 有关 "人民银行"，参见 Robert Richard， "The 'Great Depression,' the People's Bank, and Jacksonian Fiscal Populism in North Carolina, 1819 – 1833," *Tennessee Historical Quarterly* 76, no. 3（2017）: 240 – 57。关于民主党利用国家权力塑造经济的愿景，参见 Sean Wilentz, *The Rise of American Democracy: Jefferson to Lincoln*（New York: Norton, 2005）, 438; Michael F. Holt, *The Rise and Fall of the American Whig Party: Jacksonian Politics and the Onset of the Civil War*（New York: Oxford University Press, 1999）, 66; Schlesinger, *The Age of Jackson*, 512 – 18。

86 Calvin Colton, *The Crisis of the Country*, 2nd ed.（Philadelphia: T. K. and P. G. Collins, 1840）, 6; Anon., "The Credit System," *National Magazine and Republican Review* 1, no. 1 （1839）.

87 John O'Sullivan, "Note," *United States Magazine and Democratic Review* 12, no. 59（1843）: 538.

88 "Meeting of Mechanics and Workingmen," *Bay State Democrat*, September 15, 1840, pp. 1 – 2.

域的'干预'的信念中。"[89] 正是杰克逊时代的民主党人将这一信念转变为美国人的普遍信条。

市场自由

市场体现了人的自由这一观点是民主党经济言论的核心，也契合于他们将经济与自然宗教相融合的观念。民主党人一再表示，市场是一个有序富足的领域，几乎不带**胁迫**的色彩。反过来，这一乌托邦式的观点又被市场是自然的、"自发的"，是神圣智慧而非人类法则的呈现这一信念所促进。

正如我们已经探讨过的，经济规律似乎是自然的，因为就像物理规律一样，它们似乎在没有人为干预的情况下发生作用。在混乱中，它们创造了一种秩序，这似乎不是人类计划之中的工作。"自发"是民主党人通常用来描述这种秩序的术语。在他们看来，自发性的反面是强制——法律的强制力将自己的秩序强加给人类事务。例如，我们经常发现民主党人辩称，保护性关税**迫使**贸易失去了自然渠道。小兰图尔称："在那些所有事物体系都是人为塑造的国家中，……不公正和恶意的法律**迫使**企业和工业从最具生产力的行业退出。"[90] 同时，另一位民主党人也认为："立法干预有利于任何特定的工业追求，必然会**迫使**资本和劳动力从一种行业转移到另一种行业。"[91] 正是通过这种强制干预，人类使其经济变成人

148

---

89 Daniel T. Rodgers, *Atlantic Crossings: Social Politics in a Progressive Age* (Cambridge, MA: Harvard University Press, 1998), 81.

90 小兰图尔不断强调，这种胁迫是由"一个最复杂、最不自然、最昂贵的政府机构"维持的。Robert Rantoul Jr., "An Address to the Workingmen of the United States of America," in *Memoirs, Speeches, and Writings of Robert Rantoul, Jr.*, ed. Luther Hamilton (Boston: John P. Jewett & Co., 1854 [1833]), 237。

91 有研究着重强调了这一点，Conde Raguet, "The Free Trade Advocate," *New York Evening Post*, April 10, 1829, p. 2。参见 Dew, *Lectures on the Restrictive System: Delivered to the Senior Political Class of William and Mary College*, 39; "White Slavery," *United States Magazine and Democratic Review 11*, no. 51 (1842): 271; "Art. I. — Report of the Secretary of the Treasury," 24。

为的而非自然的。[92]

　　如果自发性是强制力的对立面，那么它很容易被认为与自由相关。不受经济监管约束的贸易本身被认为是自由的，从事**贸易**的个人也是自由的。人们的命运不由"政府行为的监护和控制"来决定，而只会受到市场竞争的影响，由他们自己的"个人进取心和智力"来决定。[93]他们可以"自由"地从一份工作转移到另一份工作。[94]此外，经济监管"与时代精神相悖，这个时代强烈支持个人行动的自由"。[95]"自由竞争和联合"领域是"自愿"人类行动的领域，而政府干预是强制约束的来源。[96]由于市场竞争与个人自由有着如此强烈的联系，任何对市场的立法干预都必然表现为对人的自由的冲击。

　　对21世纪的读者来说，市场与个人自由的联系似乎显而易见，但事实上，这里有一个重要的概念难题需要解决。当然，市场确实分散了经济决策的权力：关于如何生产和生产什么的决策留给个人和企业在市场压力下作出，而不是通过政府指令。但这些市场压力确实会**限制**个人选择，有时甚至会是严重的限制。德裔美国经济学家弗里德里希·利斯特（Friedrich List）清楚地看到了这一点：尽管自由贸易者声称保护性关税会**迫使**资本从事某些"行业"，但他也写道："关税支持者也可能会辩称，缺乏保护性关税会迫使人们在没有其他选择的情况下将（他们的资本）投资于商业或农业。"[97]他很可能也会认为，自由市场不一定造就自由的人。

92　当然，民主党人并没有完全否认政府强制的必要性；相反，他们坚持认为，只有在用于保护个人的自然权利时强制才是合法的。这时，它加强了社会的自然秩序。

93　"Free Trade Meeting in Portland," *New York Evening Post* (reprinted from the *Eastern Argus*), August 30, 1831, p. 1.

94　Dew, *Lectures on the Restrictive System: Delivered to the Senior Political Class of William and Mary College,* 46.

95　"Free Trade Meeting in Portland," 1.

96　O'Sullivan, "Introduction: The Democratic Principle — the Importance of Its Assertion, and Application to Our Political System and Literature," 7.

97　Friedrich List, *National System of Political Economy,* trans. G. A. Matile (Philadelphia: J. B. Lippincott & Co., 1856 [1841]), 249.

事实上，民主党自由贸易者也承认这一点：例如，他们承认，如果没有关税保护，许多希望在制造业中发展的美国人很可能会发现这条经济道路对他们来说满是障碍，市场中的各种条件会阻碍他们以这种方式谋生。正如关税将**引导**人类生产力，使某些途径更有利可图，而其他途径则收益微薄一样，市场力量也将是如此。更广泛地说，民主党人承认，竞争和技术变革可能会压低工资，并将工人赶下工作岗位甚至赶出某种职业：它们可能会严重压缩特定工人和投资者可选择的替代方案。[98]

149　　那么，为什么市场的限制不被认为是个人自由的障碍呢？为什么面对严峻的市场竞争的人们会被想象成完全自由的呢？[99] 部分原因在于总生产率：自由贸易者认为，宽松监管的市场将创造更多的繁荣，从而为所有人创造更多的经济机会。[100] 但这只是部分答案。对于自由贸易的美国推动者们来说，关税是人为征收的，因此是"人为的"，而市场是"自然的"，这一事实似乎显而易见。如果经济法则确实类似于"使行星保持在其轨道上的规律"一样，那么将其视为人类自由的限制就显得站不住脚了。[101] 在这种观点下，经济法则对人类自由的限制不亚于万有引力定律。当然，如果我们可以想象人类从物理定律中解放出来，但没有人能够合理地辩称这种"人造"自由在道德或政治上有任何**权利**。同样，任何人都不可能有权利不受自然的经济规律的控制或不受它们对个人行为施加的约束。

　　更重要的是，如果自然的秩序被认为反映了上帝的意志，那么摆脱其良性约束就不是一种人类理应向往的自由形式。1846年约翰·拉鲁（John Larue）在路易斯安那州民主党大会演讲时说：

---

98 例如，在称赞自由贸易带来的总体利益的同时，拉盖特的文章也不断承认外国竞争对各个经济部门的国内生产造成的限制和干扰。但是他认为这种约束是自然的。参见 Raguet, *The Principles of Free Trade, Illustrated in a Series of Short and Familiar Essays*。

99 可能有人认为，法律约束是以国家胁迫的威胁为后盾的，而市场约束不是。但事实并非如此。例如，国家通过一系列规范私人财产和合同的法律制定和执行来塑造和强化市场。违反这些法律将引发国家强制，正如拒绝支付进口商品的关税一样。

100 例如，参见，"Free Trade Convention," 2。

101 John C. Larue, "Lecture Delivered before the Louisiana Democratic Association ...," *Jeffersonian*, December 1, 1846, p. 2.

道德和物质世界都是由伟大的"万物之父"来管理的。而弱小的人类为了从他的煤矿或棉纺厂获得更大的收益而试图将人类的奋斗历程从其自然渠道中转移出来，就像要改变起风或阻止下雨一样是多么的明智啊。

当然，拉鲁知道，如果人类愿意，他们确实**可以**改变奋斗的方向。事实上，他继续谴责了正在从事这一方面的保护主义者。他也知道，"受保护的阶层"**可以**从这种转向中获得更大的利润。那么，他的意思其实是，这种转向是反常的。如果说经济法则是神圣智慧的体现，是为所有人的福祉而设计的，那么摆脱市场约束的抗争既不合法，最终也是对每个人都有害的。自由——唯一值得向往的自由——是完全在这些良性约束中能实现的状态，而不是通过逃避或颠覆它们来实现的。人类的奋斗应该"像天堂的空气一样自由"，就像空气本身一样，只服从自然的仁慈法则。[102]

事实上，这正是一些民主党人对"自由"的最初理解：受且仅受自然法则约束的状态。[103] 沃克写道："让所有国际产品的流通和交换在其轨道上自由移动，就像天体在其领域中自由移动一样。"[104] 他对隐喻的选择很有启发性。在这个观点中，使行星自由运行的是约束和引导它们的法则，无论多么死板，这都是自然法则，是上帝自己的法则。在这里，自由被想象为服从于自然约束。我们在奥沙利文的修辞中发现了同样的倾向，他写道：

> （自由）是处理人与人之间公正关系的司法系统的单一核心，而且，在［自愿原则］的可靠运作下，漂浮的原子将自行分配和结合，

---

102 同上。

103 自然法传统长期以来一直认为，违反自然法不能获得真正的自由。例如，布朗森写道："可以做在上帝的法则或自然法则下不公正的事的自由，是许可，而不是自由，这与自由是对立的，正如欲望是爱的对立面一样。"Orestes Brownson, "Art. IV: Address of the Democratic State Convention of Massachusetts," *Boston Quarterly Review* 1, no. 1 (1838): 36。

104 "Report of the Secretary of the Treasury," 1.

正如我们在美丽的自然结晶过程中所看到的那样，形成一个比政府以其"培育之手"试图以指导的名义扰乱过程能够达到的更完美和和谐的结果。[105]

在这里，市场社会中的人的自由再次被比作受物理法则控制的自然天体运动。如果贸易法则和物理法则一样是自然的，那么它就是神圣的，服从它们就永远不会让任何人**失去自由**。《西部评论》以一种特别有说服力的表述宣称："贸易自由是人类真正的利益，因为它让人类可以自由地追求自然赋予他的使命。"[106] 这样，市场就完全被美国最伟大的价值观——自由所同化了。[107]

尽管这看起来有点晦涩，但它对许多19世纪的美国人理解生活的方式，尤其是理解他们的经济困境，产生了深远的影响。它构建了市场和国家之间的根本不对称：一个是拥有神圣秩序的公正领域，在这个领域中，拥有权利的个人完全不受强制约束；另一个是对人们经济生活的强行干预。因此，市场带来的经济挫折可以被归咎于运气不佳，但绝不是因为受到了**压迫**。[108] 相反，国家施加的限制和规定似乎对个人自由构成了直接和即时的威胁。这种巨大的差异嵌入了美国人对政治的默认假设之中，并一直延续至今。[109]

在杰克逊时代的美国，共和主义思想进一步强化了这一点。在第3章中，我们看到18世纪的工匠转向市场，通过无数的非私人交易将市场定位为摆脱对强大庇护人的依赖的一种源头。民主党人提出了同一观点的另一种版本：如果政府负责引导社会财富的流动；那么一切都将取决于它，它就可能会成为一个反复无常、刚愎武断的主人。莱格特警告

---

105 O'Sullivan, "Introduction: The Democratic Principle — the Importance of Its Assertion, and Application to Our Political System and Literature," 7.

106 "Art. I. — Report of the Secretary of the Treasury," 36‐37.

107 有关法国重农学派经济思想中这些相同倾向的有趣讨论，参见 Harcourt, *The Illusion of Free Markets*, 78‐91。

108 例如，市场的复杂性可能会使其模式难以预测，即使对谨慎的商人来说也是如此，这种困难有时可能会带来经济损失。

109 参见 Rodgers, *Atlantic Crossings*, 79‐80。

说："政府可能会非常乐意去抬高一个阶层，打压另一个阶层。……因此，所有人都会成为立法机关的傀儡，而不是能够依靠自己的资源来实现繁荣的独立的公民。"他接着说，这样一来，政府"就承担起了主宰天命的职能"。[110] 政府就能**任意地**创造出独断专行的权力，以及使这种权力的受害者必须依附他人：它成为一个强大的能动者，可以将人们玩弄于掌心。相比之下，被认为是自然系统的市场不会反映任何特定主体的意志，如果它反映了什么，那也是神圣的意志，而这种意志绝不可能是独断专行的。就像物理学定律一样，市场定律也具有一种道德纯洁性：它们永远不会让人们受到专断的控制，也永远不会把他们变成**依附者**。在一定程度上，自由被理解为没有专断权力存在的状态，因此，无论市场的运作看起来多么反复无常，它都不会威胁到自由。[111]

因此，对不平等和经济波动的批评者不得不将这些现象产生的原因归咎于特定的主体，无论他们是垄断者、投机者、特权公司还是政府，而不是归咎于市场本身，从而使这些主体的存在看起来是对个人自由的攻击。民主党人对美国第二银行的挑战体现了这一趋势：这是一个"庞大的控制机构"，几乎所有的经济弊病都可以归咎于它对经济的随意控制。[112]该银行提供了一个重要的修辞和理论需要：它使民主党人得以维护**自由**

---

110 William Leggett, "The Functions of Government," in *A Collection of the Political Writings of William Leggett*, vol. 1, ed. Theodore Sedgwick Jr. (New York: Taylor & Dodd, 1840 [1834]), 163.

111 参见 Eric MacGilvray, The Invention of Market Freedom (Cambridge: Cambridge University Press, 2011), 170 - 73。当然，也有一些人认为，市场力量本身就是强制性的和武断的。例如，费城鞋匠、活动家和编辑威廉·海顿（William Heighton）认为，经济竞争是劳动者受束缚的根源："需求迫使我们为给出的薪水工作，并用来支付一切所需的价格；我们必须要么这样做，要么诉诸欺诈或盗窃，要么死于饥饿和赤裸。"在他看来，经济竞争迫使工资下降，迫使工人为微薄的工资而劳动，并剥夺了他们的劳动成果。William Heighton, "William Heighton, an Address Delivered before the Mechanics and Working Classes Generally, of the City and County of Philadelphia" (Philadelphia: Mechanics' Gazette, 1828), 8 - 9。参见 "Freedom of the Public Lands," Northampton Democrat, January 26, 1847, p. 2; Alex Gourevitch, From Slavery to the Cooperative Commonwealth: Labor and Republican Liberty in the Nineteenth Century (New York: Cambridge University Press, 2014), 77 - 81。

112 "Blessings of a National Bank," *Wisconsin Democrat* (reprinted from the *Boston Post*), January 31, 1843, p. 6.

和自然市场的理想类型，而这种市场的有益效果正在被贵族集团所扭曲。这也是银行在当时的经济辩论中位置格外突出的原因之一。

人为的不平等

之所以自由市场思想在杰克逊时代的美国越来越受欢迎，也是因为有关市场普遍平等的信念的流行。正如我们在上一章中开始探讨的那样，民主党人认为，小生产者之间的自由竞争将带来广泛共享的机会和财富。事实上，他们常常将欧洲巨大的不平等归因于其政治和经济体制的**人为特征**。[113] 范布伦总统回信给一位选民写道："只有当社会的自然秩序被破坏时，……劳动力的工资才会变得微薄。""如果劳动报酬自行其是，不受部分立法、垄断、聚集财富和利益组合的破坏性影响"，它将永远丰厚到足以为工人及其家庭"提供舒适的生活"，并足够储蓄以满足"老年人的需求"。[114] 小兰图尔也持这种乐观态度：如果没有"人为"的经济条件，任何人都可以通过努力工作挣到足够的钱来"让他过上独立的富裕生活"。[115]

人们很容易将这种经济信念的宣言视为富有的民主党精英的虚假狡猾的合理化。在某些情况下，他们也确实如此。但对其他许多人来说，这种信念根深蒂固，而且似乎得到了实际事实的支持：在一个小生产者群体不断扩大、有大量剩余的可用土地的经济中，似乎有理由期望不断扩大的市场将带来更大的经济平等。参议员威廉·艾伦（William Allen）写道，在这种情况下，"在没有政治性区别对待的情况下，人们在能力、精力和性格上的自然差异不足以破坏对每个人的安全和所有人的共同幸福

---

113 早在革命时期，美国人就将自己社会中不平等的加剧归因于"英国人人为的政治操纵"；Wilentz, "America's Lost Egalitarian Tradition," 69。

114 Martin Van Buren, "Letter from Mr. Van Buren on the Wages of Labor," *Bay State Democrat*, September 26, 1840, p. 3。类似的讨论，参见"White Slavery," 261。

115 Rantoul, "An Address to the Workingmen of the United States of America," 237, 238. Lawrence Frederick Kohl, *The Politics of Individualism: Parties and the American Character in the Jacksonian Era* (New York: Oxford University Press, 1989), 186 - 90.

至关重要的平等状态"。[116] 如果能保护这些自然差异不被不负责任的银行、垄断性公司和不平等法律所扭曲，市场本身就能防止严重的不平等，这也是许多民主党的忠实支持者所期望的。[117]

　　这种期望可以在不同层级的民主党人中找到，甚至在劳工活动人士中也可以找到，他们通常将美国的不平等归咎于"人为"立法干预。[118] 例如，李维·斯拉姆（Levi Slamm）在纽约的一次工人会议上发言，将美国工人的困境归咎于"银行特许状"和"垄断和限制系统"。针对这些邪恶势力，他援引了"人人平等保护、不偏袒任何人，或平等权利和自由贸易的原则"。[119] 与此同时，担任全国工会主席的伊利·摩尔（Ely Moore）提出"偏颇的、特殊和不平等法律"造成的"这种奇怪和不自然的不平等"。[120] 在他看来，这些法律扭曲了自然经济，否则自然经济将为劳动者带来更大的平等。历史学家爱德华·佩森（Edward Pessen）写道，早期劳工运动的许多领导人都是"自然法和自然权利的狂热信徒"，他们将贫困和不平等归咎于"人为的社会制度"，这些制度阻碍了"自然对人类的仁慈规划"。[121] 因此，他们大多数人反对政府对财产或财富的任何特

116　William Allen, *Cong. Globe*, 25th Cong., 2nd sess., Appendix 251（February 1838）.

117　Charles Sellers, *The Market Revolution: Jacksonian America*, 1813 - 1848（New York: Oxford University Press, 1991）, 325; Jonathan A. Glickstein, *American Exceptionalism, American Anxiety: Wages, Competition, and Degraded Labor in the Antebellum United States*（Charlottesville: University of Virginia Press, 2002）, 132 - 33.

118　Sklansky, "William Leggett and the Melodrama of the Market," 200 - 203.

119　Levi Slamm, "Workingmen's Meeting," *New York Evening Post*, Novembers, 1838, p. 1。参见 Theophilus Fisk, "An Oration on Banking, Education, & C. Delivered at the Queen-Street Theater, in the City of Charleston, S.C., July 4th, 1837"（Charleston, SC: Office of the Examiner, 1837）, 2, 3. 这种认为不平等是令人反感的，应该通过国家再分配来缓解的观点，甚至被斯拉姆和菲斯克等平等主义者谴责为"田地均分法"（指古罗马土地法），这被普遍认为与美国对平等权利的承诺不符。

120　Ely Moore, "Oration Delivered before the Mechanics and Workingmen of the City of New York ..."（New York: John Windt, 1843）, 22.

121　Edward Pessen, *Most Uncommon Jacksonians: The Radical Leaders of the Early Labor Movement*（Albany: State University of New York Press, 1967）, 103. 参见 Eric Foner, "Radical Individualism in America," *Literature of Liberty: A Review of Contemporary Liberal Thought 1*, no. 3（1978）: 15。

意的再分配。[122]

153　　对纽约新闻界的垄断和精英特权进行了顽强攻击，并赢得了许多工人阶级活动家的钦佩的莱格特也持有这种心态。[123] 他写道："人类状况的不平等是自然原因造成的，这并不是一个值得抱怨的话题。"只有当它是由"立法的介入"引起的时候，它才是一个道德问题。[124] 莱格特将美国的大部分不平等归因于这种腐败的干涉，这种干涉扭曲了平等主义的自然秩序。因此，他要警惕"那种用人的法律代替自然的法律、会彻底改变不可逆转的因果顺序的愚蠢行为"。[125] 他坚持认为："政府的自然系统"只应该用于强化平等权利和保护自由贸易。只有这样，美国的工人才能得到应有的待遇。[126]

　　我们在前一章中看到，一些劳工领袖和自由思想家完全否定了这些个人主义假设，转而倾向于接受对新兴资本主义经济的社会主义批判。然而，民主党人对一个自然和平等的市场社会的信念所面临的最大挑战之一完全来自另一处：托马斯·马尔萨斯（Thomas Malthus）的人口理论和大卫·李嘉图（David Ricardo）的寻租定律。马尔萨斯认为，人口增长率天然地高于粮食供应的增长，饥饿和苦难是自然控制人口数量的手

---

122 这就是他们坚称自己不是"平等主义者"的原因。

123 研究莱格特的历史学家理查德·霍夫施塔特（Richard Hofstadter）写道："在美国，可能很少有人宣扬资产阶级的个人和财产权利、合同自由、自由放任、个人主义和私营企业的理想的同时，对普通人的需求和欲望有着敏锐的理解。"Richard Hofstadter, "William Leggett, Spokesman of Jacksonian Democracy," *Political Science Quarterly* 58, no. 4（December 1843）: 594。

124 William Leggett, "The Inequality of Human Condition," in *A Collection of the Political Writings of William Leggett*, vol. 2, ed. Theodore Sedgwick Jr.（New York: Taylor & Dodd, 1840［1836］）, 164.

125 William Leggett, "The Crisis," in A *Collection of the Political Writings of William Leggett*, vol. 2, ed. Theodore Sedgwick Jr.（New York: Taylor & Dodd, 1840［1837］）, 312.

126 Leggett, "The Natural System," 2: 332。在早期关于工会化的辩论中，可以找到这种信仰个人主义和平等主义自然秩序的进一步证据。例如，我们发现工会的捍卫者几乎都会为他们愿意加入这些似乎抑制自由竞争的"组合"而道歉。例如，Ely Moore, "Address Delivered before the General Trades Union of the City of New York ..."（New York: J. Ormond, 1833）, 12 - 13; "A Democrat," "Democracy — Trade Union," *New England Artisan*, June 21, 1834, p. 1。

段。他还认为，下层的苦难是其勤劳工作的必要诱因，任何通过立法改善穷人状况的努力都注定是徒劳的。以下是激进民主党人斯蒂芬·辛普森（Stephen Simpson）对马尔萨斯思想的评价：

> 在富足之中，贪婪、权力、野心和勒索都开始垄断大自然的丰富资源，并给八分之七的人类造成饥饿，以便余下的一部分人可以在暴食中狂欢，尽情享受。因此，人类恶魔般的激情所造成的饥荒被试图归因于自然；而带着骄奢淫逸的贵族气质的作家们则冷静地正襟危坐，打着哲学的幌子，假装认为大自然并没有为她的孩子们提供生计。

对辛普森和他的同伴们来说，马尔萨斯的论点代表了对自然秩序的终极扭曲，自然秩序"在她的计划中永远和谐，在她的经济中永远有益"。[127] 没有什么比自然本身本来是人们追求摆脱压迫和等级制度的标准，却注定了工人阶级的苦难和贫困这一观点更令人恼火的了。马尔萨斯式的悲观主义在内战前的美国远没有其在英国那么有影响力。在英国，对人口压力的担忧甚至左右了约翰·斯图尔特·穆勒等自由主义乐观主义者的思想体系。

154

市场的美德

如果说民主党人的自由市场理念表达了其对美国社会的深刻乐观、启蒙主义观点，那么它也同时带有强烈的怀旧、共和主义和新教思想的痕迹。我们在前几章中对此进行了探讨。事实上，民主党人有时将自由贸易作为共和平等、简朴和美德的一部分，这种认识可以追溯到独立战争时期。这种论调和情绪的多样性对于理解杰克逊时代民主党人如何将自由市场转变为民粹主义口号也至关重要。

---

127 Stephen Simpson, The *Working Alan's Manual*（Philadelphia：Thomas L. Bonsai，1831），225，223.参见 Pessen，*Most Uncommon Jacksonians*，129‑44。

在这种情况下，市场最重要的道德特征是其所谓的**公正性**。在捍卫自由贸易时，民主党人经常援用"平等法律和平等权利"的原则，他们认为这是美国共和政府基础的一部分。[128] 例如，当民主党人描述美国政治制度的"天才之处"时，他们往往会提到没有**特权**或任何形式的**专属特权**。根据1832年出版的一本关于自由贸易的小册子："我们美国制度的指导精神是通过平等地制定和执行的法律，达至没有专属特权的权利平等和无差别的责任平等：没有一个部分对另一个部分抱有偏好，没有一个阶层对另一阶层抱有偏好，……没有一个公民对另一公民抱有偏好。"[129] 这类话语十分常见。这一时期的国庆日演说充满了对美国"平等法律"体系的自豪论述。[130] 正如我们在第5章中看到的，民主党人将贵族制视为法律的创造物：它通过政府赋予的特殊法律特权得以维持。在他们眼中，共和国或**民主**政体是一个政治共同体，在这个共同体中，白人之间不存在这种特权。

然而，当民主党人审视美国政治时，特别优待的例证随处可见。在内战前的州立法机构中，公共资金和经济机会通常是特别分配的。[131] 现代行政国家体系尚未形成，法律制定者们需要花费大量时间来裁决地方冲突，并为特定的个人和群体提供利益。[132] 随着各州加大对基础设施和经济发展的公共支持力度，它们开始了对立法支持的争夺。公司特许状必须由立法

---

128 有关杰克逊式修辞中"平等权利"含义的扩展讨论，参见 Welter, *The Mind of America: 1820 - 1860*, 77 - 104。

129 State Rights and Free Trade Association, "Political Tract No. 8: Free Trade and the American System; a Dialogue between a Merchant and a Planter" (Columbia: Times and Telescope, 1832), 8.

130 例如，参见 Young, "Oration Delivered at the Democratic Republican Celebration of the Sixty-Fourth Anniversary of the Independence of the United States," 6 - 7; George Bancroft, "An Oration Delivered before the Democracy of Springfield ..., July 4th, 1836" (Springfield, MA: George and Charles Merriam, 1836), 12。

131 L. Ray Gunn, *The Decline of Authority: Public Economic Policy and Political Development in New York, 1800 - 1860* (Ithaca: Cornell University Press, 1988), 254.

132 同上，187 - 201。参见 Naomi R. Lamoreaux and John Joseph Walks, "Economic Crisis, General Laws, and the Mid-Nineteenth-Century Transformation of American Political Economy," *Journal of the Early Republic* 41, no. 3 (2021): 403 - 33。

机构专门授予，并且通常是授予了受让人利润丰厚的专属经济特权，这似乎是一个特别明显的例子。例如，在哥伦比亚特区的一次工人会议上，一位民主党发言人认为，这些专属特许状使银行家们建立了"特权秩序，直接违反了平等法律的原则，而在表面上平等法律是我们制度的基础"。[133]

民主党人一再警告说，这种偏袒行为败坏了美国人的美德。《民主评论》在一系列文章中阐述了这一点：一旦政治精英发现他们可以利用不平等的法律来输出特殊的利益好处，一个国家政治生活的本质就发生了变化。野心勃勃的政客们可以招募"一部分人去掠夺另一部分人，他们通过每一项不平等的法律来增加他们的雇佣兵队伍，这些法律赋予了某些受优待阶层一种特殊的特权"。[134] 政治变成了一场"通过践踏人民的平等权利而获得的津贴和报酬的卑劣争斗"，而且，这鼓励了最恶劣的个人性格："它扼杀了爱国主义情感；激起了对天降横财的狂热渴望；引发了疯狂和不诚实的投机精神；引诱勤劳离开了其惯用的有用职业领域；纵容了有害的奢侈欲望……"[135] 随着不同地区争夺政府资助的甜头，这也可能引发地区冲突。作者警告说："一旦扰乱了一个社会中平等法律所维持的平衡，以某种形式被大众所广泛接受的社会制度从那一刻起就衰落了。"[136]

重要的是，民主党人经常使用"垄断"一词来描述造成这些腐朽影响的不平等法律。例如，乔治·班克罗夫特（George Bancroft）坚持认为："民主要求为公众利益制定平等的法律；因此，民主不允许垄断。"[137]

---

133 "Address to the Workingmen of the United States," 292。参见 Thomas Hart Benton, *Thirty Years' View, or, A History of the Working of the American Government for Thirty Years, from 1820 to 1850*, vol. 1（New York：D. Appleton & Co., 1854），249 - 50。

134 "True Theory and Philosophy of Our System of Government," *United States Magazine and Democratic Review* 15, no. 75（1844）: 231.

135 "Political Tolerance," *United States Magazine and Democratic Review* 3, no. 9（1838）: 64. 参见 Theodore Sedgwick Jr., "What Is a Monopoly? Or Some Considerations on the Subject of Corporations and Currency"（New York：George P. Scott & Co., 1835）。

136 "True Theory and Philosophy of Our System of Government," 231.

137 George Bancroft, "Address at Hartford before the Delegates to the Democratic Convention of the Young Men of Connecticut"（Hartford, 1840），7。参见 Robinson, "An Oration Delivered before the Trades Union of Boston and Vicinity," 5; Hugh Garland, "An Oration Pronounced in Castle Garden, July 27, 1840"（New York：William G. Boggs, 1840），24.

与其他民主党人一样，他使用"垄断"一词时也很随意：它可以描述任何倾向于限制竞争的经济法规、公司特许状或税收。[138] 民主党人用它来形容那些被特许建造收税关卡或经营渡轮的公司，他们的特许状使他们免于竞争；银行特许状使接受者拥有了印刷纸币的特权；关税保护国内制造商免于来自外国的竞争；以及其他种种特权。当杰克逊作出他著名的否决美国第二银行重组的决定时，他将其描述为"垄断"，因为它是唯一一家联邦银行，因此享有独特的法律优势。他坚持认为，政府应将自己限制在提供"平等保护"的角色上，而不应提供垄断特权。[139] 一位历史学家写道："对于杰克逊时代的美国人来说，垄断代表了所有试图剥夺他们自由的强力。"[140] 垄断是"创造了邪恶的不平等的造物主"。[141]

156 　　当然，垄断的反面是竞争。如果说垄断滋生了恶习，民主党人则认为市场竞争培养了美德。关于关税的激烈辩论清楚地揭示了这一趋势。保护性关税被多次谴责为以牺牲广大公众为代价，授予北方制造商的一种腐蚀性垄断。[142] 关税取代了市场的天然公正性，倾向于让国家不同地区在争取立法支持方面进行零和博弈、相互对立。相比之下，民主党人经常表示，市场良性竞争提倡了**诚信勤劳**。如果政府不干预市场，让市场公正的法则指导经济行为，那么市场将鼓励人们提高生产力，而不是寻

---

138 小西奥多・塞奇威克（Theodore Sedgwick Jr.）用这些术语更加准确地解释了这一点："严格地说，每一次授予专属特权都会造成垄断；表面上看，被授予人都获得了获取金钱或其他收益的便利，而大多数公民都被排除在外。这正是垄断的实质。"他继续说道："每一次这样的授予都直接违背了平等权利原则"，同时"违背了自由贸易的基本准则。"Sedgwick, "What Is a Monopoly？ Or Some Considerations upon the Subject of Corporations and Currency," 12, 13。

139 Jackson, "Veto Message," 2, 576, 590。参见 Senator John Milton Niles, "Speech on the Bill Imposing Additional Duties, as Depositaries in Certain Cases, on Public Officers & C" (Washington, DC: Globe, 1838), 21。

140 Kohl, *The Politics of Individualism*, 31.

141 Wilentz, "America's Lost Egalitarian Tradition," 71.

142 参见, "Free Trade Meeting," *New York Evening Post*, October 8, 1831; John Bell, *Register of Debates*, 22nd Cong., 1st sess. 3337 (June 1832); Edwin Forrest, Esq., "Oration Delivered at the Democratic Republican Celebration of the Sixty-Second Anniversary of the Independence of the United States" (New York: J. W. Bell, 1838), 21, 19。

求政治特权。市场还将用坚韧和笃定的劳动来取代"对天降横财的狂热渴望",这将培养节俭精神,并有助于治愈美国人的"有害的奢侈欲望",甚至是他们的"酗酒"。[143] 民主党人一次又一次地强调,市场竞争促进了传统的新教美德。

关于银行业,他们提出了类似的论点。1839年,爱德华·巴伯(Edward Barber)在佛蒙特州民主党人会议上发表讲话,谴责了最近主导美国经济的"纸币体系"及其所体现的"垄断精神",称其为猖獗的罪恶根源。在它们的影响下,"暴富的欲望占据了所有阶层",并为"阴谋、狡猾和欺诈……以及炫耀和奢侈的狂热"打开了大门。他继续说道:"生活中所有坚实的美德都被艳俗和华丽所掩盖。"他将这种腐败的制度与一种基于"个人奋斗和竞争"的更纯粹、更平等的选项进行了对比。[144] 这种论述在民主党人中司空见惯。南卡罗来纳州的本杰明·法尼尔·亨特上校(Col. Benjamin Faneuil Hunt)宣称,"纸钞"银行正在骗取诚实的美国人的收入,从而使劳工堕落和意志消沉。但是,如果为美国工人提供一种稳定的货币,让他"自由地讨价还价",他将在自己的天职中表现出色。[145]

当民主党人将市场竞争与新教和共和主义美德联系在一起时,他们重现了早在亚当·斯密之前盛行的18世纪思想传统。英国乡村思想家约翰·特伦查德(John Trenchard)和托马斯·戈登(Thomas Gordon)在18世纪20年代撰写的一系列具有广泛影响力的文章中,将"不平等的法

---

143 "Political Tolerance," 64.参见 Rantoul, "An Address to the Workingmen of the United States of America," 228–36.

144 Edward Barber, "An Oration, Delivered before the Democrats of Washington County, at Montpelier, on the 4th of July, 1839" (Montpelier, VT: Patriot Office, 1839), 14, 16.

145 Benjamin Faneuil Hunt, "Speech of Col. Benjamin Faneuil Hunt, of Charleston, South Carolina, Delivered at the Request of the Democratic Republican General Committee ..." (New York: James Rees, 1840), 6.亨特引用亚当·斯密作为权威,参见 William Gouge, "An Inquiry into the Principles of the System," in A *Short History of Paper Money and Banking*, ... *to Which Is Prefixed an Inquiry into the Principles of the System ...* (Philadelphia: T. W. Ustick, 1833), 91–92; "The Moral of the Crisis," *United States Magazine and Democratic Review* 1, no. 1 (1837): 111; Ashworth, *"Agrarians" & "Aristocrats,"* 39–40。

律"与政府腐败以及那些不是试图凭自己的优秀品质，而是沉溺于争权夺
利获得成功的人身上所表现出来的卑躬屈膝和"奴性奉承"联系起来。[146]
157 他们写道，在这种情况下，人们的精力将被用于获取"垄断、独家经营
公司、优先购买权等"，而不是进行诚实的贸易。[147] 相比之下，自由贸易
将确保人们为了财富和荣誉而诚实、谨慎地工作。他们总结道："总之，
垄断对贸易、政治和宗教具有同样的危险性：自由贸易、自由政府和良
知自由是人类的权利和福祉。"[148] 这种融合了共和主义、自由主义和新教
思想，以捍卫不断扩张的商业社会的观点也被理查德·普莱斯（Richard
Price）、约瑟夫·普里斯特利（Joseph Priestly）和詹姆斯·伯格（James
Burgh）等18世纪英国激进分子所推进。它们最终被卡罗林的约翰·泰勒
和其他美国人所吸收，对"垄断"和专属特权的愤怒激起了他们对银行
和纸币的谴责。[149]

　　共和主义和自由主义之间的过渡通常被描述为对社会凝聚力的想象和
解释方式的转变，即从美德到利己主义的转变。但民主党人并没有以此
来美化自利。毕竟，投机商和银行家们就是出于自利而竞争法律特权的，
他们那种对社会毫无贡献的掠夺性的利己主义被谴责为**贪婪**。[150] 另外，民
主党人赞扬诚实的农民或商人所有的谨慎的自利，他们不寻求特权，并
且为社区的整体生产力和"幸福"做出了贡献。因此，自利可以是一种

---

146 Trenchard and Gordon, "No. 83," in *Cato's Letters*, vol. 3（London: Witkins, Woodward, Walthoe, and Peele, 1737［1722］）, 162; John Trenchard and Thomas Gordon, "No. 66," in *Cato's Letters*, vol. 2（London: Witkins, Woodward, Walthoe, and Peele, 1737［1721］）, 294.

147 Trenchard and Gordon, "No. 64," in *Cato's Letters*, 2: 268 - 69.

148 Trenchard and Gordon, "No. 91," in *Cato's Letters*, 3: 213.

149 关于普莱斯、普里斯特利和伯格的"资产阶级"激进主义的讨论，参见Kramnick, *Republicanism and Bourgeois Radicalism.* For an analysis of the liberal and republican elements in *Cato's Letters*, see Mchael P. Zuckert, *Natural Rights and the New Republicanism*（Princeton: Princeton University Press, 1994）, 297 - 319。

150 在整个18世纪，温和、谨慎的利己主义与其在贪婪和骄傲的恶习中的过度表现之间的区别对将利己主义视为一种值得尊重的人类动机至关重要。例如，Daniel Walker Howe, *Making the American Self: Jonathan Edwards to Abraham Lincoln*（Oxford: Oxford University Press, 2009［1997］）, 28 - 29。

协调的力量，但只有通过生产活动来表达；这反过来又取决于一个由平等法律管辖的市场社会，在这个社会中，公民享有平等的权利。

　　在这样的社会中，利己主义并不会取代美德成为社会凝聚力的源泉；它**强化**了美德。试图改善自己状况的公民会发现自己被鼓励做个诚实、勤奋、温和和节制的人，因为这些都是在市场社会中会为他们带来成功的美德。[151] 正如我们在第 4 章中所看到的，这一论点标志着一场长期道德转变的高潮部分，这场转变逐渐重新定义了美德与利己之间的关系。在詹姆斯·哈林顿（James Harrington）和阿尔杰农·西德尼（Algernon Sidney）所论述的 17 世纪共和主义传统中，美德的关键是超越或压制私人利益的能力，从而使人成为公共利益的公正捍卫者。从概念上讲，私人利益和共同利益几乎是反义词：追求一个就是牺牲掉另一个。此外，共同利益主要体现在维护共和自由上，这意味着保护法治，以及牵制暴政和无政府状态的微妙的宪法平衡。在整个 18 世纪，随着西方社会开始达到人类历史上前所未有的繁荣水平，人们越来越被坚定地相信经济增长是共同利益的另一种概念表达。经济增长和繁荣越是被定义为共同利益，美德就越是与经济生产力联系在一起，美德就越显得与自利相契合。[152] 只要富有生产力的个人不侵犯他人的权利，他就可以在改善自己状况的同时，为促进社会繁荣尽自己的一分力量。

　　然而，在杰克逊时代，这种新的、自由主义的观点仍然紧密地与共和主义和新教思想交织在一起。正如我们所看到的，民主党人提出了谨慎的利己主义和维护共和自由之间的直接关系。在他们看来，诚信的商人或农民的自利是一种人类努力的形式，它不会产生威胁、腐败政体和破坏自由，因为它不寻求任何特殊的政治特权。因此，这就是杰克逊时代

158

151　Christopher Tomlins, *Law, Labor, and Ideology in the Early American Republic*（Cambridge：Cambridge University Press, 1993）, 23.

152　这种观点早在苏格兰启蒙运动的经济思想萌芽之前，就在生产者和重商主义传统中存在。参见 J. E. Crowley, Tin's Sheba, Self: The Conceptualization of Economic Life in Eighteenth-Century America（Baltimore：Johns Hopkins University Press, 1974）, 34 - 94. For a discussion of this shift among（mosdy Whig）American political economists, see Davenport, Friends of the Unrighteous Mammon, 88 - 92. 参见 J. G. A. Pocock, "Virtue and Commerce in the Eighteenth Century" Journal of Interdisciplinary History 3, no. 1（1972）: 119 - 34.

的美国人能够相信勤奋、节俭等自我价值观以及经济可能会提供代替古典共和传统中更传统的公民美德的方案：它们提供了一种保护自由免受人类野心侵害的替代方案。市场并没有通过灌输一种要求严格、不偏不倚的公民美德来遏制这种野心，而是为其开辟了安全、可替代的渠道。市场确保了个人私利在政治上是良性的。[153]

市场促进私人和公共美德这一观点触及了民主党思想的一个中心悖论。历史学家马文·梅耶斯（Marvin Meyers）发现了这一点：

> 这场运动为美国的自由资本主义及其文化扫清了道路。尽管如此一种纯洁的共和秩序的理想仍然存在于政治良知中，这种理想坚持抵制风险和新奇、贪婪和奢侈、快速行动和复杂交易的诱惑。[154]

正如我们在本章中所探讨的，民主党人有时会用市场来为经济现代性的某些方面进行辩护，包括新兴金融体系中体现的现代性、大型商业公司的出现以及国内工业的增长。他们将小生产者和独立农民的生产与共和主义美德和简朴联系在一起，但是他们又在为另一种经济秩序而辩护。159 这是一种坚决的商业秩序，一种市场秩序。一本党派小册子在评论银行助长的大量土地投机时宣称："如果贸易按照它古老、诚信和合法的方式运作，对所有有关方面来说都是件好事。"[155] 在这里，自由贸易成了怀旧之物，指向一个尚未被现代金融和工业污染的时代。

这种市场自由的特殊图景与自力更生拼搏者的神话和财产权劳动理论都很吻合。这三者都汇聚在一个共同的社会愿景上：自由和自然的经济同时也是一个由独立的人组成的经济，他们掌控着自己的工作条件，努力地维护着自己的自主性。此外，勤劳的美德和谨慎常常与独立的小农

---

153 在这一点上，杰克逊时代的人们也在发扬一种传统，这种传统可回溯至加图信札；参见 Trenchard and Gordon, "No. 64," "No. 91."。

154 Meyers, *The Jacksonian Persuasion*, 12.参见 Ward, "Jacksonian Democratic Thought," 70 - 77.

155 William G. Boggs, "The Crisis Met: A Reply to Junius"（New York: Office of me Evening Post，1840），12.

联系在一起，同时也投射到一方面满足社会需求一方面收获自己劳动成果的小生产者身上。最后，所有这些重叠的政治叙事都将贵族作为敌人。正如历史学家詹姆斯·休斯顿（James Huston）所说，在杰克逊时代的美国，共和主义和自由主义思想被"贵族这一共同敌人"捆绑在一起，贵族被指控掌控了政府，利用政府侵犯生产者的权利，剥夺他们的独立性，破坏社会的自然秩序。[156] 随之而来的是，政府对经济生活的"干预"似乎既压抑又不虔敬。这种思想的强大融合有助于解释为什么即使是在经常遭受市场影响的农村和心怀不满的选民中，美国的自由市场思想仍然如此受欢迎。

156　James L. Huston，*Securing the Fruits of Labor: The American Concept of Wealth Distribution*，1765 - 1900（Baton Rouge: Louisiana State University Press，1998），74。参见 Jonathan A. Glickstein，*Concepts of Free Labor in Antebellum America*（New Haven: Yale University Press，1991），13。

第8章

反对奴隶制的权利

> 在任何一个国家，人们都没有像在这个国家里这样谈论过权利；
> 也有人说，在其他任何国家，权利都没有受到过如此的欺辱和践踏。
>
> ——俄亥俄州麦地那县的公民，1836年[1]

1852年7月5日，当西奥多·帕克（Theodore Parker）在马萨诸塞州阿宾顿的反奴隶制集会上发言时，他引用了在独立日演讲中经常使用的修辞手法。[2] 他追溯到了基督的诞生并宣称，美国革命标志着人类历史上的一个转折点，开启了人类自由发展进程中的一个新的，也是最终的"时代"。帕克解释说，人类历史的这一高潮阶段将被他所称的"美国理念"所主导，该理念宣称"所有人都有生命、自由和追求幸福的自然权利"。根据帕克的解读，这一理念还认为"所有人在其自然光明中都是平等的；这些权利只能由其拥有者让渡；政府具有维护每个人所有这些权利的不可推卸的职能。"[3]

在这短短几句话中，帕克总结了自18世纪初以来贯穿美国思想并影

---

1 "Free Discussion. Voice of the North," *Philanthropist*, May 6, 1836, p. 4.

2 非裔美国人通常选择在7月5日而不是4日庆祝国庆日，这既是对美国自诩的自由的异化表达，也是为了避免醉酒白人暴徒的暴力。

3 Theodore Parker, "The Aspect of Freedom in America. A Speech at the Mass Anti-Slavery Celebration of Independence, at Abington, July 5, 1852," in *Additional Speeches, Addresses, and Occasional Sermons*, vol. 1 (Boston: Little, Brown, 1855[1852]), no.

响了《独立宣言》的洛克信条。和许多其他废奴主义者一样，帕克认为美国彻底背叛了这一信条：他认为不仅仅是奴隶制，还有猖獗的种族偏见证明了美国生活核心彻底的虚伪。与此同时，他希望这些制度与偏见尽快消失。他继续说道："指望一个国家立刻实现自己的理念，这不符合历

161 史。"[4] 美国人还有时间让他们的行动符合他们的理念，但他们必须迅速而有针对性地行动起来，因为上帝的审判是绝对不会推迟的。

　　帕克的发言很典型：在整个19世纪30年代和40年代，废奴主义者不断引用自然权利拥有者的神话来赞扬和批评美国。[5] 与主流民主党人一样，他们赞扬杰斐逊式的自然权利理想，并将其视为光荣的美国遗产。与民主党人一样，废奴主义者经常将美国政治视为一场伟大的戏剧，在这场戏剧中，主权个人与阴谋剥夺其权利的上层贵族对抗。然而，从这个共同的基础出发，废奴主义者朝着截然不同的政治方向前进。他们对奴隶制和种族歧视的关注使他们会强调比民主党人通常所关心的更广泛的权利。此外，虽然民主党倾向于将平等权利与民主和市场等同起来，但废奴主义者认为这是矛盾的。在他们眼中，"奴隶政治"既来自民主公众的广泛偏见，也基于市场革命带来的贪得无厌的利润追求。因此，他们维护平等权利的斗争是一场遏制这两个美国机构普遍存在的道德顽疾的斗争，最终将导致他们接受一个比杰克逊时代民主党人所能接受的更强大的联邦政府。

　　废奴主义者还将他们对自然权利的迫切呼吁与辉格党中更强烈的福音派改革诉求结合起来。[6] 他们认为，如果不受基督平等主义教义的约束，民主和市场都会引发对少数群体权利的掠夺性攻击。事实上，正如

4　同上，113。

5　我用"废奴主义者"一词来形容那些公开主张"奴隶应立即、无条件地获得自由，而无须驱逐或补偿奴隶主"的人。Aileen S. Kraditor, *Means and Ends in American Abolitionism: Garrison and His Critics on Strategy and Tactics*, 1834 – 1850（New York: Pantheon Books, 1967），8。

6　本章很少关注在一些城市工人中盛行的更世俗、更启蒙主义的废奴主义。相反，本章关注的是构成这场运动绝大多数的公开的宗教紧张。关于废奴主义者和辉格党人在文化和意识形态上的密切关系，参见，James Brewer Stewart, "Reconsidering the Abolitionists in an Age of Fundamentalist Politics," *Journal of the Early Republic* 26, no. 1（2006）: 1 - 23。

帕克的演讲所表明的那样，废奴主义者认为平等自然权利，或他们所称的"人权"概念，是基督教理想的体现，这一理想的现代来源是新教改革和殖民地美国的宗教自由斗争。[7] 那么，废除奴隶制和克服种族偏见的第一步就是让一个日渐腐败、物质化和不道德的国家恢复福音书的纯洁精神。具体来说，他们借鉴了基督教的道德原则，鼓励对受压迫者的平等主义同情、对不公义的强烈的个人责任感，以及有组织的公民行动的习惯。通过这种方式，他们将权利拥有者的神话嵌入草根运动的传统中，这些草根运动的遗产一直延伸到了20世纪争取妇女选举权和公民权利的斗争中。他们的作品说明了杰克逊时代美国权利话语的广度和可延展性，并进一步揭示了美国个人主义的多元化新教根源。

与定义了美国政治格局的两个主要政党一样，废奴运动在意识形态上也是多样的。它得到了心怀不满的民主党人和叛变的辉格党人、建制派商人和劳工活动家以及各种新教教派宗派的支持。[8] 到19世纪30年代末，该运动本身已分裂成几个派别，其成员在战略和原则上都存在分歧。[9] 与主要政党不同，废奴主义也是一个跨种族联盟，这使得其理念更加多样化：黑人废奴主义者将自己独特的经验和观点带到了反对奴隶制的斗争中，这导致了他们与白人盟友的分歧。[10] 因此，在概括美国废奴主义的政治思想时，我们必须寻找超越了许多（如果不是全部）这

162

7　"人权"一词并不新鲜：它在18世纪晚期偶尔被使用，那时"人的权利"一词的使用更为频繁。然而，到19世纪30年代，"人权"一词变得更为广泛，这在很大程度上是由废奴主义者推动的，他们将其作为一个基本的道德概念。例如，《解放者》(Liberator) 在1831年使用了八次，1832年使用了十二次，1835年使用了四十五次，之后三年（1836年、1837年和1838年）每年都使用了七十多次。

8　关于白人工人阶级的参与，例如，Bruce Laurie, Beyond Garrison: Antislavery and Social Reform (Cambridge: Cambridge University Press, 2005); Paul Goodman, Of One Blood: Abolitionism and the Origins of Racial Equality (Berkeley: University of California Press, 1998), xvii, 161–72。

9　例如，参见，Kraditor, Means and Ends in American Abolitionism; Manisha Sinha, The Slave's Cause: A History of Abolition (New Haven: Yale University Press, 1016), 256–65。

10　有关整个运动背景下的黑人废奴主义者的精彩讨论，请参见Sinha, The Slave's Cause, 195–227, 299–338, 381–460。

些分歧的知识和修辞模式。[11] 无处不在的自然或人权话语定义了这样一种模式：对于许多不同背景的废奴主义者来说，这类话语将福音书的道德教义转化为政治主张，在杰克逊时代的美国政治环境中产生了强烈共鸣。

奴隶制与美国例外主义

美国因其对人类自由的承诺而与众不同，这一观点在废奴主义者的著作中被认为是一种悲剧性的讽刺。一位废奴主义记者哀叹道："平等权利，自由啊！哪里，你们逃到哪里去了？美国人在自由地吹嘘自己的国家吗？一片自由乐土？真是一片自由乐土啊，有250万人身在镣铐、无知、污物和破衣烂衫之中。"[12] 在美国人的演讲和宣言中，在宪法和其他官方文件中，美国人不断宣布他们对平等光明和普遍自由的独特热爱。对于废奴主义者来说，奴隶制的存在使这些宣言变得令人憎恶：一个奴役数百万人的民族怎么会声称自己是世界自由的灯塔呢？[13]

废奴主义者认为，如果说美国有什么不同的话，那就是因其无与伦比的压迫和道德堕落而与众不同。弗雷德里克·道格拉斯（Frederick Douglass）怒斥道："去你可以搜寻想去搜寻的任何地方，去旧世界的所有君主政体和专制政体中任意漫游，……你会回来和我说，在令人厌

---

11 这一目标符合历史学家最近对不仅统一了废奴主义者，而且统一了更广泛的反奴隶制运动的意识形态纽带的兴趣。参见 W. Caleb McDaniel, "The Bonds and Boundaries of Antislavery," *Journal of the Civil War Era* 4, no. 1 (2014): 84－105。

12 R. G. Wilhams, "Testimony from the Slave States," *Human Rights*, September 1835, p. 2.

13 《反奴隶制季刊》(*Quarterly Anti-Slavery Magazine*) 的一位撰稿人感叹道："我们的国家，自由的摇篮，却是压迫的养育之母！每一个为自由而奋斗的人的守护天使，却是所有暴君的支持者！被压迫者的庇护所，却成了专制怪兽的最后退路！自由的土地，竟成了奴隶之国！" A Kentuckian, "American Slavery vs. Liberty," *Quarterly Anti-Slavery Magazine* 2, no. 5 (1836): 28。参见 William Lloyd Garrison, "Ought We Not to Blush？" *Liberator*, January 15, 1831, p. 9。

恶的野蛮和无耻的虚伪方面，美国没有对手。"[14] 这不仅是因为美国奴隶制度空前残酷，而且因为美国奴隶生活在如此接近自由的地方。[15] 大卫·李·查尔德（David Lee Child）写道："压迫的毒针在自由的氛围中获得了一种新的毒液。美利坚合众国的奴隶状况由两个部分组成——西西弗斯的苦劳和坦塔罗斯的折磨。"[16] 此外，在一个形式上致力于普遍人类自由的社会中以奴隶的身份生活，会遭受一种特别恶劣的侮辱：会被视为非人。废奴主义者问道，世界上还有什么地方可以找到如此大规模的赤裸裸的、非人的压迫吗？纳撒尼尔·罗杰斯（Nathaniel Rogers）在1837年的一次演讲中说："历史上存在过暴政、压迫和残忍，但从来没有存在过像我们这样荒唐的、侮辱的、嘲弄的和摧毁性的奴隶制度。"[17]

事实上，废奴主义者不断试图通过夸大描述美国例外主义理想与其严酷现实割裂开来的鸿沟来警示他们的听众。他们将美国比作《出埃及记》中的埃及，在那里，以色列人作为奴隶而劳作，这颠覆了美国作为应许之地的形象。[18] 他们还掉转了美国式自由和欧洲式压迫之间的对比，这种

163

14　Frederick Douglass，"What to the Slave Is the Fourth of July？" in *The Oxford Frederick Douglass Reader*，ed. William L. Andrews（New York：Oxford University Press，1996［1852］），119。参见 Edward D. Barber，"An Oration Delivered before the Addison County Anti-Slavery Society，on the Fourth of July，1836"（Middlebury，VT：Knapp and Jewett，1836），9；Alfred Haswell，"America，" *Friend of Man*（1841）：4；"The Foregoing Altered by G.，" *Friend of Man*，January 26，1841。

15　例如，废奴主义者经常将美国的奴隶制与《旧约》中的罗马奴隶制和奴隶制度进行消极对比。他们认为，美国黑人奴隶所承受的压迫更具侵略性、残酷性和彻底性。

16　David Lee Child，"The Despotism of Freedom；or the Tyranny and Cruelty of American Republican Slave-Masters，Shown to Be the Worst in the World ..."（Boston：Boston Young Men's Anti-Slavery Association，1833），11 - 12.

17　Nathaniel Rogers，"An Address Delivered before the Concord Female Anti-Slavery Society"（Concord，NH：William White，1838［1837］），7；Daniel J. Mclnerney，*The Fortunate Heirs of Freedom：Abolition and Republican Thought*（Lincoln：University of Nebraska Press，1994），7 - 25.

18　例如，George Bourne，*Slavery Illustrated in Its Effects Upon Woman and Domestic Society*（Boston：Isaac Knapp，1837），28 - 38；Angelina Grimke，"Letters to Catherine E. Beecher. No. Ii，" *National Enquirer*，July 15，1837，p. 72；Anti-Slavery Convention of American Women，"An Address to Free Colored Americans"（New York：W. S. Dorr，1837），6。关于《出埃及记》叙事在内战前非裔美国人社区中的特殊意义，参见 Eddie S. Glaude Jr.，*Exodus！Religion，Race，and Nation in Early Nineteenth-Century Black America*（Chicago：University of Chicago Press，2000）。

对比是这一时期美国自我观念的核心。他们将美国描述为一个"社会地位"社会，并想象欧洲的暴君们从南方的"私刑"中学习经验。[19] 他们特意赞扬了 1833 年废除奴隶制的英国是世界上道德进步的主要推动者。在描述自己逃离南方奴隶制度的过程中，威廉·韦尔斯·布朗（William Wells Brown）回想了自己对北部边境的"维多利亚领地"的梦想，那里被称为自由之地。他不无讽刺地说：这是"一个美国公民在逃离一个民主的、共和的、基督教的政府，去追求英国君主制的保护"。[20] 把美国作为受压迫者的避难所这一想法也是如此。

然而，尽管废奴主义者严厉谴责美国的虚伪，他们却很少完全否定美国自由的神话。相反，他们试图在反对奴隶制的斗争中利用其道德力量。著名的废奴主义者伊莱泽·赖特（Elizur Wright）在 1833 年写道："美国革命尚未结束。当这个国家在全世界钦慕的目光中宣布独立、高举其崇高的人权法案时，它也在践踏人性，在压迫穷人和手无寸铁的人。"[21] 赖特和他的许多同伴的目标是完成《独立宣言》中所宣布的"崇高"目标。换言之，如果美国人能够废除奴隶制、平等地向所有人提供自由，那么走向例外主义的道路仍然是敞开的。1843 年，《反思者与守望者》（Reflector and Watchman）写道："如果不能持有一种有关自由的更加公正的态度，这个国家永远无法追随上帝的旨意而变得强大起来，永远完成它在人类自由事业中的崇高使命。"[22] 最重要的是，这意味着承认奴隶制在自由社会中是没有一席之地的。

164 　　废奴主义者经常认为，被革命时代狂热的理想主义所笼罩的美国建

19　例如，"How the Example of the Freest Nation on Earth Makes Republicans," *Emancipator*, July 21, 1836, p. 47。

20　William Wells Brown, *Narrative of William W. Brown, a Fugitive Slave. Written by Himself*（Boston：Anti-Slavery Office, 1847）, 84, 105。这一对比进一步被诸如"约翰·布尔（JOHN BULL）的君主乔纳森兄弟奴隶制的逃脱者"这样的标题所展现，该标题使用的是一名逃到加拿大的黑人形象（乔纳森兄弟是新英格兰的拟人化名称）。*American Anti-Slavery Almanac for 1839* 1, no. 4（1839）：9。

21　Elizur Wright, "The Sin of Slavery, and Its Remedy"（New York, 1833）, 3. 参见"The Anti-Slavery Enterprise — Its Aspects," *National Anti-Slavery Standard*, July 9, 1840, p. 1。

22　重印"Christianity and the Rights of Man," *North Star*, July 7, 1848, p. 1。

国者们比他们那些杰克逊时代的后人更能认同这一认识。威廉·埃勒里·钱宁（William Ellery Channing）哀叹道："噢，我的国家！曾经被誉为受压迫者的避难所，曾经被奉为自由的圣地，它的名字曾经在充满喜悦和希望的泪水中被呼唤！现在成了国家间的一个笑柄，被专制统治中臣民蔑视！自由的启明星啊，你何以堕落至此！"[23] 废奴主义者引述杰斐逊的疑虑和乔治·华盛顿安排在其死后释放奴隶的故事，来论证建国者们自己的理想也包括最终废除奴隶制等未完成的部分道德工程。[24] 但这些理想已经逝去：19世纪初南方奴隶制的蔓延和加剧，以及黑人投票权的倒退和北方日益严重的种族暴力，都是美国道德沦丧的引人注目的证据。他们还利用清教徒哀诉布道的修辞力量，规劝他们的同胞虽然最初的承诺已经被冷漠、贪婪和偏执所破坏，但应重新践行自己的原则。一位演讲者认为："通过再次树立我们祖先的标准，废除奴隶制最终会取得胜利，他们以此会再次赢得整个文明世界的钦佩和同情。"[25]

　　由于显而易见的原因，黑人废奴主义者倾向于对建国持更加矛盾的观点。1832年7月5日，大卫·尼肯斯教士（Rev. David Nickens）在一次黑人自由庆典上发言时提醒他的听众，他们不是来庆祝美国独立的，因为这会"暴露出我们缺乏有关独立的健全的理解"。在他眼里，美国是一

23　William Ellery Charming, *The Duty of the Free States，or，Remarks Suggested by the Case of the Creole*（Boston：William Crosby & Co.，1842），44。钱宁认为自己与他认为的废奴主义运动中更激进的倾向相距甚远，但在他生命的最后，他无可否认地加入了废奴主义行列。

24　废奴主义者经常引用杰斐逊《弗吉尼亚笔记》（*State of Virginia*）中的一段话，他在其中观察到，"奴隶主和奴隶之间的整个交易，一方面是最激烈的激情的永久行使，另一方面则是最持久的专制和有辱人格的臣服"。参见，J. C. H.，"American Slavery — Its Effects Upon Its Immediate Victims. Letter No. li," *North Star*，February 18，1848，p. 3. 事实上，他们通常淡化了许多美国建国先贤对奴隶制的支持，夸大了建国一代人的反奴隶制凭据。除约翰·昆西·亚当斯之外，其他人都宣称"乔治·华盛顿……在最广泛和最全面的意义上，是一个废奴主义者。托马斯·杰斐逊也是如此"。John Quincy Adams，"Untitled," *Pennsylvania Freeman*，December 27，1838，p. 1。

25　"Extracts from the Second Annual Report of the Monroe County Anti-Slavery Society," *Friend of Man*，Jury 14，1836，p. 3. 他继续说道："我们最终会取得胜利，我们的幸福家园最终会变成了它响亮却虚假地吹嘘的样子，成为被压迫者的避难所和自由者的家园；有色人种终将重获人类的权利。"

个出生在罪恶中的国家，"非洲后裔"从一开始就被残酷地排斥在平等自由的承诺之外。[26] 与此同时，许多黑人废奴主义者将自己定位为美国的救赎的"第一原则"的真正继承者和诠释者。[27] 即使他们重新解释了美国历史，将奴隶制置于其中心，他们也倾向于将黑人从奴役到自由的过程作为实现美国乃天佑之地的关键。在大会演讲和自由庆祝活动中，黑人演讲者将非裔美国人视为美国理想的真正拥护者，他们对平等的追求和实现会最终将使美国从出埃及记时代的埃及变成自由的应许之地。[28]

165 对于几乎所有黑人或白人废奴主义者来说，《独立宣言》都是这些理想的**最**基础表达。[29]《独立宣言》主张"人人生而平等"，"造物主赋予其某些不可剥夺的权利"，在废奴主义者的著作和演讲中，没有什么章节像《独立宣言》这样经常被引用。一位废奴主义演讲者表示："美利坚合众国骄傲的上层建筑建立在这一持久的人权基础上。这样一个政府的旗帜难道不是所有国家被压迫者的避难所吗？"[30] 其他人则宣称这是"（美国）与其宗主国决裂的原则：'人人生而**自由平等**；造物主赋予他们**生命和自由**，以及**不可剥夺的权利**。'"[31] 对于大多数废奴主义者来说，美国在两个截然不同的方面显得与众不同：第一，因为它对普遍人权的正式承诺；第二，因为它令人震惊地背叛了这一标准。在援引权利拥有者的神话时，他们提及了他们所希望的美国真正的特殊主义的意义，他们亦坚决反对其堕落的现实。

---

26 Rev. David Nickens, "An Address to the People of Color in Chillicothe," *Liberator*, August 11, 1832, p. 126.

27 "Address by William Whipper, Alfred Niger, and Augustus Price," in The *Black Abolitionist Papers*, vol. 3, ed. C. Peter Ripley (Chapel Hill: University of North Carolina Press, 1991 [1835]), 148 - 49.

28 Glaude, *Exodus! Religion, Race, and Nation in Early Nineteenth-Century Black America*, 34 - 43, 96, 82 - 104.

29 David Brion Davis, *The Problem of Slavery in the Age of Emancipation* (New York: Knopf, 2014), 177.

30 Barber, "An Oration Delivered before the Addison County Anti-Slavery Society, on the Fourth of July, 1836," 4.

31 Enoch Mack, "Fourth of July Oration, 1838," in *Trumpets of Glory: Fourth of July Orations, 1786 - 1861*, ed. Henry A. Hawken (Granby, CT: Salmon Brook Historical Society, 1976 [1838]), 174。参见 Douglass, "What to the Slave Is the Fourth of July？" 112。

自然权利与新教之反国教

尽管《独立宣言》为废奴主义者提供了强大的道德权威的来源，但他们最终发现这是不够的。在美国北方和南方，大多数美国人都是从白人至上的角度来理解《独立宣言》的：他们认为，《宣言》所称的权利是赋予白人的，而不是赋予那些不可能负责任地利用它们的"堕落"种族。[32] 一些奴隶主甚至明确谴责《宣言》，并将其普遍主义语言斥为毫无意义的华丽辞藻。[33] 更让废奴主义者感到困扰的是，有如此多的美国教会都与"奴隶权力"站在了一起。[34] 南方和北方的著名牧师们都提出了奴隶制的圣经基础；其他人则求诸其他方式以避免冒犯和分裂他们的教会。那些批评奴隶制的人通常也支持美国殖民协会的种族主义议程，即将自由黑人转移到非洲。此外，北方教会在自己的神学院和会众中实行广泛的种族歧视。[35] 废奴主义者将这种种族主义视为基督教严重腐败的证据，他们求助于《圣经》来维护平等权利的承诺。[36]

---

32 詹姆斯·K. 保尔丁（James K. Paulding）在1836年为奴隶制辩护时写道，黑人奴隶显然"不属于独立宣言的范围和意义范畴"，也不属于任何宪法条款。"他们既不被理解为'人'，也不被理解成'公民'，并且在'所有其他人'的名称下构成例外！" J. K. Paulding, *Slavery in the United States*（New York：Harper & Bros.，1836），44。

33 关于奴隶主对自然权利学说的否定，参见Eugene D. Genovese, *The Slaveholders' Dilemma: Freedom and Progress in Southern Conservative Thought, 1820 - 1860*（Columbia：University of South Carolina Press，1992），49 - 52。

34 一些支持奴隶制的福音派完全拒绝了杰斐逊的思想观念，嘲笑他是"一个著名的老异教徒"，他主张人人享有平等权利是"明显错误的"。Richard I Carwardine, *Evangelicals and Politics in Antebellum America*（New Haven：Yale University Press，1993），155。

35 废奴主义报纸经常讲述这种日常歧视的细节。黑人候选人被禁止进入大多数神学院；黑人教徒被隔离，被安排在教堂后面的"黑人座位"上，并受到各种其他冒犯和侮辱。例如，"Prejudice against Color," *Human Rights*，June 1837，p. 2。

36 John R. McKivigan, *The War against Proslavery Religion: Abolitionism and the Northern Churches*, 1830 - 1865（Ithaca：Cornell University Press，1984）; Ronald G. Walters, *The Antislavery Appeal: American Abolitionism after 1830*（Baltimore：Johns Hopkins University Press，1976），37 - 53。加里森写道："我们被要求证明不言自明的事物。"它们（转下页）

在第6章和第7章中，我们将美国权利话语的根源追溯到财产权劳动理论和苏格兰启蒙运动的乐观自然主义。当废奴主义者翻阅圣经，为《独立宣言》的原则进行辩护并使其普遍化时，他们转而借鉴了长期以来贯穿美国新教的反权威主义思想传统。这一新教传统也可以称约翰·洛
166 克为其思想源泉之一。例如，当殖民地神职人员团结起来为美国革命进行辩护时，他们也经常诉诸洛克式的政府观，公理会牧师塞缪尔·兰登（Samuel Langdon）1775年在布道时说："感谢上帝，他赋予了我们作为人的、独立于一切人类法律的自然权利。因此当一个政府侵犯这些权利时，它的臣民有权'结束它并建立另一个'。"[37] 兰登和他的同伴们通过引用圣经，从十诫到圣保罗的教义，来证明这一革命性的立场。对他们中的许多人来说，其支点在于他们对罗马书13章的修正主义解读，其中保罗曾宣称"凡掌权的都是神所命的。所以，抗拒掌权的就是抗拒神的命"。兰登和他的同伴们借鉴了可追溯到16世纪中叶的新教反国教传统，坚持认为保罗敦促的是人们向那些公正统治并适当尊重臣民自然权利和自由的统治者表示臣服。[38]

然而，如果不是因为从17世纪开始出现的另一场更古老的政治冲突，新教教士们很可能已经不再认同洛克式的论点了：宗教宽容的斗争，最终是政教分离的斗争。事实上，18世纪90年代美国的神职观念发生了重大转变。法国大革命的激进主义和反教权主义震惊了美国新教的许多建制派，导致他们从18世纪60年代和70年代的洛克思想体系中退出。在这个

（接上页）可以求助于圣经来证明。William Lloyd Garrison, *Thoughts on African Colonization*（New York：Arno Press，1968［1832］），70.

37 Samuel Langdon, D.D., "Government Corrupted by Vice, and Recovered by Righteousness," in *The Pulpit of the American Revolution: or, The Political Sermons of the Period of 1776*, 2nd ed., ed. John Wingate Thornton（Boston：D. Lothrop & Co.，1876［1775］），250.

38 Steven M. Dworetz, *The Unvarnished Doctrine: Locke, Liberalism, and the American Revolution*（Durham：Duke University Press，1990），65-134. 参见 Jerome Huyler, *Locke in America: The Moral Philosophy of the Founding Era*（Lawrence：University Press of Kansas，1995），219-23，237-46；Michael P. Zuckert, *The Natural Rights Republic: Studies in the Foundation of the American Political Tradition*（Notre Dame：University of Notre Dame Press，1996）。

年轻的共和国里，由于激进思想的传播、政治和宗教权威的尊重受到侵蚀所引起的焦虑，许多人转向以英国为榜样、以联邦党的等级保守主义为壁垒来应对建国伊始的社会混乱。1794—1795年托马斯·潘恩的异教著作《理性时代》（*Age of Reason*）的出版强化了神职人员对政治激进主义的认识，即以普遍"人权"为核心的政治激进主义对社会稳定和基督教正统构成了根本威胁。[39]

　　因此，非常重要的是，在教士体制转向联邦党人保守主义之际，其政治和思想影响力正在日益减弱。对其权威最有力的挑战来自一场新兴的福音派运动，这场运动的领导人在1800年的决定性选举中支持了杰斐逊。这些福音派教徒在18世纪的大部分时间里在许多美国殖民地遭受迫害，因此对教会和国家的联盟深有疑虑，他们越来越多地使用自然权利的语言来规划政府权力的适当界限。[40] 他们特别援引个人良知的权利来作为有限政府的理由。[41] 此外，他们不仅从理性和"自然之神"中提炼出这样那样的权利，还在《圣经》文本中进行搜寻，并将这些权利呈现为基督教特有的、依据经典的关于公正有序的社区的理解。在美国，教士体制相对薄弱且支离破碎，而这些福音派教徒——大多数是卫理公会教徒和浸信会教徒——却有着非同寻常的影响力。[42] 他们的人数在19世纪初激增，他们的《圣经》论点为美国新教徒所信仰的权利拥有者神话注入了活力，也成为美国个人主义故事的重要组成部分。

　　在整个殖民地时期，宗教异见者一直呼吁对已建立的教会实行更大

39　Henry E May，*The Enlightenment in America*（New York：Oxford University Press，1976），252–304.

40　直到18世纪70年代，浸信会传教士在弗吉尼亚州还会因为没有州官方许可证就进行布道和批评圣公会建制而被鞭打。Thomas S. Kidd，*God of Liberty: A Religious History of the American Revolution*（New York：Basic Books，2010），37–40。

41　同上，37–55，75–95。

42　到1850年，这两个教派占美国所有宗教信徒的一半以上。卫理公会的迅速崛起尤其引人注目：1776年，他们只占2.5%的教徒，到1850年，这一比例已上升到惊人的34.2%。John H. Wigger，*Taking Heaven by Storm: Methodism and the Rise of Popular Christianity in America*（Urbana：University of Illinois Press，1998），60。与此同时，革命前夕主导宗教景观的这两个教派——新英格兰的公理会和南部的圣公会——已经大幅衰落。虽然公理会在1776年是人数最多的教派，但到1850年，仅卫理公会的人数就扩大了十倍。

的宗教宽容。[43] 从著名的罗杰·威廉姆斯（Roger Williams）反抗马萨诸塞湾殖民地现行秩序开始，他们用不同的道德和神学语言来表达自己的主张。然而，一个反复出现的问题是路德派的双重管辖权理念，这一理念基于圣经中的法令，即"恺撒的，就应归还恺撒；天主的，就应归还天主"。[44] 这一法令被广泛理解为描绘了两个独立的权力领域：世俗领域和精神领域。美国宗教异见者越来越多地将其解释为，政府不能合法地监管有关灵魂的事务。威廉姆斯本人曾宣称："民事裁判官政府的法律不能超出身体或物品的领域，不能延伸到对它而言的外部领域：因为上帝不会让任何人统治灵魂：只有他自己才能统治那里。"[45] 他教导说，将世俗权威扩展到灵魂的事务上就是违反了神圣的法令，侵犯了全能者为自己保留的领域。在整个18世纪，威廉姆斯的思想承袭者都利用这一论点反对针对福音派和贵格会教徒的迫害，从而最终彻底结束了宗教建制力量。[46]

随着这场斗争的展开，宗教异见人士越来越倾向于使用个人主义的洛克式的权利语言来描述对这一管辖权分野的恰当的政治承认。[47] 例如，在1767年出版的一本颇具影响力的小册子中，马萨诸塞州异见者埃比尼泽·弗罗辛厄姆（Ebenezer Frothingham）认为，"在审判之日，任何人，无论是圣人、牧师还是平民的统治者，都不能阻止伟大而令人畏惧的上

---

43 清教徒（在北方）和英国圣公会（在南方）的机构最初都在他们所统治的殖民地争取宗教统一，这导致了对宗教异见者的迫害和歧视。

44 Matthew 22: 21.

45 Roger Williams，*The Bloody Tenant of Persecution*（Providence，RI: Narragansett Club，1867[1644]），36。有关双重管辖权理念的政治意义的精彩讨论，参见 Steven D. Smith，*The Rise and Decline of American Religious Freedom*（Cambridge，MA: Harvard University Press，2014）. 关于这些激进思想在新教徒早期争取欧洲宽容的斗争中的起源，参见 John Witte Jr.，*The Reformation of Rights: Law, Religion, and Human Rights in Early Modern Calvinism*（Cambridge: Cambridge University Press，2007）。

46 例如，参见 Isaac Backus，"An Appeal to the Public for Religious Liberty," in *Isaac Backus on Church, State, and Calvinism: Pamphlets*，1754–1789，ed. William G. McLoughlin（Cambridge，MA: Harvard University Press，1968[1773]），313。

47 关于洛克影响力的证据，例如，William G. McLoughhri，*New England Dissent*，1630–1833: *The Baptists and the Separation of Church and State*，vol. 1（Cambridge，MA: Harvard University Press，1971），388–412。

帝，恳求他免于执行严格的正义"。由此，他推演出"宗教事务中的私人
审判权或良知自由"。他认为，在形成关于精神问题的信念和判断时，个
人应只对上帝负责。在这里，正如洛克著名的《论宗教宽容——致友人　168
的一封信》(*Letter Concerning Toleration*) 中所述，这一独特的精神管
辖权的概念是非常个人化的："耶稣基督挑战了良知的唯一权利，也就是
说，整个人类的灵魂，以及它的所有力量和能力，都有权被他自己所支
配。"[48] 例如，到1760年这一论点在新英格兰浸信会中已经司空见惯，他
们将个人良知的权利描述为是"自然的"和"不可剥夺的"。[49]

　　这一思想遗产在1800年及以后涌向杰斐逊阵营的福音派教徒中流传
很广。在19世纪早期的几十年里，福音派在宣扬美国自由的独特性时，
广泛接受了杰斐逊式的自然的、个人权利的呼吁。[50] 例如，浸信会传教士
和活动家约翰·利兰（John Leland）详细阐述了个人权利"本质上具有
不可妥协的不可剥夺性"，并将这些权利置于其政府理论的核心。他继续
说道："符合这种描述的还有**良知和个人判断的权利**"。[51] 对他来说，美
国对这些权利的承认标志着基督教从国家的腐败影响中解放了出来。与
此同时，广有影响力的卫理公会传教士"狂人"洛伦佐·道（Lorenzo

48　Ebenezer Frothingham, "A Key to Unlock the Door, That Leads in, to Take a Fair View of
the Religious Constitution, Established by Law, in the Colony of Connecticut"(New Haven:
Benjamin Mecom, 1767), 45 – 46。另一个重要的范例，Elisha Williams, "The Essential
Rights and Liberties of Protestants"(Boston: S. Kneeland, 1744)。

49　McLoughlin, *New England Dissent,* 1630 – 1833, 1: 388。参见 Daniel T. Rodgers, *Contested
Truths: Keywords in American Politics since Independence* (New York: Basic Books, 1987),
53 – 56。

50　历史学家内森·哈奇（Nathan Hatch）写道，大众宗教"带有杰斐逊式的政治思想，甚至
大量的杰斐逊散文词句"。Nathan O. Hatch, *The Democratization of American Christianity*
(New Haven: Yale University Press, 1989), 36。

51　John Leland, "Short Essay on Government, and the Proposed Revision of the Constitution of
Government for the Commonwealth of Massachusetts," in *The Writings of the Late Elder John
Leland, Including Some Events in His Life, Written by Himself, with Additional Sketches, &
C,* ed. L. F. Greene (New York: G. W. Wood, 1845 [1820]), 474. 利兰本人是一位直言不
讳的奴隶制批评者，他呼吁将这些权利作为对政府及其宗旨的广泛自由主义、个人主义观
点的一部分："政府是由个人组成的联合体，通过相互协议，为了相互防御和利益而形成"
（第476页）。

Dow）在全国各地举办复兴派会议，他认为"所有政治协会"的目的只是"维护人的自然和不可侵犯的权利；这些权利就是自由、财产、安全和抵抗压迫"。[52] 他还提到良知自由和"私人判断"，这对他来说是宗教自由的关键。他和利兰都认为，洛克式的政府愿景是唯一适合依照上帝造物意图而成为"自由和独立"的主体的愿景。[53]

重要的是，这些呼吁不是政府或社会世俗愿景的一部分。不同于麦迪逊和杰斐逊曾联合多方力量反对既定的宗教思想，福音派则致力于净化和更新美国基督教。[54] 对他们来说，这些洛克式的论点首先完全符合普遍的观点，即政治领导人应该是虔诚的人，美国的法律和政治考量应该充分遵循基督教原则。其次，这些论点也与福音派基督教的积极扩张愿景相兼容。福音派理所当然地认为，一旦既有的宗教团体被剥夺了国家支持，他们将很快被福音派挑战者们所打败。在他们看来，政教分离是美国彻底基督化和真正宗教战胜一切障碍的道路上的一步。然而，非常重要的是，反对既定宗教的斗争导致福音派利用流行的洛克原则来强化自己的优势，并突出了国家的组织化权力与个人良知的自由和完整对立起来的政治叙事。

这一关键叙事塑造了废奴主义者的思想，他们从19世纪30年代初开始，呼吁立即无条件地废除美国奴隶制。对于这些废奴主义者中的许多人来说，美国作为一个致力于保护自然权利的独特政体的理念构成了新

169

---

52 Lorenzo Dow, "Analects upon Natural, Social, and Moral Philosophy," in *Perambulations of a Cosmopolite, or, Travels and Labors of Lorenzo Dow, in Europe and America* (New York: Richard C. Valentine, 1855[1816]), 317.

53 同上，300。洛伦佐·道最终将良知的权利植根于福音的道德教导中。同上，299，303，314。18世纪80年代中期，弗吉尼亚州为宗教宽容而进行的斗争中，可以找到洛克式和伊凡派观点融合的另一个有力证据。许多向弗吉尼亚州立法机构请愿的福音派都采用了麦迪逊的自然权利语言，尽管他们认为，宗教的去建制化是阻止基督教腐败、自然神论和"非宗教化"传播的必要条件。这些未公开的立法请愿活动可以在这个链接中找到：https://www.virginiamemory.com/collections/petitions。

54 Thomas Buckley, *Establishing Religious Freedom: Jefferson's Statute in Virginia* (Charlottesville: University of Virginia Press, 2013), 148。他们经常特别指出，基督教的去建制将使其回归到其最早的、在君士坦丁大帝正式将基督教与罗马国家结合之前的纯粹形式中。

教对一个纯洁的基督教国家愿景的一部分，这个国家对个人自由的原则性投入将加速奴役时代的结束。[55] 和他们之前的异见者一样，他们讲述了一个有关邪恶力量的故事，这种力量来自政府和控制它的特权精英，它正在破坏上帝自己规定的自然权利。和异见者一样，他们倾向于将这些权利诉诸圣经。在他们的讲述中，美国关于权利拥有者的神话标志着一个起源于《出埃及记》的古老叙事的高潮，该书讲述了一个不断展现个人自由的世间。

　　例如，废奴主义者通常将他们的自然权利观念建立在人类是按照上帝的形象来创造的这一信念之上。塞缪尔·克罗瑟斯牧师（Rev. Samuel Crothers）引用《创世纪》5：1，宣称："**上帝按照自己的形象造就了人类**。他制造了人这种物品，这种物品的形象与其造物主一致。"克罗瑟斯认为，正是这种神圣的相似赋予了人拥有一系列"不可剥夺"的权利。[56] 把上帝的形象仅仅当作财产，或者把它当作苦役的野兽，是一种亵渎。威廉·惠珀（William Whipper）在费城的一次自由黑人集会上发表讲话时也认同这些观点："如果有人怀疑我们是按照上帝的形象而造的，并且被赋予了上帝赋予人类的特质，我们将向他们展示我们的'手和肋旁'。"

55　有关废奴主义在第二次大觉醒的宗教改革运动中的根源的讨论，参见 James Brewer Stewart, Holy Warriors: The Abolitionists and American Slavery, rev. ed. (New York: Hill and Wang, 1996); James Brewer Stewart, "Abolitionists, the Bible, and the Challenge of Slavery," in The Bible and Social Reform, ed. Ernest R. Sandeen (Philadelphia: Fortress Press, 1982); Lawrence J. Friedman, Gregarious Saints: Self and Community in American Abolitionism, 1830–1870 (Cambridge: Cambridge University Press, 1982); John R. McKivigan, ed., Abolitionism and American Religion (New York: Garland, 1999); Walters, The Antislavery Appeal; Goodman, Of One Blood; Whitney R. Cross, The Burned-over District: The Social and Intellectual History of Enthusiastic Religion in Western New York, 1800–1850 (New York: Harper & Row, 1950)。

56　Samuel Crothers, "The Harmony of Moses and the Apostles," *Quarterly Anti-Slavery Magazine* 1, no. 1 (1835): 76–77. 参见 Beriah Green, "The Church Carried Along; or, the Opinions of a D.D. On Slavery," *Quarterly Anti-Slavery Magazine* 2, no. 5 (1836): 43; "Objections Glanced At," *Friend of Man*, August 16, 1836, p. 1. 废奴主义者亨利·B. 斯坦顿（Henry B. Stanton）说："（上帝）说：'让我们按照自己的形象塑造人吧。'因此，这是人类不可剥夺权利的基础：因为他是按照上帝的形象而生的。"Henry B. Stanton, "Speech of Henry B. Stanton," *Pennsylvania Freeman*, August 16, 1838, p. 1.

由此，他推断，自由是"不可剥夺的权利"，这是所有人与生俱来的权利。[57]
对他来说，自然权利描述了对一个以上帝的形象创造的生物的尊敬程度。

上帝形象所具有的关键属性之一是自由和责任。上帝让人类自由地作出自己的选择，选择美德而不是邪恶，选择自己的意志而不是撒旦。公理会牧师阿莫斯·菲尔普斯（Amos Phelps）写道，上帝使人类成为"有道德和负责任的主体"，从而使人类在巨大"规模的存在"中占有独特的地位。他认为，一方面，承认所有人的"不可剥夺的权利"，就是承认他们作为自由和负责任的主体在神圣秩序中的适当地位。但是另一方面，奴隶制将他们拖入了一个较低的存在秩序：将人类视为"受肉体力量支配的野兽"，这"打破了上帝的存在秩序"。[58]另一位著名的废奴主义者写道，如果没有权利，任何人都无法"对造物主负责"，因为他无法做出自己的选择。[59]早期的宗教宽容的捍卫者宣称上帝拥有对个人良知的专属统治，而菲尔普斯、威廉·劳埃德·加里森（William Lloyd Garrison）和其他主要的废奴主义者则显著扩大了神圣统治的范围。他们认为，作为拥有上帝形象的自由人，所有人都有权按照自己的方式追求幸福、提升智识、成家立业、收获劳动成果。剥夺保障这些自由的自然权利就是篡夺上帝的权威。[60]

其他人则认为平等权利与《新约》中宣称的道德平等相关。罗德岛反奴隶制大会宣称："上帝平等地创造了所有人，因为他平等地对待他们，并

57　"Address by William Whipper，Alfred Niger，and Augustus Price，" 3：147，149.

58　Amos Phelps，*Lectures on Slavery, and Its Remedy*（Boston：New England Anti-Slavery Society，1834），39－40。参见 "Anti-Slavery，" *Friend of Man*，June 23，1836，p. 1；Charming，*Die Duty of the Free States*，39－42。

59　Gerrit Smith，"Gerrit Smith's Letter to the Rev. Lyman Beecher，D. D.，" *Friend of Man*，July 14，1836，p. 1。参见 Garrison，*Thoughts on African Colonization*，71；Lewis Perry，*Radical Abolitionism: Anarchy and the Government of God in Antislavery Thought*（Ithaca：Cornell University Press，1973），48－54。极有影响力的反奴隶制福音传道者查尔斯·格兰迪森·芬尼（Charles Grandison Finney）也认同这种奴隶制观点。James David Essig，"The Lord's Free Man：Charles G. Finney and His Abolitionism，" *Civil War History* 24，no. 1（1978）：34－35。

60　Perry，*Radical Abolitionism*，48－54. 少数废奴主义者，特别是加里森，最终采取了进一步的行动，谴责所有人类政府是对神圣主权的篡夺，成为无政府主义者。在这最后一步中，路德（和罗杰·威廉姆斯）的精神管辖权最终完全吞噬了世俗管辖权。同上，第55—91页。

且他命令他们平等地对待彼此。我们确信他视他们拥有平等的权利。"[61] 最常被引用来支持这种平等态度的圣经段落包括《使徒行传》10：34，该节将上帝描述为"神是不偏待人"（意思是他不偏袒任何人），以及《使徒行传》17：16，该节称上帝"从一个本源造出了万族来，使他们住在整个大地上"。废奴主义者坚持认为，平等权利是人类平等事实的适当的道德和政治体现，这是上帝创造的一个基本特征：所有人都是上帝爱和宽恕的对象。奴隶制将一些人奉为神，将其他人变成财产，颠覆了基督教的平等主义本质。

还有一些人从黄金法则或基督教兄弟之爱的义务中提炼出权利。例如威廉·布里斯本牧师（Rev. William Brisbane）认为，上帝"显然是为了确保每个人都有'生命、自由和追求幸福'的权利而赋予了黄金法则"。[62] 剥夺另一个无辜的人的权利是对上帝基本道德法则的严重违反。同样，《反奴隶制季刊》（Quarterly Anti-Slavery Magazine）的一位撰稿人问道："剥夺同胞们对自己的感受这一人类最神圣的权利，将人类贬低为畜生，这怎么可能是正确的呢？对别人施以一些他们绝不愿意施加在自己身上的行为，这又是如何符合基督教的戒律呢？"[63] 同时，著名的编辑和活动家威廉·古德尔（William Goodell）将上帝的基本法则描述为要求"每个人都将其他人视为平等者，并像爱自己的灵魂一样爱其他人"。对古德尔来说，这首先要求人们认同"人的不可剥夺的权利的严肃性"。[64] 在　171

---

61 "Anti-Slavery," *Friend of Man*, June 23, 1836, p. 1.

62 William Henry Brisbane, *Slaveholding Examined in the Light of the Holy Bible* (New York: American Anti-Slavery Society, 1849), 170.参见 James Brown, *American Slavery in Its Moral and Political Aspects ...* (Oswego, NY: G. Henry, 1840), 34, 51 - 52; Arnold Buffum, "Constitution of the New-England Anti-Slavery Society: With an Address to the Public" (Boston: Garrison and Knapp, 1832), 7 - 8.

63 "Influence of Slavery on Slaveholders," *Quarterly Anti-Slavery Magazine* 1, no. 4 (1836): 322.参见 Buffum, "Constitution of the New-England Anti-Slavery Society," 7 - 8.

64 William Goodell, "Prospectus," *Friend of Alan*, June 23, 1836, p. 1.古德尔本人是加尔文主义者，他将自然权利回溯到《创世纪》的关键段落。在描述引发这场大洪水的人类罪孽时，他写道："世界上的这一时期，因其普遍和极端的邪恶而备受瞩目，似乎也因其对人权普遍、极端的蔑视和对不可剥夺人权的鲁莽侵犯而同样引人注目。"他还将该隐谋杀亚伯的行为描述为对"不可剥夺权利"的愤怒。William Goodell, *The Democracy of Christianity, or An Analysis of the Bible and Its Doctrines in Their Relation to the Principle of*（转下页）

这里，权利是作为互惠和爱的基本象征而呈现的，在基督教责任中，所有其他人都是互惠和爱的对象。

废奴主义者常常在几段话中结合了这其中的几个论点。例如，俄亥俄州反奴隶制协会在其《观念宣言》（"Declaration of Sentiment"）中宣布，奴隶制是对上帝的一种严重罪行：剥夺奴隶的权利，将人转化为物，将上帝的形象转化为"商品"；它也违反了"爱的法则"和"黄金法则"。《宣言》宣称：

> 将这些依据上帝旨意只比天使略低一点生物贬低为野兽……砸开人权的圣殿，将其中神圣的物品掠夺一空，玷污耶和华的形象，将他们与四足的野兽和爬行动物等同，用救世主的血和肉身去换取肮脏的糠秕，这不是罪又是什么呢？

《宣言》认为，把人变成"纯粹的工具"，供他人享乐和谋利，这是对上帝赋予所有人的尊严的亵渎，也是对基督自己为所有人奉献牺牲的诋毁。《宣言》接着要求奴隶主立即"停止掠夺（奴隶们）从未被剥夺过的也不可被剥夺的权利"。[65] 在所有这些不同的论点中，废奴主义者赋予了个人一种基本的道德尊严和价值，这种尊严和价值源于上帝的启示，体现在自然权利的理念中，而自然权利是抵抗压迫和侵扰的盾牌。[66]

此外，这些权利不仅产生了道德义务，也产生了政治义务。从洛克到革命派神职人员以及与杰斐逊结盟的福音派异见者，他们构成了鲜明的自由主义政治理论的一部分。贵格会废奴主义者约翰·格林利夫·惠蒂

（接上页）*Democracy*, vol. 1（New York: Cady & Burgess, 1849）, 28, 27。类似的讨论，参见 Brisbane, *Slaveholding Examined in the Light of the Holy Bible*, 158; H. F. T, "Slavery as It Is," *Human Rights*, June 1837, p. 3; Crothers, "The Harmony of Moses and the Apostles," 75‐78。

65 Robert Stewart et al., "Declaration of Sentiment," *Liberator*, May 16, 1835, p. 78.

66 与其他论点一样，这些不同的圣经论点为17世纪和18世纪早期最早的贵格会反奴隶制作家提供了信息。参见 David Brion Davis, *The Problem of Slavery in Western Culture*（Ithaca: Cornell University Press, 1966）, 316‐26; Sinha, *The Slave's Cause*, 9‐24。内战前废奴主义者将其与自然权利传统融合在一起。

尔（John Greenleaf Whittier）写道："一个国家真正的荣耀和利益在于每个人安全和自由地行使自己的自然权利，包括最卑微的人和最骄傲的人。对这些权利的侵犯或放弃永永远远都无法换取国家的恒久荣耀和真正利益。"[67] 和许多同伴一样，惠蒂尔将个人权利视为所有合法政府的最高目标：任何与此类权利相冲突的目标都必须让步。[68] 重要的废奴主义者西奥多·韦尔德（Theodore Weld）写道："法律的主要目的是**保护人类的自然权利**，但它却并没有保护奴隶的自然权利，而是赋予了奴隶主依靠鞭子来掠夺他们的权利：通过暴力保护他们拥有这些掠夺物，并在合法的权利拥有者试图追回时**杀死**他们。"[69] 对贵格会废奴主义者来说，建立和保护了奴隶制的法律是合法权力的反面，因为它们取消了所有奴隶的自然权利。[70]

　　事实上，废奴主义者通常不仅将个人权利视为政府的最高目标，还将其视为对合法国家行为的严格限制。美国反奴隶制协会宣称："人身自由、财产、良知和追求幸福的权利都是与生俱来的、永恒不变的。""这些权利是基于我们存在的本质，是我们的创造者的丰富赐予。"[71] 根据洛克和杰斐逊的思想，废奴主义者们认为自然权利是前政治权利，不能用来讨价还价，也不能被任何国家合法废除。这些权利构成了他们对美国政府严厉批评的基础。废奴主义者不断引用南方各州成文法，并呼吁人

67　John G. Whither, "John G. Whittier's Letter to Edward Everett," *Liberator*, February 20, 1836, p. 30.

68　一些废奴主义者甚至宣称权利保护是政府唯一合法的事务；参见 "Anti-Slavery," *Friend of Man*, June 23, 1836, p. 1; Elisha P. Hurlbut, *Essays on Human Rights and Their Political Guaranties*（New York：Fowlers and Wells, 1848）, 36。

69　Theodore Weld, *American Slavery as It Is: Testimony of a Thousand Witnesses*（New York：American Anti-Slavery Society, 1839）, 151。参见 "Mobs — Free Discussion — Right of the People Peaceably to Assemble — Things to Be Thought Of," *American Anti-Slavery Almanac for 1840* 1, no. s（1840）: 4。

70　对于加里森（Garrison）等最激进的废奴主义者来说，这一指控延伸到了对美国宪法本身。

71　Third Annual Report of the American Anti-Slavery Society, cited in McInerney, *The Fortunate Heirs of Freedom*, 19.参见 "Proceedings of a Convention of Delegates, Assembled from the Various Parts of the State of Pennsylvania," *National Enquirer*, February 11, 1837, p. 86; Channing, *The Duty of the Free States*, 16 – 19。

们注意，这些法律否认了奴隶的所有权利，并将最恶劣的虐待和剥削形式合法化。他们不断强调联邦政府在这些不公正事件中的多重共谋，谴责了北方各州法律允许或规定的多种形式的种族歧视。他们认为，在破坏数百万美国人的自然权利的过程中，州政府和联邦政府都背叛了《独立宣言》的神圣逻辑，成为与世界上最专制的国家类似的压迫代理人。[72] 布里斯本坚持说："如果人类社会中必须建立政府，那么政府也是为了保护个人的自由，而不是为了限制个人的自由而建立的。政府是为了防止人滥用个人自由来伤害他人，但绝不是限制个人自由。这是上帝的特权，而不是人的特权。"[73]

从这个意义上讲，废奴主义的政治理论更接近于杰克逊时代的民主党，而不是辉格党。尽管废奴主义者嘲笑民主党人的白人至上主义假设，但他们最终还是试图使民主党人"平等权利"的承诺普遍化，并将赋予其神圣启示的基础。这不仅体现在废奴运动中的许多方面，比如自由党，明确使用了民主党的口号，并将自己定位为"平等权利的真正朋友"；[74] 同时也体现在加里森派的运动理念上，它同民主党人一样，倾向于将美国政治视为一场主权的、拥有权利的个人与蚕食性政府权力之间的斗争，这个政府是被富有和利己的精英所组成的阴谋集团所控制的。

不要夸大废奴主义政治思想中的自由主义或个人主义倾向也是重要 173 的。在谴责奴隶制和种族歧视时，废奴主义者借鉴了三种主要的道德语言：有关自然权利的洛克式语言、有关强制权力的共和主义语言以及有关

---

72 一些历史学家认为，废奴主义者将奴隶制视为"一个人对另一个人的支配"的私人统治形式。Eric Foner, "Abolitionism and the Labor Movement in Antebellum America," in *Politics and Ideology in the Age of the Civil War* (New York：Oxford University Press，1980)，65。这是一个错误：如果奴隶主是统治的"近身"代理人，废奴主义者几乎总是将他们的权力描述为由政府授权和调节的。事实上，他们非常依赖这种观点，因为他们经常认为北方公民是奴隶制度的同谋。A. H. 弗里曼（A. H. Freeman）说，"奴隶制是由法律创造的，他认为新泽西州的公民对此负有共同责任，国家政府和我们自己州的当局都支持和维护奴隶制"。A. H. Freeman, "To the People of New Jersey," *Emancipator*, January 28, 1841, p. 1。

73 Brisbane, *Slaveholding Examined in the Light of the Holy Bible*, 157。参见 "Liberty," *Friend of Man*, July 21, 1836, p. 2。这种段落在废奴主义者的作品中比比皆是；在他们的文字中，人们听到了长期以来新教为宗教宽容和自由而斗争的强烈回响。

74 这一方面的启发性讨论，参见 Freeman, "To the People of New Jersey," 1。

罪恶和忏悔的告解语言。[75] 尤其是第三种语言，往往被拉向与第一种语言不同的方向。例如，福音派废奴主义者通常认为，奴隶主的绝对权力引发了一系列罪恶，包括贪婪、残忍、不虔诚的骄傲和通奸。[76] 与此同时，他们的懒惰导致了对闲适奢侈的渴望和对劳动规训的蔑视。另外，奴隶则被压迫性法律弃置于通奸和自私无知的生活中。换言之，奴隶制通过划分对立的等级，并在社会的各个层面激起异常的欲望，破坏了共同体的道德纽带。[77] 事实上，许多虔诚的废奴主义者将他们的反奴隶制运动视为基督教对利己主义和世俗欲望的全面回应的一部分，他们认为这种流行病随着市场革命席卷了整个美国。[78]

此外，在与淫乱和道德腐败的斗争中，杰克逊时代美国的宗教改革者一再利用国家的强制权力。他们向政府官员施压，要求他们禁止在安息日投递邮件，并将饮酒和售酒定为犯罪。[79] 他们期望州和地方政府对各种私人行为进行监管，包括赌博和性滥交。许多主要的废奴主义者参与了这些运动，特别是禁酒运动。对他们来说，个人权利似乎并没有延伸到圣经所禁止的行为：人们有权按照道德法则行事，但仅止于此。许多废奴主义者认为，真正的自由不是腐朽堕落的"许可证"，真正的自由只适用

---

75 值得强调的是，本章没有试图全面概述美国废奴主义的政治思想。本章特别且不成比例地侧重于这些语言中的第一类，尽管这些语言在废奴主义修辞中非常重要，但却很难完全代表所有废奴主义话语。然而，值得注意的是，这三种语言经常合并并重叠。例如，废奴主义者有时将人权作为减轻统治的策略；他们还援引权利和侵犯权利来解释为什么奴隶制是有罪的。关于这一最终趋势的一个很好的例子，参见 Mrs. M. B. Davis, "Scenes of Oppression in the Refined Circles of the South, Addressed to the Women of Illinois" (Peoria, IL: Peoria County Anti-Slavery Society, 1846), 11, 16。

76 参见，James A. Morone, *Hellfire Nation: The Politics of Sin in American History* (New Haven: Yale University Press, 2003), 144 – 68。

77 有关这种批评风格的示例，参见 Bourne, *Slavery Illustrated in Its Effects Upon Woman and Domestic Society*。参见 Ronald G. Walters, "The Erotic South: Civilization and Sexuality in American Abolitionism," *American Quarterly* 25, no. 2 (1973): 177 – 201。

78 Hugh Davis, *Joshua Leavitt: Evangelical Abolitionist* (Baton Rouge: Louisiana State University Press, 1990), 99 – 101; Goodman, *Of One Blood*, 69 – 80; Stewart, "Abolitionists, the Bible, and the Challenge of Slavery."

79 参见，Clifford S. Griffin, *Their Brothers' Keepers: Moral Stewardship in the United States, 1800 – 1865* (New Brunswick, NJ: Rutgers University Press, 1960)。

于不违反上帝指令的（广泛）人类行为。在他们看来，一个未能区分这两者差异的政府就是一个未能履行其主要义务的政府。[80]

在当时，自然权利在废奴主义言论中的突出地位并不意味着废奴主义是一种统一的自由主义或个人主义思想，福音派的新教则离得更远。相反，它表明，一些强大的新教思想为自然权利拥有者的神话提供了思想支持。[81] 它还表明，以个人自由为核心的洛克政治理论是建立在两套重叠的知识传统之上的。虽然大多数杰克逊时代的民主党人和数量更多世俗废奴主义者借鉴了贯穿杰斐逊和潘恩思想中的启蒙传统，但大多数废奴主义者将自己置于新教传统中，这一传统可以追溯到美国的创始人罗杰·威廉姆斯（Roger Williams）、路德（Luther）和保罗（Paul）。[82] 这第二个传统本身是由启蒙运动的价值观和假设所形塑的，这些价值观和假定随着时间的推移被美国新教所吸收。但它也借鉴了一个丰富的跨大西洋宗教异见传统，这一传统起源于宗教改革。[83] 在一个主要由于第二次大觉醒运动的爆炸性影响而变得越来越虔诚的社会中，这种吸收融合至关重要。

事实上，这第二个洛克式传统不仅触动了废奴主义者，也触动了更广泛的北方新教徒群体，他们虽然继续将废奴主义视为危险的激进分子，但也越来越多地批评美国奴隶制。他们也倾向于将奴隶制视为对自然权利的侵犯和对自然权利拥有者这一珍贵神话的颠覆。[84] 塞缪尔·科森斯牧

---

80 他们还认为，政府可以做到这一点，而不会在任何有争议的辩论中偏袒任何一方，这些辩论涉及神学和教会管理，导致不同的新教教派分裂。因此，在他们看来，争取政府支持维护私人道德与政教分离是完全一致的。

81 关于美国政治思想中自由主义个人主义和圣经新教之间长期存在的截然对立，参见 Wilson Carey McWilhams, *Redeeming Democracy in America*, ed. Patrick！. Deneen and Susan J. McWilhams（Lawrence：University Press of Kansas, 2011）。

82 他们有时对这种传统非常明确。例如，《反思者与守望者》勾勒了从宗教改革运动到罗杰·威廉姆斯的良知自由斗争，再到《独立宣言》和废奴运动的一条逻辑线索。参见 "Christianity and the Rights of Man," 1。

83 Witte, *The Reformation of Rights*；Robert P. Forbes, "Slavery and the Evangelical Enlightenment," in *Religion and the Antebellum Debate over Slavery*, ed. John R. McKivigan and Mitchell Snay（Athens：University of Georgia Press, 1998）.

84 Carwardine, *Evangelicals and Politics in Antebellum America*, 141；Donald G. Mathews, "The Methodist Schism of 1844 and the Popularization of Antislavery Sentiment,"（转下页）

师（Rev. Samuel Cozzens）说："这是多么公然的不义，是多么残酷的压迫，竟然把那些跟我们一样生而自由平等的、拥有同样不可剥夺的权利的人类束缚在一起。"[85] 对北方新教徒们来说，如同他们所批评的废奴主义者一样，自然权利划定了一个由上帝指定的个人自由空间，在这个空间内，个人可以作为自由和负责任的主体行事和礼拜。从 19 世纪 40 年代末到 19 世纪 50 年代，随着自由土壤运动的兴起，这些更温和的新教徒加入了废奴主义者，组成了一个更广泛的反奴隶制联盟，其思想为新兴的共和党意识形态奠定了一些基础。[86]

奴隶制对个人权利的广泛侵害

废奴主义者一次又一次将奴隶制视为对个人自然权利的侵犯。新教异见者主要关注良知权利和宗教权利，而废奴主义者则将他们的话语之网撒得更广。他们从被奴役者的权利开始论述，包括他们的安全和自由行动、财产、良知和婚姻的权利，以及他们在法庭上寻求救助的权利，并声称所有这些都被奴隶制彻底摧毁了。但这只是一个开始：他们还描述了一种侵犯权利的不断扩大的弧线运动形式，这破坏了自由黑人和北方白人的生活，他们的言论权、请愿权甚至基本安全权越来越受到愤怒的支持奴隶制的暴民的危害。他们认为，奴隶制是对黑人和白人个人权利的全面颠覆，是对美国自由承诺的根本背叛。

事实上，许多废奴主义者将奴隶制**定义**为彻底抹杀个人权利。著名废

（接上页）*Mid-America: An Historical Review* 51, no. 1（1968）: 19 – 20。有关更广泛的反奴隶制意识形态的进一步讨论，参见 McDaniel, "The Bonds and Boundaries of Antislavery"。

85　科森斯是马萨诸塞州米尔顿第一福音教会的牧师，也是废奴主义运动中不妥协的激进主义的批评者。Samuel W. Cozzens, "The Prominent Sins of the Times. A Sermon, Delivered in Milton and Dorchester on the Day of the Annual State Fast"（Boston: T. R. Marvin, 1844）, 8。参见 Leonard Bacon, *Slavery Discussed in Occasional Essays, from 1833 to 1846*（New York: Baker and Scribner, 1846）, 75 – 77; George Duffield, "A Sermon on American Slavery: Its Nature, and the Duties of Christians in Relation to It"（Detroit: J. S. and A. Bragg, 1840）。

86　Carwardine, *Evangelicals and Politics in Antebellum America*, 147 – 52.

奴主义者安吉丽娜·格里姆克（Angelina Grimke）写道："美国的奴隶制
将一个人贬低成了一件物品，一种'动产个人'，**剥夺**了他作为**人**的**所有**
权利。"[87] 道格拉斯（Douglass）也认同这一观点，"奴隶是一个人，但被剥
夺了所有的权利，沦为一种野兽，沦为法律视角下的一种'动产'"。[88] 成为
一个"野兽"或"动产"，恰恰指的就是在法律框架下不享有任何权利的事
物——可以随意处置的**事物**。当然，南方州法律规定奴隶制是合法的，因
而它没有侵犯那里的法定权利。在这里备受争议的是**自然**权利或人权：美
国的奴隶制建立在一个阴险的断言上，即黑人奴隶一开始就没有这种权利。
詹姆斯·布朗（James Brown）写道：奴隶制"假设，它并没有压迫任何
人，没有侵犯任何权利，也没有撕裂任何家庭纽带"。[89] 在废奴主义者看来，
没有什么比这种断言与《独立宣言》的道德普遍主义更相背离的了。

　　被奴隶制抹杀的最基本的权利是自我所有权。一位废奴主义者在演讲
中宣称："所有权利的基础，每个人都被赋予的可以自由使用和处置自己
身体和灵魂的个人独立和自我所有权，却被奴隶制剥夺了。"[90] 正如废奴
主义者所理解的那样，自我所有权包括一系列自由权利，行动自由、免
受攻击和强奸的自由、思想自由以及建立亲密关系的自由。[91] 从这个意义
上说，拥有或控制自己的人是一个可以在世界上自由活动并对自己的身

87　Angelina Grimke，"Appeal to the Christian Women of the South"（New York：American Anti-
　　Slavery Society，1836），16。有关格里姆克呼吁人权的进一步讨论，参见Lisa Pace Vetter，
　　The Political Thought of America's Founding Feminists（New York：New York University
　　Press，2017），114－23。

88　Frederick Douglass，"Lecture on Slavery，No. 1，" in *Antislavery Political Writings*，1833－
　　1860，ed. C. Bradley Thompson（Armonk，NY：M.E. Sharpe，2004［1850］），26。参
　　见Brown，*American Slavery in Its Moral and Political Aspects*，34，90；Phelps，*Lectures on
　　Slavery，and Its Remedy*，38－39。

89　Brown，*American Slavery in Its Moral and Political Aspects*，90.

90　Charles Follen et al.，"Address to the People of the United States，" *Liberator*，September 6，
　　1834，p. 141.参见Theodore Weld，*The Bible against Slavery. An Inquiry into the Patriarchal
　　and Mosaic Systems on the Subject of Human Rights*（New York：American Anti-Slavery
　　Society，1838），10。

91　Elizabeth B. Clark，"'The Sacred Rights of the Weak'：Pain，Sympathy，and the Culture of
　　Individual Rights in Antebellum America，" *Journal of American History* 82，no. 2（1995）：
　　487－88。

心进行基本控制的人；另外，一个被他人所**拥有**的人因此也就被剥夺了她的人性及其所有伴随的权利。韦尔德（Weld）写道："奴隶主们都说要善待他人，但他们不仅要尽可能快地剥夺他人所得到的一切，还要剥夺**他人**，剥夺双手、双脚、肌肉、四肢、感官、身心。"[92] 废奴主义者认同一个可以追溯到英国内战的道德前提，即自我所有权是所有人的自然权利，因此不可能存在将他人作为财产的自然权利。[93]

正如历史学家经常指出的那样，废奴主义者将自我所有权视为经济自由的基础：拥有自己的人不可能在未经同意的情况下被迫工作，也不能被强行剥夺劳动成果。美国反奴隶制协会宣称："享有自由的权利是不可剥夺的，侵犯自由就是篡夺耶和华的特权。每个人都有权拥有自己的身体、自己的劳动成果，受到法律的保护，共享社会的共同利益。"[94] 根据熟悉的洛克式学说，拥有自己就是拥有基本的劳动工具：毕竟，人们通过将自己的身体和思想应用于生产性工作来创造价值。因此，对这些基本工具的所有权赋予了人类收获生产力成果的权利。这是产权的基础。莉迪亚·查尔德（Lydia Child）写道：在奴隶制中，"人不能拥有任何财产，每天都会被掠夺他的劳动成果。上帝说：'工人得工价，是应当的。'奴隶主说：'我会将他与野兽关在一起，他会为我**劳动**'"。[95] 从这一点来看，奴隶制度是一种被对利润的欲望所驱使的、残忍的、有组织的盗窃制度——"劫取他人一辈子的劳动果实"。[96]

然而，对许多废奴主义者来说，良知和宗教权利似乎比经济权利更

92　Weld, *American Slavery as It Is*, 7。威廉·韦尔斯·布朗（William Wells Brown）在思考美国奴隶制的"鞭子"、"铁链"和"猎犬"时写道："我总有一天会重获自由，把自己的身体称为自己的身体，这让我振奋起来，让我的心为之雀跃。"Brown, *Narrative of William W. Brown*, 71, 70。

93　有关进一步讨论，请参见 James Oakes, *The Scorpion's Sting: Antislavery and the Coming of the Civil War*（New York：W. W. Norton, 2014）, 57 - 70。

94　"Declaration of Sentiments of the American Anti-Slavery Society. Adopted at the Formation of Said Society, in Philadelphia on the 4th Day of December, 1833"（New York：American Anti-Slavery Society, 1833）, 1.

95　Lydia Maria Child, "An Appeal to the Women of the Nominally Free States"（New York：William S. Dorr, 1837）, 7.

96　Goodell, "Prospectus," *Friend of Man*, June 23, 1836, p. 1.

为重要。在南方许多州中，奴隶主拥有法律权威，禁止奴隶阅读圣经、接受任何形式的宗教教育，甚至禁止接受这类教育所需要的基本素养训练。[97] 奴隶"无法了解上帝对他的要求，也无法提高服务上帝的能力；其次，他无法履行自己的良知信念，除非这些信念符合主人的判断。"布里斯本（Brisbane）继续写道，这样的情况完全无法与"良知和个人判断的权利"相适应。[98] 反过来，这些权利是基督教救赎可能性的基础：如果没有这些权利，奴隶就可能永远处于"黑暗"之中。[99] 此外，废奴主义者认为，这种暴行不仅仅是残忍的反常行为；它更是奴隶制存在的基础，因为神圣启示的光芒将不可避免地"激起（奴隶）心中的不满"，激起对自由的向往。[100]

废奴主义者还强调奴隶制对婚姻和家庭权利的破坏。他们的报纸戏剧性地描绘了拍卖场上家庭成员被分开出售的毁灭性场景；他们转载了南方报纸的广告，宣传"一起或分开"出售家庭成员，以迎合购买者的售奴广告。[101] 肯塔基州一位废奴主义者观察到，即使是世界上最严厉的专制主义也承认"**婚姻权**"。而美国奴隶制"否认**一切权利**"，包括那些亲密关系的权利，没有这些权利，[传统]人类家庭就不可能存在。[102] 这种

97　一位贵格会废奴主义者说，奴隶"被剥夺了人的权利和特权。在几乎所有的奴隶州，他们都被最严厉的惩罚禁止阅读，哪怕是启发性的书卷"。"An Address. From Farmington，[NY] Quarterly Meeting of Orthodox Friends, to Its Members on Slavery," National Enquirer, January 28, 1837, p. 81。

98　Brisbane, *Slaveholding Examined in the Light of the Holy Bible*, 167. 参见 "Lay Preacher," "From Our Washington Correspondent," *Emancipator*, March 5, 1840, p. 178。

99　McInerney, *The Fortunate Heirs of Freedom*, 67–68. 即使奴隶获得了宗教指导，废奴主义者也认为，他们被灌输了一种腐败和压迫性的信仰，这种信仰为奴隶主的利益服务——"一种迷信和偶像崇拜的宗教，它教导受压迫的受害者将压迫者视为上帝的代理人。"J. C. H., "American Slavery — Its Effects Upon Its Immediate Victims. Letter No. Ii," 3。

100　Lydia Maria Child, "Anti-Slavery Catechism," 2nd ed.（Newburyport：Charles Whipple, 1839），18. 参见 Buffum, "Constitution of the New-England Anti-Slavery Society," 12。

101　整个广告是这样写的："值钱的黑人。一个优秀的女仆，三十四岁，带着两个孩子，一个四岁，另一个十二个月大，将被低价出售。全部一起出售，或单独出售，任君挑选。"Elizabeth Chandler, "A Specimen," Genius of Universal Emancipation, May 1831, p. 9。

102　Kentuckian, "American Slavery vs. Liberty," 24. 参见 Barber, "An Oration Delivered before the Addison County Anti-Slavery Society, on the Fourth of July, 1836," 5。废奴主义者常常以自由的契约语言来表达婚姻权利；参见 Amy Dru Stanley, *From Bondage to*（转下页）

特别的权利否认让废奴主义者感到震惊，认为这是一种骇人听闻的残忍形式，也是对上帝法律的严重阻碍。查尔斯·奥尔科特（Charles Olcott）说："奴隶制让奴隶生活在非法且经常混乱的同居生活中，完全剥夺奴隶结婚的**权利**，禁止他们进行家庭生活，强迫他们违背上帝的律法。"[103] 奴隶制使得人们无法在日常的家庭破裂中履行圣经中明确要求的孝顺、父母爱护和养育的义务。

这些丑恶的行为因奴隶完全缺乏正当法律权利而更加严重，包括人身保护权、提起法律诉讼的权利和陪审团审判的权利。没有这些权利，奴隶就缺乏有效的资源来反抗最残暴和最具侵略性的侵犯行为。帕克（Parker）写道：奴隶"不能以自己的名义对压迫者提起诉讼，因为他只是一件物品，他没有权利"。这使得奴隶完全听任主人摆布，"没有合法的自卫权来反抗……攻击和殴打"或任何其他形式的"野蛮侵犯"。[104] 因此，少数名义上为他们提供的法律保护在实践中其实毫无意义。废奴主义者经常引用这些事实来论证美国奴隶制的独特堕落性：他们指出，在古希腊和罗马，正如《圣经》中的犹大王国，奴隶并没有完全被剥夺法律地位。他们可以诉诸法律保护自身；因此，他们被公认为人类共同体的成员。[105]

在呼吁人们注意到奴隶的深刻和多方面的脆弱性时，废奴主义者改变和扩大了关于权利的美国论述。正如法律历史学家伊丽莎白·克拉克（Elizabeth Clark）所说，他们呼吁人们注意宪法文件中通常没有列举的"身体完整"和个人自制权；他们还将针对妇女的性暴力作为一种特别严

（接上页）*Contract: Wage Labor, Marriage, and the Market in the Age of Slave Emancipation*（Cambridge: Cambridge University Press, 1998）, 1 – 59。

103　Charles Olcott, "Two Lectures on the Subjects of Slavery and Abolition, Compiled for the Special Use of the Anti-Slavery Lecturers and Debaters, and Intended for Public Reading"（Massillon, OH, 1838）, 8.

104　Theodore Parker, *Letter to the People of the United States Touching the Matter of Slavery*（Boston: James Munroe & Co., 1848）, 86, 87。参见 Child, "Anti-Slavery Catechism," 5; Daniel Foster, "An Address on Slavery, Delivered in Danvers, Mass"（Boston: Bela Marsh, 1849）, 25。

105　参见，Grimke, "Appeal to the Christian Women of the South," 4 – 12。

重的侵犯人权行为。[106] 他们认为权利不仅是对国家行动的限制，而且是对抗私人统治的盾牌。在所有这些方面，他们立刻使权利变得更加广泛和包容：尽管占主导地位的神话叙述总是将权利拥有者描绘成一个拥有财产的白人男子，但废奴主义者将这一神话形象重新塑造为受苦受难（通常是女性）的奴隶形象。在这一过程中，他们将权利的语言转变为对现有权力关系进行广泛和激进抗议的工具，这种抗议不仅蔓延到了早期争取妇女权利和选举权的斗争中，还影响到更广泛的谴责死刑，学校、监狱和精神病院中的暴力和残忍行为以及婚姻虐待的人道主义运动中。[107]

当他们将注意力从奴隶转移到自由黑人身上时，废奴主义者也指出了一连串的不公正，他们通常将这些不公正定性为侵犯自然或人权。小詹姆斯·福登（James Forten Jr.）观察到，北部各州的自由黑人"被无数迫害的重压压得喘不过气来，他们的（自然）权利几乎都被剥夺了"。[108] 他们几乎被排斥在所有技术性职业和公职之外；他们的孩子无法进入公立学校；他们被分散安排在教堂、火车和渡轮上；他们遭受暴民骚扰，但是获

178

得法律救助的希望渺茫。在西北部的几个州里，刻意旨在阻止黑人在当地定居的歧视性"黑人法律"进一步加剧了侮辱和不平等。在谴责这些不公正时，废奴主义者指出："这是政治伦理的反常之处，它将人与人区分开来，但其基础又是'所有人生而平等'，并拥有共同的'不可剥夺的权利'。"[109] 他们认为，普遍的种族歧视已经侵蚀和摧毁了黑人公民的许多

---

106 Clark, "'The Sacred Rights of the Weak,'" 463。参见 Stanley, From *Bondage to Contract*, 26 - 29。

107 Clark, "'The Sacred Rights of the Weak.'" 参见 Stewart, *Holy Warriors*, 38 - 39; Ellen Carol DuBois, "Outgrowing the Compact of the Fathers: Equal Rights, Woman Suffrage, and the United States Constitution, 1820 - 1878," *Journal of American History* 74, no. 3 (1987): 836 - 62。

108 James Forten Jr., "Speech by James Forten, Jr. Delivered before the Philadelphia Female Anti-Slavery Society" in *The Black Abolitionist Papers*, vol. 3, ed. C. Peter Ripley (Chapel Hill: University of North Carolina Press, 1992 [1836]), 157.

109 "Anti-Colonization," *Genius of Universal Emancipation* (June 1831): 18. 参见 "The State Governments," Anti-Slavery Almanac *for 1839* 1, no. 4 (1839): 11。南部各州的自由黑人面临着更严厉的限制；参见 Alejandro de la Fuente and Ariela J. Gross, *Becoming Free, Becoming Black: Race, Freedom, and Law in Cuba, Virginia, and Louisiana* (Cambridge: Cambridge University Press, 2020), 132 - 218。

基本权利和自由。

美国殖民协会（ACS）提议剥夺美国黑人甚至在自己国家居住的权利，遭到了特别尖锐的批评。由于其影响力巨大，许多废奴主义者将其视为美国种族偏见的主要来源之一。其成员和支持者包括美国一些最有权势的人——詹姆斯·麦迪逊（James Madison）、亨利·克莱（Henry Clay）和丹尼尔·韦伯斯特（Daniel Webster）。美国殖民协会认为黑人在美国没有地位，因为主要由白人偏见催生的种族冲突将永远阻止黑人的繁荣壮大，并阻止他们实现公民和政治平等。[110] 它坚持认为，黑人们最好的机会是在非洲，在那里他们可以建立新的基督教联邦，也可以将上帝的话语带到异教徒的土地上。[111] 在伊莱泽·赖特（Elizur Wright）看来，这些观点代表了对美国权利基础的一次令人震惊的篡改："如果他们在这里居住的权利，以及他们的生活境况所要求的所有同情和援助的权利，由于他们的黑人属性而被剥夺，那么我们这些基于白人属性的人，也就是说，我们自诩的、不可剥夺的、不可逆的权利也是肤浅的。"[112] 将权利建基于种族外貌，其实只会使其变得脆弱和武断；只会将它们变成压迫的工具。

此外，废奴主义者认为，自由黑人甚至缺乏自我所有的基本权利，这一权利受到北方城市中黑人公民绑架事件的危害。例如，在纽约，黑人废奴主义者多次请求法庭对那些被指控为逃亡奴隶的人进行陪审团审判。他们描述了一种普遍存在的恐惧气氛，在这种气氛中，一个法官的裁决可能会将一个自由人判为奴隶。他们将"陪审团审判的神圣权利"视为一种基本保障，没有这种保障，任何自由都是空中楼阁。[113] 他们认为，没

110 George M. Fredrickson, *The Black Image in the White Mind: The Debate on Afro-American Character and Destiny*, 1817–1914（New York: Harper & Row, 1971）, 12–21。参见 Davis, *The Problem of Slavery in the Age of Emancipation*, 105–25。

111 关于殖民及其在塑造美国废奴运动中的开创性重要性的精彩讨论，参见 Davis, *The Problem of Slavery in the Age of Emancipation*, 81–192。

112 Wright, "The Sin of Slavery, and Its Remedy," 25–26.

113 David Ruggles, "Important Meeting," *Colored American*, October 28, 1837, p. 3; "Important Meeting of People of Color in the City of New York," *Weekly Advocate*, February 22, 1837, p. 1。参见 David Ruggles, "Beware of Kidnappers," *Weekly Advocate*, January 14, 1837, p. 3。

有一个美国白人会同意在没有通过陪审团审判的情况下被没收财产，无论这些财产多么的微不足道。然而，自由黑人最基本的财产权——他们对自己的所有权——却悬于一线。[114] 小福登（Forten Jr.）说："如果我们因涉嫌盗窃自己的身体，并带着这身体逃跑而被捕，能支持我们的正义的律师也非常少，以至于人性的恳求被压制，我们太频繁地被弃置于无望的束缚之中。"[115] 废奴主义者经常指出，这种不安全感被黑奴在南方市场的高价所放大，这使得绑架成为一项获利颇丰的生意。[116]

179

废奴主义者还抗议在整个北方地区黑人投票权的倒退，并要求获得平等的选举权。[117] 彼得·西蒙斯（Peter Simons）在"纽约有色人种青年"的一次公开会议上表示，"剥夺我们不可言喻的天赋，即我们的选举权（这被所有共和政府认为是最高的天赋），就是侵犯了上帝和自然的权利"。[118] 与此同时，废奴主义者嘲笑主张"不可剥夺"的选举权的民主党人，仍能找出理由排斥黑人的选举权。例如，《解放者》（Liberator）抨击道，罗得岛州的"伪自由选举权拥护者在声嘶力竭地呼喊平等权利"，但同时又在1841年的宪法草案中提议将黑人排除在投票权之外。[119] 废奴主义者引用杰斐逊的话来捍卫自治是一项自然权利，这不仅是对所有人道德平等的尊重，也是几乎所有其他权利和自由的重要政治保障。[120]

在19世纪30年代，废奴主义者进一步扩展了他们的诉求，并开始将奴隶制建构为对**所有**美国人权利的威胁。19世纪30年代初，正值美国历史上最暴力的奴隶起义——纳特·特纳起义，"立即主义"废奴主义的

---

114 "Trial by Jury," *Emancipator*, February 9, 1837, p. 164。1850年的《逃亡奴隶法》以及在其庇护下展开的一系列广为人知的绑架案，无论成功与否，都加剧了这些担忧。1850年该法律的批准引起了一股黑人从北部城市移民到加拿大的浪潮。Benjamin Quarles, *Black Abolitionists*（New York：Oxford University Press, 1969），199 - 200。

115 Forten, "Speech by James Forten, Jr. Delivered before the Philadelphia Female Anti-Slavery Society," 3：157.

116 参见 "Kidnapping — Jury Trial," *Human Rights*, February 1837, p. 2。废奴主义报纸上充斥着绑架北方黑人的故事，其中许多都是成功的。

117 有关黑人激进主义在这个问题上的讨论，请参见 Quarles, *Black Abolitionists*, 169 - 95。

118 "Important Meeting," *Colored American*, September 2, 1837, p. 1.

119 "Free Suffrage," *Liberator*, December 10, 1841, p. 199.

120 "Should Colored Men Vote？" *Emancipator*, January 14, 1841, p. 1.

兴起，要求立即、无条件地结束奴隶制。奴隶制的盟友作出了强力的回应。反对奴隶制的言论在南方地区受到严厉压制，而北方的废奴主义出版商和演讲者则受到不断升级的种族主义暴徒的攻击。迫于南方地区的压力，国会通过了臭名昭著的"言论限制法规"，该法规规定，任何反奴隶制请愿书都会在未经众议院之手的情况下被自动搁置。这场镇压受到许多北方选民的反对，为废奴主义者创造了新的机会，将奴隶制也建构为对美国白人的威胁。1837 年 11 月，废奴主义印刷商以利亚·洛夫乔伊（Elijah Lovejoy）被一名支持蓄奴的暴徒谋杀，引发了社会声浪。《解放者》哀叹道："洛夫乔伊已经成了一伙武装恶棍的暴力受害者，他也高尚地为捍卫了上帝赋予他的、宪法保障的不可剥夺的权利。权利对于你我，对于每一个美国公民来说都是弥足珍贵的。"[121] 这里问题的核心是言论自由和良知的权利：如果公民因说出自己的想法被杀害而罪犯却逍遥法外，谁还能声称自己生活在自由社会呢？总部位于辛辛那提的《慈善家》（*Philanthropist*）警告说，"我们的父辈敢于说话……那时的新闻界没有枷锁，人们通过法律获得权利"，但是美国已经离那个时代很远了。在废 180 奴主义者看来，洛夫乔伊的被害传递了一个明确的信息：当涉及批评奴隶制时，**"要么沉默，要么死亡"**。[122]

　　19 世纪 30 年代末，废奴主义报纸开始报道数不胜数的、无法无天地袭击废奴主义者、民权活动人士，甚至袭击那些碰巧携带了反奴隶制信件或小册子前往南部各州的不幸旅行者的新闻事件。《有色人种美国人》（*Colored American*）引述了几位最新的广为人知的受害者的姓名，并写道："一个北方公民如果不承担'私刑规定'的所有责任，就无法穿越波托马克河。他不知道自己在什么时候会被涂柏油粘羽毛，被游街，或是披上牛皮。"[123] 即使是女人也不例外：在一本流行的小册子中，最近去南方看望老朋友的 M. B. 戴维斯夫人（Mrs. M. B. Davis）报告说，为了自己的安全，她被警告要保持安静。一位当地报纸编辑警告她："在这

121　"The First Martyr Has Fallen, in the Holy Cause of Abolition！" *Emancipator*, November 23, 1837, p. 117.

122　"Horrid Tragedy" *Philanthropist*, November 21, 1837, p. 3.

123　"With Whom Are We in Union？" *Colored American*, May 6, 1837, p. 3.

里没有任何一位废奴主义者是安全的，无论他们的地位、环境或性别如
何，这是众所周知的。"[124] 对于废奴主义者和越来越多的废奴主义北方
支持者来说，这些暴行表明，奴隶主及其盟友会不惜一切代价捍卫他们
珍视的"财产"，包括大规模破坏白人公民的安全、言论和政治发表的
权利。[125]

在废奴主义者看来，这种不断扩大的侵犯权利的态势，戏剧性地展现
了美国生活核心中根本的对立性。一方面是《独立宣言》及其普遍权利
学说所体现的自由事业。另一方面是奴隶制，它的存在是对这些理想的
公开侮辱。奴隶制直接通过否定和破坏奴隶的自然权利，以及间接通过
煽动无法无天的暴力和恐吓、侵蚀美国公众的权利意义，来挑战了《独
立宣言》的思想遗产。[126] 这也是种族偏见的根源：废奴主义者认为，只要
数百万黑人奴隶被当作财产，自由黑人就不可能逃脱种族劣等性的污名。
为了证明自然权利拥有者的神话适用于北方和南方，美国只能彻底根除
奴隶制。门罗县反奴隶制协会表示，问题是"赋予奴隶以自由，还是赋
予自由人以奴役？斗争是不会停止的"。[127]

不公正的根源

根除奴隶制并将平等的公民权利和政治权利扩展到自由黑人身上绝
非易事。如果一些废奴主义者最初对美国能迅速完成道德转变抱有厚望，
那么他们的乐观情绪很快也会消失的。到了19世纪30年代中期，当他们
日益面对暴力、嘲笑和镇压的浪潮时，当白人废奴主义者努力对抗自己

181

---

124 Davis, "Scenes of Oppression in the Refined Circles of the South, Addressed to the Women of Illinois," 8.

125 Sinha, *The Slave's Cause*, 229–39; Stewart, *Holy Warriors*, 77–78.

126 这位慈善家写道："如果没有逐渐失去对人权的尊重，失去对自己本性的公正观念，任何人都不可能习惯性地、彻底地侵犯他人的权利，这种侵犯源于最不值得的动机。""Effects of Southern Slavery on Northern Principles," *Philanthropist*, June 2, 1837, p. 2。

127 "Extracts from the Second Annual Report of the Monroe County Anti-Slavery Society," 3。正如这些段落所表明的那样，林肯著名的国家分裂说法源自废奴主义言论。

的种族偏见时，废奴主义者意识到种族不公的根源是根深蒂固、难以清除。[128] 其中有两点特别突出：贪婪和根深蒂固的种族主义，或者如安吉丽娜·格里姆克（Angelina Grimke）所说的 **"利益纽带"** 和 **"社会地位绳索"**。[129] 在阐述这些阻碍平等权利的关键因素时，废奴主义者作出了与主流民主党人截然不同的判断。

废奴主义者通常将贪婪列为奴隶制最强烈的持续动力。《宾夕法尼亚自由人》（*Pennsylvania Freeman*）写道："这样一套强迫我们的同胞们流血流汗的制度是不公正的、日益残忍的强盗制度，只有贪婪的铁石心肠才能产生这种残忍。"[130] 这位作者认为，只有对财富的无限渴望才能彻底地使道德感变得迟钝。废奴主义者不断将奴隶主描述为渴望奢侈品，崇拜 "万能的钞票"，或简单的 **"热爱利益"** 的人。[131] 这些贪婪的激情也不局限于奴隶主自己：北方的银行家、商人，以及同样从奴隶制中获利丰厚的实业家——"他们狭隘的灵魂……似乎无法在比一个金币的周长更大的圈子里活动"。这些人都同样容易受到贪婪激情的堕落影响。[132] 对一些废奴主义者来说，北方消费者也在其列，他们似乎无法拒绝用奴隶的双手生产出的廉价商品。贵格会废奴主义人士伊丽莎白·钱德勒（Elizabeth Chandler）写道："他们没有亲手挥舞血腥的鞭子，也没有亲手钉上镣铐，这是真的，但他们也知道这些会由他人代劳，从而使得他们能够以最便宜的价格购买商品，他们既不会拒绝这些奢侈品，也不会努力从自由人

---

128 尽管他们对种族差异的看法在当时是惊人的平等主义，但大多数白人废奴主义者并不相信完全的社会平等。即使在他们为自由黑人争取平等民权的同时，许多人也怀疑黑人是否能实现与白人的社会或智力平等。此外，他们经常作出家长式的假设，认为黑人需要白人的教导和熏陶才能融入中产阶级，他们认为自己应承担这一责任。然而，值得注意的是，许多废奴主义者也认识到了这些局限性，并有意加以反制。Friedman, *Gregarious Saints*, 160 - 95; Laurie, *Beyond Garrison*, 87 - 124; Quarles, *Black Abolitionists*, 49, 72。

129 Grimke, "Appeal to the Christian Women of the South," 30.

130 "An Appeal to Abolitionists on the Duty of Abstaining from the Purchase and Use of the Products of Unrequited Toil," *Pennsylvania Freeman*, June 14, 1838, p. 2。参见 "On Selfishness," *Colored American*, August 19, 1837, p. 3。

131 "Schools, *Etc.*," *Anti-Slavery Almanac for 1839* 1, no. 4（1839）: 13; Brown, *American Slavery in Its Moral and Political Aspects*, 32; "Slavery," *Emancipator*, June 1, 1833, p. 17.

132 引自 Oliver Goldsmith, "Slavery *Party*" *Philanthropist*, June 2, 1837, p. 3。

手中购买它们。"[133] 她认为，失控的贪婪在南部和北部各州的经济中蔓延，使美国人特别难以摆脱奴隶制。[134]

尽管废奴主义者有时将这种贪婪描述为一种异常的、非理性的激情，但他们也看到了市场经济对这种贪婪的规范程度。大卫·李·查尔德（David Lee Child）写道："我从可靠的人那里得知，奴隶贩子在将商品从一个市场贩运到另一个市场的过程中，会给予商品很多而又**不会过多**的照料，以保证它们处于**良好状态**。他们在这方面的所有有效利用都会有明显的收益，在不同市场产生不同的价值。"[135] 历史学家最近一直在争论，我们是否应该将奴隶主类比作前现代的族长，他们像封建庄园主那样管理自己的封地，还是应类比作现代的商人，他们是并且也自认为是不断扩张的全球市场经济的一部分？[136] 后一种观点在美国废奴主义者中显然更为普遍。事实上，一些人认为，1808 年正式废除跨大西洋奴隶贸易是关键催化剂。《人类权利报》（Human Right）写道："它将古老领土上的整套'骑士精神'转化为黑人饲养者，关注着人口市场，并注意着人口价格的每日波动。"[137] 废奴主义者经常将奴隶制描述为一种受市场约束的有利可图的行业。[138]

182

---

133 Elizabeth Chandler，"From Elizabeth Margaret Chandler's Works. Consumers of Slave Products," *Colored American*，April 22，1837，p. 1.参见"First of August，1840," *National Anti-Slavery Standard*，August 6，1840，p. 3;"An Appeal to Abolitionists on the Duty of Abstaining from the Purchase and Use of the Products of Unrequited Toil," 2。

134 参见"The Verdict of a Healthful Moral Sense," *National Anti-Slavery Standard*，July 2，1840，p. 1。

135 Child，"The Despotism of Freedom; or the Tyranny and Cruelty of American Republican Slave-Masters," 50.

136 参见 Elizabeth Fox-Genovese and Eugene D. Genovese，*The Mind of the Master Class: History and Faith in the Southern Slaveholder's Worldview*（Cambridge: Cambridge University Press，2005）; Sven Beckert and Seth Rockman, eds., *Slavery's Capitalism: A New History of American Economic Development*（Philadelphia: University of Pennsylvania Press，2016）; Edward E. Baptist，*The Half Has Never Been Told: Slavery and the Making of American Capitalism*（New York: Basic Books，2014）。

137 "The Domestic Slave Trade," *Human Rights*，July 1837，p. 1。废奴主义者通常使用"商业语言"来表达奴隶主决策的随意性、交易性和利润驱动性，尤其是在奴隶买卖和"繁殖"方面。

138 McInerney，*The Fortunate Heirs of Freedom*，108–19.

　　例如，废奴主义者经常用市场激励来解释奴隶经济的一些严重道德病态。他们指出，家庭通常是被分开的，仅仅因为分开出售奴隶更有利可图，更能满足买家的不同需求。他们还将奴隶"繁殖"描述为一种盈利企业，受制于熟悉的经济压力和激励措施。阿莫斯·菲尔普斯（Amos Phelps）援引一位英国观察员的话指出，男性奴隶被迫结婚，并被迫拥有"许多**妻子**"，以便主人"**增加他的库存**……同样，已婚女性往往必须**按照**种植园主的命令，接受不止一个的丈夫"。[139] 废奴主义者指出，甚至强奸也已成为一项有利可图的生意。例如，乔治·伯恩（George Bourne）描述了一个"**女孩市场**"，在那里，年轻的处女被"专门以纳妾和制造浅肤色奴隶为目的出售"，在拍卖会上，她们的价格也更高。[140] 为了揭露这种利润最大化逻辑的冷酷典范，废奴主义者反复描述奴隶主通过出售自己"繁殖"出的混血儿而致富。在这些段落中，市场上冷酷的、算计的利己主义侵入了人类生活的每一个缝隙，破坏了人类最亲密的纽带，并将一切转化为可销售的商品。[141]

　　1843年2月，《北极星报》（North Star）发表了一篇简短的讽刺文章，题为《模范共和国的致富之路》（"The Way to Wealth in the Model Republic"）。这是一篇模仿的答疑解惑专栏文章，承诺了一条通往财富的道路。在建议读者投机铁路和政府股票以及做贷款人后，作者建议他们"购买黑鬼——这是在这片人们拥有'不可剥夺的权利'的土地上的一种商业物品，而一些不同程度轻信的'狂热分子'居然滑天下之大稽，称其为人类，称其为像其他人一样拥有思想、情感和情感的人类"。奴隶应该"从早到晚"地工作，从他被囚禁的身体中榨干每一滴生产性劳动。然后，这些利润可以再投资于南方的土地和更多的奴隶，以及其他必要的贸易工具即"铁链、鞭子和拇指夹"。作者解释说，如果处理得宜和利

139　Phelps, *Lectures on Slavery, and Its Remedy*, 56.

140　Bourne, *Slavery Illustrated in Its Effects Upon Woman and Domestic Society*, 62。伯恩继续说道："出售广告是用通常的贩马俚语写的，而且还保证了童贞和其他道德品质。第二天早上，当他见到他的信使时，这位佐治亚商人告诉他，他已经弄脏了他的新衣服，他对自己的女性货品很满意。"（第63页）

141　"Anti-Slavery," *Friend of Man*, June 23, 1836, p. 1.

用得当，奴隶将产生巨大的利润，并提供最可靠的财富和荣誉之路。"为了市场而养殖吧。出售**你自己的后代**，以及猪、马和牛。你会腰缠万贯，也许还会成为参议员呢。"[142]

183   在这里，奴隶制再次被描述为一个最令人震惊的利润动机横行的例子。废奴主义者问，当你把对利润的渴望提升到社会的最高统治原则时，你会得到什么？[143] 答案是奴隶制。只要有利可图，市场激励都会给精英提供强有力的理由，让他们减免工资，将劳动者变成个人财产，降低劳动力成本。废奴主义者经常强调，让一个奴隶勉强温饱，比跟自由劳动力讨价还价，廉价得多，也方便得多。[144] 例如，帕克引用了一位南方人在吹嘘奴隶制的经济优势时的话："你拥有（奴隶）劳动力，可以对其进行管理，每天工作几个小时，提升它，刺激它，控制它，避免罢工和联合，并且不需要支付工资。"[145] 当奴隶主嘲笑北方资本主义的剥削倾向，并将奴隶制作为一种人道的选择（劳动者终身有饭吃、受照料）时，废奴主义者可以迅速地反驳：他们所谓的家长式作风只是一层面纱，用来掩饰他们赤裸裸的贪婪。事实上，废奴主义者经常辩称，奴隶主也会对北方经济进行构想，但是只要能赚钱，他们会毫不迟疑地奴役白人工人。[146] 在不受道德约束的情况下，利润动机甚至可以践踏最基本的人权。

当然，民主党人也谴责**贪婪**是不公正的根源，是对平等权利的威胁。他们也展示了贪婪如何驱使精英们无情地从他人的劳动中榨取财富。但

---

142 J. D., "The Way to Wealth in the Model Republic," *North Star*, February 18, 1848, p. 3。参见 "Spirit of the Age," *Colored American*, May 6, 1837, p. 3。

143 伊莱泽·赖特问道："现在，是什么维持了这一切呢？什么能决定拍卖人的锤子和车夫的鞭笞，并无偿工作？市场的繁荣！是的，这就是政策，如果不是狂热分子，它会在新英格兰的每一座山上建起奴隶饲养场！因为谁又能保证，即使是新英格兰的人也能抵御市场的繁荣？"Elizur Wright, "Untided," *Quarterly Anti-Slavery Magazine* 1, no. 4 (1836): 314。

144 他们有时会提到每年20美元。例如，Theodore Parker, "A Letter on Slavery," in *The Slave Power*, ed. James K. Hosmer (Boston: American Unitarian Association, 1916 [1847]), 30; "Liberation," *Liberator*, April 24, 1846, p. 65。

145 Parker, "A Letter on Slavery," 30.

146 参见, Foster, "An Address on Slavery, Delivered in Danvers, Mass," 31; "Slavocracy," *Emancipator*, June 17, 1841。

民主党人将这种贪婪与相当少数的被默许的贵族阶级联系在一起，而这个贵族阶级通常将奴隶主排除在外。而废奴主义者则认为这种贪婪在整个国家经济中蔓延。他们不仅在种植园奴隶主及其追随者中发现了这种现象，而且在北方商人、金融家、纺织品制造商以及各地的消费者中也发现了这种情况。废奴主义改革的主要反对者亨利·戴维·梭罗（Henry David Thoreau）写道："实际上，不是南方的十万政客，而是这里（马萨诸塞州）的十万商人和农民对商业和农业的兴趣大于对人类的兴趣。"[147] 许多废奴主义者也表示赞同。在民主党的言论中，毫无道德约束的过分贪婪似乎是对市场原始道德逻辑的扭曲；在废奴主义者的作品中，这似乎是一种普遍存在的威胁。

几位著名历史学家认为，废奴主义有助于为新兴资本主义经济进行辩护。他们认为，废奴主义者在很大程度上将经济自由与契约自由等同起来：如果奴隶因其劳动被强迫而不自由，那么相比之下，雇佣劳动者则是自由的，因为其劳动合同是自愿签订的。[148] 他们认为，这种个人主义观点在意识形态上的成功，有助于为新兴工业经济的结构性不平等和剥削进行辩护。虽然这一见解包含重要的事实，但前面的段落已经显示了一个更复杂的图景。如果许多废奴主义者将奴隶制本身视为市场逻辑的一种表达，如果他们认为资本主义内部隐藏着的贪婪的不道德和"不自然"的倾向必须受到道德和政治约束的谨慎限制，那么我们就必须更加谨慎地作出判断。事实上，废奴主义者提倡的自由劳动理念是一个复杂的、充满争议的理想，掺杂着基督教的道德假设；对废奴主义者们来说，自由

184

---

147 Henry David Thoreau, "Civil Disobedience," in *Henry David Thoreau: Collected Essays and Poems*, ed. Elizabeth Hall Withered (New York: Library of America, 2001 [1848]), 207.

148 这个简短的总结并没有充分说明这些历史学家的论点的复杂性和微妙性。参见 Stanley, *From Bondage to Contract*, 1 - 98; John Ashworth, *Slavery, Capitalism, and Politics in the Antebellum Republic*, vol. 1: *Commerce and Compromise*, 1820 - 1850 (Cambridge: Cambridge University Press, 1993), 123 - 91; Foner, "Abolitionism and the Labor Movement in Antebellum America." 。尽管戴维·布里翁·戴维斯主要写的是18世纪的贵格会教徒，但他对废奴主义和资本主义的深入分析对这一观点的提出起了很大作用。参见 David Brion Davis, *The Problem of Slavery in the Age of Revolution*, 1770 - 1823 (Oxford: Oxford University Press, 1999 [1975]), 213 - 54。

劳动理念在重要方面反对了奴隶经济的自由资本主义。[149]

尽管废奴主义者普遍承认奴隶制对奴隶主和与他们做生意的北方精英来说都是有利可图的，但他们也坚持认为奴隶制造成了南方和国家在经济上的净损失。他们认为，奴隶制破坏了南方的经济，主要是因为它使自由劳动者士气低落，并将其驱逐，而自由劳动者比奴隶更有生产力。[150] 那么，从严格的经济角度来看，奴隶制以牺牲多数人为代价，使少数人富裕起来。事实上，当废奴主义者谴责"奴隶制政治"夺取了政府以推进其邪恶目标时，他们常常将其描述为一种不民主的力量。他们认为，富有的奴隶主行使的权力与其人数不成比例。联邦宪法以及南方州宪法强化了这种不成比例，在联邦宪法中五分之三的条款赋予南方各州额外的代表权，一些南方州宪法赋予种植园精英不平等的权力。当时，反对奴隶制的斗争有时也被描述为反对不民主的少数群体和赋予其权力的畸形机构。[151]

但废奴主义者终究不会将奴隶制或种族歧视视为某个坚定的少数派的产物。事实上，他们经常强调广大民主公众的罪责。《美国反奴隶制年鉴》（*American Anti-Slavery Almanac*）写道："多数人在统治。""自由州在国会中一直占据多数，因此拥有权力和责任。我们如何利用这种权力？"作者随后列举了一长串不公正现象，包括哥伦比亚特区蓬勃发展的奴隶贸易、逃亡奴隶法、广泛剥夺自由黑人的公民权利和经济机会，以及废除言

---

149 在过去几十年中，许多历史学家将废奴主义重新解释为（至少部分的是）一场批评市场经济及其过度行为的运动。参见 Goodman, *Of One Blood*, xvi, 69 - 80, 139 - 60; McInerney, *The Fortunate Heirs of Freedom*, 107 - 25; Sinha, *The Slave's Cause*, 12 - 20, 347 - 58。除他们的见解之外，还应该补充一点：鉴于辉格党更明确、更刻意地这样做，废奴主义者在历史上为雇佣劳动辩护方面发挥了关键作用的观点是独特的（见第 9 章）。在他们那个时代，辉格党人的影响力远大于废奴主义者，毕竟废奴主义是北方人口中的一小部分，而且常常被轻视。

150 参见, "David Nelson's Address," Philanthropist, May 6, 1836, p. 1; "Loudon County, Virginia," Genius of Universal Emancipation, January 1832, pp. 125 - 26; Parker, "A Letter on Slavery," 43 - 64。埃里克·方纳（Eric Foner）详细介绍了这一论点在 1850 年代的共和党中的流行程度。参见 Eric Foner, Free Soil, Free Labor, Free Men: The Ideology of the Republican Party before the Civil War(London: Oxford University Press, 1970), 40 - 72。

151 当废奴主义者谴责暴民暴力时，他们有时会用类似的措辞将其描述为对民主的侮辱：这里有一群疯狂的公民篡夺民主机构的合法权威，并进行不正常和非法的"正义"。

论权利。他继续说道："发生了数百起类似的侵犯废奴主义者权利、人身 185
和财产的暴行，其中许多是在正午时分，法律官员袖手旁观，州长、法
官、市长、市议员、国会议员和总检察长**纵容**暴徒，在某些情况下还公开
协助和**领导**他们。"[152] 换言之，袭击废奴主义者、扰乱他们的会议、烧毁
他们的会议室的种族主义暴徒是在政府和更广泛的公众的默许下行动的。

　　西奥多·韦尔德（Theodore Weld）在其颇具影响力的著作《美国的奴
隶制度》（*American Slavery as It Is*）中也提出了类似的观点。在回应公众
舆论有可能保护奴隶免于最可怕的虐待这一观点时，韦尔德认为："是公
众舆论**使人成为奴隶**。在共和政府中，人们制定了法律，而这些法律只是
法律形式的公众舆论。我们在此强调，是公众舆论使他们成为奴隶，并一
直是奴隶。"[153] 韦尔德特别指的是南方地区的舆论，它对压迫性的南方州法
律不屑一顾。新罕布什尔州法官威廉·克拉格特（William Claggett）也是
如此，他写道："在我们的政府形式下，我们的法律只是流行意志的一种
体现。"[154] 因此，对他们来说，奴隶制指向了民主政治本身的病态，最终可
追溯到主权人民的道德堕落。[155] 韦尔德继续说道，南方公众的堕落"舆论"
非但没有纠正奴隶主的罪孽，反而"剥夺了（奴隶）对自己身体的权利、
改善思想的权利、阅读圣经的权利、根据良知崇拜上帝的权利"。[156]

　　那么，为什么大多数白人并没有直接从奴隶制中获利，他们自己的
劳动力也因此而贬值，却拒绝反对废奴运动呢？废奴主义者认为，答案
是种族偏见，这种偏见有其独特的心理价值。废奴主义者不断将偏见称

152　"What Have the Free States to Do with Slavery？" *Anti-Slavery Almanac for 1839* 1，no. 4
　　（1839）：5，9.

153　Weld，*American Slavery as It Is*，143.

154　Hon. William Claggett，"An Address，Delivered before the Portsmouth Anti-Slavery Society，
　　on the Fourth of July，A. D. 1839"（Portsmouth，NH：C. W. Brewster，1839），10.

155　然而，许多废奴主义者将这种病态描述为民主的腐败，他们坚持认为，真正的民主是以
　　平等权利为前提的。例如，参见，Goodell，*The Democracy of Christianity*，vol. 1 - 2，
　　3off.

156　与民主党相比，这些论点更能反映辉格党的忧虑。Weld，*American Slavery as It Is*，144。参
　　见 Hosea Easton，*A Treatise on the Intellectual Character，and Civil and Political Condition，
　　of the Coloured People of the U. States ...*（Boston：Isaac Knapp，1837），39。

为顽固的障碍，使多数白人对他们的诉求毫无反应。莉迪亚·查尔德（Lydia Child）写道，"这个国家里所有的书籍、报纸、年鉴和期刊"都助长了偏见，这些书籍、报纸和期刊"将有色人种呈现为一个劣等和堕落的阶级，他们永远无法成为好的、有用的公民"。[157] 如果说贪婪的激情驱使了那些直接从奴隶劳动中获利最多的人，那么"傲慢"则是导致如此广泛的种族诽谤的另一种罪恶的激情。《解放者》注意到了北方教会中的种族歧视和排斥，并谴责"社会中的邪恶区别，这种区别源于人类内心的傲慢"。[158] 这里的傲慢是白人的种族骄傲，有关黑人平等的呼吁使这种骄傲蒙受了羞辱和冒犯。

186　　　虽然一些废奴主义者相信自由黑人人群的进步和"改善"会逐渐侵蚀这种傲慢的基础，但其他人则不那么乐观。道格拉斯在为《北极星报》撰写的文章中指出，**肤色**本身并不是种族主义的根源：只要黑人保持从属地位，白人就不会反对黑人的存在，黑人可以成为"娱乐"和嘲笑的对象。[159] 在这个角色中，他们是白人"虚荣"和"骄傲"不可或缺的一部分：所有社会阶层的白人都会看不起他们，认为自己是特权社会地位的成员，有资格独享政治和经济自由。正是对种族平等的渴望激起了仇恨和暴力，因为它冒犯了深深植根于美国例外主义神话中的种族化身份。如果黑人与白人平等，那么白人或自诩的盎格鲁－撒克逊的血统就没有什么特别或区别之处了；这里是种族平等所面对的最棘手的心理障碍。[160] 黑

157　Child，"Anti-Slavery Catechism，" 35.

158　"Prejudice against Color，" *Liberator*，November 25，1842，p. 188.

159　在北方各州，黑脸吟游诗人（道格拉斯对此大加抨击）作为一种娱乐形式而大受欢迎，说明了这种动态。例如，参见，Eric Lott，*Love and Theft: Blackface Minstrelsy and the American Working Class*（New York：Oxford University Press，1993）。

160　Frederick Douglass，"Prejudice against Color，" *North Star*，June 13，1850，p. 2；James Oliver Horton and Lois E. Horton，*In Hope of Liberty: Culture, Community, and Protest among Northern Free Blacks, 1700－1860*（New York：Oxford University Press，1997），204－5.类似的讨论，参见，Gerrit Smith，"Gerrit Smith's Speech，" *Emancipator*，May 17，1838，p. 10；"Clinton Seminary，" *National Anti-Slavery Standard*，May 20，1841；Frederick Douglass，"The Skin Aristocracy in America: An Address Delivered in Coventry, England, February 2, 1847，" *Coventry Herald and Observer*，Februarys，1847. 事实上，废奴主义者通常将种族主义描述为种族"自豪感"或"社会地位精神"的表达，他们实际

人公理会牧师霍齐亚·伊斯顿（Hosea Easton）写道："只要黑人有任何进步或改善的迹象，就会有一种无情的仇恨产生，在这种仇恨驻扎的头脑中还居住着邪恶的恶魔，偏见；在这些进步迹象被摧毁之前，仇恨的拥有者是不会得到满足的。"[161] 他担心，挑战种族社会地位制度并威胁白人种族认同的黑人进步对大多数美国白人来说简直是无法容忍的。

其他废奴主义者认为种族主义反映了一种出于本能的、令人激动的统治欲望。拉尔夫·沃尔多·爱默生（Ralph Waldo Emerson）在重印的《国家反奴隶制标准》（*National Anti-Slavery Standard*）的一段话中指出："除贪婪之外，还有一个更为激烈的因素，那就是对权力的热爱，以及完全控制他人的快感。"[162] 当爱默生在描述蓄奴的心理因素时，其他人则将他的论断扩展到了北方的种族偏见和暴力。《解放者》写道："对于最底层和最堕落的白人来说，感到有一个阶级是他们可以鄙视和践踏的，这是一种安慰。在那些对民主和尊重人民权利的呼声最高的州里，侮辱和伤害有色人种而不受惩罚的公众权利是最宝贵的权利之一。"[163] 这位作者认为，虐待和非人化他人的经历对许多白人来说是一种满足，也是多数主权个人小心翼翼维护的特权。[164] 无论废奴主义者将其描述为傲慢或欲望的产物，他们都一致谴责种族偏见是"上帝眼中的罪恶"。[165]

在面对美国广泛存在的种族主义时，废奴主义者面临着一个熟悉的民主问题：多数人对弱势少数人的暴政。加里森（Garrison）写道："那些 187 为了让多数人受益而践踏少数人权利的人，将被标记为他们种族中的怪

上认为有关黑人卑贱的信念塑造了白人的种族认同。

161 Hosea Easton, *A Treatise on the Intellectual Character, and Civil and Political Condition, of the Coloured People of the U. States*, 39.

162 "Answer of D. L. Child to James Fulton, Jr.," *National Anti-Slavery Standard*, August 22, 1844, p. 2. 原文引自 Emerson's "Address ... on the Anniversary of the Emancipation of the Negroes in the British West Indies"。

163 重印为 "Blue and Black Laws," *North Star*, December 3, 1847, p. 1。

164 谢丽尔·哈里斯（Cheryl I. Harris）认为，这一特权是白人所宣称的与生俱来的自由的重要组成部分。参见 Cheryl I. Harris, "Whiteness as Property," *Harvard Law Review 106, no. 8* (1993): 1707 - 91。

165 "Doings in Iowa," *Emancipator*, April 8, 1841, p. 3.

物。"[166] 但对他和他的盟友来说，这个问题以一种新的视角出现了，因为反对这种暴政的传统保护措施让美国黑人彻底失败了。当然，联邦和州宪法的制定者经常担心贪婪和非理性的多数人会践踏少数人的权利。因此，他们设计了一些官方的壁垒：他们列举了具体的个人权利，并将其纳入宪法文本；他们设立了独立的司法机构来监督和保护这些权利；他们设计了制衡机制，以防止大多数人鲁莽行事。但这些保护措施都没有保护美国黑人免受最恶劣形式的压迫：大多数白人只是通过文字或非文字形式将黑人排除在这些措施的保护范围之外。

于是，当废奴主义者寻找利润驱动的剥削和多数人暴政的解决方案时，他们发现自己超越了建国先贤们的正式立宪主义。在大多数地方，即使授予黑人选民的选举权会给这一小部分的选民投票权，但他们的声音很容易在投票中被淹没。废奴主义者明白，他们必须努力改变多数白人道德文化。[167] 他们必须通过挑战种族主义和任意的追求暴利，诱导富有同情心的白人选民采取行动反对种族暴力和不公正，来培养民主包容的文化。他们认为，只有到那时，《独立宣言》中所宣称的普遍权利才能实现。换言之，废奴主义者提出了一种权利理论，揭示了权利其实比自由立宪主义者所想象的更加脆弱，也更依赖阿历克西·德·托克维尔所说的社会"风俗"而存在。[168]

权利的实现

废奴主义者如何实现这样的转变呢？如何才能切断"利益纽带"和

---

166 William Lloyd Garrison, "The American Union," *Liberator*, January 10, 1845, p. 5.

167 废奴主义者强调道德文化，与民主党相比，他们与辉格党人有更多的共同点。辉格党人通过学校教育、道德改革运动和传教、经济发展以及法律的强制力，努力促进基督教美德和自律文化。

168 关于弗雷德里克·道格拉斯思想中这种倾向的讨论，参见Nicholas Buccola, *The Political Thought of Frederick Douglass: In Pursuit of American Liberty* (New York: New York University Press, 2012), 101 - 27。

"社会地位绳索"，并维护《独立宣言》的承诺呢？尽管废奴主义者在最佳策略上意见分歧很大，但他们在一些"中间"目标上大体达成了一致。第一，必须说服美国人对奴役和种族歧视的经历感到同情和负有责任。第二，他们必须看到并承认自己参与了这些不公正行为。第三，必须向他们提出明确的行动方案，以便他们微微露出的道德恐惧能够被用来实现变革。对于废奴主义者来说，这三个目标都与福音书的道德训诫密不可分。

　　对于大多数废奴主义者来说，克服根深蒂固的自私和积重难返的偏见的唯一途径是通过基督的道德教导和榜样力量。例如，像许多其他废奴主义者的论文和小册子一样，《解放者》呼吁"福音在提升人性、包括消除偏见、扩展心胸、平抑基于骄傲和虚荣的区隔等方面的道德效力"。[169]对废奴主义而言，福音不仅仅是对人类平等的主张，它们还提供了关于道德心理学的延伸性教导。基督和他的使徒们塑造了一种基督教身份，这种身份基于对他人平等的爱，并在上帝面前分享谦卑。在这一过程中，他们挑战了几乎普遍的人类从群体差异中获得自尊的倾向。废奴主义者经常强调的"社会地位绳索"是强大而普遍的。要保持真正平等的自我意识，消除对人类自我充满吸引力的集体优越感，就需要加强自我觉察和精神自律。对于废奴主义者来说，这一自律是基督教道德实践的核心。

　　这一做法的关键是积极培养对受压迫者的同情。废奴主义者经常引用保罗写给希伯来人的书信中的一段话，他在信中指示他们"你们要纪念被捆绑的人，好像与他们同受捆绑，也要纪念遭苦害的人，想到自己也在肉身之内"。[170]众多的废奴主义言论旨在唤醒对奴隶制和偏见受害者的强烈情感反应。他们一次又一次地以生动的细节描述对奴隶的折磨和残害。他们长篇大论地描绘拍卖场周围令人震惊的场景，在那里，人类被无情地估价和出售，家庭被永远分离。在逃亡奴隶的第一手资料的帮助下，他们不仅戏剧化地呈现了奴隶贩子令人窒息的监视和残忍，而且揭

188

169 "No Mistake", Liberator, April 2, 1831, p. 54.参见Grimke, "Appeal to the Christian Women of the South," 30。
170 Hebrews 13：3.

露了北方种族偏见带来的绝望和无望。他们强烈要求他们的受众尽可能想象自己在这种压迫的环境中。伊丽莎白·钱德勒描述了一个家庭在拍卖会上被单独出售的情景，她请她的读者们"想象一下，如果你的婴儿将永远与你的怀抱分离，以'**迎合**'某个残忍野蛮人的**需求**，你会感受到何种痛苦"。[171] 同样，新罕布什尔州浸信会传教士伊诺克·麦克（Enoch Mack）请他的信众们尽可能把自己置于奴隶的视角：

189　　　　　奴役者抓住了你，把你当作他的财产，灵魂和身体皆是，出售你，奴役你，鞭打你，折磨你，只要他想要，无论他是仁慈的、残忍的、异教的还是恶棍！还有，你的妻子，你的孩子，你的父母，兄弟、姐妹、都是如此。他送你参加拍卖会。你站在市场的平台上，竞买者走过来，试试你的关节，检查你的四肢，然后摇晃你的身体，看看你是否组装得很好并且很可能是个好货品。[172]

　　这些段落片段的目的首先是人化奴隶，刺穿让白人听众可以原谅或远离这些骇人听闻的场景的种族主义面纱。废奴主义者问道：如果受害者是白人，你会怎么回应？如果她是你自己的朋友或亲戚呢？如果发生在你身上呢？

　　黑人废奴主义者对白人听众提出了类似的请求。一个费城黑人运动家联盟在谈到北方绑架事件时写道："我们恳求你把我们的案子放在自己身上，想象一下，你自己的妻子和孩子战战兢兢地面对每一个陌生人，唯恐她们的丈夫和父亲被拖入比阿尔及利亚更糟糕、比死亡还要糟糕的奴隶制度中！"[173] 满心同情这种恐惧意味着承认受害者的人性，从而承认他

---

171 Elizabeth Chandler，"A Specimen," *Genius of Universal Emancipation*，May 1831，p. 10。参见"A Simple Fact,"*National Anti-Slavery Standard*，September 5，1844，p. 4。

172 Mack，"Fourth of July Oration，1838，" 181。参见Grimke，"Appeal to the Christian Women of the South," 13。

173 "Appeal of Forty Thousand Citizens Threatened with Disenfranchisement，to the People of Pennsylvania," *Pennsylvania Freeman*，March 29，1838，p. 1.

们是值得道德和政治关注的对象。[174] 西奥多·赖特牧师（Rev. Theodore Wright）在向纽约州反奴隶制协会陈述种族偏见的影响时也提出了类似的请求。他援引福音书的精神，请求白人听众想象一下，生活在一种充斥种族仇恨的氛围中会是什么样，从学校到工作场所到教堂，"就像一种氛围……扼杀了我们所有的希望"。他要求他们想象一下黑人父母看着自己的儿子，思考在一个充满种族仇恨的国家里他将面对的悲惨未来，以及"希望他从未出生"是一种什么样的感受。[175] 与此同时，从19世纪40年代开始广泛流传的逃亡奴隶的自传都在请读者像它们的作者一样，在每一个生活的方方面面看到并感受美国的束缚和偏见。[176]

许多历史学家和文学评论家批评废奴主义者旨在激起同情，尤其是通过对人类苦难的生动展示来激发受众的同情。[177] 在没有平等主义信念的情况下，同情可能是居高临下的；当它仅仅用来确定同病相怜者的道德真诚

---

174 伊莎贝尔·威尔克森（Isabel Wilkerson）将这项工作称为"激进的同情"："激进的共情，意味着投入工作，教育自己，以谦卑的心倾听，从他人的角度理解他人的经历，而不是依靠我们所想象的那样。"Isabel Wilkerson, *Caste: The* Origins *of Our Discontents* (New York: Random House, 2020), 386.

175 Theodore Wright, "Prejudice against the Colored Man," *Colored American*, July 8, 1837, p. 1。事实上，黑人废奴主义者早就将这种直接的情感诉求作为其反奴隶制言论的核心内容；参见 Richard S. Newman, *The Transformation of American Abolitionism: Fighting Slavery in the Early Republic* (Chapel Hill: University of North Carolina Press, 2002), 90 - 96。

176 詹姆斯·彭宁顿（James Pennington）对他的白人读者写道："你是一个奴隶，一件别人拥有的财产。你可能会因他的骄傲而崛起，但要记住，你也会有因他的愚蠢而堕落的那一天。今天你可能会被他的温顺所纵容，但明天你将在他的激情风暴中受苦。"彭宁顿试图帮助他的读者理解，即使是所谓的"温和"形式的家庭奴役，也会使受害者遭受极端的不安全感和毁灭性的统治。James W. C. Pennington, *The Fugitive Blacksmith; or, Events in the History of James W, C. Pennington, ... Formerly a Slave in the State of Maryland, United States*, 2nd ed. (London: C. Gilpin, 1849), vii - viii. 参见 Harriet Jacobs, *Incidents in the Life of a Slave Girl*, ed. L. Maria Child (Boston, 1861), 6, 68。

177 参见, Karen Halttunen, "Humanitarianism and the Pornography of Pain in Anglo-American Culture," *American Historical Review* 100, no. 2 (1995): 303 - 34; Marianne Noble, *The Masochistic Pleasures of Sentimental Literature* (Princeton: Princeton University Press, 2000); Karen Sanchez-Eppler, *Touching Liberty: Abolition, Feminism, and the Politics of the Body* (Berkeley: University of California Press, 1993), 14 - 48。

时，同情可能是自鸣得意的；它也可能演变成毫无理由的窥视癖。[178] 但正如
190 黑人和白人废奴主义者所理解的那样，同情对于追求道德和政治平等也是
不可或缺的。这里的根本问题是：**谁有权享有人权？** 废奴主义者认为，确
立一种种族包容的权利观的最佳方式就是证明所有种族的人在道德上都是
一样的。他们怀着同样的希望和抱负，他们有同样的情感依恋，对自己的
苦难感到和痛苦，当他们被剥夺了机会和自由时，他们燃烧着同样的愤怒。
要证明这种本质的相似性，就要证明剥夺美国黑人的权利是完全武断的，
是赤裸裸的专制权力的做法。换言之，废奴主义者通常运用同情来达到一
个特定的平等主义目标：将自然的或人的权利平等地扩展到所有人。[179]

废奴主义者还多次警告要警惕在道德上自满的感伤主义。一位匿名
为《世界解放天才》（*Genius of Universal Emancipation*）撰稿的女性
写道："你告诉我，除偶尔沉湎于对可怜奴隶的苦难的哀叹之外，你不
能辛苦努力地再为他们做任何事情了。"她接着提醒读者，这种哀叹往
往也能在奴隶主自己的嘴里听到，甚至在他们虐待奴隶的时候，他们
也"会像你一样充满感情地重复着对制度存在感到遗憾的套话"。[180] 事
实上，废奴主义者坚持认为，真正的、道德上负责任的、对不公正受害
者的同情**必须**要激发出补救行动，因此他们对同情的呼吁通常与具体的
行动规劝相结合。[181] 废奴主义社团组织了请愿活动、对奴隶生产的消费

---

178 此外，不可否认的是，同情奴隶并善待他们的义务经常被作为天生劣等的种族主义话语的
  一部分。对下级的残忍被普遍认为是道德上的失败。Margaret Abruzzo, *Polemical Pain:
  Slavery, Cruelty, and the Rise of Humanitarianism*（Baltimore：Johns Hopkins University
  Press，2011），8 - 9，135 - 46。

179 参见Clark，"'The Sacred Rights of the Weak'"。克拉克正确地指出，废奴主义者将同理心
  视为一种能力，为了实现平等主义的目的，必须积极培养和训练这种能力。当然，一些废
  奴主义者认为，这些平等主义目标包括妇女的平等权利。

180 "If and But," *Genius of Universal Emancipation*, May 1831, pp. 13 - 14.

181 伊丽莎白·钱德勒（Elizabeth Chandler）对母爱的强烈呼吁（前面引用了这句话）中蕴含
  着一种行动的号召：她坚持说，"下定决心，从现在起，你将尽最大的力量帮助废除一个
  导致这种暴行的制度。""A Specimen," 10。有关将同理心与行动联系起来的日益增长的
  趋势的思考，参见Abruzzo, *Polemical Pain*, 122 - 14; Anne C. Loveland, "Evangelicalism
  and 'Immediate Emancipation' in American Antislavery Thought," *Journal of Southern
  History* 32, no. 2（1966）: 177 - 78, 180 - 83; Essig, "The Lord's Free Man," 27。

品的抵制、帮助逃犯的警戒委员会、抗议侵犯公民权利的政治运动、无数旨在帮助改变公众舆论的公开讲座和出版物等等。[182] 尽管到了19世纪30年代末，这场运动在最佳行动策略上存在分歧，但所有人都同意，在道义上需要采取紧急行动。借助于一种支持了内战前美国广泛改革运动的福音派文化，各种各样的废奴主义者都在用同情心来打动他们的听众。

废奴主义者对同情的呼吁声浪因他们声称北方公民个人参与了奴隶制和种族歧视的长期存在而被进一步放大。这一论点尤其针对那些承认奴隶制和/或种族不平等的不公正，但否认自己对此负有责任的人。例如，废奴主义者认为，支持任何一个主流政党的公民实际上都在支持奴隶制（因为两党都承诺不干涉奴隶制）。他们认为，属于主流教会或实行歧视 191 的教会的教众是在积极促成基督教原则的废除。他们认为，那些消费奴隶所生产的糖和棉花等商品的人是在补贴奴隶制，并帮助使其变得有利可图。他们认为，甚至在1850年强化的逃亡奴隶法通过之前，北方各州就是同谋，它们允许抓捕逃亡奴隶并将其运往南方，或者仅仅是在自己的边界内区别性执法。废奴主义者认为，由于他们自己的行为和从属关系，北方人明显助长了种族不公义。

这一论点的一个泛化版本触及了民主本身的含义：在一个主权权力广泛分散于广大选民的民主政治共同体中，责任是伴随着权利的。《解放者》写道：

> 新英格兰可能会力陈自己没有参与奴隶制，也不对其罪恶负责。但是为什么我们就要相信这样的谎言呢？新英格兰不负责任！在美国宪法的约束下保护奴隶持有者的罪行，但却不负责任！与犯罪携手，与压迫立约，与污染结盟，却不负责任！姑息邪恶、掩盖邪恶、投票给邪恶，这些我们都不曾参与过吗？[183]

---

182 有关废奴主义者追求的各种形式的激进主义的启发性讨论，请参见Laurie, *Beyond Garrison*; Quarles, *Black Abolitionists*。

183 "Justice and Expediency," *Emancipator*, June 1, 1833, p. 18.

新英格兰人生活在这样一部宪法之下，该宪法不仅认可奴隶制，而且（通过逃亡奴隶条款）要求公民帮助奴隶主控制奴隶。这部宪法的权威和合法性来自民众的同意，这意味着其不公正的责任也直接归于新英格兰的公民。此外，新英格兰人可以投票，他们对如何使用（或未能使用）自己的政治权力负责。如果他们把选票投给那些与奴隶制妥协、淡化其道德意义或只是避而不谈奴隶制的候选人，他们就应该受到惩罚。统一激进派查尔斯·福伦（Charles Follen）坚称"我们都犯了罪"，当国家政府采取有利于奴隶制的政策时，其不公正的行为将所有美国公民卷入其中。[184] 在这种无处不在的主张下，废奴主义者正试图打破想象中的从密苏里妥协案开始存在的障碍，北方人认为南方与美国本身是分离的，南方是一种自给自足的反常现象，其道德邪恶并未玷污国家计划。[185]

这种民主同谋的伦理与福音派的承诺产生了共鸣，即不仅要为自己的罪行负责，还要为他人的罪行负责。《宾夕法尼亚自由人》写道："上帝说过，'不可心里恨你的弟兄，总要指摘你的邻舍，免得因他担罪'——'那暗昧无益的事，不要与人同行，倒要责备行这事的人'。"[186] 从这个角度来看，面对不公正的冷漠和沉默本身就违反了对上帝的道德义务，因为它们表达了对罪恶的默认。《国家询问报》（National Enquirer）写道："每个人都支持并授权（奴隶制），虽然他们都有机会表达自己对奴隶制种种可憎行为毫无改变照常执行的深恶痛绝。"[187] 这些作者认为，《圣经》中反对和根除罪恶的义务确立了一条道德底线，所有基督徒都应该根据这条道德底线来作出判断。事实上，如果没有达到这一标准，那就

---

184 福伦继续说道："我们在幼年时期受到英国政府的诱惑，一起犯下了这一罪行。经过多年的斟酌，当我们获得自由时，我们却将权力凌驾于正义之上，并将罪行定为自己的罪行。"Follen et al., "Address to the People of the United States," 142。

185 Robert P. Forbes, *The Missouri Compromise and Its Aftermath: Slavery and the Meaning of America* (Chapel Hill: University of North Carolina Press, 2007), 106 - 7.

186 "To the Baptist Branch of Christ's Church in the Northern States," *Pennsylvania Freeman*, August 30, 1838, p. 3.

187 "Abolition Insolence,'" *National Enquirer*, August 17, 1837, p. 90.

是选择了罪而非正义。[188] 当然，这种咄咄逼人的道德姿态也激发了改革派的热情，呼吁社会控制"越轨"行为，从饮酒到在安息日做生意或实践某种程度的性自由。

矛盾的是，这种对道德同谋的强调也揭示了废奴主义者个人主义的另一个维度。历史学家艾琳·克莱迪托（Aileen Kraditor）写道，许多废奴主义者认为，"蓄奴的罪恶感和忏悔的义务是个人的责任，而不是集体的责任"。[189] 在新教思想中，独自站在上帝面前、对他直接和完全负责的自由个人的形象，是废奴主义写作中一个强有力且反复出现的比喻。就像那些点燃宗教复兴火焰的传教士一样，废奴主义者们敦促听众中的每个人"将自己与罪恶彻底分离"，避免"与任何形式的邪恶有任何妥协的联系"。[190] 尤其是加里森派，他们中的许多人甚至拒绝投票，因为担心政治参与会损害他们作为个人的道德操守，削弱他们所传达出的信息中的道德力量。他们将美国社会视为众多个人的集合体，每个人都对自己的良知负责。

然而，即使是这种高度个体化的责任概念，也常常会激发政治行动。甚至加里森派也没有呼吁个人退出社会；相反，他们毫不质疑，人类是社会性的存在，总是被公共机构和纽带所束缚。[191] 大多数废奴主义者认为，逃避个人同谋的唯一途径是通过道德劝诫或政治行动，或两者兼而有之，去完全净化共同体本身的不公正。尽管他们将道德责任置于个人身上，

---

188 参见 Loveland, "Evangelicalism and 'Immediate Emancipation' in American Antislavery Thought"。

189 Kraditor, *Means and Ends in American Abolitionism*, 79.

190 Carwardine, *Evangelicals and Politics in Antebellum America*, 134。在这一承诺中，他们受到了基督教完美主义思潮的影响，这一思潮教导人们可以在此生实现完全的成圣（免于犯罪）。对于一些废奴主义者（包括加里森）来说，这些学说具有无政府主义的含义，这在 Perry, *Radical Abolitionism* 中可以看到。

191 然而，他们确实试图退出特定的腐朽机构。"退出者"退出了他们认为因奴隶制而腐败的教会，并成立了自己的反奴隶制教会；许多废奴主义者出于同样的原因拒绝认同任何一个政党；当然，许多加里森主义者最终支持"不团结"作为断绝与奴隶主南方关系的一种方式。但他们通常将这些退出理解为整体改革整个美国社会的一部分，部分原因是废奴主义者希望保留道德高地，并以此作为反奴隶制倡导者的信誉所在。例如，有关退出者及其开展的废奴主义活动范围的讨论，参见 McKivigan, *The War against Proslavery Religion*, 93‑110; Friedman, *Gregarious Saints*, 96‑126。

193　并将蓄奴行为描述为（个人）**罪过**，但他们也经常将奴隶制和种族主义描述为结构性问题，具有深刻的政治和经济根源，只有通过协调一致的行动才能解决。[192] 此外，他们仔细考虑了（并且不厌其烦地争论了）不同形式的行动主义可能产生的影响，从消费者抵制到"分散选票"和其他策略。[193] 大多数人并不认为他们的抗议仅仅是为了净化自己的道德良知的象征性姿态。[194]

因此，对于废奴主义者来说，个人责任至少部分地回应了集体冷漠：他们认为北方人必须被说服，停止推卸责任，加入废奴斗争之中。正如在呼吁同情时一样，废奴主义者在讨论个人同谋时也担心道德上的自满。弗里曼问道："为什么这么多（好）人不参与废奴？**他们看不到，他们并不觉得自己的努力是必需的。**"[195] 为了防止罪恶感转化为自怜自哀，废奴主义者必须向人们展示如何以及在何处采取行动。[196] 对于19世纪30年代末形成了自己的斗争组织的反加里森派来说，这越来越指向了政治参与。他们组织了大规模的请愿活动，组建了自己的政党，并组织起来阻止北方各州的歧视政策的通过。他们的报纸刊登了指导性文章，向他们的信徒详细介绍成功的基层动员的细节。[197] 另外，对加里森一派来说，行动意

192　具体地说（并重申上文已经提出的观点）：废奴主义者认为，奴隶制是由经济激励来维持的，这种激励通过经济分化使特权阶层变得富有；种族主义偏见为白人提供了集体心理利益；政治和宪法结构赋予奴隶主精英不成比例的权力。个人罪过和救赎的话语并没有阻止他们承认奴隶制的结构性根源。更准确的说法是，这两种观点在废奴主义修辞中相互补充（当然，不同的作家往往强调其中一种观点多于另一种）。

193　分散选票是一种投票给没有出现在选票上的废奴主义候选人的做法。在马萨诸塞州等州，获胜者必须获得多数选票，这一策略可能会剥夺任何一位官方候选人的多数票，并迫使进行加选，在加选期间，废奴主义者可以向明确持反对奴隶制立场的候选人投票。参见 Laurie, *Beyond Garrison*, 41 - 44。

194　有关加里森派自我意识的道德和政治策略的精彩讨论，参见 Kraditor, *Means and Ends in American Abolitionism*.

195　"Awake, Thou That Sleepest," *Pennsylvania Freeman*, April 12, 1838, p. 2.

196　有关废奴主义者的组织和大规模行动战略的讨论，参见 Newman, *The Transformation of American Abolitionism*, 131 - 75。

197　有关这方面的优秀示例，参见，例如，T. B. Hudson, "Anti-Slavery Petitions," *North Star*, February 4, 1848, p. 1; "Incidents in the Life of an Anti-Slavery Agent," *North Star*, March 31, 1848。参见 Laurie, *Beyond Garrison*。

味着"道德劝诫"：他们出版并传播了无数反奴隶制的宣传片和新闻报纸，在北方到处巡回演讲，组织公民不服从行为以抗议种族歧视，不知疲倦地努力使教会领袖皈依自己的事业，等等。他们也在自己的组织中树立了包容性的榜样：加里森欢迎女性和黑人废奴主义者的加入，并经常让他们作为演讲者和作家进行活动。[198] 在加里森的支持下，女性反奴隶制协会做了大量的废奴主义组织工作：她们筹集资金，出售废奴主义报纸和期刊，推销订阅报刊，散发请愿书，并帮助资助地下铁路的建设。[199] 这些不同的废奴主义者团体共同为大规模民主反奴隶制运动奠定了基础，这一运动在1860年助力了林肯的上台。[200]

　　行动的必要性使废奴主义个人主义的最后一层更加清晰。废奴主义者期望那些公开反对奴隶制和种族主义的人将面临严重的社会后果。他们会失去朋友和同事的尊重；他们会失去工作或客户。他们被谴责为危险的激进分子。只有面对如此巨大的压力时，许多人才会学会保持自己的信念，[201] 否则，将会需要非凡的勇气和自信来做到这一点。尽管受到广泛的谴责，坚定的废奴主义者将不得不相信自己的判断，在面对鄙视、排斥和嘲笑时，他们必须从自己的正义中汲取力量和信心。《倡导者周刊》（*Weekly Advocate*）写道：最让上帝高兴的是，"人类坚信自己所捍卫的情感是建立在不可改变的真理之上的，并以不可懈怠的坚韧来坚守这些情感……无畏地向那些基于无知或偏见的罪恶势力发出警告，坚决地冲击着他所面临的浪潮"。[202] 爱默生称这种姿态为自力更生；其他人则称之

194

198 Kraditor, *Means and Ends in American Abolitionism*, 119‑23. Garrison's inclusion of women began in the late 1830s.

199 Sinha, *the Slave's Cause*, 267‑78；Julie Roy Jeffrey, *The Great Silent Army of Abolitionism: Ordinary Women in the Antislavery Movement*（Chapel Hill: University of North Carolina Press, 1998）。有关废奴主义者在边境州帮助自由奴隶和庇护逃亡者的活动的详细讨论，参见Stanley Harrold, *Border War: Fighting over Slavery before the Civil War*（Chapel Hill: University of North Carolina Press, 2010）。

200 参见Stewart, "Reconsidering the Abolitionists in an Age of Fundamentalist Politics"；Matt Karp, "The Mass Politics of Antislavery," *Catalyst 3* no. 2（2019）: 131‑78.

201 "Awake, Thou That Sleepest," *Pennsylvania Freeman*, April 12, 1838, p. 2.

202 "Moral Courage," *Weekly Advocate*, February 4, 1837, p. 2。参见Stewart, *Holy Warriors*, 46‑47。

为狂热。[203] 无论哪种方式，废奴主义者都从福音派文化中部分地获得了这种自信，福音派文化一贯攻击神职精英和教会传统的权威，并推崇个人经验、感受和判断的真实性。[204] 在这里，我们也发现了美国个人主义和福音派新教之间明显重合点。[205]

波士顿商店店主大卫·沃克（David Walker）在其具有里程碑意义的《向世界有色人种公民发出呼吁》（1829年）中向美国白人发出了激烈的恳求："看看你的独立宣言，美国人！！！你能听懂自己的语言吗？听听你说过的，1776年7月4日，向全世界宣告，'我们认为这些真理是不言而喻的，**人人生而平等，造物主赋予他们若干不可剥夺的权利。**'"[206] 沃克的呼吁表明了废奴主义者在试图动员北方白人的道德愤怒和行动时所面临的核心挑战：如何说服美国人按照自己宣称的理想而生活？废奴主义者认为，期望正式机构来强迫美国人这样做是徒劳的。他们认为，在民主的多数派自己承担起保护少数族裔的责任之前，少数族裔的个人权利永远不会实现。权利最终取决于民主包容的文化和广泛拥有的为不公正负责的习惯。只有愿意倾听和同情被边缘化的共同体，并勇于面对排斥和非人化的模式，才能培养出这种文化。而第二个目标中的习惯只有在北方白人学会认识自己和邻居的不公正行为，并采取果断的补救措施的情况下才能出现。

然而，一旦公众舆论转向支持他们，许多废奴主义者就毫不犹豫地呼吁国家采取强有力的行动来反对不公正。他们热烈支持第十三条、第十四条和第十五条宪法修正案，因为它们极大地扩展了联邦政府的权力195 范围，实际上使其成为反对州和地方社区的个人权利卫士。事实上，许

---

203 参见，Andrew Delbanco, *The Abolitionist Imagination*（Cambridge, MA: Harvard University Press, 2012）, 1 - 55。

204 有关福音派文化这些特征的精彩讨论，参见Hatch, *The Democratization of American Christianity*; Wigger, *Taking Heaven by Storm*, 104 - 24。

205 参见Richard Hofstadter, *Anti-Intellectualism in American Life*（New York: Knopf 1963）, 55 - 116。

206 David Walker, *Appeal ... to the Colored Citizens of the World, but in Particular, and Very Expressly, to Those of the United States of America*, 2nd ed.（Boston: David Walker, 1830 [1829]）, 77.

多废奴主义者要求联邦政府对战后南方社会进行更具戏剧性的强制重组，包括没收和重新分配种植园土地给自由民。[207] 尽管道德劝诫是他们的首选策略，许多人还是认为，普及和保护光明的运动最终将意味着在有当地抵抗的情况下强推法律统一，因此，这与美国政治长期以来的地方主义和分权不符。

与杰克逊时代的民主党一样，废奴主义者经常辩称联邦政府行动是为保护自由个人免受"非自然"剥削和攻击（奴隶制就是其中的缩影）所需的防御措施。但由于这些不公正深深植根于地方文化和经济生活中，而且这些不公正的现象不仅是由一小部分精英造成的，而且是由更大数量的白人群体造成的，对他们来说，黑人公民身份的前景是令人憎恶的，因此，联邦政府以任何形式保护权利不受侵犯的防御性观念发生了变化，变成了联邦政府干涉各州和地方生活的野心勃勃的图景。当然，这种以联邦政府为解放力量的理念塑造了美国左翼，从内战到民权和女权运动，再到21世纪推动的"医疗即人权"运动中，左翼认为联邦政府的核心任务是捍卫和拓展最弱势群体的光明未来。

自然权利拥有者的神话汇集了一系列的相关信念。首先是道德和宗教观念，即在平等的条件下，"所有人"都拥有他人必须尊重的尊严和不可侵犯性。[208] 其次是政治信念，即任何合法政府都必须通过列举和承诺捍卫一系列个人权利，将这种个人尊严纳入其基本法条。这种政治信念通常伴随着第三种社会理念：只要这些权利不被压迫和剥削而扭曲，人类社会最好被理解为拥有权利的个人的联合，他们为了共同利益而自由平等地互动。可以说，"不受阶级、教会、公会和地方的各种联合的纠缠"的自由的人是社会的根本"基石"。[209] 这种社会观念有时与洛克式的人的起源

---

207 参见 James M. McPherson, *The Struggle for Equality: Abolitionists and the Negro in the Civil War and Reconstruction*（Princeton: Princeton University Press, 1964）。

208 有关《独立宣言》中普遍主义和平等的进一步讨论，参见 Danielle Allen, *Our Declaration: A Reading of the Declaration of Independence in Defense of Equality*（New York: Liveright Publishing, 2014）。

209 Louis Hartz, *The Liberal Tradition in America: An Interpretation of American Political thought since the Revolution*（New York: Harcourt, Brace & World, 1955）, 60.

神话有关，该神话认为，在自然状态下，当如此多的自然权利拥有者出于互惠互利的目的而自愿走到一起的时候，社会和合法政府就形成了。

196   这一系列的道德、政治和社会信念构成了西方的政治思想中自由主义传统的核心，也使自然权利拥有者这一基本神话进入了美国思想。[210] 事实上，正如政治理论家路易斯·哈茨（Louis Hartz）所指出的那样，美国人通常通过洛克的视角来理解自己的历史：他们把白人社会想象成一个个体的集合，他们在穿越大西洋的过程中，剥去了欧洲身份的外衣，摇身一变成了拥有权力的人。[211] 美国人把他们的州政府和联邦政府也想象成是公民同意形成的产物，是许多主权个人自愿接受了政府的条条款款。

正如我们在过去三章中所看到的，这些自由主义思想可以用于广泛的政治目的。在某些情况下，神话对平等权利的承诺使其成为平均主义抗议的有效工具。民主党人援引小生产者的权利来抨击政府对富人和最新聚集起来的经济力量的补贴，谴责白人社会中的政治和经济不平等。在平等权利的旗帜下，他们还反对针对欧洲移民的歧视，并呼吁对白人的少数族裔群体给予更大的宗教宽容。废奴主义者则更进一步：他们利用并拓展了《独立宣言》中的自由主义理想，阐明了一种涵盖所有男性的人权政治；对许多废奴主义而言，这一人权政治也适用于女性。废奴主义者不仅要求解放黑奴，而且要求赋予其平等的公民权利和政治权利；他们不仅谴责奴隶制，还谴责种族歧视和北方人面对骇人听闻的不公正时的冷漠。

这种更加激进的平等主义姿态在1848年塞尼卡瀑布大会（Senece Falls Convention）上也很明显，该大会倡议了争取妇女选举权的运动。与会者宣称："我们认为这些真理不言自明：所有男女生来平等，造物主赋予了他们某些不可剥夺的权利，其中包括生命、自由和追求幸福的权利。"他们援引这些权利以对抗和补救各种虐待行为，包括妇女在法律上从属于丈夫，无法在婚姻中拥有财产，被排除在大学、神学院和大多数

---

210 参见附录。

211 哈茨认为，美国人开始接受洛克神话，认为它是"对历史事实的清醒描述"，而欧洲人将其理解为只是一种有用的虚构，同上；Rodgers, *Contested Truths*, 55–56。

形式的"职业就业"之外，以及在没有其政治代表的情况下被征税。他
们认为，在所有这些方面以及其他许多方面，男人们"试图……摧毁她
对自己权利的信心，削弱她的自尊，让她愿意过一种依赖性的、悲惨的
生活"。对于聚集在这一划时代大会上的这一小群妇女来说，平等权利不
仅意味着法律规定的完全平等，意味着"立即获得公民权的所有权利和
特权"，还意味着确认她们作为有权掌控自己生活的自主个体的地位。[212]　　197

　　然而，尽管自然权利拥有者的神话传达了广泛的平等主义渴望，杰
克逊时代美国白人男性也积极利用它来遏制对他们权力和特权的挑战。
他们通常通过扩大自己的权利范围来做到这一点。女性的劳动被归入男
性所有的广阔范围。奴隶主声称对黑人拥有所有权，并战略性地运用自
由市场思想来遏制联邦政府干涉蓬勃发展的奴隶生意的权力。定居者和
扩张主义者在声称自己拥有西部土地所有权并摧毁了美洲原住民和墨西
哥裔美国人社区时，援引了自己的财产和安全权利的优先性。白人男性
认为是上帝赋予了他们掌管从属者并让从属者安分守己的权利，任何被
认为有可能干涉这一权利的行为都会让他们感到愤怒。因此，激烈的反
政府政治的个人自由被用来强化这一群体对广泛和明显不自由的特权的
主张。[213]

　　在杰克逊时代，许多民主党人通过将女性和有色人种从政治修辞中抹
去来调和这种明显的紧张关系：他们将白人男性的专属权利转变为抽象个
人的平等权利。这种抹杀让他们把自己描绘成平等主义改革的先锋，与
各种不公正的等级制度作斗争，把他们的国家描绘成自由的灯塔。1848
年后，这一态势开始改变：随着民主党演变成了一个由南方成员主导的四
面楚歌的奴隶制支持联盟，其白人至上主义变得更加明显，而它的权利
神话更加明显保守。民主党的发言人辩称，平等权利的主要敌人不是贪
婪的贵族，而是致力于将权利延伸到天生不适合和不值得的人身上的政

---

212 "Women's Rights Convention," *National Anti-Slavery Standard*, August 10, 1848, p. 4。该
　　公约的《情感宣言》由伊丽莎白·卡迪·斯坦顿起草。

213 Joshua A. Lynn, *Preserving the White Man's Republic: Jacksonian Democracy, Race, and
　　the Transformation of American Conservatism*（Charlottesville: University of Virginia Press,
　　2019）, 1-10.

治激进分子。历史学家乔舒亚·林恩（Joshua Lynn）写道，民主党人不断地将他们的敌意从辉格党的金钱权力转移到新的暴政狂热改革者身上，后者渴望中央集权的国家权力对原本自主的白人男子进行道德改造。这样，反对联邦政府专横权力的白人男子平等权利成为一种保守的美国事业——一种"美国本土保守主义"，一直持续到今天。[214]

　　最后，杰克逊时代的美国自由主义也吸收了一系列乌托邦假设，这些假设将塑造其后未来几代人的活动轨迹。正如我们所看到的那样，民主党人将洛克的自然权利理念嫁接到了一个理想化的自然社会理念上，该理念由和谐的经济法则来管理，只要政府不干预不受限制的自由，就会带来繁荣和相对平等。在一个虔诚的国家里，乐观的新教信徒信奉科学和物质进步，民主党人也成功地将市场定位为神圣智慧的化身。在一个幅员辽阔而不断扩张的国家，"劳动阶级"包括数百万拥有财产的农民，他们构成了一幅商业繁荣的图景，而商业繁荣将保护小业主的生活方式，因为它剥夺了非生产性精英的特权，遏制了政府权力，避免了工业化在英国产生的恶劣影响。商业繁荣会扩大美国白人进入市场和获得土地的机会，同时保持他们的自治和独立。这将确保财富仍然依赖于生产性劳动，并使那些被认为造就了美国的与众不同的日常美德得以延续。

　　值得注意的是，在杰克逊时代美国的政治神话中，这种理想化的国家自我形象的主要替代方案也基本上是市场导向和个人主义的。当辉格党人在国家舞台上与民主党人竞争时，他们发展出了自己关于美国自由的神话故事。它的组织理念是白手起家的英雄。

---

214 同上，12，10，34 - 67。参见 Adam I. P. Smith, "The Emergence of Conservatism as a Political Concept in the United States before the Civil War," *Civil War History 66*, no. 3（2020）: 244 - 45, 250 - 51。

第三部分

白手起家的英雄

与我们之前探讨的其他两个基本神话一样，美国关于白手起家的英雄的神话早在杰克逊时代之前就已经出现了。在整个18世纪，美国人将他们的社会描述为一个贫穷和卑微的欧洲人可以通过努力和自律来改造自己的地方。本杰明·富兰克林在1784年的一篇短文《告欲移民美国者》（"Information to Those Who Would Remove to America"）中，描述了努力工作的白人移民可以合理地期望他们的美国生活会沿着一条向上发展的弧线前进。他写道："如果他们很穷，他们首先会做仆人或打工者；如果他们是清醒、勤劳和节俭的，他们很快就会成为主人，在商业上立足，成家立业，成为可敬的公民。"[1] 早在独立革命之前，大西洋两岸关于美国的神话就包括，在那里个人会凭借个人的努力和品质而不是依据他们继承的身份或社会地位来获得相应的回报。[2]

独立战争的反贵族精神，以及阿巴拉契亚西部地区的开放和定居进一步地加强了这个国家的自我形象。[3] 在大众心目中，大西洋以西代表着

1　Benjamin Franklin, "Information to Those Who Would Remove to America," in *The Papers of Benjamin Franklin*, vol. 41, ed. Ellen R. Cohn (New Haven: Yale University Press, 2014 [1783－84]), 604.

2　参见 Jack P. Greene, *The Intellectual Construction of America: Exceptionalism and Identity from 1492 to 1800*(Chapel Hill: University of North Carolina Press, 1993), 95－129。

3　James L. Huston, *Securing the Fruits of Labor: The American Concept of Wealth Distribution, 1765－1900*(Baton Rouge: Louisiana State University Press, 1998), 66－69.

新的开始和几乎无限的机会。其广阔的领土提供了土地所有权的承诺及其相应的社会地位；新兴的城镇为商人和有抱负的专业人士创造了机会。[4] 向西部地区的前进强化了美国社会不断变化的形象，里面满是不停寻求新的更好生活的人。历史学家罗伯特·维贝（Robert Wiebe）写道，在这个时代的神话中，每一个奋斗者通常都被想象成"独自一人，在一片选择的海洋中的一个主权原子"。[5]

正如我们在第一部分中看到的，自力更生拼搏者这一理想类型也包含了这个神话的元素。它为白人租户、移民和工人提供了晋升和受尊敬的承诺，无论他们的出身多么卑微。在杰克逊时代的美国，这一承诺经常通过定居者向西迁移、获取和清理土地、为自己和家人争取来之不易的独立这类故事来体现。例如，在詹姆斯·基克·保尔丁（James K. Paulding）1818年的史诗作品《樵夫》（*The Backwoodsman*）中，曾盛赞这位"最卑鄙的农民男孩"，他渴望拥有"自己耕种的土地"，因此逃离依赖，前往了蛮荒的西部：

> 于是，他离开了朋友和家园，
> 在遥远的荒野和危险中漫游，
> 或安身立命，或客死异乡，
> 而不是活成一名雇工或者奴仆。

这位农民男孩体现了一种基本上是农业（和手工）的自我创造理想，这种理想指的是通过努力和意志摆脱依赖、获得独立。虽然他离开了家，但他渴望在更为有利的环境下重新创造熟悉的生活模式，在这种环境下，土壤"尚未耗尽"，肥沃的土地"几乎无偿"供应，他的经营管理将得到更"高尚的回报"。[6]

---

4 Rowland Berthoff, *An Unsettled People: Social Order and Disorder in American History* (New York: Harper & Row, 1971), 179.

5 Robert H. Wiebe, *The Opening of American Society: From the Adoption of the Constitution to the Eve of Disunion* (New York: Alfred A. Knopf, 1984), 271.

6 J. K. Paulding, *The Backwoodsman. A Poem* (Philadelphia: M. Thomas, 1818), （转下页）

这种更温和的自我创造理想越来越多地与另一种更雄心勃勃、更公开的资本主义替代方案展开了竞争。[7] 历史学家乔伊斯·阿普尔比（Joyce Appleby）回顾了近两百本 1765 年至 1804 年间出生的男性的自传，这其中记录了一系列新的理想的出现，这些理想以年轻人为中心，他们不仅要离开家，还要打破父权制权威和父母的期望，在一个流动的、"未成形的社会环境"中奋斗，塑造自己选择的生活和职业。阿普尔比写道，在许多这样的故事中，"退出家庭农场的机会被视为一种解脱"，为个人能动性开辟了广阔的领域。[8] 这些自传作者将教育和道德自律视为在新的经济环境中打开巨大机遇的钥匙。此外，他们还将自己取得的成功视为自己独力奋斗的结果。[9]

辉格党及其发言人尤其利用了这种新的、关于白手起家英雄的现代神话。[10] 虽然民主党人也强调经济独立的解放作用，但辉格党人经常提出另一种观点，将自由视为自我创造。[11] 他们认为，在独特的充满活力和无阶级的美国经济中，白人男性可以成为他们想要成为的任何人：他们可以从

（接上页）11，19。参见 Henry Nash Smith, *Virgin Land: The American West as Symbol and Myth*（Cambridge, MA: Harvard University Press, 1970 [1950]），135 - 39。值得注意的是，保尔丁诗歌的主人公巴兹尔最终达到了更高的境界：他成为"法官、将军、国会议员"，晚年生活"像王子"（第 174 页）。然而，这些丰厚的奖励并不是他最初野心的一部分。

7　当然，从某种意义上讲，它根本就不温和，因为它的许多拥护者认为它是建立在廉价土地供应不断扩大的基础上的，而廉价土地供应意味着扩张主义殖民议程。

8　Joyce Appleby, "New Cultural Heroes in the Early National Period," in *The Culture of the Market: Historical Essays*, ed. Thomas L. Haskell and Richard F. Teichgraeber III（Cambridge: Cambridge University Press, 1993），176, 180. 参见 Richard Hofstadter, *The Age of Reform*（New York: Vintage, 1955），39 - 44。

9　参见 Gary J. Kornblith, "Self-Made Men: The Development of Middling-Class Consciousness in New England," *Massachusetts Review* 26, no. 2/3（1985）: 461 - 74; Daniel Walker Howe, *Making the American Self: Jonathan Edwards to Abraham Lincoln*（Oxford: Oxford University Press, 2009 [1997]）。

10　事实上，辉格党化身亨利·克莱（Henry Clay）经常被认为是"白手起家的英雄"一词的推广者。Howe, *Making the American Self*, 136。对当代报纸的检索显示，这个词是在 19 世纪 20 年代开始流传的。

11　约翰·阿什沃斯将这一基本的辉格党价值观称为"个性"。John Ashworth, *"Agrarians" & "Aristocrats": Party Political Ideology in the United States*, 1837 - 1846（Cambridge: Cambridge University Press, 1983），52, 62, 64。

贫穷到财富，从无知到博学；他们可以随意改变工作和职业。[12] 他们的身份本身可能是一个深思熟虑的选择和努力的问题。[13] 在辉格党的言论中，骄傲地站在自己的土地上的年轻农民逐渐被白手起家的英雄所取代，他们向上的、自主的轨迹反映了现代的、繁荣的美国的崛起。这种强大的理想在辉格党从美国政治消失后依然长期塑造着美国政治。

与权利持有者的神话一样，白手起家的英雄的神话也被注入了一种起源于苏格兰启蒙运动的进步的乐观主义。然而，它在辉格党言论中的出现也受到了两个主要发生在美国知识分子文化中的重要转变的推动。第一个是保守思想为了在杰克逊时代的大众民主政治中争夺追随者而发生了转变和自由化，并将自己的命运与新兴的资本主义经济更加紧密地联系在一起。第二个是第二次大觉醒的乐观主义流行信念对加尔文主义正统观念的严重侵蚀。这些转变共同支撑了一种个人自由的替代政治，这种政治可能会在民主党所定义的意识形态领域蓬勃发展。

---

12 这种职业流动的想法与长期以来的手工自我成就的理想相矛盾，在这种理想中，工匠从学徒成长为师傅，在一生中磨炼自己对同一工艺的技能并开发出新的更好的技术。例如，Tristam Burges，"The Spirit of Independence: An Oration Delivered before the Providence Association of Mechanics and Manufacturers"（Providence: B. Wheeler, 1800），11。

13 丹尼尔·沃克·豪（Daniel Walker Howe）写道："白手起家的英雄之所以与众不同，是因为他的身份是一种自愿选择的、有意识的建构。"（*Making the American Self*, 136.）

保守思想中的自由

　　劳动是这里的主人；它是伟大的资本家；百万富翁的萌芽；一个能够站起来的人，有成熟的男子青春和活力，内心纯洁，向往繁荣昌盛，尽管他身无分文，但他可以……展望他触手可及的大片庄园。

　　　　　　　　　　　　　　　　　——卡尔文·科尔顿，1844年[1]

　　在这个白手起家的英雄的神话中，辉格党人找到了解决杰克逊时代的民主党人所警告的关于美国贵族崛起的办法。在一个白人可以为所欲为的无阶级社会里，不可能有贵族，也没有必要进行旨在削减其所谓特权的经济改革。事实上，辉格党人将这一神话作为一个自觉保守的政治议程的一部分：尽管他们赞许人类的完美和经济进步，但辉格党通常将自己视为一个经济和宪法秩序的守护者，而这个秩序正受到民主激进分子的围攻。

　　这种保守的姿态包含了辉格党版本的美国例外论。辉格党坚持认为，在美国不可能发生严重的经济**冲突**。在一个充满活力、充满信贷和机会的资本主义经济中，所有勤劳的美国富人和穷人会一并崛起。此外，当勤劳的穷人变得富有时，闲散的富人也会很快陷入贫困，这种双重流动性保证了财富落入那些应得的人手中。因此辉格党人坚持认为，仍然分

1　Calvin Colton, "Junius Tracts No. VII. Labor and Capital" (New York: Greeley & McElrath, 1844), 7.

204　裂旧世界的阶级分化在新世界没有真正的基础。这种理想化的美国形象的核心是个人责任的前提：那些未能在这种独特有利的美国环境中取得进步和繁荣的人只能怪自己。[2]

虽然民主党人使用个人主义思想来捍卫一个简单的市场社会，在这个社会中，小生产者拥有自己的土地或商店，并为自己工作，但辉格党人将其放置在一个更为"成熟"和多样化的资本主义经济中，这种经济模式由充足的信贷、国内制造业和报酬丰厚的雇佣劳动力持续推动。此外，在他们看来，政府是促进经济增长和发展的关键合作伙伴。它征收关税以保护美国制造业免受不公平的外国竞争，投资美国劳动力的教育，并资助基础设施项目，从而增加经济机会。它还促进了道德和宗教改革，为个人自律和个人责任奠定基础。他们认为，只要避免财富从富人到穷人的刻意再分配，一个积极的政府就能帮助维护和扩大个人自由。那么，在辉格党的政治思想中，美国个人主义更符合国家权力的建设性使用，而不太受制于自然和非政治市场的乌托邦思想。

但辉格党人的思想有着自己的乌托邦：对许多辉格党来说，这种对人类进步的信念与宗教上对个人完美性的信仰紧密相连。第二次大觉醒使人们普遍相信，罪恶和神圣是个人选择的问题，因此个人的精神命运掌握在自己手中。尽管许多辉格党人仍然相信，正如他们的加尔文主义传统所告诉他们的那样，人性是不守规矩且顽固不化的，但他们越来越相信，人性的罪恶倾向可以通过自我修养和自律来克服。在他们看来，个人的这种道德转变可以释放美国社会的巨大革新力量，并使其更接近千禧一代的命运。这种世俗的自信反过来又为辉格党思想和美国保守主义本身注入了前瞻性的乐观主义，并对开明个人的自治机构产生了越来越大的信心。

但是辉格党和民主党言论之间的对比也不应夸大。当辉格党在19世纪30年代初动员起来反对安德鲁·杰克逊时，其发言人经常是基于民主党的概念层面。例如，他们赞扬美国自耕农的独立性和美德，并认为正

2　有关这个版本的例外论的进一步讨论，参见Jonathan A. Glickstein, *Concepts of Free Labor in Antebellum America*（New Haven：Yale University Press, 1991）, 38-52。

是民主党鲁莽的经济政策危及了他们的生活方式。他们诉诸财产权劳动
理论，并坚持认为只有他们的经济议程，以及稳定信贷、扩大基础设施　205
和不断增长的国内市场的承诺，才能确保所有美国人都能收获自己的劳
动成果。在许多情况下，他们也接受了构成民主党言论的基本价值观和
叙事，但努力朝着不同的政治方向调整他们的发展。然而，本章将重点
讨论辉格党和民主党言论之间的一些更深的差异，这些差异将对美国政
治思想的形成产生长期影响。

　　最后，不要过分夸大辉格党的意识形态一致性也很重要。辉格党和民
主党一样是一个多元化的联盟，其中包括保守的东部商人和金融家，农
村地区的、平等主义的福音派和反共济会，中等规模的正在崛起的西部
农民和企业家，以及南方贵族种植园主。[3] 辉格党人甚至比民主党人更需
要努力将不同的利益和意识形态紧密联系在一起。从一开始，他们就在
两个派别之间左右为难，一面是与新英格兰联邦主义有很多共同点的更保
守的、家长式的政治派别，另一面是努力摆脱与新英格兰联邦主义之关联
的更进步、更自觉的民主派别。我们在其中重点关注的是辉格党几十年来
经常出现的核心思想和故事，探索它们对美国个人主义兴起的贡献。

辉格党保守主义

　　虽然辉格党是经济创新者，接受了美国社会的广泛资本主义视野，但
他们却认为自己是保守派，自觉地借鉴了在他们之前滋养联邦党的英美
保守主义的丰富思想资源。在某些方面，这种保守的传统导致他们拒绝
了杰克逊时代民主党所倡导的个人主义思想。例如，与民主党人不同，
许多辉格党人将美国社会视为一个有机的整体，随着时间的推移而演变；
许多人也认为美国政府的合法性不是基于个人的自然权利，而是基于长
期的政治传统。要理解辉格党人对美国个人主义的独特贡献，我们必须

3　对于这种多样性的出色讨论，参见 Daniel Walker Howe, *The Political Culture of the American Whigs*（Chicago：University of Chicago Press，1979）。

从探索这种保守主义遗产开始，观察他们如何重新利用它来推进辉格党的个人自由理想。

辉格党人的保守主义首先可以从他们嘲笑对手为激进分子、鲁莽的实验者和痴迷于对政治和社会绝望的乌托邦幻想的梦想家的方式中看出。纽约辉格党人大卫·弗朗西斯·培根（David Francis Bacon）写道，民主党的意见领袖们是"病态的纨绔子弟哲学家，有着各种各样的口音，从未在巴别塔建造的时候聚在一起"；他们的理论相当于"在政治经济学家的指导下，乘着气球在幻想的和夸夸其谈的哲学思辨和实验地区飞行"。[4]其他的辉格党人指责民主党人困在了"形而上学的时代，在这个时代，他们在头脑中形成抽象的创造物，然后他们把世界上正在发生的各种变化都归因到这些创造物的力量"；对于民主党人来说，"理论就是一切；而'难以更改'的事实，却被视为一无是处"。[5]

如果只局限于"学术丛林"，民主党人对抽象推断的偏好可能是无害的；但是辉格党人认为，在政治上，这是危险的。他们经常将民主党人比作法国革命者，他们利用广阔的自然权利和社会平等的"黄金愿景"，煽动暴民反对一切既定秩序，使穷人反对富人。[6]例如，《俄亥俄州日报》指出，1844年民主党在民调中的失利将使美国摆脱"雅各宾派无知和平等煽动主义所带来的混乱"。[7]另一位辉格党散文家写道，民主党人的"雅各宾哲学"相当于对现有习俗和制度的鲁莽攻击，试图围绕完全未经检验的

4　David Francis Bacon, *Progressive Democracy: A Discourse, on the History, Philosophy, and Tendency of American Politics ...*（New York：Central Clay Committee, 1844）, 15。参见 Thomas Brown, *Politics and Statesmanship: Essays on the American Whig Party*（New York：Columbia University Press, 1985）, 181–82。

5　*Cong. Globe*, 28th Cong., 1st sess., Appendix, 286（March 1844）.

6　Alonzo Potter, "Trades' Unions," *New-York Review* 2, no. 3（1838）: 11。参见, William Brownlow, "A Political Register, Setting Forth the Principles of the Whig and Locofoco Parties in the United States ..."（Jonesborough, TN：Jonesborough Whig, 1844）, 123; Alonzo Potter, *Political Economy: Its Objects, Uses, and Principles: Considered with Reference to the Condition of the American People*（New York：Harper & Brothers, 1840）, 243; Caleb Cushing, "Speeches Delivered in the House of Representatives of Massachusetts, on the Subject of the Currency and Public Deposits"（Salem：Register Press, 1834）, 27–28。

7　"Harry and John," *Daily Ohio State journal*, August 9, 1842, p. 2.

推断性原则重塑社会。[8] 具体来说，他们指责民主党人密谋通过攻击富人的财产来实现完美的"条件平等"。[9] 这在美国和法国，可以预见的结果将是混乱和暴力，以及经济收缩和贫困。《辉格党评论》(*A Whig Journal*)写道："在社会、政治或道德观点层面，几乎任何危险的激进观点，任何似是而非的、欺骗性的理论，都会在美国的某些地区的民主党成员中找到其独特的支持和发展。"[10]

相比之下，辉格党人宣称自己"在所有事情上基本上都是保守的"。他们努力维护宪法和"国家的永久繁荣"，反对所有"鲁莽的创新和实验"。[11] 他们哀叹美国生活中的"无序"倾向和社会变革的迅速，认为这些往往会使人们对权威和传统产生蔑视，反而对煽动他们的人所兜售的任何诱人的想法着迷。[12] 辉格党人常常把自己描绘成美国"受尊敬的机构"的守护者，而民主党激进分子却在滥用这些机构。他们还把自己描述成一个清醒的经验主义者，他们赞许自己对"鲁莽的（民主）党的每一次实验"的抵制。[13] 著名的辉格党政治思想历史学家丹尼尔·沃克·豪　207

8　Alonzo Potter, "Carey's Principles of Political Economy," *New-York Review* 3, no. 5 (1838): 2.

9　Daniel D. Barnard, "The Social System: An Address Pronounced before the House of Convocation of Trinity College" (Hartford, CT: Calendar Press, 1848), 27。参见 Potter, *Political Economy: Its Objects, Uses, and Principles*, 243。

10　"Introductory" *American Review: A Whig journal* 1, no. 1 (1845): 3。辉格党称呼民主党为"LocoFoco"，以突出他们的经济激进主义。

11　同上，1; "The Elections," *National Intelligencer*, October 17, 1844, p. 2。这种话语是辉格党作家对辉格党基本承诺的典型概括；参见 William Watson, "The Whig Party: Its Objects — Its Principles — Its Candidates — Its Duties — and Its Prospects: An Address to the People of Rhode Island" (Providence, Rl: Knowles and Vose, 1844), 5; Adam I. P. Smith, "The Emergence of Conservatism as a Political Concept in the United States before the Civil War," *Civil War History* 66, no. 3 (2020): 231 – 55。

12　Anon., "Civilization: American and European," *American Review: A Whig journal* 4, no. 1 (1846): 42。参见 Watson, "The Whig Party: Its Objects — Its Principles — Its Candidates — Its Duties — and Its Prospects," 4。

13　Pennsylvania Whig Party, "Proceedings of the Whigs of Chester County, Favorable to a Distinct Organization of the Whig Party" (West Chester, PA, 1838), 5, 9; Howe, *The Political Culture of the American Whigs*, 73。参见 Henry Clay, "Speech on the Sub-Treasury Bill" (Washington, DC, 1840), 5 – 6。

（Daniel Walker Howe）写道："尽管辉格党在经济政策上有很多创新，但他们通常认为自己是保守派，是一个可识别的政治和文化遗产的保管人。"[14]

辉格党的保守主义对他们的社会和政治观有许多重要影响。例如，它为美国革命提供了独特的解释。对于许多辉格党人和他们的前身联邦党人来说，美国革命是一个基本上保守的事件：美国人一直在努力保护他们现有的自由，反对英国王室的新奇压迫政策。[15]美国人"不是为了获得新的特权，而是为了保留旧的权利；不是为了人类平等的抽象理论，而是为了维护他们自己的宪章，以及他们从父亲那里继承的只由自己的代表征税的权利"。[16]同样，辉格党人认为革命家们的思想来自他们自己的历史经验，而不是抽象的哲学。一位辉格党作家坚持认为："《独立宣言》**只是对公民自由基本原则的概括**，当时和现在一样，人们都非常理解和珍惜这些原则，从对这些原则的践行中获益匪浅。"[17]《国家情报报》（*National Intelligencer*）的一位记者写道：与法国革命相比，"我们的革命几乎不能称为革命"。[18]

辉格党对革命的看法揭示了对政治权威的基本保守观念。从辉格党的角度来看，革命的合法性不是来自自然权利的抽象原则，而是来自长期以来的自由传统。他们的权威观念既保守又务实。随着时间的推移，美国殖民机构发展了合法的权威，因为它们发挥了**作用**：它们使其臣民能够过上自由和繁荣的生活。这些机构的有效性来源于它们很好地适应了美国人的性格；它们与生活在美国的人协调一致，而在某种程度上，抽象的原则永远不可能适用于生活在美国的人。这是真实的，部分原因是它们在英国和美国都经历了几个世纪的试错。一位辉格党评论员写道：美国式

---

14 Howe, *The Political Culture of the American Whigs*, 20.

15 同上，70 – 71。

16 Francis Bowen, "The Recent Contest in Rhode Island: An Article from the North American Review, for April, 1844"（Boston: Otis, Broaders, & Co., 1844）, 59.

17 "From the Lynchburg Virginian of August 9," *National Intelligencer*, August 13, 1847, p. 3.作者补充道，1776年的美国人只想"保留他们当时和一直享有的特权，而不是索取新的特权"。

18 "To the Editors "*National Intelligencer*, August 16, 1847, p. 2.

的自由"早就被认为是他们精神和道德构成的一部分"。[19]美国殖民者将他们的自由和繁荣归功于他们从英国继承下来的"古老的形式和特权",正是这些特权为他们的叛乱进行了辩护。[20]当英国王室践踏这些形式和特权时,它切断了自己的合法性来源,损害了自己的合法权威。

　　这种权威观隐含着一种观点,即社会是一个**政治**实体,具有跨越时间的特定历史和身份。[21]许多辉格党人并不接受人类社会仅仅是因为便利或互惠交换而统一起来的"个人的集合体"。[22]他们借鉴了爱尔兰政治家和哲学家埃德蒙·伯克(Edmund Burke)的观点,认为社会是具有鲜明特征的历史实体。因此,它们之间可能有很大的不同。[23]例如,在一个地方有效的宪法可能在另一个地方是灾难性的。社会也是政治实体,从一开始,人们的特殊性格、习俗和习惯就由其政治制度所塑造。[24]与民主党不同,辉格党倾向于否认"社会"是可以在概念化的过程中与政府分开的观点。辉格党众议员丹尼尔·巴纳德(Daniel Barnard)宣称:"在人类历史上,还没有出现过哪个社会、哪个族群的聚集是粗鲁和野蛮的,以至于没有某种组织、某种规则和政府存在其中。所有社会都有自己的法律,也有执行这些法律的权威。"[25]从这个角度来看,政府应该仅仅保护在政治出现之前的

208

19 "From the Lynchburg Virginian of August 9," 3.
20 Bowen, "The Recent Contest in Rhode Island," 8.
21 有关辉格党思想这一特点的详细讨论,参见Howe, *The Political Culture of the American Whigs*, 69‐95。
22 "Human Rights According to Modern Philosophy," *American Review. A Whig journal* 2, no. 4 (1845): 329.
23 豪甚至描述了"对埃德蒙·伯克的崇拜",这种崇拜"在辉格党内部广泛存在"。Howe, *The Political Culture of the American Whigs*, 235。参见Drew Maciag, *Edmund Burke in America: The Contested Career of the Father of Modern Conservatism* (Ithaca: Cornell University Press, 2013), 73‐104。
24 对辉格党人来说,这一观点对人民主权具有重要影响:他们坚持认为,人民的合法权利只能通过既定的宪法渠道行使。另外,民主党人倾向于认为,人民保留了通过宪法以外的方式直接行动的权力,特别是在宪法不公正的情况下。关于这一分歧的精彩讨论,参见,例如,Robert E. Shalhope, *The Baltimore Bank Riot: Political Upheaval in Antebellum Maryland* (Urbana: University of Illinois Press, 2009), 106‐63。
25 Barnard, "The Social System: An Address Pronounced before the House of Convocation of Trinity College," 11‐12.

社会中人类所获得的自然秩序的想法似乎完全是无稽之谈。如果秩序出现在了人类事务中，那就是政府工作的成果。当辉格党人用科学隐喻来描述人类社会时，他们往往转向生物学，而不是牛顿物理学：他们将社会描述为一个以成熟和不断发展的政府为首的政治有机体，或者政治体。[26]

出于这个原因，许多辉格党人拒绝接受政府合法性基于自然权利的观点。他们认为，当人们进入政治社会时，自然权利就被剥夺了，取而代之的是社会和政治权利。辉格党宣讲人卡尔文·科尔顿（Calvin Colton）写道："他在进入社会的那一刻，他的自然权利体系就被剥夺了，而其他权利却成倍增加；如果社会状况良好，他最新获得的权利就更有价值。"[27] 美国人所拥有的权利来源于社会契约，即州和联邦宪法，而不是哲学抽象。和他的许多保守的辉格党同僚一样，科尔顿担心自然权利是如此模糊和"不确定"，以至于它们可以被用来为任何形式的抵抗和叛乱辩护。[28] 事实上，辉格党人嘲笑民主党人对自然权利的诉求可能带来的激进影响，印第安纳州众议员凯勒布·布拉德·史密斯（Caleb Blood Smith）说："如果选举权是一项'自然权利'，那么让我问问我的同事，他是通过什么方式得出结论，认为自然只赋予了白人这一权利的？"[29] 我们常常发现辉格

26　例如，他们将社会描述为"一个生物，就像一个身体，它的呼吸、脉动、消化、同化和其他一百个过程，都相互作用，在这种奇妙的相互作用中，形成了一个和谐的生命秩序"。Horace Bushnell, "The True Wealth or Weal of Nations," in *Representative Phi Beta Kappa Orations*, ed. Clark S. Northup et al. (Boston：Houghton Mifflin, 1915[1837]), 6。参见Howe, *The Political Culture of the American Whigs*, 29 – 30。

27　Calvin Colton, "Junius Tracts No. V Political Abolition"（New York：Greeley & McElrath, 1844), 12 – 13。参见 Hubbard Winslow, "The Means of the Perpetuity and Prosperity of Our Republic：An Oration, Delivered by Request of the Municipal Authorities, of the City of Boston, July 4, 1838"（Boston：John H. Eastburn, 1838), 13; John Whipple, "Address of John Whipple, to the People of Rhode Island, on the Approaching Election"（Providence：Knowles and Vose, 1843), 3。

28　Colton, "Junius Tracts No. V. Political Abolition," 13。拉什·韦尔特（Rush Welter）指出，"尽管明显努力避免诉诸自然权利"，保守派辉格党人有时仍将对财产需求作为自然权利。Rush Welter, *The Mind of America：1820 – 1860*（New York：Columbia University Press, 1975), 111.

29　*Cong. Globe*, 28th Cong., 1st sess., Appendix 463（March 1844)。参见 Henry Clay, *Cong. Globe*, 31st Cong., 1st sess., Appendix 572（May 1850)。

党人强调自然权利的决定性：谁知道下一批激进分子会挖掘出什么所谓的　209
自然权利？将政府的权威建立在自然权利之上，就像在流沙上建立堡垒
一样：两者都不会长久。

　　到19世纪40年代末，辉格党联盟正是在这个问题上开始建立起来的。
到那时，许多北方辉格党人已经将奴隶制视为一种必须立刻根除或至少
加以遏制的邪恶。在解释原因时，他们越来越倾向于自然权利的语言。[30]
在1850年的一次著名演讲中，北方辉格党公认的领导人之一威廉·H. 苏
厄德（William H. Seward）谴责奴隶制是对"自然权利的安全、知识的
传播和工业自由"的侮辱。"奴隶制与所有这些都是不相容的；而且，就
奴隶制在任何共和国的统治和控制范围而言，它在一定程度上颠覆了民
主原则，并将国家转变为贵族制或专制主义。"苏厄德坚持认为，有一
部"比宪法更高的法律"限制了所有政府的权力。[31]亨利·克莱（Henry
Clay）和其他更保守的辉格党领袖谴责了这种说法，认为这将在党内造成
深深的裂痕，并将南方的辉格派推入民主党行列，为第二党体制的崩溃
铺平了道路。克莱问道："他们是谁，敢于告诉我们什么是神圣的，什么
是自然法则？他们预言的凭据在哪里？"[32]

　　当亚伯拉罕·林肯在19世纪50年代末成为新共和党的领导人物时，
自然权利是他谴责奴隶制的道德核心。林肯否认黑人和白人在社会和政
治上是平等的，但他坚持认为黑人享有某些自然权利，任何合法政府都
有义务保护这些权利。林肯详尽批评了最高法院对斯科特诉桑福德案的
裁决，他认为，"在某些方面，（黑人妇女）当然不是与我平等的人；但在
不经任何人许可，享用自己获得的面包的自然权利方面，她和我是平等

30　有关此转移的详细讨论，参见Major L. Wilson, *Space, Time, and Freedom: The Quest for
　　Nationality and the Irrepressible Conflict*, 1813 - 1861（Westport, CT: Greenwood Press,
　　1974）。威尔逊将其起源追溯到密苏里妥协案和北方自由土壤立场的出现，该立场明确地
　　将其论点建立在个人平等自然权利的基础上。同上，35 - 37。

31　William Seward, "Freedom in the New Territories," in *The Works of William H. Seward*,
　　vol. 1, ed. George Baker（New York: Redfield, 1853［1850］）, 76, 74.

32　在克莱看来，苏厄德的论点似乎与"野蛮、鲁莽和可恶的理论有几分相似，这些理论打击
　　了所有财产的基础，并威胁要摧毁文明社会的结构"。*Cong. Globe*, 31st Cong., 1st sess.,
　　Appendix 572（May 1850）。

的，和所有其他人是平等的"。[33] 他坚持认为，这一权利确保了 "某些不可剥夺的权利，其中包括生命、自由和对幸福的追求"，并在《独立宣言》中得到了明确肯定。[34]

当时，辉格党的主流政治思想在几个方面拒绝了民主党人普遍持有的个人主义前提。借鉴伯克和联邦党人的保守主义，他们将美国社会视为一个独特的文化和政治项目，通过世代不断延续，被宗教、宪法和在其下形成的生活习惯所塑造。正是这些力量，而不是**自然**，使美国个人能够享受前所未有的自由来塑造自己的生活。他们还拒绝了民主党的观点，即政府仅从其保护个人自然权利的能力上获得权威性。在他们看来，政府最基本的职能之一是助力美国社会的成长和进步；如同公司实体一般；在想象的自然状态下所享有的权利与这一目标基本无关。因为在辉格党看来，值得关注的自由是美国人实际经历和享受的自由，是人类法律和文明的精致果实，而不是前政治田园诗的残羹冷炙。

然而，尽管辉格党的政治思想中有这些明显的集体主义因素，它对美国个人主义的演变却起到了巨大的推动作用。当需要描述伟大的、共有的美国文明进程所体现的特殊价值时，辉格党人强调的是优绩主义和个人自由。事实上，许多辉格党人认为，美国社会在这个世界上是独一无二的，它使个人能够成为自己生活的建造者，而不受任意限制。他们认为，在美国，所有关于世袭社会阶层的说法都已过时，是个人对其社会和经济命运负有独特的责任。这些都是白手起家的英雄神话的概念基石。

---

33 Abraham Lincoln，"Speech on the Dred Scott Decision at Springfield, Illinois," in Abraham *Lincoln: Speeches and Writings*, 1832 - 1858, ed. Don E. Fehrenbacher (Washington, DC: Library of America, 1989 [1857]), 398。有关林肯对自然权利诉求的进一步讨论，参见 Eric Foner, *The Fiery Trial: Abraham Lincoln and American Slavery* (New York: Norton, 2010), 92 - 131。在备受争议的德雷德·斯科特 (Dred Scott) 裁决中，最高法院裁定黑人自由人或奴隶不能是美国公民，也无权在联邦法院起诉；它还裁定联邦政府无权在美国境内禁止奴隶制。

34 有关辉格党吸收或 "重新发现" 洛克的自然权利并发生这种转变的深入讨论，参见 Howe, *The Political Culture of the American Whigs*, 263 - 98。豪认为，林肯和其他反奴隶制的辉格党人吸收了 "杰克逊时代民主中最好的东西：对普通人权利的承诺"（第290页）。

阶级的和谐

正如我们在第4章和第6章中看到的，民主党人不断呼吁人们注意美国社会日益扩大的阶级分化。他们讲述的是不平等加剧的故事，讲述的是一个新的美国贵族阶层，他们密谋反对农民和工匠的独立，或者从美国谦卑的生产阶级的口袋里偷东西。辉格党人强烈反对这样的故事，并努力用一种较少冲突的共同繁荣和进步的叙事来取代它们。辉格党的回应有两个关键特征，每一个特征都旨在削弱民主党推行平等主义改革的核心要旨：第一，他们认为经济阶层之间存在根本的和谐；第二，他们强调个人经济流动性的增加，并将其与美国不断扩张的信贷驱动型经济紧密联系起来。事实证明，两者都对美国个人主义的形成作出了重要贡献。

在辉格党人对美国经济的描述中，所有的富人和穷人是荣辱与共的；他们的经济利益紧密相连。《劳伦斯信使报》(*Lawrence Courier*) 抱怨 211 道："我们经常听到诸如'资本反对劳工''资本家反对工人'这样的表达，就好像两者之间存在着天然的对立。这样的表达是为了误导和欺骗人们，并在那些利益真实相连的阶级之间制造误解。"[35] 辉格党认为，无论是商人、银行家还是实业家，富人的繁荣都不可避免地为社会其他人带来经济利益。商人使小农能够进入更广阔的市场，并为他们提供廉价的消费品；银行家们为小企业家提供了源源不断的信贷；与此同时，实业家不仅创造了就业机会，还为美国无限的农产品开辟了"本土市场"。为新英格兰的工厂辩护的国会议员凯莱布·顾盛 (Caleb Cushing) 问道："你认为只有富有的资本家才从这些惊人的机构中获利吗？"他指出："罗威尔的棉纺厂雇用了5 730人，该镇的8家制造工厂每年消耗4 100根木材和50万蒲式耳 (bushels，1蒲式耳相当于36.368 8升) 木炭。"[36] 当富裕的制

35　"Capital and Labor," *Salem Register* (reprinted from the *Lawrence Courier*), January 1, 1849, p. 1。作者引用亚当·斯密作为他的权威论据，他"确凿地表明，在资本增加的地方，工资必然而且确实是合理的，而且还在上涨；而在资本停滞的地方，薪资却在下降"（第2页）。

36　Cushing, "Speeches Delivered in the House of Representatives of Massachusetts," 27.

造商获得成功时，农民和工人也获得了成功。[37] 辉格党领袖丹尼尔·韦伯斯特（Daniel Webster）说："新英格兰人民在遥远的某一天将被似是而非的谬论所欺骗，即我们的社区有不同的、对立的利益；对一个人有用的东西对其他人有害；富人有一种利益，穷人有另一种利益；资本是劳动力的敌人，或者劳动力是资本的敌人。"[38] 这种宣言在辉格党的言论中随处可见。

不仅所有社会阶层都在荣辱与共，他们的成员也都从事相互依存、相辅相成的职业。辉格党领袖政治家和演说家爱德华·埃弗雷特（Edward Everett）表示，每个职业的工作对其他职业来说都不可或缺。例如，望远镜是由数学家和科学家创造的，但也是"黄铜创始人"和"玻璃抛光师"创造的；此外，它的玻璃必须在工厂生产，由木材和煤炭为燃料的熔炉提供动力。他宣称："我们从事这些行业中的任何一项，都会立即发现它与其他众多行业之间的联系。"所有这些行业都是"同一链条的组成环节，每一个环节都对链条的力量至关重要"。因此，埃弗雷特坚持认为，每一个诚实地从事职业工作的人都"有权得到社区中每一个其他成员的良好友谊"，个人获益终将惠及其余。[39] 辉格党人坚持认为，农业、制造业和商业利益紧密地交织在一起。政治经济学家阿隆佐·波特（Alonzo Potter）写道："因此，他们的利益是一致的；任何以牺牲他人为代价来获益的企图，也会被他人同样对待。"[40]

212

37　Henry Carey, *Principles of Political Economy*, vol. 1（Philadelphia：Carey, Lea & Blanchard, 1837）, 382‑83；Winslow, "The Means of the Perpetuity and Prosperity of Our Republic," 28.

38　Daniel Webster, "Lecture before the Society for the Diffusion of Useful Knowledge," in *The Writings and Speeches of Daniel Webster*, vol. 13（Boston：Little, Brown 1903［1836］）, 74‑75.

39　Edward Everett, "A Lecture on the Working Men's Party, First Delivered October Sixth, before the Charlestown Lyceum"（Boston：Gray and Bowen, 1830）, 16, 17, 25.

40　Potter, *Political Economy: Its Objects, Uses, and Principles*, 228。辉格党还认为，劳动力和资本之间的区别在美国是站不住脚的，因为有太多劳动者拥有自己的资本。参见 Nathan Appleton, "Labor, Its Relations in Europe and the United States Compared"（Boston：Eastburn's Press, 1844）, 14；Daniel Webster, "Mr. Webster at Andover," *Spectator*, November 15, 1843。我在本节中对辉格党思想的解读与约翰·阿什沃斯的观点密切相关；参见 Ashworth, *"Agrarians" & "Aristocrats,"* 62‑73。

对辉格党人来说，阶级和谐并不是适用于所有社会的真理；在他们眼中，这是美国自由经济的一个独特特征。埃弗雷特说，投射在资本家身上的"恶"是过去的遗产，当时的财产是通过暴力、欺诈和世袭特权积累起来的。"这种观点的根源可以追溯到过去"，追溯到旧世界及其封建贵族的遗产。相比之下，美国社会"没有任何理由对资本抱有这种偏见"。在美国，所有财富"都可以追溯到勤劳和节俭"。[41] 辉格党实业家内森·阿普尔顿（Nathan Appleton）对此表示赞同，在欧洲，劳动力"在任何地方都是被贬低的"；在美国，它却是通向成功的唯一途径。[42] 根据这一基本神话，这是美国的决定性成就之一，财富只能通过辛勤工作和独创性来积累，这使每个人都受益。一本匿名的辉格党小册子宣称："在这个国家，所有的巨额财富都是靠勤奋和正直积累的。"[43] 从这个意义上讲，美国完全不像"旧世界"，富人"靠吞噬穷人生活"：在大西洋的这一边，富人必然是"公共造福者"。[44]

正如我们在第 6 章中看到的，辉格党否认美国社会可以分为一个生产者阶级和一个富有的、没有生产力的寄生虫阶级。马萨诸塞州众议员哈里森·科尔比（Harrison Colby）写道，"抛开那些自视甚高的政治经济学家对生产阶级和非生产阶级的悲惨描述"，在美国，这种分歧"在本质上或经验上都是站不住脚的。惠特尼的轧棉机使南部每英亩土地的价值翻了一番，他用聪明才智所收获的棉花比任何其他人用手收获的都多"。[45] 因此，辉格党演说家通常警告说，不要将某些阶级视为没有生产能力的

---

41 Edward Everett, "Address Delivered before the Mercantile Library Association"（Boston：William D. Ticknor, 1838）, 12, 13.

42 Appleton, "Labor, Its Relations in Europe and the United States Compared,"5.

43 Anon., "A Few Plain Facts, Addressed to the People of Pennsylvania"（Philadelphia：J. Crissy, 1844）, 5.

44 Winslow, "The Means of the Perpetuity and Prosperity of Our Republic,"30。然而，许多辉格党人担心，欧洲的社会状况最终会降临到美国，一些人认为美国人应该竭尽全力避免这种情况；例如，William Ellery Channing, *Lectures on the Elevation oj the Laboring Portion oj the Community*（Boston：Crosby and Nichols, 1863［1840］）, 116 - 17。

45 H. G. O. Colby, "The Relations of Wealth and Labor：Annual Address before the American Institute, Delivered Thursday Evening, October 20, 1842," *American Laborer 1*, no. 8（1842）: 239.

"公蜂"。任何"组织良好"和繁荣的共同体都有赖于"博学的职业人士、律师、医生、牧师、商店老板、商人、制造商和运输商"的辛勤工作。[46] 阿普尔顿写道，在美国，每个人都在努力："职业、劳动是所有人的天性。能言善辩的律师、博学的圣人、能干的作家、成功的商人、制造商或农学家，都被分配到社会的最高位置。这些位置只有通过主动奋斗和成功经营才能获得。"[47] 辉格党的图景中唯一例外是懒惰的穷人，他们浪费了自己的生产潜力。

213　　　在当时的美国，几乎每个人都为共同繁荣作出了贡献。辉格党人把美国社会想象成一个和谐的系统，它以工业、商业和信贷为纽带，造福了每个人：

> 听听（铁路）沿线的生活和商业的声音吧！当我们说话的时候，其中一列火车正在向无边无际的西部挺进，所有的企业都在与其他同类企业联合，形成一个和谐繁荣的整体，在这个整体中，城镇与农村、农业与制造业、劳动力与资本、艺术与自然融为一体，不断聚集和扩散着，集中和辐射着自由和扩张的商业经济所带来的经济、社会和道德祝福。[48]

民主党人将美国社会视为一个自然系统，需要保护其免受腐败精英的干扰，而辉格党人则推崇精英在其中发挥了重要作用的先进的、"文明的"社会秩序。在他们眼中，商人、银行家和实业家以及国家本身是社会和经济秩序的源头，构成了社会整体的组成部分。如果没有他们，国家将陷入贫困或无政府状态。

在这种乐观的辉格党愿景中，即使是被民主党抨击为精英特权堡垒的

---

46 Anon., "A Word in Season; or Review of the Political Life and Opinions of Martin Van Buren, Addressed to the Entire Democracy of the American People"（Washington, DC: W. M. Morrison, 1840）, 7。参见 Jonathan Wainwright, "Inequality of Individual Wealth the Ordinance of Providence, and Essential to Civilization"（Boston: Dutton and Wentworth, 1835）, 50。

47 Appleton, "Labor, Its Relations in Europe and the United States Compared," 8.

48 Everett, "Address Delivered before the Mercantile Library Association," 34 - 35.

企业，也成为社会和谐的推动者。亨利·克莱（Henry Clay）在一次具有开创性的演讲中说："据我所理解，北方的股份公司就像是联合会一样，有时是数百家联合会的样子，通过这些协会，许多人的微薄收入被纳入公共股票中。没有什么比这样更具有本质上的民主性了，也没有什么比这样能更好地平衡个人财富的影响。"[49] 其他人也坚持认为，美国银行的股东主要是"工匠、独居女性、未成年儿童、公共慈善机构"或"寡妇和孤儿"，以及"水手和劳工"。[50] 在辉格党看来，公司使小投资者能够分享经济增长，并将他们的利益与富人捆绑在一起。如果没有公司，经济不仅会失去宝贵的资本来促进其"扩散性"繁荣，而且收益将主要流向富有的个人投资者。

辉格党人关于社会和谐的叙事有一个非常重要的政治影响，他们不断强调：美国持续的贫困和经济困难没有**结构性**原因。美国没有任何阶层的人以牺牲工人阶级或剥削他们的劳动为代价致富。辉格党发言人一次又一次地呼吁警惕民粹主义煽动者，他们虚构了根本不存在的阶级分裂，在无所事事和放荡堕落的穷人中煽风点火。在某些情况下，他们完全推翻了我们在第6章中探讨的民主党关于劳动力剥削的故事：是**富人**正在深受一个贪婪、挥霍的阶级所害，而这个阶级正是民主党政客所煽动的，他们憎恨富人的成功，并觊觎富人辛苦劳动的果实。[51] 辉格党人认为，

214

49　Henry Clay, "Speech in Defence of the American System, against the British Colonial System ... Delivered in the Senate of the United States, February 2d, 3d, and 6th, 1832" (Washington, DC: Gales and Seaton, 1832), 20。参见Anon., "The Credit System," *National Magazine and Republican Review* 1, no. 1 (1839): 58; Welter, *The Mind of America: 1820 - 1860*, 118 - 19.

50　Cushing, "Speeches Delivered in the House of Representatives of Massachusetts," 26; Anon., "The Credit System," *National Magazine and Republican Review* 1, no. 1 (1839): 66。参见Herbert Ershkowitz and William G. Shade, "Consensus or Conflict ? Political Behavior in the State Legislatures during the Jacksonian Era," *Journal of American History* 58, no. 3 (1971): 615。

51　丹尼尔·韦伯斯特（Daniel Webster）怒斥道，如果有人试图"享受别人的劳动成果"，那就是那些嫉妒地叫嚣反对任何"积累的财富"的人。引自John Calvin Adams, "An Appeal to the Whig National Convention, in Favor of the Nomination of Daniel Webster to the Presidency"(New York: R. Craighead, 1848), 10 - 11。参见Potter, *Political Economy: Its Objects, Uses, and Principles*, 237 - 38。

因为美国经济在本质上是公平和包容的，所以这种怨恨完全是不正当的，它们只是"嫉妒的懒惰和失望的野心"所造成的症状。[52] 那些在美国失败的人只能埋怨自己的问题和缺点。

自己命运的建筑师

从长远来看，辉格党关于经济流动的叙事比社会和谐的故事更重要。社会和谐的理想有一个重要的修辞弱点，因为它似乎以社会阶级的现实为前提。富人可能与穷人结盟，但和谐的叙事表明，他们仍然形成了一个独特的社会阶层。因此，他们很容易被民主党指责为贵族。毕竟，为什么富人应该享有优越的社会地位、享有政治特权，以及大多数美国人无法享受的奢侈？为了更直接回应贵族的指控，辉格党转向了一个经济流动的故事，旨在表明美国根本没有稳定的富人**阶层**：不久，穷人就会变富，富人也会变穷。[53] 在这样做的过程中，他们将优绩主义的假设，以及对个人自由的广泛和日益私人化的概念，注入了美国保守主义的基础。

参议员理查德·巴亚德（Richard Bayard）惊呼："美国的贵族！它的元素在哪里，它的手段和工具在哪里？"在这个国家，他继续说道："命运之轮永远在旋转；……今天的穷人就是明天的富人。"[54] 辉格党人认为，贵族的概念意味着一个永久的阶级，他们的财富通过持久的或可继承的特权获得。他们坚持认为，在美国根本就没有这样的事情。富

---

52 Winslow, "The Means of the Perpetuity and Prosperity of Our Republic," 30.

53 有关杰克逊式美国（辉格党和民主党人）政治思想中经济流动理想的讨论，参见Welter, *The Mind of America: 1820 - 1860*, 118 - 22, 141 - 56。有关辉格党流动理想的讨论，参见Ashworth, *"Agrarians" & "Aristocrats,"* 65 - 69；Jonathan A. Glickstein, *American Exceptionalism, American Anxiety: Wages, Competition, and Degraded Labor in the Antebellum United States*（Charlottesville: University of Virginia Press, 2002）, 41 - 44, 129 - 30。

54 Richard H. Bayard, "Speech of Richard H. Bayard of Delaware, on Mr. Benton's Motion to Expunge from the Journal of the Senate the Resolution of March 28th, 1834"（Wilmington: R. and J. B. Porter, 1837）, 12.

人是通过自己的努力和聪明才智出人头地的；他们只是成功的劳动者。1840 年，辉格党的一位宣传册作者问道："那些政治庸医和冒名顶替者，会不会厚颜无耻地假设，斯蒂芬·吉拉德（Stephen Girard）从一个默默无闻的贫穷男孩，通过自己的勤劳和经营，变成一个令人羡慕的'百万富翁'，同时必然就会变成**贵族**或'民主事业的敌人'？"[55] 另一本小册子暗示，美国的"独立农民"实际上是唯一的美国贵族，因为他的财富和地位来源于"土地财产"。美国富人远没有那么安全，因此根本不能算作一个阶层，"今天有钱的人，明天可能很穷"。[56]

　　事实上，辉格党政治言论中最普遍的说法之一是美国的财富从未在一个家庭中停留超过几个世代。公理会牧师哈伯德·温斯洛（Hubbard Winslow）宣称："这个国家有史以来积累的最庞大的财富，在两三代人的时间里就会被融化并分散到一千个方向。"[57] 科尔顿写道："（财富）很少能在三代人里维持一致。"[58] 另一位小册子作者写道："没有任何过度的财富能延续三代人，它们总是在不断循环。"[59] 换言之，辉格党人不断呼吁人们注意美国精英阶层的**向下**流动。如果成功人士的儿子和孙子们不勤劳节俭，他们的财富就会很快消失。波特观察到"通过挥霍和堕落，富人的孩子们永远会从他们父辈的社会地位上跌落，然后在贫穷中学会勤奋和谨慎的必要性"。[60] 当无能的儿孙陷入贫困时，富人阶层便不断动荡；美国富人根本就不是一个稳定或持续的阶级。科尔比写道："将这样一些人定义为贵族阶层，就像一种健全而明智的哲学却将夏虫作为永恒

215

55 Anon.，"A Word in Season，" 4。吉拉德是一位出生于法国的商人和银行家，他从默默无闻的人一跃成为美国首富。

56 Anon.，"The Andover Husking；a Political Tale Suited to the Circumstances of the Present Time，and Dedicated to the Whigs of Massachusetts"（Boston：J. H. Eastburn，1842），6.

57 Winslow，"The Means of the Perpetuity and Prosperity of Our Republic，" 30。他继续说道："几乎每到第二代或第三代，美国人就会互相调换主人和助手的位置。"

58 Colton，"Junius Tracts No. VII. Labor and Capital，" 6.

59 Anon.，"A Few Plain Facts，Addressed to the People of Pennsylvania，" 5。参见 Alexander Stuart，"Rights，Duties and Responsibilities of the Workingmen of America，" *Richmond Whig* November 29，1844，p. 4；Bayard，"Speech of Richard H. Bayard of Delaware，" 12。

60 Alonzo Potter，"Trades' Unions，" *New-York Review* 2，no. 3（1838）：9 - 10.

的象征一样。"[61]

富有的继承人刚从繁荣中跌落，他们的位置就被正在崛起的有进取心的工人占据了。马萨诸塞州记者约翰·艾肯（John Aiken）写道："如果最穷的男孩勤劳节俭，成年后，也许会成为一个殷实的人，到老年时，也许会成为一个富有的人。"事实上，艾肯继续说道："几乎每个自由劳动者只要一开始劳动也就是资本家了。"[62] 在美国，向上流动并不是遥不可及的梦想；这是一个永恒的现实。韦伯斯特说，许多"今天是劳动者，明天将成为资本家。他们面前是一条务实和进取的职业道路"。[63] 当然，自本杰明·富兰克林时代起，这个故事的数个版本就在美国流传，但辉格党人一再强调这一点，并将其作为其政治和经济理论的中心特征。我们可以说，辉格党人编纂了一个极为重要的美国神话：无限向上流动的神话，阶级边界的流动性和多孔性足以破坏阶级本身的存在。[64]

216

伴随着这个神话而出现的是一种独特的个人自由观念。辉格党坚持认为，在美国，白人可以成为他们想要的任何人；他们可以塑造和重塑自己的生活，以适应自己的抱负和理想。纽约传教士兼教育家内森·贝曼（Nathan Beman）说："在这片土地上，每个人都可以在上帝的带领下，积累自己的财富，并规划和实践自己的尘世命运。"[65] 科尔顿写道："我

61　Colby, "The Relations of Wealth and Labor," 236 - 37。埃德蒙·伯克（Edmund Burke）曾发表著名的观点，政治激进主义可能会破坏连接世代之间的政治纽带和可继承的身份，使人们"比夏天的苍蝇好不了多少"。科尔比使用了同样的话语，但其论述却惊人地相反，因为他赞扬家庭财富的消逝，这让个人变得自由并对自己的命运负责。

62　John Aiken, "Labor and Wages, at Home and Abroad: In a Series of Newspaper Articles" (Lowell, MA: D. Bixby & Co., 1849), 16.

63　Webster, "Lecture before the Society for the Diffusion of Useful Knowledge," 76.

64　这一神话包含了重要的事实性元素：最近的研究表明，在20世纪初，美国社会的经济流动性远高于欧洲社会。Jason Long and Joseph P. Ferrie, "Intergenerational Occupational Mobility in Great Britain and the United States since 1850," *American Economic Review* 103, no. 4 (2013): 1109 - 37; Joseph P. Ferrie, "History Lessons: The End of American Exceptionalism? Mobility in the United States since 1850," *Journal of Economic Perspectives* 19, no. 3 (2005): 199 - 215.

65　Nathan S. S. Beman, "The Intellectual Position of Our Country: An Introductory Lecture Delivered before the Young Men's Association for Mutual Improvement, ..." (Troy: N. Turtle, 1839), 12.

们的国家是这样一个地方，在那里，人们从卑微的出身开始，从渺小的起步开始，逐渐在世界上崛起，这是对他们品质和勤奋的奖励，在那里，他们可以根据自己选择的追求目标获得最高的职位，或获得大量财富。"[66]正如我们所见，民主党的自由理想强调经济独立和生产资料所有权；它强调对自己经济生活的日常条件的控制，包括在不受政府干预的情况下进行贸易和交易的权利。辉格党的理想略有不同。辉格党人通常将自由的理想投射在一个人的整个人生轨迹上，随着时间的推移，他可能会晋升，他可以获得地位和财富。他可以创造并重新创造自己。科尔比写道，美国的成功人士"都是白手起家的英雄，是自己命运的建筑师"。[67]

当辉格党人讲述了这个从贫穷到富裕的故事时，他们重新定义了经济自由的含义。[68]对他们来说，工人是自由的，他们可以毫无阻碍地改变工作和职业。波特写道："这里不存在任何直接或间接的法律将人限制在特定的职业或场所，将任何公民排除在他随时认为适合从事的任何部门之外。工业在各个方面都是自由和不受限制的，所有种类的贸易、商业、职业和制造业都对所有人平等开放，不需要任何常规的学徒身份、准入或许可证。"[69]另一位有影响力的辉格党政治经济学家亨利·凯里（Henry Carey）写道："享有完美自由的人完全可以控制自己的行为。他可以随意改变居住地和工作方式。"[70]虽然辉格党人有时确实援引了经济独立的理想，但他们并没有像民主党人那样始终如一、坚定不移地论述这一理想。这对他们的经济愿景来说并不是必不可少的。尽管双方都赞许**自由劳动**的尊严，但他们对自由的核心提出了不同的理解。

---

66 Colton，"Junius Tracts No. VJL Labor and Capital，" 15.

67 Colby，"The Relations of Wealth and Labor，" 236。参见 Bacon, *Progressive Democracy*, 19。这个常见的短语——"自己命运的建筑师"，在美国大学中广泛传播，有时出现在引号中，似乎起源于罗马历史学家萨卢斯特给恺撒的第一封信。

68 Louis Hartz, *The Liberal Tradition in America: An Interpretation of American Political Ttiought since the Revolution*（New York：Harcourt，Brace & World，1955），111 - 12.

69 Potter，"Trades' Unions，" 34.

70 Carey, *Principles of Political Economy*, 3：96。这种自由的契约概念导致一些辉格党人提出雇主和雇员之间的基本平等：双方都可以随心所欲地就自己的劳动或资本达成契约。例如，参见，"Capital and Labor，" *Portland Weekly Advertiser*, April 13，1841，p. 4。

在某些情况下，辉格党人直接攻击了独立自耕农的旧理想。1850年，著名的《纽约论坛报》（*New York Tribune*）的创始人兼编辑霍勒斯·格里利（Horace Greeley）写道："（农民）现在太过孤立了。他的世界就是一个狭窄的物质小圈子，他称之为自己的世界，在这个世界里，他是一个独裁者，尽管在此之外他无足轻重。"他继续说道，地球的耕种往往只不过是"一种无脑的、令人厌恶的苦工"，而自耕农只是"一个粗人或土人"。这位与世隔绝的农民需要在"普通社会不断扩大影响力"，这才能"为他的愿望提供更大的空间，为人类天生的无限能力提供更广阔的领域"。独立的光荣理想在这里被简化为愚蠢的孤立和小专制的结合。格里利认为，补救办法可以是将技术的应用和现代工业生产技能应用于农场中，这样农民自己就会成为"蒸汽机的主人和管理者"，就像现代工厂的老板一样。科学技术在人类生产的各个领域的应用将为有才华、受过教育的年轻人开辟各种各样的职业道路。在那之前，他们将继续逃离农场，"只要能逃避无法忍受的辛劳生活他们不在乎去哪里，因为这种生活已经不再与他们被点燃的灵魂保持应有的关系或满足他们的需求了"。谁能责怪他们呢？他们想自由地塑造自己的生活，"选择一种与他们的智力和抱负相称的追求和终身努力的领域"。[71]

自由理想的核心是激动人心也令人不安的人类无限欲望的预设。例如，埃弗雷特（Everett）评论说，这一"自然的奇特赋予"将我们与野兽区分开来："随着我们的自然需求得到满足，人为的需求或文明的需求就会显现出来。这些最高级的改善需求需要通过不断的努力来满足文明生活的习惯和品位所产生的新需求来达到。"[72] 换言之，人类从未对自己的命运感到满意，他们总是想要更多。正是这种无限的欲望驱使他们向上攀登，

---

71 Horace Greeley, "Life — the Ideal and the Actual," in *Hints toward Reforms*（New York：Harper & Brothers，1850），66，67，65，71，71。

72 Everett, "A Lecture on the Working Men's Party," 4。弗朗西斯·韦兰（Francis Wayland）认为，经济的进步正是通过刺激这种欲望的泛滥而实现的，这种欲望"一直处于休眠状态，直到它们被当时合适的物体的存在或相关信息唤醒而进入运动状态"。Francis Wayland，*The Elements of Political Economy*（New York：Leavitt，Lord & Co.，1837），199。

推动社会从野蛮走向文明。[73] 乔纳森·温赖特（Jonathan Wainwright）在一次关于不平等的布道中说："普遍的冲动是向前进，如果它产生了一些令人兴奋的野心、嫉妒、忌惮、不诚实和冲突的邪恶，那么它也会千倍赐福于我们的天性中的光明和多样的智慧、顽强的美德、无畏和坚忍不拔的能量。"[74] 美国不断增长的经济将这些能量从贫困和停滞的束缚中解放出来，让人们有自由改变自己的社会和经济状况。杰斐逊时期的自耕农在无花果树下心满意足地坐着，这种适度的独立性，这种美国早期信件中随处可见的形象将不复存在。新的欲望将很快扰乱自耕农的尘世天堂，让他去争取更多；只要他在道德限度内谨慎地追求，每个人都会受益。[75]

218

　　年轻的辉格党人如亚伯拉罕·林肯全心全意地认同这一新的自由理想。林肯出生在贫困的农村，年轻时只想离开狭小的农村世界，彻底改变自己的命运。他的这种渴望得到了广泛的共鸣：历史学家乔伊斯·阿普尔比（Joyce Appleby）通过调查这一时期留存下来的美国人的自传，证明了这种逃离简单农场生活、出人头地的愿望无处不在。许多年轻人在商业、新闻、政府部门或法律领域开始了自己的职业生涯，他们很兴奋地离开了"在农场埋头苦干的生活，那里没有接受教育的希望和前景"。[76] 豪（Howe）写道："这种在 19 世纪的美国普遍存在的自我改造的愿望将有助于解释为什么辉格党的文化吸引了这么多我们认为是资产阶级固有范围之外的人。"[77] 辉格党的经济愿景是在一个富裕和现代化的世界中有

73　Potter, *Political Economy: Its Objects, Uses, and Principles*, 227.

74　Wainwright, "Inequality of Individual Wealth the Ordinance of Providence, and Essential to Civilization," 29.

75　然而，一些辉格党人对美国的这种不停歇态度矛盾，他们将其描述为一种"狂热的上车焦虑"，是泛滥的物质主义和不满的根源。Francis Bowen, "Mill's Political Economy," *North American Review* 67, no. 141（1848）: 412。参见 Henry W. Bellows, "The Influence of the Trading Spirit Upon the Social and Moral Life of America," *American Review: A Whig journal* 1, no. 1（1845）: 93。

76　Samuel Foot，引自 Joyce Appleby, *Inheriting the Revolution: The First Generation of Americans*（Cambridge, MA: Belknap Press, 2000），109。参见 pp. 122 - 26。

77　Howe, *The Political Culture of the American Whigs*, 266。参见 John Ashworth, *Slavery, Capitalism, and Politics in the Antebellum Republic*, vol. 2: *The Coming of the Civil War*, 1830 - 1861（New York: Cambridge University Press, 2007），276 - 77。

无限的机会。作为总统，林肯后来将这种机会与美国自由的承诺紧密联系在一起，"世界上没有任何地方出现过如此自由和平等的政府。我们中最卑微和最贫穷的人也享有最高的特权和地位"。[78] 辉格党人对民主党所描绘的独立自耕农、土地之主的回应是，白手起家的英雄正在社会阶层中崛起。[79]

辉格党人对百万富翁和无限欲望的谈论不应掩盖这样的事实，他们想象中的社会流动性通常要温和得多。在大多数情况下，他们设想低收入的工人会上升到中产阶级，并将他们不断增长的欲望投注到不断增长的消费经济中。事实上，随着不断扩大的市场和新的大规模生产技术为内陆社区带来了大量新的消费品，美国白人为中产阶级生活中的舒适和装饰花费了越来越多的收入：他们在房子里增加了客厅和图书馆；他们买了沙发和摇椅、时髦的衣服、餐具、乐器和其他他们努力追求的"精致"的象征。在一个与陌生人交往越来越频繁的富裕和流动社会中，这些绅士风度的标志帮助美国人确立了社会地位和尊严。[80] 它们也强化了辉格党关于流动性的叙事，正如历史学家理查德·布什曼（Richard Bushman）所说，他们"希望任何人，无论他们多么贫穷，无论他们的工作多么不体面，都能通过自律和采取一些外在的体面生活方式，成为中产阶级"。[81]

219 个人责任

至关重要的是，辉格党人对经济流动性的信念，就像他们对社会和

---

78 Abraham Lincoln, "Speech to the 148th Ohio Infantry Regiment," in *Collected Works of Abraham Lincoln*, vol. 7, ed. Roy P. Basler（New Brunswick, NJ: Rutgers University Press, 1933［1864］), 528。向上流动是林肯演讲的常见主题；参见Ashworth, *Slavery, Capitalism, and Politics in the Antebellum Republic*, vol. 2: *The Coming of the Civil War*, 1850 - 1861, 277 - 78。

79 关于林肯对白手起家的英雄神话的标志性处理，参见Richard Hofstadter, *The American Political Tradition and the Men Who Made It*（New York: Vintage Books, 1989［1948］), 121 - 73。

80 Richard L. Bushman, *The Refinement of America: Persons, Houses, Cities*（New York: Alfred A. Knopf, 1992), 238 - 79, 404.

81 同上，xv - xvi。参见Welter, *The Mind of America: 1820 - 1860*, 113 - 17。

谐的看法一样，使他们能够坚持富有和贫困是个人选择、努力和自律的问题。那些努力工作和储蓄的人在队伍中崛起；那些浪费时间和金钱的人陷入贫困。"优绩主义"一词起源于20世纪，其内涵有一些不确定性，在奖励天生的才智还是奖励高尚的努力之间摇摆不定。辉格党人非常明显地倾向于后者：在他们对美国经济的描述中，成功所需的美德，包括勤奋、节俭、节制、主动和守时，对每个人来说都是可行的，无论他们的天赋如何。科尔顿写道："我们当中的所有财产都倾向于流向那些努力工作并满心期待它的人。他们肯定会得到它，就像太阳会升起和落下一样。不可能阻止那些勤奋进取的人通过工作收获金钱和财产，他们**努力赚取**，他们必然**获得**。"[82] 当然，这种平等主义经济机会观表明，一个成功的个人应该为他的成就获得充分的赞誉，因为成功甚至不能被归因于优越的、非努力获得的自然天赋。美国与世界其他任何地方都不同，在这里，个人完全掌控自己的经济命运。而这一掌控也带来了全部责任。

当著名的一神论名人和道德家威廉·埃勒里·钱宁（William Ellery Channing）发表《提升共同体的劳动部分》（*Lectures on the Elevation of the Laboring Portion of the Community*）的演讲时，这也是他的教导：美国工人应对自己的精神和物质生活状况负责。尽管他承认许多劳动者在贫困中苦苦挣扎，但他将这一事实主要归因于放纵、"懒惰"和"缺乏严格的经济管理"。他特别关注的是，劳动阶级正在吸收上层阶级的"人为需求和病态口味"，这导致他们"将自己的收入浪费在本可避免的放纵上"，让他们"在黑暗的日子里身无长物……总是在贫困的边缘颤抖"。[83] 钱宁将这一点表述为一个乐观的信息：在美国，没有什么能阻碍劳动阶级提升的障碍，没有"不可逾越的天堑"。他们只需要"意志"就能进行改善。[84] 这种强调个人对自己的道德和精神修养以及经济成功的责任，是辉格党社会批评中无处不在的主题。

82　Colton，"Junius Tracts No. Vii. Labor and Capital，" 6。参见 Potter，"Trades' Unions，" 27。

83　Channing，*Lectures on the Elevation of the Laboring Portion of the Community*，99，92，93。尽管辉格党倾向于将消费者支出视为文明增长和进步的源泉，但许多人同时不赞成奢侈或不道德的支出。

84　同上，91，99。

虽然钱宁在批评他的工人阶级听众时相当谨慎，但其他人则更加直言不讳。辉格党的主要报纸《费城北美报》（*Philadelphia North American*）评论抱怨美国不平等的"抱怨者们"时，对这一不平等问题的根源表述得非常清楚：

> 浮躁的性格、不合规范的履行职责、即兴发挥、浪费、轻视低小的开端、没有一分钱积蓄的婚姻、没有更好的财富前景，更不用说主动的懒惰和堕落了，这些都可以合理地被界定为在这样一个国家里、在这样的政府形式下几乎所有贫困和不满的真正原因。[85]

作者将美国工人的处境与英国和其他"君主国家"的工人进行了比较，在那里，"诚实、节俭、勤奋无法帮助人们远离贫困家庭"。[86] 他认为，其他地方的工人可能有合理的理由进行抱怨；而美国工人对自己的命运感到失望，除了他们自己，没有人有理由被责怪。

这些论点往往被用来反对劳工行动主义和民主党对经济特权的批评。密西西比州众议员萨金特·史密斯·普伦蒂斯（Sargent Smith Prentiss）问道："我们在这个国家有多少次看到今天的雇主成为明天的劳动者，劳动者则成为雇主。"他补充道："有了这些证据，为什么还有人敢站起来，向社会不同阶层的激情演说，并宣称他们之间有区别。"[87] 艾肯（Aiken）也认为，任何尝试通过政治改革来改善美国穷人状况的尝试都是不体面

---

85 "Editorial Correspondence," *Philadelphia North American*, July 29, 1843, p. 2。参见 Francis Bowen, "The Distribution of Property," *North American Review* 67, no. 140（1848）：127。林肯本人后来对这一观点进行了最著名的阐述：1839年，他在威斯康星州博览会上发表演讲，宣称："如果有人继续作为雇佣劳动者生活，那不是制度的错，而是因为依赖性倾向，或者是不谨慎、愚蠢或是不幸。"Abraham Lincoln, "Address before the Wisconsin State Agricultural Society, Milwaukee, Wisconsin," in *Collected Works of Abraham Lincoln*, vol. 3, ed. Roy P. Basler（New Brunswick, NJ：Rutgers University Press, 1953[1859]），479。
86 "Editorial Correspondence."
87 引自 John Ashworth, *Slavery, Capitalism, and Politics in the Antebellum Republic*, vol. 1：*Commerce and Compromise, 1820 - 1850*（Cambridge：Cambridge University Press, 1995），322 - 23。

的，因为美国是一个"根据平等的法律，面向所有人的开放和平等的领域，所以在铁匠铺拉风箱的贫苦男孩也可能会成为国会议员、州长或美国总统"。[88] 他认为，政治解决方案在欧洲可能是必要的；但是在美国，应对经济困难的唯一适当办法是努力工作和自我提高。

因此，辉格党人特别向工人阶级宣扬他们的个人自强主义。例如，《班戈辉格党》(*Kennebec Journal*) 批评纽约的工匠们试图确保他们自己的成员当选并被任命担任政治职务。对于机械师来说，"为了彼此的进步"而联合起来是好事，这样他们就可以共同"在自我提升的工作中努力奋斗"。[89] 如果他们这样做，他们中的许多人就会成功并茁壮成长。但试图通过政治行动来改善他们的处境则是不合理的，这是嫉妒或忌惮的表现。事实上，任何通过集体行动纠正不平等的尝试，例如工会行动主义，都是不公正的，而且可能是徒劳的。波特写道，"为了出人头地"，工人　221 "应该首先以提高自己的个人品质为目标。一面是要为一个阶级带来真正和永久的改善，一面是组成该阶级的个人正在堕落，这注定是徒劳的尝试"。[90] 根据另一位辉格党作家的说法，任何想要提高自己生活地位的美国人只需要"培养自己的思想"和"不断提高自己的优秀能力"。[91]

这些论点很容易被视为对不平等的玩世不恭的合理化，但我们也有充分的理由相信这些观点得到了深入和真诚的支持和响应。与民主党人一样，辉格党人将他们的经济论点与美国例外主义的故事联系起来，而这一故事本身就充满了宗教意义。如果美国终于实现了一个期待已久的优绩统治秩序，这一秩序体现了辛勤工作会得到回报、懒惰会受到惩罚

88　Aiken, "Labor and Wages, at Home and Abroad," 22。参见 James Alexander, *The American Mechanic and Working-Man, in Two Volumes*, vol.1 (Philadelphia: William S. Martien, c. 1847), 130 - 31; Bowen, "Mill's Political Economy," 411。

89　引自 "Untitled," *Kennebec Journal*, August 25, 1843, p. 1。

90　Potter, "Trades' Unions," 24 - 25。参见 James Alexander's *The American Mechanic and Working-Man*, 在文中，他认为工会活动是"无组织和毁灭性的"，代表了美国社会秩序的"终结的开始！"他坚持认为，美国工人应该专注于个人的自我提升。他推荐的策略之一是在分散的工作间隙阅读神学书籍（如果可能，他建议将这些书籍大声朗读给同事）。James Alexander, *The American Mechanic and Working-Man*, vol. 1, 123, 122, 178 - 84。

91　Thomas R. Hazard, "Facts for the Laboring Man" (Newport, RI: James Atkinson, 1840), 30.

的神圣原则，那么就必须与任何颠覆它的企图作斗争。[92] 辉格党福音派牧师的布道中充满了对美国人民在建国初期"不服从"的警告，这些警告是由寻求美国社会全面变革的激进分子煽动的。长老会传教士莱曼·比彻（Lyman Beecher）警告说，这些煽动者所鼓动的罪恶中，有一种强烈的"对社会更高秩序的嫉妒"，这种嫉妒"像不断燃烧的滚烫的铁一样"，激发了重新分配财产的呼声。比彻担心，无神论改革者的"异教徒号角"激起的这种嫉妒会"破坏国家的信仰和道德原则"。[93]

　　同样，辉格党对自我修养和自我完善的呼吁也是一种真诚的、旨在改造和提升国家的宗教热情的一部分，国家改善的基础是每个人自己的改造和提升。许多主要的辉格党人不知疲倦地倡导社会改革，许多人投身于有组织的运动，以促进节制、遵守安息日、监狱改革、公共和宗教教育以及反奴隶制等事业。辉格党传教士呼吁个人节俭和道德，以应对经济危机。如果只有个人能够抵制不计后果的投机和借债的诱惑，驯服贪婪的激情，那么经济肯定会恢复到良性和谐和繁荣。[94] 富人在这些经济悲剧中也未能幸免：如果穷人因懒惰和挥霍而有罪，富人则因鲁莽的奢侈、放荡和失控的自私而有罪。总部位于纽约的《商业广告报》（Commercial Advertiser）总结了辉格党的主流观点，即如果不在个人层面上进行"真正的性格和行为改革"，社会关系就无法恢复和谐。该报的作者呼吁广泛学习《圣经》和自我完善，而不是通过政治激进主义来应对日益紧张的劳资关系。[95]

222　　这是辉格党个人主义的最深层面：持续地倾向于将社会和经济问题视为个人性格和意志的失败。尽管辉格党人承认，美国的经济困境有时是"单一的不幸"造成的，但他们决心抵制任何有关美国经济结构特征

92　参见，Wayland, *The Elements of Political Economy*, 122‑23。

93　Lyman Beecher, *Lectures on Political Atheism and Kindred Subjects*; *Together with Six Lectures on Intemperance*(Boston: John P. Jewett & Co., 1852), 118, 93, 94.

94　参见，Lyman Atwater, "Judgments in the House of God; Considered Particularly with Reference to the Sins and Temptations Connected with Prevailing Pecuniary Disasters"（New York: E. B. Clayton & Sons, 1842）; Orville Dewey, "On the Uses of Labor, and the Passion for a Fortune," in *Discourses on the Nature of Religion and on Commerce and Business*; *with Some Occasional Discourses*(New York: C. S. Francis & Co., 1847)。

95　"Labor and Capital," *Commercial Advertiser*, August 1, 1845, p. 2.

的说法。推动辉格党改革运动的福音派力量防止了这种倾向完全发展成一种自得自满。辉格党改革者认为，他们不仅要对自己的性格和灵魂负责，还要对周围人的性格和精神负责。[96] 因此，他们感到有必要使用他们所掌握的所有工具——广泛的大众媒体、有组织的改革社团，甚至法律本身——来帮助人们提高自己。但在他们看来，即使他们深感有责任改造放荡的穷人，但这并没有减轻穷人对自己的责任，特别是也没有赋予这个穷人正当要求公共援助的权利。公民们可以合理地期望他们的政府推动能够促进普遍繁荣的政策，但穷人作为一个群体并没有特别要求政府关注的权利。对经济困难的正确反应就是努力工作和自我提高。

最后，值得注意的是，虽然辉格党人是这一版本个人主义的主要阐释者，但他们并不是唯一的捍卫者。在 19 世纪 30 年代，温和派民主党人对他们所认为的该党日益增长的反银行激进主义感到越来越沮丧，他们开始与范布伦政府保持距离，并发出了自己的政治声音。通过他们的主要报纸《麦迪逊报》(The Madisonian)，他们用辉格党常用的语言批评了总统的经济政策。与辉格党人一样，这些更保守的民主党人赞扬银行体系促进了繁荣和向上流动，促进了个人自由。[97] 白手起家的英雄的神话，就像我们探索的其他两个基本神话一样，并没有被任何一个党派或团体所垄断。

国有资本主义

辉格党人明确表示，正如他们想象的那样，个人自由取决于不断增长的消费经济，这一经济由信贷、广泛的教育机会以及至少部分的雇佣劳

96　公理会牧师爱德华·佩森 (Edward Payson) 在 1846 年解释了这一责任："我的朋友们，无论你认为这是否公正……你以后将被召去为所有违反安息日的行为、所有亵渎、所有放纵、所有你因忽视使用上帝和国家法律所赋予你的预防手段而使自己参与的各种行为负责。"引自 Clifford S. Griffin, *Their Brothers' Keepers: Moral Stewardship in the United States, 1800 - 1865*(New Brunswick, NJ: Rutgers University Press, 1960), 7。

97　Ashworth, *"Agrarians" & "Aristocrats,"* 138。有关保守派民主党人政治思想的进一步讨论，参见 pp. 132 - 46。

动力所刺激和推动。与民主党人一样，他们将自由市场视为其经济愿景
的一个组成部分。然而，与民主党人不同的是，他们不倾向于将市场视

223 为一个**自然**的机构：相反，他们倾向于将其视为一种依赖于政府积极管理
的政治产物。那么，在辉格党的政治思想中，我们发现了一种与杰克逊
时代民主党人的反政府个人主义不同的图景：对于辉格党人来说，州政府
和联邦政府都是创造了充满活力的资本主义经济的重要伙伴，这将促进
个人的流动和自由。

　　辉格党关于个人流动性的概念首先取决于获得稳定且受监管良好的
银行体系保证的信贷的广泛机会。根据一位匿名的辉格党散文家的说法，
信贷是"把小商人和卑微的初学者培养成大商人和有钱人"的方式。[98] 当
一个没有继承权的年轻人开始他的职业生涯时，他几乎没有选择，而且
可能需要很长时间才能攒下足够的钱来创业。但"信用体系"可以帮助
他开始新的人生，科尔顿写道，当他成功时，他"是一个有成就的人，
信贷成就了他；这是对自己、家人和社会的福音"。如果没有银行家的帮
助，他"注定会留在原地"。[99] 最后一句话很有启发性：对科尔顿来说，**留
在原地**是不自由的标志。自由就是有机会出人头地，改变自己的生活状
态。为此，这位年轻人需要信贷和一个充满活力、不断扩张的经济。《奥
尔巴尼晚报》（*Albany Evening Journal*）刊登的一篇演讲称："在财富还
没有被他的勤劳创造出来时，每个年轻人除了借由他的品质可能获得的
信贷外，不可能通过任何其他方式获得成功。"[100] 它接着指出，民主党对
银行业的攻击不亚于对自由本身的攻击。

98　Anon.，"The Essays of Camillus，Addressed to the Hon. Joel Holleman"（Norfolk，VA：T.
　　G. Broughton & Son，1841），70.

99　Calvin Colton，*The Crisis of the Country*，2nd ed.（Philadelphia：T. K. and P. G. Collins，
　　1840），1，2。密西西比州辉格党演说家S. S. 普伦蒂斯（S. S. Prentiss）将信贷誉为"穷人
　　的资本"。Michael F. Holt，*Die-Rise and Fall of the American Whig Party：Jacksonian Politics
　　and the Onset of the Civil War*（New York：Oxford University Press，1999），108；Ashworth.
　　"Agrarians" & "Aristocrats，" 80 - 81. 参见Ershkowitz，"Consensus or Conflict？" 615。

100　"From the Albany Evening Journal. Address，" *Morning Courier and New-York Enquirer*，
　　October 2，1838，p. 1。参见James Brooks，"Whig Meeting at Masonic Hall，" *Morning
　　Courier and New-York Enquirer*，October 13，1838，p. 2。

此外，辉格党人特别指出，信贷是基督教和公民美德的来源。向年轻的农民或企业家发放贷款是为了表达对他们的信心，并传播财富的祝福，而不是为了毫无成效地囤积财富。信贷是成功人士向"我的兄弟，或其他亲戚，或我亲爱的朋友，或我认为值得鼓励的勤劳的贫困公民"伸出援手的一种方式。[101] 这也是一种方式，以奖励那些除了良好声誉外几乎没有其他名声的人的正直和良好品德。[102] 民主党则批评道，银行和信贷以及硬通货紧缩相当于"高尚和慷慨的信心精神的淬灭；它正在钳制健全的公共道德的扩展力量"。[103] 在赞许信贷时，辉格党人实际上是在赞扬一种经济赞助和依赖的形式，尽管这是暂时的依赖。然而，由于债务促进了向上流动，它对他们的自由观没有构成严重威胁。[104] 与当时的民主党人形成 224 鲜明对比的是，民主党人担心经济依赖，经常将自由流动的信贷描述为投机和无节制的诱惑来源，而辉格党人则经常将其视为相互信任、诚信和自由的来源。[105]

辉格党人对雇佣劳工的看法也远比民主党人积极。一个不断扩张的工业经济需要一支工业劳动力，只要工资足够高，使工人能够储蓄并取得进步，辉格党人就认为这没有什么问题。马里兰州政治家约翰·彭德尔顿·肯尼迪（John Pendleton Kennedy）解释道，"正是通过高工资，我

101 Anon., "The Essays of Camillus," 70。与此同时，布鲁克斯将信贷称为"美国人对人的信仰"，并将其与《独立宣言》的理想联系起来。Brooks, "Whig Meeting at Masonic Hall," 2。

102 "例如，A 对 B 的诚信感到满意，并成为其在银行的背书人，由此 B 获得了一个开始，最终将他置于命运之轮的顶端。"Anon., "The Essays of Camillus," 70。参见 John Davis, "Speech of Mr. Davis, of Massachusetts, on the Sub-Treasury Bill," *Albany Evening Journal — Extra,* August 25, 1840, p. 27。

103 Colton, *The Crisis of the Country,* 2.

104 Brown, *Politics and Statesmanship: Essays on the American Whig Party,* 39–40.

105 辉格党道德家确实谴责了过度投机、负债和各种经济鲁莽。事实上，这种批评是辉格党人的一个共同点；例如，Atwater, "Judgments in the House of God"; Orville Dewey, "On the Moral End of Business," in *Works of Orville Dewey, D.D.,* vol. 2（New York: C. S. Francis & Co., 1847），195–200。但辉格党对这些恶习的批评最终比民主党的评价更谨慎。辉格党人几乎总是将这些过度行为视为对美国经济体系的滥用，虽然美国经济体系本身从根本上来说是健全的。

们让劳动者成为富人收益的伙伴。高工资不仅给了劳动者'充分的劳动报酬',而且给了他精神和道德上的提升时间,通过这段时间,他将逐步提升到更高的社会地位和功能。"[106] 辉格党人认为,高工资和低门槛的信贷一样,是美国经济的标志之一,也是流动性的关键保障之一。马萨诸塞州州长约翰·戴维斯(John Davis)说,"我们国家很特殊,所有有劳动能力和勤劳性格的人"都能获得"足够的报酬,无论是工资还是其他形式的报酬",从而"获得合理财富所能带来的一切舒适"。他强调,即使是"像我们大多数人一样,身无长物、只有劳动的双手的人"也是如此。[107]

1800年杰斐逊就任总统时,只有12%的美国劳动力是雇佣工人;到1860年,这一数字已达到40%。[108] 在当时,尽管美国仍然本质上是一个农业国家,但美国的工业生产量仅次于英国。[109] 辉格党的思想反映了这一不断变化的经济现实。辉格党并不像民主党人那样,经常将雇佣劳动视为一种经济依赖,而是将其视为一个充满活力和多样化的经济的必然组成部分。对他们来说,这里关键的区别不在于独立的农民(或工匠)和依赖工资的劳动者之间,而在于个人生产力的高回报和低回报之间。在经济停滞的情况下,农民和雇佣劳动者都会发现因为收入微薄,自我提升之路被关闭。相比之下,在繁荣的经济中,任何经济依赖都是暂时的,因此不会对个人自由构成严重障碍。

这一论点是辉格党捍卫其经济方针的核心,包括提高美国工资以对抗外国竞争的高关税,以及对国内基础设施的大力投资,以帮助农民将

---

106 引自Ashworth, *Slavery, Capitalism, and Politics in the Antebellum Republic*, vol. 1: *Commerce and Compromise, 1820 - 1850*, 321。有关辉格党对雇佣劳动态度的更全面讨论,参见 pp. 315 - 23。

107 John Davis, "Gov. Davis' Inaugural Address," *Hampden Whig*, January 29, 1834, p. 1.他接着说,"穷人能够与富人平等地进入竞争领域。"参见Appleton, "Labor, Its Relations in Europe and the United States Compared," 13。

108 Stanley Lebergott, "The Pattern of Employment since 1800," in *American Economic History*, ed. Seymour Harris(New York: McGraw-Hill, 1961), 291 - 92.

109 Stewart Davenport, *Friends of the Unrighteous Mammon: Northern Christians and Market Capitalism, 1815 - 1860*(Chicago: University of Chicago Press, 2008), 3.

商品以盈利的方式推向市场。[110] 辉格党人常常认为，跨越国际边界的自由　225
贸易将迫使美国工人与欧洲的"降级附庸"或"依赖性贫困人口"展开
竞争，从而使美国工人的工资降至微薄。[111] 约翰·克莱顿（John Clayton）
在特拉华州的辉格党大会上说，问题是"我们是否应该把这个国家大量
有劳动力的、自力更生的自由人降到欧洲贫民的水平"。[112] 辉格党坚持认
为，由于欧洲的工资太低，那里的制造商比美国的竞争对手更具有不公
平的优势。《琼斯伯勒的辉格党》（*Jonesborough Whig*）的编辑写道："自
由贸易"将引发一场"毁灭性的、单方向的贩运"。他继续说道："英国
制造业泛滥，而那里充斥着数十万赤身裸体、奄奄一息的男人、女人和
孩子，他们很乐意为生计而工作。"[113] 没有关税的保护，美国工人只能沦
落到同样的水平。因此，辉格党人谴责"这种公平的自由贸易制度"，因
为这将剥夺美国工人的流动性和独立性。[114] 这是迄今为止辉格党人最普遍
的经济"保护"理由。

但辉格党人更进一步：为了回应民主党关于自由贸易是良性和自然的
论点，辉格党人指出，**国际**自由贸易实际上是英国殖民权力的产物。亨
利·克莱（Henry Clay）表示，自由贸易"实际上是英国的殖民制度"，
旨在使美国人"屈从于大不列颠的骄傲、傲慢和权力"。[115] 他指出，英国
推行了一项蓄意为之的政策，用廉价的制成品占领外国市场，将竞争对
手赶出市场，并确保美国仍然是其工业巨头的省级农业原材料供应商，

110　与民主党人一样，一些辉格党人也将美国相对较高的工资归因于西部土地的可用性，这减
　　　少了东部的劳动力竞争。Welter, *The Mind of America: 1820 - 1860*, 315 - 16。

111　Anon., "A Few Plain Facts, Addressed to the People of Pennsylvania," 6; "Address of the
　　　Home League to the People of the United States," *American Laborer 1*, no. 11（1843）: 331。
　　　参见 Horace Greeley, "Protection and Free Trade: The Question Stated and Considered"（New
　　　York: Greeley & McElrath, 1844）, 13; Anon., "The Andover Husking," 8。

112　John Clayton, "Speech at the Delaware Whig Mass Convention, Held at Wilmington, June
　　　15, 1844"（New York: Greeley & McElrath, 1844）, 10.

113　Brownlow, "A Political Register, Setting Forth the Principles of the Whig and Locofoco
　　　Parties in the United States," 65.

114　"Address of the Home League to the People of the United States," 331。参见 Anon., "Tariff
　　　Doctrine," *Whig Banner*, July 6, 1844, p. 68。

115　Clay, "Speech in Defence of the American System, against the British Colonial System," u, 15.

依赖英国的制成品进口。一位辉格党评论家写道，英国人呼吁"**自由贸易**"的明显目的是"将我们沦为殖民地附庸，在殖民地，我们甚至没有权力制造一颗鞋钉"。[116] 他们认为，这一制度的起源可以在18世纪的英国殖民政策中找到，该政策对美国制造商实施了惩罚性制裁。[117] 因此，全球自由市场远没有体现任何良性天意，而是由英国精英们发明的，以确保其经济主导地位。一位南方辉格党人问道："我们应该继续被欧洲的专制主义定义为'劈柴工'和'挑水工'吗？"[118]

其他辉格党人则认为，跨越国际边界的自由贸易是荒谬的，因为其他国家永远不会停止对美国商品征收关税。降低美国关税等于单方面裁军。到时，美国将发现自己处于"两个敌对城市的局面，一边是坚固的城墙，每一点都有防御，另一边则完全暴露在外，缺乏防御"。[119] 在这里，他们再次指责民主党人沉迷于理论抽象，在实践中则一败涂地。国会议员亚历山大·斯图尔特（Alexander Stuart）宣称："**自由贸易**是建立在一个关于人和国家应该是什么的概念之上，而不是他们真实的是什么！就像对人的完美性的幻想一样，它抓住了它的信徒的思想，并使他们在思考未来的一些暗淡的愿景时，看不到事物的现状。"[120] 由于各国可以依靠自由贸易来推进自己的利益、来对抗其经济竞争对手，"普遍的"自由贸易只是一个愚蠢而自我毁灭的概念。

但在美国国内，情况有所不同。当谈到"国内商业"时，一些辉格党人使用了与民主党人相同的自由经济的语言。科尔顿坚持认为："美国

---

116 Anon., *The Political Mirror: or Review of Jacksonism* (New York: J. P. Peaslee, 1833), 170.

117 Edward Everett, "American Manufactures," in *Orations and Speeches on Various Occasions* (Boston:Little, Brown, 1878 - 79[1831]), 83。参见 Horace Greeley, "Liberty," *New York Tribune*, 1842, p. 1。

118 Brownlow, "A Political Register, Setting Forth the Principles of the Whig and Locofoco Parties in the United States," 66。这一立场最有影响力的捍卫者是弗里德里希·李斯特（Friedrich List）和亨利·凯里（Henry Carey），他们将这一立场发展为对英国殖民权力的全面批判。

119 Anon., "Facts tor the Laboring Man: By a Laboring Man"(Newport, RI: James Atkinson, 1840), 21. 辉格党人常用军事比喻来描述国际贸易，而民主党人几乎从未这样做过。

120 *Cong. Globe*, 27th Cong, 3rd sess., Appendix 255(July 1842)。参见 Bacon, Progressive *Democracy*, 14; "Free Traders and the German Illuminati," *Albany Evening journal*, May 14, 1842, p. 2。

民主的真正信条"是"**不要管太多**"。这种情绪的另一个版本是"**让人民自由行是**"。[121] 事实上，他认为，当民主党人要求监管银行和货币时，他们违反了自己的原则。他继续说道："任何一个政府都无法在不损害公民权利的情况下进入贸易、金钱或其他任何相关的领域，这也不会为他们自己带来利益，除非是为了增强其权力，而这获得利益一直是他们的目标。"[122] 同时，阿隆佐·波特将（适用于劳动力市场的）供需法则描述为"不可侵犯和不可抵抗的自然法则之一，这无异于上帝的法则"。[123] 他认为，工会在密谋限制劳动力供应的过程中违反了自然法则，这样做损害了包括工会在内的整个美国经济。

　　然而，这种话语在辉格党中并不常见。总的来说，虽然辉格党强调美国社会阶层的和谐，但他们不太倾向于将市场本身视为这种秩序的来源。例如，他们担心市场关系是由个人私利维持的，而个人私利并不总是符合道德或正义。格里利写道："我们都知道，如果不是普遍的话，一般的规则是买便宜的、雇便宜的，在商业交易中考虑的是必要性而不是抽象的正义，我不认为制造业雇主在这方面比其他人更好。"[124] 结果往往对劳动者有害。他们发现，人们的经济利益经常发生冲突，不仅相互冲突，还与"社会的总体福利"发生冲突。《南方文学信使》（*Southern Literary Messenger*）杂志写道："到目前为止，个人利益和大众利益并不总是和 227 谐的，而是经常处于直接敌对的状态。人们可能会从一些对共同体的和平、道德或健康有害的职业中获得巨大的利益。"作者继续说道："**让我们自行其是**的格言……完全不适用于一个受法律管辖的共同体。"[125] 这意味着放弃了为公众利益立法的义务。

121　Colton，*The Crisis of the Country*，12.

122　Calvin Colton，"Junius Tracts No. I. The Test; or, Parties Tried by Their Acts"（New York：Greeley & McElrath，1844），3.

123　Potter，"Trades' Unions，" 36。凯里也使用了这样的语言，参见 Carey，*Principles of Political Economy*，i：xvi。

124　Greeley，"Protection and Free Trade：The Question Stated and Considered，"15.

125　Anon.，"The Protective Policy，" *Southern Literary Messenger* 8（1842）：277。参见 Daniel D. Barnard，"Man and the State，Social and Political. An Address before the Phi Beta Kappa Society of Yale College"（New Haven，CT：B. L. Hamlen，1846），16。

相反，许多辉格党人将阶级和谐视为一项**政治**成就。美国各阶层和谐相处的事实不仅仅是由自然造成的，也是由促进机会和流动性的开明宪法秩序以及将人们的自身利益特别是富人的自身利益与公众利益捆绑在一起的明智法律促成的。经济秩序是一种政治产物。事实上，辉格党人将国家视为社会、经济和道德进步的主要引擎。国家创造了所有这些领域能够取得进展的条件；这需要的不仅仅是保护公民的平等权利。历史学家丹尼尔·沃克·豪（Daniel Walker Howe）写道："贯穿辉格党的政治诉求，是有意识地安排秩序的概念。这是他们依赖政府规划而非市场无形力量的特点。"[126] 这种秩序不仅是明智立法的产物，也是富裕精英通过美国银行等机构行使其有节制的管理影响力的产物。

多年来，辉格党立法议程的核心是亨利·克莱（Henry Clay）的"美国制度"，该制度将对美国工业的关税保护、监管货币的国家银行以及对全国各地基础设施项目的联邦投资相结合，以促进国内商业。考虑到1832年美国繁荣的根源（并将其与19世纪20年代早期的衰退相比较），克莱观察到，"国家状况从黑暗和痛苦向光明和繁荣的转变，主要是由于美国立法的工作"，首先是关税，它使美国工业获得了发展。[127] 科尔顿认为，美国的繁荣取决于政府特别向"金钱资本"提供的"培育关怀"。他坚持认为，鼓励和保护对国内经济的投资是"政府的基本职责"，以确保资本是安全的和有生产力的。在政府的帮助下，资本将服务于实现普遍繁荣，包括提高工人阶级的工资。[128]

1837年经济恐慌和收缩（持续到19世纪40年代）之后，辉格党人直接抨击了民主党的观点，即世界"被管得太多"。他们认为，联邦政府在促进经济复苏方面可以发挥积极作用：它必须更有效地调控货币；促进信贷；鼓励工业；投资公路、桥梁、运河和铁路。[129] 国会议员理查德·弗莱彻（Richard Fletcher）问道："这是一个什么样的政府，它蔑视人民，要

---

126 Howe，*The Political Culture of the American Whigs*，34.

127 Clay，"Speech in Defence of the American System，against the British Colonial System，" 4.

128 Colton，"Junius Tracts No. VTI. Labor and Capital，" 8，14.

129 Holt，*The Rise and Fall of the American Whig Party*，69.

求他们保持沉默，不要轻率地向政府请愿？"[130] 在经济困难时期，自由资本主义的思想相当于对人民的无情抛弃，并未能对经济施加有益的直接影响。美国人应该选出"能够监督他们的利益、满足他们的需求、规范他们的商业、保护他们的劳动、实现共同防御和普遍福利伟大目标的人，而宪法最初就是为此而制定的"。[131] 在辉格党看来，美国人需要"政府的仁慈和保护性影响，只有这样，他们才能崛起，并提高他们同时代的人"。[132]

辉格党政治经济学家威拉德·菲利普斯（Willard Phillips）对这一观点进行了最为精辟的表述。对他来说，**"让我们自行其是"** 的经济理论暗示一个自然的自由贸易体系可以在没有立法干预的情况下蓬勃发展、造福于所有人，这纯属无稽之谈。他认为，政府一直不可避免地参与促进"有用的产业"。从定义和保障产权到修建道路和运河、禁止童工、管理渔业、赚钱、建造灯塔、维护公立学校等，所有这些都直接影响到国家的经济生产力。政府不可能放任经济自由运行，因为经济本身就是政治产物。如果你不这样想，那就会将经济想象成"一种有机体，在你永远不会修补或调节它的情况下，每一个部分都被它的本性所适应和推动，以尽可能好的方式履行它的职能"。但这是一种乌托邦式的幻想，就像"圣西门的追随者、傅立叶主义者或亚马逊人"曾有的一样荒谬幻想。如果经济能够作为一个团结社会不同阶层的和谐系统发挥作用，那这将是由于审慎的立法设计造就了它。[133]

最后，辉格党对教育的辩护也反映了辉格党思想中个人流动性与公共投资之间的关系。如果辉格党人通常将公共教育视为对暴民政治不理

130 Richard Fletcher, "Speech of Richard Fletcher to His Constituents: Delivered in Faneuil Hall, Monday, Nov., 6, 1837"（Boston: J. H. Eastburn, 1837）, 7.

131 Robert Charles Winthrop, "Speech of Hon. R. C. Winthrop," in The *True Whig Sentiment of Massachusetts*（[Boston, 1846]）, 20.

132 Bacon, *Progressive Democracy*, 12; "Capital and Labor"; Elliott R. Barkan, "The Emergence of a Whig Persuasion: Conservatism, Democratism, and the New York State Whigs," *New York History* 52, no. 4（1971）: 367–93.

133 Willard Phillips, *Propositions Concerning Protection and Free Trade*（Boston: C. C. Little and J. Brown, 1830）, 11, 10, 38, 20.

性的纠正，他们也将其视为社会和经济流动性的保证。[134] 在回顾美国和英国的差异时，辉格党人经常将美国教育视为决定性的影响因素。阿普尔顿写道："教育的普及使我们的工匠在智力水平上比任何国家的工匠都要高。他们具有使他们能够上升到任何社会地位的性格因素。"[135] 从这个意义上说，辉格党人将流动性理解为政府有意识干预个人事务的**产物**。通过为所有人提供公平的公共教育，政府可以防止阶级界限的强化。苏厄德说："普及教育是伟大的土地经纪人，是平整工具，我们必须用它来防止从财富和权力中生长出贵族制度，并将社会划分为不平等的阶级。"[136]

辉格党的千年王国

与民主党人一样，辉格党人也旗帜鲜明地反对马尔萨斯式的悲观主义。[137] 腐败堕落的旧世界很可能被无法解决的经济问题所困扰，但在美国，历史的发展弧线不断向上延伸。对许多辉格党人来说，这种信心深深地受到了宗教信仰的影响：尽管他们相信进步将源于"有意识地安排"的经济秩序，但他们也相信这将受到上帝的指引。他们看到了上帝在良性的宗教和政治约束中的作用，这些约束塑造了美国社会，使其免于无政府状态和冲突，并引导其走向一个幸福的最终状态。事实上，要理解辉格党人有关白手起家的英雄的神话，必须理解福音派的信念，即个人和人类社会都有能力做到近乎无限的完美，而美国是这种转变和提升的历史性场域。

这种乐观信念的基础在于神学态度的转变。第二次大觉醒标志着半个

---

134 然而，支持公共教育并不是一个严格的党派问题。许多民主党人也支持公共教育作为扩大机会和民主获取知识的途径。

135 Appleton，"Labor, Its Relations in Europe and the United States Compared," 8.

136 William Seward, "Speech at a Whig Mass Meeting," in *The Works of William H. Seward*, ed. George Baker（New York: Redfield, 1833/1844），263.

137 亨利·凯里在有关大卫·李嘉图和托马斯·马尔萨斯的著作中写道："如果英国学校教授的教义是正确的，那么造物主犯了一个严重的错误。"引自 Howe, *The Political Culture of the American Whigs*, 114。

世纪以来对加尔文主义宿命论的不断升级的攻击达到了顶点，这一观念告诉人们，个人无法控制自己的救赎。取而代之的是，许多不同教派的福音观点已经开始传播阿明尼乌派教义，即基督的死不仅仅是为了救赎选民，而是为了所有罪人，因此每个人都能得到救赎。伴随着这种新发现的力量，巨大的个人责任在福音布道中一再被戏剧化。极具影响力的长老会福音派牧师查尔斯·格兰迪森·芬尼（Charles Grandison Finney）解释说，罪本身是一种自愿的状态，是一种背离上帝的选择。对罪的放弃需要内心的改变或更新，这"包括改变思想对追求**终点**的控制偏好"，从自我满足到荣耀上帝。他教导说，这种变化完全取决于个人的能力。那些拒绝放弃罪的人是出于他们自己的"固执"，而不是出于任何无情或注定的倾向。[138]

对芬尼和许多其他福音派来说，这一自愿主义学说表明人类是完美 230
的：通过个人努力，他们可以在**这个世界**上净化自己的罪恶，过上严格的圣洁生活。正统的加尔文主义教导人们，人类的本性被罪恶所玷污，人们充其量只能希望通过严格的自律来减轻其影响。但对芬尼来说，这种悲观只是放弃道德和精神努力的一个借口。[139] 在全国各地的布道中，他和其他福音派传教士提出了基督的精神重生是个人提升和全面更新的机会。这种更新表明了雄心勃勃的社会转型的现实可能性。历史学家威廉·麦克洛林（William McLoughlin）写道："从哲学的角度来说，这意味着，如果人类能够通过意志达到立即的转变，那么，通过上帝的奇迹般的恩典，一切都是可能的：人类的天性在一眨眼间就可以彻底改变，因此，社会的本性也是如此。"[140]

受到这种乐观信念的触动，许多精力充沛的辉格党人将进步写进了人

---

138 Charles Finney, *Sermons on Various Subjects*（New York：S. W. Benedict & Co., 1834），7，19。参见 William G. McLoughlin, *Revivals, Awakenings, and Reform: An Essay on Religion and Social Change in America, 1607 - 1977*（Chicago：University of Chicago Press, 1978），119；William Warren Sweet, *Religion in the Development of American Culture, 1765 - 1840*（New York：Scribner, 1952），190 - 233。

139 Charles Grandison Finney, "Means to Be Used with Sinners," in *Lectures on Revivals of Religion*, ed. William G. McLoughlin（Cambridge, MA：Harvard University Press, 1960 [1835]），146.

140 McLoughlin, Revivals, *Awakenings, and Reform*, 114.

的本质。他们不断地引用人类"改善自己的状况"的冲动，这种冲动是自然和普遍感受到的，同时具有道德和物质的含义。例如，辉格党众议员丹尼尔·巴纳德（Daniel Barnard）坚持认为，人类显然是为不断改进和完善而**设计**的。人类历史本身就是这一伟大真理的不断证明："人类生活中智慧、美德和幸福的总和……在地球上所有伟大的时代中都在显著增加。"[141] 巴纳德热切地期望，美国将成为他那个时代"道德革新、改革和进步"的前沿。[142] 美国的伟大成就将会使人类的思想和性格变得完美，这种完美性在以前的时代只属于"少数几个光鲜亮丽的名字"，比如维吉尔（Virgil）和西塞罗（Cicero），而现在却向所有人开放。他认为，这将是人类文明的最高阶段，届时整个"种族"将"被提升，变得合理、道德和幸福"。[143]

令人惊讶的是，在加尔文主义人性悲观论的继承者中，以及在一群不断担心民主制度中选民的腐败和不理性的美国人中，也都发现了这种对人类进步和完美的肯定。为了理解这种特殊的组合，我们需要记住的是，辉格党人乐观主义的思想来源与启蒙理性主义的知识来源一样，来自新

231 教千禧年主义。美国人长期以来一直对千年的和平与正义抱有信念，即《启示录》中预言的与基督的第二次降临相关的所谓千禧年。[144] 在19世纪的美国，这种信仰最为广泛的版本是**后千禧年的**：它认为基督的回归将标志着千禧年的**结束**，而这一结束本身就是他通过人类进步实现的。[145] 许多

---

141 Daniel D. Barnard, "An Address Delivered at Amherst, before the Literary Societies of Amherst College, August 27, 1839" (Albany, NY: Hoffman & White, 1839), 6.参见Anon., "The Progress of Society," *North American Review* 63, no. 133 (1846): 356。

142 Barnard, "Man and the State, Social and Political," 45.

143 Barnard, "An Address Delivered at Amherst, before the Literary Societies of Amherst College," 8 - 9.

144 This thousand-year peace is prophesied in Revelation 20: 1 - 6.

145 James H. Moorhead, "Between Progress and Apocalypse: A Reassessment of Millennialism in American Religious Thought, 1800 - 1880," *Journal of American History* 71, no. 3 (1984): 525。关于17世纪以后后千禧一代的发展及其与历史进步理念的关系的精彩讨论，参见Ernest Lee Tuveson, *Redeemer Nation: The Idea of America's Millennial Role* (Chicago: University of Chicago Press, 1968), 1 - 51。另一种前千禧年主义的观点认为："基督的可见回归将发生在千禧年之前，耶稣将在圣徒的千年统治期间亲自出现。"前千禧年（转下页）

美国人认为即将到来的千年，将是一个人类救赎、在这个世界上从罪恶变成圣洁的故事。对大多数虔诚的观察者来说，这一即将到来的救赎最重要的预兆不是富裕或技术进步，而是这一时期席卷全国的空前宗教复兴，他们在这一时期看到了"圣灵的绚丽持续的迸发"。[146]

对于美国的后千禧年主义信徒来说，进步的上升道路是危险和不确定，但是他们那些更加世俗化、更具启蒙精神的同伴却并不这样想，他们所设想的是科学和理性将稳步战胜偏见和非理性。[147]美国福音派倾向于相信人性是罪恶的，直到它被宗教皈依带来的变革效应及其带来的"再生"所净化。[148]即便如此，在再生过程完成之前，人们可能还会回到罪恶的道路上。尽管福音派对历史即将结束表示了必胜的乐观，但他们也担心美国人可能会偏离上帝在他们面前设定的道路。例如，福音派传教士经常警告说，猖獗的物质主义和对奢侈的热爱，以及随着爱尔兰和德国移民的涌入，罗马天主教在美国的影响力越来越大，这些都正在颠覆国家的道德进步。[149]他们警告说，除非美国人竭尽全力抵制这些和其他腐朽

（接上页）主义者（也称为千禧年主义）倾向于对人类进步的可能性更加悲观；他们相信，世界必须通过基督的超自然干预才能从混乱中拯救出来。Curtis D. Johnson, *Redeeming America: Evangelicals and the Road to Civil War*, American Way Series（Chicago: Ivan R. Dee, 1993）, 156。

146 Beecher, *Lectures on Political Atheism and Kindred Subjects*, 343.

147 Howe, *The Political Culture of the American Whigs*, 152 - 55. 有关这两个19世纪进步概念之间的差异的详细讨论，参见Tuveson, *Redeemer Nation*, 51 - 90。有关美国后千禧一代信仰盛行的讨论，参见同上，53 - 55; Richard J. Carwardine, *Evangelicals and Politics in Antebellum America*（New Haven: Yale University Press, 1993）, 3, 19 - 22。

148 要了解宗教皈依前后人性的鲜明对比，参见，Heman Bangs, *The Autobiography and journal of Rev. Heman Bangs; with an Introduction by Rev. Bishop Janes* ...（New York: N. Tibbals & Son, 1872）, 149 - 56; John Littlejohn, "Conscience," in *Selected Sermons by Reverend John Littlejohn*, ed. John. P. Glover（unpublished manuscript. United Methodist Heritage Center, Kentucky Wesleyan College）, as well as "In Spirit and in Truth."。

149 参见，Gardiner Spring, "The Danger and Hope of the American People: A Discourse on the Day of the Annual Thanksgiving, in the State of New-York"（New York: John F. Trow, 1843）, 25。有关19世纪40年代和50年代美国福音派中反天主教的讨论，参见Carwardine, *Evangelicals and Politics in Antebellum America*, 129, 199 - 234。

堕落的来源，否则千年可能会被"无限推迟"，上帝的愤怒终将释放。[150]
他们的布道通常分为两种，一种是对即将到来的千年的热情洋溢的宣示，
另一种则是用《启示录》中描绘末世大灾变的混乱图像来严厉警告日益
严重的不道德行为。[151]

今天的世俗读者很难理解这种千年希望、恐惧和信仰的深度和强度。
非常值得尊敬的《北美评论》(*North American Review*)写道:"远在上
古时代……有人预言，一个黄金时代即将到来，那时上帝的爱将成为普
遍的原则，人们将不再学习战争，荒芜之地将焕发生机，荒野会繁花似
锦。"当作者在1846年秋天写下这些话时，他相信他正在目睹这个新时代
的"微弱的黎明"，这将是人类历史的最后阶段:"这最后一个进步阶段，
人类的最后一个时代，仍然存在。"他预言:"在这个时代，除道德善良
之外，任何形式的伟大都不会被承认。"[152] 为了达到这一最后阶段，美国
人仍然必须作出巨大的牺牲;主要是，他们必须比历史上任何时期的人都
更加严格地净化自己的性格。[153] 但这种广泛的净化现在看起来似乎在人类
社会历史上第一次变得触手可及了。

颇有影响力的长老会复兴派(和忠诚的辉格党人)莱曼·比彻
(Lyman Beecher)讲述了一场彻底而永久的"世界革新"，这将"夷平高
山，隆起山谷"，"将自由和平等散播到人类居住的所有地方"。国王和贵
族的"土地垄断"，几千年来束缚着人类的力量，现在将被彻底摧毁。民
主将在全世界传播，提升人类的道德和智力。最后，良知将从几个世纪
的压迫中被解放出来，世界各地的人们都可以"阅读圣经，自己理解"
它所教导的内容。在这场人类救赎的伟大戏剧中，美国当然将扮演主角。
最近宗教复兴的进展使比彻确信，美国将成为"上帝怜悯世界的化身"，

---

150 Thomas Skinner, "Religion and Liberty. A Discourse Delivered Dec. 17, 1840 ..." (New York: Wiley and Putnam, 1841), iii.

151 Moorhead, "Between Progress and Apocalypse," 535. 摩尔海德将后千年主义描述为"进步的、进化的历史观和启示录的启示观之间的妥协"(第541页)。

152 Anon., "The Progress of Society" *North American Review* 63, no. 133 (1846), 352, 351.

153 Welter, *The Mind of America: 1820 - 1860*, 20.

激励其他民族的伟大榜样。[154] 尽管他肯定了自己对铺天盖地的言论的信心，但他还是警示性地描述了激进主义和"政治无神论"在全国范围内的广泛传播，这将引发"最可怕的愤怒邪恶的突然爆发"，他恳求受众加倍努力，抵制罪恶和社会混乱的诱惑。[155]

对大多数美国新教徒来说，人类进步和救赎的故事与美国的政治和经济命运密不可分。在拥有政治自由和宗教信仰的独特融合的美国，上帝为人类在这个世界上的救赎开辟了一条道路，这条道路使人类摆脱了旧世界的堕落和不道德，走向了一个更高的文明状态，那里不仅是和平与正义的，也是繁荣、科学和技术先进的、充分自由的。[156] 历史学家佩里·米勒（Perry Miller）写道，19世纪出现了"一种浪漫的爱国主义"，精神和政治理想深深交织在其中。[157] 卢西安·贝里牧师（Lucien Berry）欢呼道，"凭借她的自由政府、绵延的海岸线、广阔的商业联系、不屈不挠的盎格鲁－撒克逊精神"，美国注定要达到"尘世社会完美的最高点"。 233 然后，它将被选择成为"道德和智力力量的源泉"，成为"世界上伟大的领导者和社会进步的引领者"。[158]

第二次大觉醒的福音激情在杰克逊时代席卷了美国社会，有时被想象为对现代化和世俗理性的一种反应。事实上，它的后千禧年主义热情常常使它自觉地具有进步主义精神。对于不同政治派别的美国人来说，正是这种宗教复兴的坚强乐观，加上他们在19世纪前几十年目睹的巨大物质和技术进步，使他们能够果断地拒绝旧的、共和主义的政治历史观点，

---

154 Beecher, *Lectures on Political Atheism and Kindred Subjects*, 316－17, 319, 325。这些讲话最初发表于1829年，随后于1835年和1852年进行了修订；参见Howe, *The Political Culture of the American Whigs*, 156。

155 Beecher, *Lectures on Political Atheism and Kindred Subjects*, 99。参见 "The Necessity of Revivals of Religion to the Perpetuity of Our Civil and Religious Institutions," *Spirit of the Pilgrims* 4, no. 9（1831）: 473。

156 Moorhead, "Between Progress and Apocalypse," 533－34.

157 Perry Miller, *The Life of the Mind in America: From the Revolution to the Civil War, Books One through Three*（San Diego: Harvest/HJB, 1965）, 57.

158 Lucien Berry, "An Address Delivered by the Rev. L. W. Berry, D.D., Upon His Installation as President of the Indiana Asbury University, July 16, 1850"（Indianapolis: John D. Defrees, 1850）, 29。贝里是一名卫理公会教徒，也是一名忠诚的辉格党人。

即认为历史是一个反复出现的兴衰循环。豪写道："借助上帝的召唤，福音派摆脱了（这种悲观的）传统的束缚，为美国的无限进步开辟了道路。"[159] 有影响力的长老会牧师加丁纳·斯普林（Gardiner Spring）表示，美国不会追随"远去的共和主义者的脚步"。相反，它将无限期地作为"正义的居所和神圣的山峰"。[160]

尽管两党的福音派都支持这种进步的乌托邦式的美国未来愿景，但辉格党的版本尤其与众不同，因为它将直白的乌托邦主义与政治保守主义结合在了一起。比彻和斯普林等辉格派福音派人士认为，事实上，迈向千禧年的进步必须与激进派和"无组织主义者"对抗，他们的危险狂想是沿着投机、"无神论"或"农业"路线重塑社会的。例如，斯普林对政治上的"不服从"发出了严厉的警告，这种不服从已经成为"美国性格的特征之一"。他认为，在所有的混乱影响中，"对人的权利的呼声是对所有宪法和契约最为重要的混乱影响"。他认为，这些影响是即将到来的历史终结、"耶路撒冷荣耀再现"的主要障碍之一。[161] 尽管在世界其他地区，千禧年的到来将需要暴力和戏剧性的"颠覆"，但在美国则不会。在美国，制度结构基本上是公正和和谐的，剩下的人类改善工作不会涉及政治动荡。主要的道德劝导和个人自我改善的工作由有组织的改革社团和复兴运动以及各地虔诚和受过教育的个人进行，并由政府的良性和进步性影响力推动。[162] 因此，在政治上，神职人员的职能是激励"服从法律、尊重裁判官和维护公民政府"，反对"自封改革者的无政府主义原则"。[163]

---

159 Howe，*The Political Culture of the American Whigs*，152。参见 Miller，*The Life of the Mind in America*，12‑13，69‑70。

160 Spring，"The Danger and Hope of the American People，"45，46.

161 同上，17，18，44。

162 Beecher，*Lectures on Political Atheism and Kindred Subjects*，328，127‑131，有关这种自相矛盾的福音保守主义的精彩讨论，参见 Miller，*The Life of the Mind in America*，69‑71。有关保守派赞许进步的更多信息，参见 Welter，*The Mind of America: 1820‑1860*，7‑18。

163 Robert Baird，*Religion in America*；or，*An Account of the Origin，Relation to the State，and Present Condition of the Evangelical Churches in the United States*（New York：Harper & Bros.，1856），386。参见 William Williams，"The Conservative Principle in Our Literature"（Philadelphia：American Baptist Publication Society，1897［1844]）。

正如第 8 章所探讨的，这一保守的千禧年主义所面临的最具冲击性的挑战来自北方福音派的内部。反奴隶制的鼓动者越来越多地将奴隶制视为国家的一个深深的道德污点。到 19 世纪中叶，许多北方福音派教徒开始相信，在美国废除奴隶制之前，千年的降临都不会开始。历史学家柯蒂斯·约翰逊（Curtis Johnson）写道："从北方的观点来看，反基督者现在以奴隶权力阴谋的形式出现了。"[164] 对他们来说，很明显，要让美国走到最后一天就必须进行彻底的政治变革。另外，许多南方后千禧年主义者认为奴隶制将继续作为即将带来的乌托邦的一部分。他们想象自己的奴隶都皈依了基督教，快乐地、自愿地从事日常工作。[165]

辉格党的进步或"改善"的理想总是在两个平行的领域中运作：国家和个人。美国社会的进步将反映在相应的个人的进步上。但这一互惠过程的道德核心是个人性格的革新。文明的所有外在特征——经济、科学、技术和艺术进步——最终都是改善和救赎个人的手段。

凯里写道，随着人类社会的进步，人类逐渐从奴役状态过渡到完全自由状态，对自己的行为和思想、对时间的使用和劳动的收益行使完全和不受控制的权力，同时不干涉邻居行使类似的权利。[166]

辉格党人期望这种自由在美国达到顶峰，正如我们所看到的，他们认为这种自由的制度前提基本上已经到位。良知的自由为宗教复兴的火焰注入了氧气，使每个人都能找到自己通往上帝的道路，并自愿拥抱上帝。公共学校、图书馆和大众媒体传播知识和教育，每个人都能够培养自己的思想和性格。美国独特的优缺经济使它能够在社会中规划自己的道路。个人只需要抓住这些划时代的机会，就能掌握自己的命运，并获得充分的自由。这是钱宁 1838 年发表的著名演讲《自我教养》（Self-Culture）中的教导。他写道，"在这个国家，大多数人以拥有自我教养的改善手段而闻名"，这是世界上其他地方所没有的。他们只需要"唤醒"自我修养的活动即可。[167]

164　Johnson, *Redeeming America*, 162.

165　同上，160。

166　Carey, *Principles of Political Economy*, 3：99 – 100.

167　William Ellery Channing, "Self-Culture"（Boston：James Munroe & Co., 1843［1838］），20 – 21.

这项活动究竟应该是什么样子，是一个长期存在争议的问题。在这一章中，我们一直在强调辉格党的政治修辞中经济层面的显著位置：追求财富和职业成功，以及实现这一目标的美德。这些美德不仅包括勤奋和节俭，还包括体现在维多利亚时代礼貌和尊重文化中的全面自律理想。[168] 辉格党人认为，这种性格是现代自由的必要前提。在一个日益远离传统角色和规范的广泛开放的社会中，诱惑和机会肯定会成倍增加。为了避免浪费精力，让自己陷入堕落和懒惰之中，个人需要比以往任何时候都更加自律、更加自控。事实上，19世纪30年代和19世纪40年代出现了大量礼仪手册，几乎涉及社会和私人生活的所有方面，从洗澡和梳洗到"家庭和正式用餐的着装和举止"，以及"购物、商务和社会交往的适当行为"。[169] 通常来说，这些手册也教导了自我控制的重要性：控制情绪和欲望，建立一个精心设计、彬彬有礼的形象。与此同时，他们敦促美国人用中产阶级体面的外表来包装自己，从而激发对消费品的新欲望。[170]

当然，对于更虔诚的辉格党人来说，白手起家的英雄的神话也有着强烈的精神维度。正如许多历史学家所指出的那样，福音派对个人觉醒和转变的呼吁与有抱负的资本家的进取自决精神有着复杂的关系。一方面，正如历史学家约翰·维格（John Wigger）所说，阿明尼乌派"为普通美国人提供了掌控自己精神命运的机会，就像许多人努力掌控自己的社会和经济命运一样"。[171] 就像被辉格党政客所神话的优绩经济一样，它也为他们提供了成为白手起家的英雄、自己命运的建筑师的机会。另一方面，福音派也经常教导人们，把满足欲望提升到"追求的最高目的"的人，

---

168 Howe, *Making the American Self*, 113 - 14.

169 John F. Kasson, *Rudeness and Civility: Manners in Nineteenth-Century Urban America*（New York: Hill and Wang, 1990）, 43. 参见 Karen Halttunen, *Confidence Men and Painted Women: A Study of Middle-Class Culture in America, 1830 - 1870*（New Haven: Yale University Press, 1981）, 92; Welter, *The Mind of America: 1820 - 1860*, 143 - 50, 159 - 62。

170 Kasson, *Rudeness and Civility*, 43; Bushman, *The Refinement of America*.

171 维格特别描述了卫理公会的魅力。John H. Wigger, *Taking Heaven by Storm: Methodism and the Rise of Popular Christianity in America*（Urbana: University of Illinois Press, 1998）, 17. 参见 Johnson, *Redeeming America*, 58。

无异于"在向上帝表示敌意"。[172] 福音派经常批评美国人专注于奢侈和物　236
质上的舒适，而不是精神上的重生。尽管辉格党人不断宣称道德和物质
的进步是齐头并进的，尽管他们坚持开明的利己主义会导致人们将世俗
的利益置于精神的奖赏之下，但这种未解决的紧张关系仍然挑战着他们
白手起家的理想。

像我们所探讨的其他两个神话一样，白手起家的英雄的神话在超过
200 年的时间里塑造了美国政治想象。一代又一代人用它塑造了一个国家
的形象，即一个机会之地，在那里，个人可以通过自己的努力和美德取得
进步，成为自己想要成为的任何人。正如我们所看到的，这个神话的前
提是一个独特的理念，即个人自由，自由是自我创造和自我完善的无限
机会。

阿历克西·德·托克维尔（Alexis de Tocqueville）在 19 世纪 30 年
代对美国社会进行了调查，他将这种自由观念与经济和地理流动联系起
来，这种流动不断地破坏了将两代人和社会阶层联系在一起的纽带。他
写道，在美国流动的社会中，"新的家庭不断从无中诞生，而其他家庭则
衰落，那些留下来的家庭则改变了他们的面貌"。尽管欧洲人从代代相传
的家庭传统和职业中了解到他们是谁，但在美国却不存在这样的延续。
他写道："时间的编织永远在被撕裂，世代的痕迹不断消失。"人们很容
易忘记那些在他们之前的人，也不知道谁会在他们之后。[173] 美国人与他们
的过去隔绝，对他们家庭的未来充满不确定性，他们也缺乏稳定的阶级
身份，而这种身份为他们的欧洲同伴提供了团结和归属感。[174] 他写道，在
美国，白人男性并非生来就具有某种社会身份；他们必须自己创造社会
身份。

托克维尔指出了这种社会和代际断裂的几个影响。一方面，它开辟了
广阔的可能性领域，释放了巨大的能量。美国人倾向于相信，他们可以
成为自己想要成为的任何人。他们不受继承身份的束缚，也不受物质丰

---

172 Finney, *Sermons on Various Subjects*, 9, 11.

173 Alexis de Tocqueville, *Democracy in America*, trans. Arthur Goldhammer, vol. 2（New York：Library of America, 2004［1840］), 586.

174 托克维尔将欧洲的社会阶层称为一种"家园中的家园，比整个国家更显眼、更珍贵"。同上。

富的祝福，他们对任何的和所有的限制都感到愤怒，并不断努力取得进步。他认为，他们是根深蒂固的乐观主义者，无论是对自己的个人潜力，还是对人类改善和进步的潜力：美国人相信人类几乎是无限的"完美"，这种信念支持了一种不安分的能量。他写道，美国人"总是在寻找，跌倒，重新振作起来，经常失望，从未气馁"，总是"不知疲倦地"朝着自己的目标前进。[175]

然而，这种广泛的可能性也引发了一种明显的焦虑：美国人一直担心自己错过了或做出了错误的选择。他写道，这种担忧"让他充满了焦虑、恐惧和遗憾，并使他的灵魂始终处于一种不安的状态，因此他一次又一次地改变计划和地点"。因此，美国人一直在搬家，在一个又一个地方安顿下来，尝试一项又一项工作。他写道："在美国，一个人在年老时小心翼翼地建造了一所房子，然后在屋顶铺好之前就卖掉它。他种植了一个花园，并在即将品尝它的果实时将其出租。"托克维尔认为，这种不安给很多美国人的生活蒙上了阴影：尽管他们生活在"世界上最幸福的环境中"，但似乎很少有人对他们的命运感到满意。和许多欧洲观察者一样，托克维尔被美国人的努力工作、总是追求新目标以及他们留给休闲和沉思的时间之少所震惊。他还注意到，美国人将大部分不安分的精力用于追求财富：在一个没有任何其他公认的成功和卓越标志的平等主义社会中，物质财富已经成了磁石。[176]

正如我们所看到的，这种对世俗成功的迷恋在辉格党的政治辞藻中显而易见。当他们为银行、工厂生产、企业合并和基础设施的公共投资辩护时，辉格党政治家及其在战后共和党的继承人将这些视为经济流动和个人自由的基础。他们赞扬作为人类进步和文明基础的对世俗成功的不懈追求。令人惊讶的是，正是这些辉格党人首先在美国政治话语中采用并普及了"保守"一词。[177] 事实上，辉格党的政治思想揭示了美国政治保守主义的矛盾特征，其主导情绪很少是怀旧主义或传统主义的。正如历

---

175 同上，515。

176 同上，626，625。

177 Smith, "The Emergence of Conservatism as a Political Concept in the United States before the Civil War."

史学家经常指出的那样，美国保守派通常努力"维护"自己对美国进步的不同于改革者的独特看法。在他们看来，改革者会将进步粉碎。更准确地说，被认定为保守派的美国人一直将自己的意识形态命运与企业资本主义联系在一起，企业资本主义是一股力量，它比任何其他力量都更 **238** 能摧毁和取代美国传统的生活方式。[178] 在其影响下，美国的传统主义气质总是与成功和自我创造的梦想相连，在其本质上，又受历史悠久的惯例的制约。我们将在下一章回到这些主题。

最后，如果不承认该神话更为激进的影响，杰克逊时代美国的自我成就观念的探讨就无法完成。如果辉格党将白手起家的英雄的神话用于广泛的保守的目的，那么其他人则赋予了它更具颠覆性的含义。例如，超验主义者和废奴主义者将其重新定位为对公民抗命的呼吁。他们认为，最真实的白手起家的英雄是那些即使面对排斥和暴力，也会听从自己的良知并采取行动反对不公正的人。与此同时，之前做过奴隶的人在他们日益流行的回忆录和自传中重新利用并颠覆了这个神话。例如，弗雷德里克·道格拉斯（Frederick Douglass）在1845年的自叙中详细描述了他自己在抵抗奴隶制度的非人化影响方面的聪明才智和不懈的决心。对他和其他逃亡者来说，正是从奴隶制向自由生活的逃亡，以及比从贫困获得财富所需要的更大的勇气和机智，决定了白手起家的英雄的命运轨迹。道格拉斯的自叙仍然是美国文学中对自我成就最有力的致敬。

与此同时，女权主义者利用这个神话来谴责父权制，并坚持女性也有权主导自己的生活。玛格丽特·富勒（Margaret Fuller）在她1845年开创性的论文《19世纪的女人》（*Woman in the Nineteenth Century*）中详细阐述了女性被剥夺自我成就的特权的诸多方式。从她们的母亲和父亲，从她们的同龄人和老师，从那个时代的教学文献中，她们吸取了令人窒

---

178 See Richard Hofstadter, *Social Darwinism in American Thought*, rev. ed.（New York: George Braziller, 1959［1944］）, 9; Hartz, *The Liberal Tradition in America*, 89–113; Bernard Crick, "The Strange Quest for an American Conservatism," *Review of Politics* 17, no. 3（1955）: 359–76; Clinton Rossiter, *Conservatism in America: The Thankless Persuasion*, 2nd ed.（New York: Knopf, 1962）, 67–84.

息的肤浅的女性气质理想。她们学会了按照男性欲望的框架来塑造自己：漂亮、顺从、有教养、讨人喜欢。她们了解到，"对于一个女人来说，没有什么比思想或性格的独创性更可怕的了"。[179] 富勒写道：美国女人从小就意识到，美国的无限机会不属于她，而是属于她抚养、培养和服务的男人。因此，她学会了"在自己隐秘的内心中扼杀这种（对幸福、对独创性的）渴望，并尽可能让自己适应一种顺从和给人慰藉的生活"。与此同时，那些靠偶然的奇迹或纯粹的意志力拒绝了这种约束的极少数女性，因为听从了自己的野心，而发现自己被轻视和疏远了。这个社会没有她们的位置。[180]

239　　就在富勒谴责美国的自我成就神话的性别排斥的同时，她和许多在她之后的美国女权主义者一样，重新审视这一神话并指出了它与女性的相关性。富勒写道："整个世界比以往任何时候都更愿意让女性去学习、去展现自己的天性，而在美国更是如此，因为这是一片比其他任何地方都少受约束和拥有更自由的空气的土地。"[181] 她坚持认为，女性也有权主导自己的生活，并利用美国广阔的机会。富勒开创性地运用了20世纪的女权主义观点，并认为，女性不仅仅希望获得有关成功和自我成就的**男性**梦想，因为这些梦想也是由性别假设构成的。相对于女性的"领域"，男性的自由观念本身就局限于某些生活领域、某些美德、某些感觉和表达方式。在逃离女性化的过程中，男性对人类可能性的感知也减弱了。富勒坚持认为，所有人都具有"男性"和"女性"的潜力，而反思性自我创造的最高形式将是不同组合的发展和交织。[182] 她认为，对于男性和女性，这种努力不仅是个人的，而且是政治的，因为他们必须面对并推翻父权制传统及其所赋予的身份形式的巨大影响力。

---

179 Margaret Fuller, *Woman in the Nineteenth Century, and Kindred Papers Relating to the Sphere, Condition and Duties, of Women* (Boston: John P. Jewett & Co., 1855 [1845]), 40 - 41。参见 David M. Robinson, "Margaret Fuller and the Transcendental Ethos: *Woman in the Nineteenth Century*", *PMLA* 97, no. 1 (1982): 83 - 98.

180 Fuller, *Woman in the Nineteenth Century*, 159, 103 - 5.

181 同上，107 - 8。

182 同上，168 - 72。

　　事实上，这种自我成就的**批判性**思想，不仅在不断传承的规范框架内寻求成功，而且也在与之抗争的反思中寻求成功，它在杰克逊时代的美国有着深厚的根基。1841 年，富勒的导师兼朋友拉尔夫·沃尔多·爱默生（Ralph Waldo Emerson）发表了他的著名文章《自力更生》（"Self-Reliance"），这篇文章仍然是美国个人主义的标志性经典之一。[183] 四年后，亨利·戴维·梭罗孤独地离开了瓦尔登湖，开始重建自己的生活。尽管这两件事都没有在当时流行的政治辞藻上留下太多印记，但事实证明，它们在美国个人主义思想的长期发展中具有巨大的影响力。与富勒和沃尔特·惠特曼一起，他们激发了一代又一代的反文化的异见者，他们反抗美国成功叙事中的传统主义、物质主义和潜在的正义，转而用更真实的自我创造形式来取代它。在禁欲和感官、世俗和精神的各种迭代中，这些反抗都借鉴了浪漫主义的思想，即个人是独一无二的，只有在不顾社会从众的压力下培养和表达这种独特性，才能收获满足感。[184]

---

183 有关爱默生自力更生思想的性质和政治内容的更多持续思考，参见 George Kateb, *Emerson and Self-Reliance*（Lanham, MD: Rowman & Littlefield, 2002［1995］）。

184 与这一浪漫主义理想相对应的新教理念，体现在查尔斯·芬尼（Charles Finney）等复兴派传教士的劝诫中，他们敦促听众放弃美国生活中罪恶的唯物主义和机构宗教的公式化教条，为自己寻找和选择基督。这种新教的反物质主义思潮已成为另一种平行的美国反文化。

第四部分

余 波

第10章

工业化

在19世纪下半叶，工业化浪潮、经济整合和生产力的大幅增长几乎影响了生活的方方面面，美国社会也随之发生了变化。一个由煤炭、蒸汽和钢铁驱动并由大型企业组织的新经济使美国成为世界领先的制造商。被郊区环绕的充满活力的现代化城市迅速发展，吸引了数百万农村人口迁移到城市。突破性的技术创新为工厂和农场带来了机械化生产，而跨大西洋电报和横贯大陆的铁路则改变了美国人与空间和时间的关系，似乎将世界更加紧密地联系在一起。这些令人惊叹的变化恰逢美国人口增加三倍，西部边境关闭，结束了自最早的殖民定居点以来塑造美国意识的大陆扩张时期。

工业化也给白人社会带来了深刻的社会和经济变革。在经济金字塔的顶端，它创造了一个富有的贵族阶层，他们的财富在杰克逊时代是大多数美国人无法想象的。到1910年，最富有的1%美国人拥有该国近一半的财富。[1] 与此同时，没有土地的白人工人阶级急剧膨胀，这一阶级由数百万涌入城市贫民区寻求经济机会的欧洲移民填满。城市化带来的集中贫困和疾病导致了美国人平均身高和寿命的整体缩减。[2] 与此同时，在美

1　Thomas Piketty, *Capital in the Twenty-First Century*, trans. Arthur Goldhammer (Cambridge, MA: Harvard University Press, 2014［2013］), 348。1810年，最富有的1%的人拥有全国约1/4的财富。

2　Richard White, The *Republic for Which It Stands: The United States during Reconstruction and the Gilded Age, 1865 - 1896*(New York: Oxford University Press, 2017), 477 - 517.

国广大农村地区，农民遭受了连续两次经济萧条的共同影响，农业产品价格下跌，个人债务不断增加。对于那些失去土地并成为佃户或佃农的人来说，杰斐逊式的自力更生拼搏者的梦想开始像海市蜃楼一般遥远。

244 这些转变引发了一场意识形态危机，因为它们挑战了杰克逊政治信仰的核心信条之一：以个人权利和自由为中心、由自由市场组织起来的、有严格限制的政治应该符合白人男性广泛的社会和经济平等的需求。[3] 在内战期间和之后，联邦政府权力的扩张也对杰克逊时代的信仰造成了挑战。南方分离主义导致许多北方人改变了他们对国家主权的信念，接受了一个更加积极的中央政府，从而产生了《宅地法》《土地拨赠法案》和自由人民事务管理局。与此同时，第十三、第十四和第十五修正案重塑了国家的宪法秩序：在此之前，联邦政府在决定或保护个人权利和自由方面几乎没有发言权，而这些权利基本上是被留在了各州政府手中。通过这些重建修正案，联邦政府确认了自己是个人权利的保护者，以反抗州政府和地方政府的压迫。[4] 在这样做的过程中，联邦政府更加坚定地将自己融入了日常生活中。历史学家埃里克·方纳（Eric Foner）写道，许多美国人第一次"通过自由和人权的扩张"来认同一个强大的民族国家。[5]

  在面对这些新挑战时，美国的个人主义神话被证明是具有韧性的，它们以不同的方式改变和适应这些挑战。对一些人来说，不断加剧的经济不平等意味着对美国平等自由承诺的背叛。在19世纪后几十年形成的反垄断运动认为，铁路和银行的集中权力使他们能够窃取农民的劳动成果，

---

3 James L. Huston, *Securing the Fruits of Labor: The American Concept of Wealth Distribution, 1765 - 1900* (Baton Rouge: Louisiana State University Press, 1998), 339 - 78.

4 历史学家现在把这描述为"权利革命"。威廉·诺瓦克写道，"中央集权对各州地方和'国内'事务的戏剧性入侵，对于美国的缔造者来说是难以想象的"，他们严格地将《权利法案》理解为一张针对联邦政府（而不是州和地方政府）的保护表。参见 William J. Novak, *The People's Welfare: Law and Regulation in Nineteenth-Century America* (Chapel Hill: University of North Carolina Press, 1996), 242, 235 - 48; Gary Gerstle, *Liberty and Coercion: The Paradox of American Government from the Founding to the Present* (Princeton: Princeton University Press, 2015), 74 - 86。

5 Eric Foner, *The Second Founding: How the Civil War and Reconstruction Remade the Constitution* (New York: WW Norton, 2019), 15, 11 - 20。

剥夺他们所珍视的独立性。反垄断运动者声称，几乎没有向上流动希望的工厂工人的分散正在创造一个不自由的白人"工资奴隶"阶层，他们的存在是为了为富人创造财富和奢侈品。与此同时，争取更大程度种族和性别平等的活动人士继续利用个人主义神话，谴责白人男性至上是一种不正当的社会地位特权。与杰克逊时代的前人相比，这些改革者更加热烈地呼吁联邦政府干预经济和社会，包括新形式的监管和税收、反垄断执法，以及内战后雄心勃勃的南方联邦重建。

　　然而，在镀金时代，这些平等主义观点需要与当时盛行的意识形态潮流抗争。在两党中，精英们都在忙于重新解释这三个基本神话，以适应收入和财富的更大差异，支持种族和性别等级制度，并将平等主义运 245 动视为对自由个人特权的危险的、非美国式的侵犯。这些变化以几种不同的方式展开。例如，编辑和政治家采取以合同自由取代个人独立，作为经济自由的基础。他们援引财产权作为对抗公共监管、工会行动主义和种族正义运动的盾牌。他们借鉴辉格党的思想，用在日益分层的经济中向上流动的诱人前景取代了广泛的经济平等的承诺。这些论点是由一种强有力的信念统一起来的，这一信念在内战前形成并在战后得到重申，即蓄意重新分配财富是对美国自由的侵犯，是对自然秩序本身的公然攻击。

　　种族仇恨和奴隶制的政治遗产强化了这些对日益加剧的不平等的论述。南北战争期间和之后，有关联邦政府权力的最雄心勃勃的预测是关于黑人奴隶的解放和随后对自由人身份的授予。在美国南部和北部，许多白人都对种族等级制度的破坏心存疑虑，并利用小政府和个人权利的言论来保护白人至上主义不受进一步干涉。与此同时，广泛的种族主义和因战争而产生的、由经济精英蓄意煽动的激烈的地区对立，使得包容性工人阶级联盟的可能性变得渺茫。[6] 在一个由地区不满所定义的政治环境中，政客们可以赢得工人阶级的支持，而不必对平等主义改革作出可

---

6 Heather Cox Richardson, *To Make Men Free: A History of the Republican Party* (New York: Basic Books, 2014), xv, 69 – 70; Jackson Lears, *Rebirth of a Nation: The Making of Modern America, 1877 – 1920* (New York: HarperCollins, 2009), 153, 159 – 61.

信的承诺。[7] 杰克逊民主党人要求重新确立和扩大经济平等主义的努力是不成气候的，而且往往沦为政治边缘。

对独立性的侵蚀

19世纪50年代初辉格党的解体带来了一段混乱的重组时期。美墨战争（1846—1848）之后，在美国奴隶制的未来去向这一问题上日益激烈的对峙主导了国家政治，最终使北方和南方辉格党人再也无法找到共同点。与此同时，许多北方民主党人开始将他们的政党视为一个由南方主导的奴隶制支持机构，他们也开始寻找另一个政治家园。当共和党在19世纪50年代巩固时，它基本上是一个北方联盟，反对奴隶制的扩张。当他们试图将前辉格党人和前民主党人以及其他各种北方活动人士和改革者团结在一起时，共和党人转而将**自由劳动**的理想作为其政治意识形态的核心。

从最广泛的意义上讲，自由劳动代表着一个没有奴隶的社会，在这个社会中，工作是有尊严的、不受约束的，工人拥有自己劳动的成果。它唤起了繁荣和进步的、由众多的自主个体的努力和自律所驱动的愿景。它是反对奴隶社会扩张的集结号，在北方人的心目中，奴隶社会主张胁迫而不是自由，主张懒惰而不是自律，主张普遍的贫困和枯萎，而不是进步的"文明"。因为它旨在统一不同政治信仰的人，所以自由劳动仍然是一种广泛而尚未定型的理想。它既包括独立经营者，也包括工薪阶层，既包括小生产者，也包括有抱负的资本家。它的拥护者广泛借鉴了这三个基本神话。对于包括许多共和党人在内的北方人来说，自由劳工也深深地与白人至上主义纠缠在一起：自由劳工被想象成白人，"自由劳工文明"被视为一种不仅清除了奴隶，而且清除了自由黑人、美洲原住民和

7　Alan Dawley, *Class and Community: The Industrial Revolution in Lynn* (Cambridge, MA: Harvard University Press, 1976), 239. 这种动态机制在内战前晚期已经很明显；例如，参见，Jonathan A. Glickstein, *American Exceptionalism, American Anxiety: Wages, Competition, and Degraded Labor in the Antebellum United States* (Charlottesville: University of Virginia Press, 2002), 142。

华人移民的文明。[8]

这些被内战暂时压制的潜在张力在随后的几十年中再次出现，自力更生拼搏者的神话成为这些争议的爆发点之一。随着工业化的到来，许多工人感到美国对独立的承诺以及随之而来的有意义的经济自由的前景已经从他们手中溜走了。这种深深的不满情绪贯穿了 19 世纪末的广泛的反垄断动乱。例如，劳工骑士团在 20 世纪 80 年代成为美国最大、最强大的劳工组织，但它仍然利用自力更生拼搏者的神话来谴责新的工业秩序。他们认为，雇佣劳动使工人沦为对老板意志的极度依赖的人。它激发了"谄媚"和"卑躬屈膝"，并有效地剥夺了劳动人民的自由。[9] 与此同时，农村民粹主义者认为，从作物留置权制度中获利的商人、收取高额费用运输农产品的铁路公司，以及从高利率中获利，并推行通货紧缩货币政策的银行正在利用特殊的政治特权来压榨小农，并破坏他们的独立性。[10]

8　关于自由劳动的歧义，参见 Eric Foner, "Free Labor and Nineteenth-Century Political Ideology," in *The Market Revolution in America: Social, Political and Religious Expressions, 1800 - 1880*, ed. Melvyn Stokes and Stephen Conway (Charlottesville: University Press of Virginia, 1996), 11 - 16; Nancy Cohen, *The Reconstruction of American Liberalism, 1865 - 1914* (Chapel Hill: University of North Carolina Press, 2002), 28 - 33; James L.Huston, *The British Gentry, the Southern Planter, and the Northern Family Farmer: Agriculture and Sectional Antagonism in North America* (Baton Rouge: Louisiana State University Press, 2015), 188 - 92; Jonathan A. Glickstein, *Concepts of Free Labor in Antebellum America* (New Haven: Yale University Press, 1991)。对自由劳动意识形态的开创性讨论仍然当属埃里克·方纳, *Free Soil, Free Labor, Free Men: The Ideology of the Republican Party before the Civil War* (London: Oxford University Press, 1970)。

9　Alex Gourevitch, *From Slavery to the Cooperative Commonwealth: Labor and Republican Liberty in the Nineteenth Century* (New York: Cambridge University Press, 2014), 97 - 173; Lawrence B. Glickman, *A Living Wage: American Workers and the Making of Consumer Society* (Ithaca: Cornell University Press, 1997), 11 - 34; Leon Fink, "Class Conflict American-Style," in *In Search of the Working Class: Essays in American Labor History and Political Culture* (Urbana: University of Illinois Press, 1994).

10　Thomas Goebel, "The Political Economy of American Populism from Jackson to the New Deal," *Studies in American Political Development* 11, no. 1 (1997): 109 - 48; Bruce Palmer, *"Man over Money": The Southern Populist Critique of American Capitalism* (Chapel Hill: University of North Carolina Press, 1980), 9 - 38, 111 - 25。参见 Tamara Venit Shelton, *A Squatter's Republic: Land and the Politics of Monopoly in California, 1850 - 1900* (Berkeley: University of California Press, 2013)。

面对不断变化的经济条件，劳工组织和农村民粹主义者都很难想象在何种条件下，小生产者的独立性可能得以维持。

247 　　自由黑人也援引了自力更生的拼搏者的神话，他们努力重组南方经济，以赋予他们自己意义重大的独立性。当他们试图摆脱白人的监督和控制时，许多自由黑人将希望寄托在"四十英亩和一头骡子"的承诺和小农独立的梦想上。他们认为，如果不能获得土地，自由的黑人将只是拥有另一个名字的奴隶，在前主人的颐指气使下为微薄的收入而工作。真正的自由意味着掌控自己的工作条件，这反过来意味着要拥有自己的小块土地。与此同时，白人种植园主明白，挫败这种野心是保持对南方劳动力控制的关键。与他们志同道合的还有渴望恢复南方土地生产力和商业价值的北方投资者，后者提倡以合同自由为中心的另一种个人自由观；他们坚持认为，只要黑人劳工可以讨价还价，在没有正式阻碍的情况下竞争工资，他们就是自由的。[11]

　　许多共和党人都同意：当他们展望美国向工业强国转型时，他们开始将自力更生拼搏者的理想视为过去的遗物。[12] 和他们的前辈辉格党人一样，共和党人认为美洲的未来不属于独立的自耕农，而属于白手起家的人。或者共和党人试图重塑独立号角的神话，使其与新兴的工业经济更加兼容。随着越来越多的美国人成为雇佣工人，一些人开始坚持认为长期的工资工作也与个人独立性相兼容，只要工人能够在不受干扰的情况下出售他们的劳动力，并赚取体面的工资。[13] 这种修正主义在内战前的共和党中已经出现，因为它的支持者回应了南方人的指控，即北方的雇佣工只是另一种称呼的白人奴隶。1858年，新罕布什尔州参议员丹尼尔·克拉

11　Eric Foner, *Reconstruction: America's Unfinished Revolution, 1863 - 1877*, updated ed.（New York: Harper Perennial, 2014［1988］）, 102 - 10, 128 - 42; Omar H. Ali, *In the Lion's Mouth: Black Populism in the New South, 1886 - 1900*（Jackson: University Press of Mississippi, 2010）, 13 - 20.

12　关于共和党从重建时期的平等主义中退出的讨论，参见Richardson, *To Make Men Free*, 79 - 138。

13　正如劳伦斯·格利克曼（Lawrence Glickman）所表明的那样，这一变化部分是由（一些）劳工倡导者自己推动的，因为他们试图使自己的想法适应新的经济现实。Glickman, *A Living Wage*。

克（Daniel Clark）说道："你说他是奴隶，因为他很穷，因为他被迫劳动。是的，先生；但他可以在他喜欢的地方劳动，在他可以找到工作的地方，在他愿意的时候劳动；他可以买他喜欢的食物，他喜欢的衣服；在任何意义上，他都是一个自由人。"在克拉克看来，这样的工人拥有了他们为获得独立的荣誉所需要的一切。[14]

战后的修正主义者充满了有影响力的自由放任主义捍卫者，对他们来说，仅凭合同自由就足以证明个人独立。[15] 例如，到1883年，社会达尔文主义者威廉·格雷厄姆·萨姆纳（William Graham Sumner）肯定地说："一个基于契约的社会是一个由自由和独立的人组成的社会，他们没有因为偏袒或义务而建立联系，他们互相合作而不畏首畏尾或钩心斗角。"[16] 在他看来，所有工人都是独立的，即使是那些没有财产或技能的工人，只要他们可以自由签订劳动合同而不受政府的不当干涉。遵循这一逻辑，宾夕法尼亚州最高法院在1886年废除了一项法律，该法律禁止 248 企业向员工支付只能在公司商店兑换的"代金券"。法院裁定，这项法律阻止了"**自主**个人订立自己的合同"。从法院的角度来看，这项法案似乎是"将劳动者置于立法监护之下的侮辱性企图，这不仅有损于他的男子

14　Daniel Clark, *Cong Globe*, 35th Cong., 1st sess., Appendix 92（March 1858）。缅因州的汉尼拔·哈姆林（Hannibal Hamlin）也作出了另一个回应，他也否认了体力劳动必然意味着"奴役"的说法："远非如此。我肯定，我们北方的大部分劳动者都拥有自己的家园，他们是为了装点自己的家园而劳动的。"*Cong. Globe*, 35th Cong., 1st sess. 1025（March 1858）。克拉克和哈姆林的这两个回应预测了未来150年美国自由的轨迹，因为经济独立的理想被合同自由、消费者购买自由和房主对自己私人住宅的控制权的组合稳步取代了。

15　Gourevitch, *From Slavery to the Cooperative Commonwealth*, 47–66。有关合同自由日益上升的意识形态意义的精彩论述，参见 Amy Dru Stanley, *From Bondage to Contract: Wage Labor, Marriage, and the Market in the Age of Slave Emancipation*（Cambridge: Cambridge University Press，1998）。

16　William Graham Sumner, *What Social Classes Owe to Each Other*（New York: Harper and Brothers，1883），26。这种转变在杰克逊时代就已经开始了。某些辉格党人，尤其是卡尔文·科尔顿（Calvin Colton）的言论中就很明显，他认为美国劳动力是自由的，因为它"不接受强加的价格，而是自己控制价格。至少，它始终是契约中的独立一方"。Calvin Colton, "Junius Tracts No. VII. Labor and Capital"（New York: Greeley & McElrath，1844），9. 参见 Stanley, *From Bondage to Contract*, 75–76。

气概，而且有损于他作为公民的权利"。[17] 换句话说，真正的危险在于法律威胁美国工人接受国家的监护，依赖于国家庇护的怀抱。

在某些方面，这一逻辑代表了杰克逊时代民主党人的推论的延伸。对他们来说，正如我们所看到的，政府始终是对自由的主要威胁，是统治和依赖的主要来源。民主党的防御性警惕姿态往往针对的是政府及其通过特权提升某些人超过其他人的权力。正如我们在第7章中所看到的，越来越多的人相信市场关系是**自然**的，因此是自由的，而政府的干预是强制性的和"人为的"，这一信念日益强化了对政府的不信任。尽管他们反对政府干预经济，但杰克逊的民主党人仍然敏锐地意识到经济权力的现实和危险：银行对债权人和所有使用纸币的人的权力；工业雇主对日益依赖雇佣关系的劳动力的权力；投机者对国家经济完整性的影响。这些权力形式可能起源于立法特权，但它们是在日常经济交易中行使的。

更根本的是，对独立的自由放任重新定义等于否认了杰克逊政治思想中的平等主义遗产之一。杰克逊式的经济独立理想颂扬了个人对自己的工作生活和维持工作所需资源的控制权，就像某种**统治权**。雇佣劳动除非是一种暂时的独立手段，否则其本身对人们来说似乎是一种屈从的形式：劳动者按照他人的条件在他人的商店或工厂工作，通常被他人驱使。非常熟练或受过教育的工人可能在其就业条件上享有相当大的讨价还价筹码，但大多数人几乎没有空间。他们可能没有被法律强迫服从，但他们所**经历**的，正如整个19世纪的劳工拥护者孜孜不倦地指出的那样，就像奴隶一样。[18] 将这些工人描述为独立的，仅仅是因为他们有能力自愿出售或不出售他们的劳动，这就剥夺了杰克逊民主理想的道德内涵。

249　　　战后初期的一些自由派共和党人认识到了这样一种对道德内涵的侵蚀。正是自由放任主义的主要捍卫者和工会组织的严厉批评者 E. L. 戈德

---

17 *Godcharles v. Wigeman*，引自 Gourevitch, *From Slavery to the Cooperative Commonwealth*，56 - 57。

18 《北安普敦民主党人》(*Northampton Democrat*) 写道："没有土地的人是被迫的，尽管所有法律都反对奴隶制和非自愿的劳役，但是他要么为了他更幸运的邻居的施舍而劳动，要么就是饿死。这是正确的吗？""Freedom of the Public Lands", *Northampton Democrat*, January 26，1847，p. 2。有关这一转变的重要讨论，参见 Stanley, *From Bondage to Contract*，60 - 97。

金（E. L. Godkin）在1867年辩称，工薪阶层的合同自由只是美国工人长期以来享有的"道德和社会独立"的微弱影子。戈德金写道："为了逃离饥饿，或者为了拯救我的妻子和孩子免于饥饿，或者我不知道自己有能力做任何其他事情，我在强迫下表示了同意，就像我同意用手枪指着我的头一样。"事实上，贫困的工薪工人深深依赖了他们的雇主：他们"在法律上是自由的，但在社会上是被束缚的"。[19] 他们日复一日出于绝望而出卖了自己的劳动力，12个小时或更长的工作时间让他们几乎没有时间做任何其他事情。这种束缚在南方最为严重，那里的自由黑人不仅没有机会获得自己的土地，而且发现自己被诱骗在前种植园主的眼皮底下继续劳动。前种植园主如同凤凰涅槃一般，从战争的灰烬中重新崛起，把自己重新改造成了资本主义雇主。

　　到了19世纪90年代，美国进入进步时代，对个人独立的侵蚀被广泛视为一场国家危机，改革者们要么努力恢复独立性，要么寻找一些现代的复制品。对许多进步派来说，解决之道在于通过赋权工会或其他形式的经济民主，赋予工人在经济事务管理中的发言权。对其他人来说，解决之道在于经济安全和生活工资的承诺。另外，还有一些人强调，在现代消费社会中，不断增长的繁荣和不断扩大的个人选择带来了更广泛的物质回报。[20] 后面这些观点也代表了独立梦想中所包含的个人自主的广泛理想的实质性倒退。例如，这种倒退反映在了进步经济学家约翰·贝茨·克拉克（John Bates Clark）的希望中："通过他人控制的过程，通过他人拥有的财富，劳动者终将获得最有价值的个人收益。"[21] 这种观点至今仍是学术经济学家的典型观点，完全无视了社会中的**权力**分配及其对个人自由的巨大影响；通过他们，该观点从进步时代到现在深刻地影响了美国的政策制定。

19　E. L. Godkin, "The Labor Crisis," *North American Review* 105, no. 216 (1867): 186, 188.

20　Eric Foner, *The Story of American Freedom* (New York: W. W. Norton, 1998), 140 - 51; Cohen, *The Reconstruction of American Liberalism, 1865 - 1914*, 209 - 56; Glickman, A *Living Wage.*

21　引自Cohen, *The Reconstruction of American Liberalism, 1865 - 1914*, 211。参见Lears, *Rebirth of a Nation,* 262。

此外，杰克逊式的独立的一个邪恶遗产在镀金时代依然有增无减：理
250 想和神话仍然被经常用来为强制同化和强制驱逐美洲原住民辩护。随着
美国继续向太平洋沿岸扩张，它不断侵占部落土地。联邦政府每一次都
资助和鼓励这种扩张，并在这一过程中正式纳入一项同化和基督化计划，
该计划的重点是将美国土著男子转变为拥有自己农场并采用"文明"美
国化生活方式的高尚的自耕农。事实上，这些政策符合美国白人的利益：
它们缩小了美国原住民的财产规模，使白人更容易购买。1887年的道斯
法案将美国原住民的土地分割进私人财产，结果为白人定居者和公司征
收了数千万英亩土地。[22] 与此同时，在过去的二十年中，仍然生活在祖籍
地上的美国原住民拒绝成为拥有财产的理想农民，例如他们继续以集体
方式拥有土地，因而被谴责为"野蛮人"，并被标记为应被驱逐和被剥夺
的人。他们在枪口下被迫离开自己的家园，被赶进棚车，并被带到遥远
的保留地，在那里他们被分配到谁都不想要的恶劣地区。[23]

美洲原住民用多种方式来抵抗这些定居者的殖民主义入侵。一些部
落与美国军方的先进技术进行了著名的大胆的斗争，并对不断入侵的白
人发动了游击战。[24] 一些人以和平方式集体拒绝登记为公民并接受他们分
配的私人土地，从而挑战联邦决策者的意图。美国原住民领导人和活动
人士起草了小册子、宣言和请愿书，向华盛顿派出了说客，并提起诉讼，
捍卫他们的人民的领土权利，指控白人扩张主义违反了美国的条约义务。
其他人则采取小型的对抗策略；例如，威斯康星州和明尼苏达州的霍创

---

22 Paul Frymer, *Building an American Empire: The Era of Territorial and Political Expansion* (Princeton: Princeton University Press, 2017), 155 - 67; C. Joseph Genetin-Pilawa, *Crooked Paths to Allotment: The Fight over Federal Indian Policy after the Civil War* (Chapel Hill: University of North Carolina Press, 2012), 134 - 55. 关于文明概念中的个人主义假设，参见 David Wallace Adams, *Education for Extinction: American Indians and the Boarding School Experience*, 1875 - 1928 (Lawrence: University Press of Kansas, 1995), 12 - 21。

23 Stephen Kantrowitz, "'Not Quite Constitutionalized': The Meanings of Civilization and the Limits of Native American Citizenship," in *The World the Civil War Made*, ed. Gregory P. Downs and Kate Masur (Chapel Hill: University of North Carolina Press, 2015); Frederick E. Hoxie, *This Indian Country: American Indian Activists and the Place They Made* (New York: Penguin Books, 2012), 99 - 223; White, *The Republic for Which It Stands*, 151 - 54.

24 Frymer, *Building an American Empire*, 163 - 64.

克斯人利用不起眼的和断续的方式，在美军撤离之后离开保留地，返回他们的祖籍地。他们还在那里购买了小块土地，并用它们来表现自己是"文明"的小业主，即使他们坚持自己的部落身份和文化。这些策略有时会有收效：例如，在威斯康星州，数百人能够获得强制驱逐的豁免权。[25]

与此同时，许多白人谴责这种例外是对法律的歪曲；他们援引小业主的种族化形象来拒绝官方的同化政策。他们认为，土地所有权和公民身份的优点仅限于白人，他们要求更严厉地驱逐和监禁原住民，如果不是彻底"灭绝"他们的话。因此，自力更生的拼搏者的神话仍然是定居者殖民地项目的核心，该项目在整个19世纪继续定义着美国。[26]

平等权利和自由放任

与自力更生的拼搏者的神话一样，自然权利拥有者的神话在南北战争之后到本世纪末被用于许多不同的目的。南北战争后，妇女和非裔美国人继续援引洛克式的自然权利理念，推动平等主义改革。第十四和第十五宪法修正案加强了他们的影响力：第十四修正案保证所有在美国出生或归化的人都有公民身份；它还声称，任何州都不得"在没有正当法律程序的情况下剥夺任何人的生命、自由或财产"，也不得拒绝"其管辖范围内的任何人受到法律的平等保护"。第十五修正案将投票权扩大到所有男性，而不考虑"种族、肤色或以前的被奴役经历"。联邦法律首次明确宣布，美国的自由权利拥有者并非严格意义上的白人。方纳写道，只要有出生公民权，"就代表了对将公民身份等同于白人的强大传统的激烈否定"。[27]

当然这些由遥远的联邦当局发布的抽象宣言并没有使平等权利成为现实，因为联邦政府缺乏执行这些宣言的能力，在很多情况下也缺乏执行

25　Kantrowitz, "Not Quite Constitutionalized," 91–94.
26　同上。
27　Foner, *The Second Founding* 71.

这些权利的意愿。在实践中，法律判决仍然掌握在地方官员手中，他们行使广泛的自由裁量权，通常利用法律来加强现有的社会等级制度。[28] 社会运动人士理解这一点，并努力使权利成为现实。1867年，黑人开办的《新奥尔良论坛报》（*New Orleans Tribune*）写道，关键挑战仅仅是"将平等权利和特权扩展到所有人，不论肤色和种族"。这些权利的"简单声明"是不够的；真正的工作在于让它们"生效"，使它们不仅仅是"闪闪发光的概括"。[29] 在整个南部，自由黑人致力于通过投身选举政治、赢得政治权力和推动立法改革来实现这一目标，这些改革将加强法治，扩大他们获得公共服务的机会，并禁止歧视。[30] 与此同时，北方的非洲裔美国人组成了平等权利联盟，以打击公共和私人歧视，并维护他们出庭作证、送孩子上公立学校、乘坐公共交通工具以及经常去餐馆和酒店的权利。他们一再要求白人尊重并遵守自己宪法、宣言和国家神话的精神。[31]

252

与此同时，"男女平等"的倡导者如同他们之前的废奴主义者一样，不断努力使《独立宣言》的中的自然权利普遍化。[32] 女权主义者埃内斯汀·罗斯（Ernestine Rose）在给苏珊·B. 安东尼（Susan B. Anthony）的信中写道："'所有人（即不分性别的所有人类）都有平等的生命、自由和追求幸福的权利'的宣言对女人和男人来说就已经足够了。"她只要

28 Laura F. Edwards, "The Reconstruction of Rights: The Fourteenth Amendment and Popular Conceptions of Governance," *journal of Supreme Court History* 41, no. 3 (2016): 310 - 28; Foner, *The Second Founding*.

29 "What Is the Test?" *New Orleans Tribune*, November 28, 1867, p. 4。第十四修正案直到1868年才获得批准，但1866年的《民权法案》已经确认了"……所有种族和肤色的人"享有广泛的平等权利；1864年的战时路易斯安那州宪法也将公民权扩大到了许多黑人。

30 Eric Foner, "Rights and the Constitution in Black Life during the Civil War and Reconstruction," *journal of American History* 74, no. 3 (1987): 874 - 79.

31 Hugh Davis, *"We Will Be Satisfied with Nothing Less": The African American Struggle for Equal Rights in the North during Reconstruction* (Ithaca: Cornell University Press, 2011), 72 - 132; Tera W. Hunter, *To'joy My Freedom: Southern Black Women's Lives and Labors after the Civil War* (Cambridge, MA: Harvard University Press, 1997), 21 - 43, 74 - 97.

32 有关女权运动及其与共和党政治和意识形态之间紧密的关系的讨论，参见Melanie Susan Gustafson, *Women and the Republican Party*, 1854 - 1924 (Urbana: University of Illinois Press, 2001).

求美国人"保持这一宣言的逻辑一致性",并将其充分推广到女性身上。[33]
在其1876年的《权利宣言》中,全国妇女选举权协会宣布,妇女仍然是
一个从属社会地位,受制于使妇女屈从于专制的男性权力之下的"性贵
族制"。《宣言》的作者要求"我们在自然权利上与男性完全平等"。《宣
言》继续说道:"女性首先是为了她自己的幸福而被创造出来的,她有绝
对的权利获得生活所提供的一切机会和优势,以实现自己的完全发展。"[34]
索茹尔内·特鲁斯(Sojourner Truth)从一个不同的前提出发呼吁有色
人种女性的平等权利:"如果我必须像男人一样对自己身体所做的行为负
责,我就有权拥有和男人一样多的东西。"[35]

正如最后两段引文所表明的,平等权利的概念可能具有广泛的内涵。
前废奴主义者阿隆佐·格罗弗(Alonzo Grover)呼吁妇女享有"平等权
利",其中包括"人身权、劳动权、财产权、文化权、休闲权、参与制定
和执行法律的权利"。[36]权利讨论中激进主义思想的一部分恰恰出于这种模
棱两可:平等权利的讨论很容易被有关公民权利、社会和政治权利的"自
然权利"所掩盖,自然权利概念本身就是不确定的,通常被广泛建构的。
事实上,废奴主义者自己也经常使用平等权利的概念来表达一种我们所说
的**有效**自由(而不仅仅是形式自由)为中心的人类繁荣的宏伟愿景。[37]根
据自然宗教的教义,废奴主义者认为上帝显然希望人类幸福。为此,他赋
予了他们一系列的能力,这些能力的发展和培养将给他们带来快乐和满

---

33 原文中被括号括起。Elizabeth Cady Stanton, Susan B. Anthony, and Matilda Joslyn Gage,
   eds., *History of Woman Suffrage*, vol. 3 (Salem, NH: Ayer Company, 1985 [1881 -
   1922]), 51.

34 National Woman Suffrage Association, "Declaration of Rights of the Women of the Linked
   States," in *The Selected Papers of Elizabeth Cady Stanton and Susan B. Anthony*, vol. 3, ed.
   Ann D. Gordon (New Brunswick, NJ: Rutgers University Press, 2003 [1876]), 238, 239.

35 Sojourner Truth, "Address to the First Annual Meeting of the American Equal Rights
   Association," in *The Concise History of Woman Suffrage: Selections from the Classic Work
   of Stanton, Anthony, Gage, and Harper*, ed. Mari Jo Buhle and Paul Buhle (Urbana:
   University of Illinois Press, 1978 [1867]), 235.

36 Stanton, Anthony, and Gage, *History of Woman Suffrage*, 3: 592.

37 有效自由意味着能够做你想做的事。它意味着不受他人干扰,也意味着有权在一系列选项
   中作出选择。例如,这种权力通常需要获得资源。

足。这些能力不仅包括道德能动性和有意义的自主性，还包括知识和理解能力、生产性工作能力、友谊和爱能力。他们认为，自然权利与上帝赋予人类的这些基本能力相对应；法律历史学家伊丽莎白·克拉克（Elizabeth Clark）写道，权利是"大镰刀，为个人的成长和发展扫清了道路"。[38]

253

黑人运动家在黑奴释放前后对种族偏见的谴责中就体现了这种更广泛的权利观。黑人废奴主义者一直在谈论种族偏见对思想和精神的压迫作用。霍齐亚·伊斯顿牧师（Rev. Hosea Easton）写道，在禁止黑人自由进入大学、神学院、商学院和熟练职业的过程中，偏见的影响是"扼杀了每一种进步的动力，使所有的智力能力都处于被动状态，使灵魂处于一种病态的麻木状态"。偏见剥夺了自由黑人以他们认为合适的方式塑造他们的生活、展现他们的能力、制定和追求有意义的目标的权力。因此，它密谋"破坏了……自然之神的杰作"。[39] 黑人领导人经常指出这样的偏见，无论是在非正式的表达中，还是在法律规定中，这些偏见都是对平等权利的侮辱。因此，权利不仅仅意味着免于干涉的保障，还意味着平等地**参与**社会生活和获得经济和政治机会。例如，在南北战争期间和之后，平等主义活动家将平等权利的理念与公共资源和机会的提供联系起来。他们认为，黑人儿童有权平等地接受公共教育，这是一个权利问题，让他们"有一个公平的机会发展自己的能力和力量"。[40] 一些自由黑人辩称，他们有权获得自己的劳动成果，乃至有权获得前主人的部分财产。[41]

---

38 Elizabeth B. Clark, "Anticlericalism and Antistatism"（unpublished manuscript, 1999）, 66, https://scholarship.law.bu.edu/clark_book/。这种权利观也可以建立在《独立宣言》的基础上，该宣言毕竟主张"追求幸福"的平等权利。

39 Hosea Easton, *A Treatise on the Intellectual Character, and Civil and Political Condition, of the Coloured People of the U. States ...*（Boston: Isaac Knapp, 1837）, 39.

40 Resolutions of the Massachusetts and New York Anti-Slavery Societies（1863）, 引自 James M. McPherson, *The Struggle for Equality: Abolitionists and the Negro in the Civil War and Reconstruction*（Princeton: Princeton University Press, 1964）, 179。参见 Foner, *The Second Founding* 13 - 13。

41 Heather Cox Richardson, *The Death of Reconstruction: Race, Labor, and Politics in the Post-Civil War North, 1865 - 1901*（Cambridge, MA: Harvard University Press, 2001）, 33 - 55; Foner, "Rights and the Constitution in Black Life during the Civil War and Reconstruction," 871.

对于女性和黑人男性来说，投票权绝对是这些斗争的核心。妇女选举权活动家提出了她们的要求，即平等地扩大**政治**权利，并给予妇女"充分发展所有权力的自由途径"。[42] 她们还一贯将选举权与更广泛的自然权利或人权联系起来：1877 年全国妇女选举权协会年度大会指出，由于妇女被剥夺了权利，"共和国里一半的公民……在任何地方都成为任意立法的对象，她们最神圣的权利可能在任何地方被剥夺"。[43] 因此，其成员呼吁对宪法补充第十六修正案，保障妇女平等选举权。伊丽莎白·卡迪·斯坦顿（Elizabeth Cady Stanton）表示赞同：她坚持认为，投票权是"对人身和财产权利的唯一可靠保护"。[44] 上述两者都要求承认妇女是与男子平等的自然权利拥有者；如果没有投票，任何人都不可能成为正式的权利拥有者，因为没有投票，他们的基本人权将任人摆布。与其他选举活动人士一样，他们将普选视为美国建国文件中所载自由理想的充分实现；从这个意义上说，他们自觉地诉诸自然权利拥有者的基本神话。[45]

254

在镀金时代，许多旨在扩大平等权利范围的努力都以失败告终。重建的崩溃和吉姆·克劳法（Jim Crow Law）的兴起，再加上最高法院对重建修正案的平等主义观点的全面回避，意味着南部非洲裔美国人的权利遭到了大规模破坏。妇女赢得了对财产和收入的更大控制权，但她们既没有实现国家选举权，也没有实现许多改革者所追求的婚姻平等。与此同时，在以镀金时代政治为主题的更广泛的经济辩论中，权利拥有者的神话被用来为不平等辩护：它被重新用于捍卫以巨大财富差距为标志的日益增长的企业经济，并与白手起家的英雄的神话相融合，在霍雷

42　Stanton, Anthony, and Gage, *History of Woman Suffrage*, 3: 829.

43　同上，3: 61。

44　同上，3: 85。

45　然而，女性参政主义者有时会通过对比美国女性总体的政治影响力和一些腐朽落后的国家来支持自己的论点：例如，斯坦顿自己为"教育资格"辩护，称其为"我们对无知的外国选票最有效的辩护"。Elizabeth Cady Stanton, "E. C. S. to Matilda Joslyn Gage and the National Woman Suffrage Association," in *The Selected Papers of Elizabeth Cady Stanton and Susan B. Anthony*, vol. 3, ed. Ann D. Gordon（New Brunswick, NJ: Rutgers University Press, 2003［1877］）, 310, 311。

肖·阿尔杰（Horatio Alger）描绘从衣衫褴褛到出人头地的小说中，以及无处不在的达尔文式竞争和斗争语言中被不断讲述。[46] 这种意识形态上的重新组合主要是由工业精英及其在媒体、司法机构和美国大学的盟友推动的，他们越来越多地利用自由市场的理想，以及嵌入其中的财产权和合同权作为对抗政府监管的武器。他们不停地警告说，美国正被欧洲激进主义的危险潮流所感染，这种潮流已经威胁到了美国特殊的自由。

到19世纪末，从农业民粹主义者到工会主义者，再到社会主义者，一大批政治团体开始寻求国家力量帮助他们对抗日益加剧的不平等，遏制工业化带来的附带损害。国家不应干涉经济事务，以免破坏其良性的自然秩序，这一想法则符合企业领导人试图避免这些挑战的意图。[47] 进步知识分子查尔斯·梅里亚姆（Charles Merriam）写道，"不干涉成了许多利益集团的口号，这些利益集团显然渴望避免政府监管"，包括"受到监管威胁的铁路、受公共措施制约的公司，以及某些抵制卫生和社会监管的行业"。[48] 自由市场的理想在杰克逊时代的美国在很大程度上是被用来保护小生产者不受现代化精英的政策议程的影响，而现在却被重新塑造为美国大公司和他们的"行业领袖"的盾牌。[49] 现在，他们的财产权和合同权都被赋予了特别的活力。

255　　当然，政府"干预"经济的想法本身就假设存在一个独立的经济领域，可以与政治完全分离，并免受不受欢迎的政治影响。在内战后的美国，自然话语继续促进了这种区分：经济是自然的，政府监管是人为的。

---

46 甚至在南北战争之前，新兴的共和党部分就在这一调整中发挥了关键作用；参见 Foner, *Free Soil, Free Labor, Free Men*; John Ashworth, *Slavery, Capitalism, and Politics in the Antebellum Republic*, vol. 2: *The Coming of the Civil War, 1850 - 1861*（New York: Cambridge University Press, 2007）, 287 - 94。

47 Richard Hofstadter, *Social Darwinism in American Thought*, rev. ed.（New York: George Braziller, 1959[1944]）, 46.

48 Charles Edward Merriam, *American Political Ideas: Studies in the Development of American Political Thought, 1865 - 1917*（New York: Macmillan, 1920）, 315.

49 Harry L. Watson, "Andrew Jackson's Populism," *Tennessee Historical Quarterly 76*（2017）: 237。参见 Arthur Schlesinger Jr., *The Age of Jackson*（Boston: Little, Brown, 1945）, 518。

戈德金（Godkin）、克拉克（Clark）、霍勒斯·怀特（Horace White）和戴维·艾姆斯·威尔斯（David Ames Wells）等自由主义知识分子都为"自然"经济法辩护，反对立法干预。[50] 阿瑟·莱瑟姆·佩里（Arthur Latham Perry）的《政治经济学的要素》（*Elements of Political Economy*）是该领域最受欢迎的美国教科书，他宣称"交换法则的基础是上帝的意志"。他继续说道："当任何当局干涉限制或禁止交换自由时，这是对自然权利的强压侵犯，这是对生命和财产源泉的打击。"[51] 佩里的观点在美国大学根深蒂固，在那里，富有的捐赠者监督着学术课程的内容。[52] 同时，商人和他们的发言人通常援引自然经济法的仁慈秩序，"如果人类立法者能够不打扰它们，这一秩序将发挥它的魔力"[53]！

　　自然的、竞争性的经济秩序的理念得到了社会达尔文主义的进一步支持，这一哲学在美国广泛普及。威廉·格雷厄姆·萨姆纳（William Graham Sumner）是这一思想在美国的主要倡导者，他为一种严格的经济自由放任主义辩护，他认为："事实上，社会秩序是由自然法则所确定的，与自然法则完全类似。"这些法则造就了一个严酷的、竞争激烈的社会世界；因此，社会主义与"改变物质秩序的计划"一样是徒劳和不切实

50　参见 Horace White, "Freedom of Labor," *Chicago Tribune*, May 8, 1867, p. 2; "The Agrarian Philosophers," *Chicago Tribune*, May 25, 1867; E.L. Godkin, "The Tyranny of the Majority," *North American Review* 104, no. 214 (1867): 224 - 25; Cohen, *The Reconstruction of American Liberalism*, 1865 - 1914, 38 - 39, 47 - 48, 60, 91 - 92, 103, 210。

51　Arthur Latham Perry, *Elements of Political Economy*, 2nd ed. (New York: Charles Scribner, 1867), 79, 84。他接着澄清说，只有当这种干涉保护了"与交换权一样有基础的"其他权利时，这种干涉才是可以接受的。

52　Daniel T. Rodgers, *Atlantic Crossings: Social Politics in a Progressive Age* (Cambridge, MA: Harvard University Press, 1998), 97 - 111. 罗杰斯写道，"19世纪90年代充斥着……学术异端案例"，涉及经济学家，通常以富有的受托人解雇他们而告终（第105页）。

53　Andrew Carnegie, *Triumphant Democracy: Sixty Years' March of the Republic*, revised ed. (New York: Charles Scribner's Sons, 1912), 52。参见 Sidney Fine, *Laissez Faire and the General-Welfare State: A Study of Conflict in American Thought, 1865 - 1901* (Ann Arbor: University of Michigan Press, 1956), 102 - 6; Daniel R. Ernst, *Lawyers against Labor: From Individual Rights to Corporate Liberalism* (Urbana: University of Illinois Press, 1995), 31 - 37。

际的。[54] 世界钢铁巨头安德鲁·卡内基（Andrew Carnegie）是萨姆纳的信徒之一。他写道，"竞争法则"，无论看起来多么严酷，都是"种族未来进步的关键"，因为它保证了"适者生存"。[55] 事实上，社会达尔文主义完美结合了辉格党将流动性作为自由理想，与杰克逊时代的自然经济秩序标准：在这个新的自然秩序中，"适者"将上升到领导、权力和财富的位置，这为有才华和勤奋的人带来了无限的机会。达尔文式的思想革命引入了一种更严厉、等级更分明的自然观念，与杰克逊时代民主党人所倡导的更温和、更和谐的牛顿式观念相抗衡。[56]

非常重要的是，这些自然经济秩序的思想从自由主义政治经济学和流行的达尔文生物学中获得了不同形式的思想资源，影响了学术界和商业精英：它们还在镀金时代的美国读者和崇拜者中广泛传播。一群记者和编辑出版了社会达尔文主义的普及性书籍、成功指南和流行的经济学论著，用部分来自社会达尔文主义的话语歌颂了毫无阻碍的竞争和斗争。[57] 理查德·R. 鲍克（Richard R. Bowker）在其通俗性的《人民经济学》（Economics for the People）中写道："经济学中的竞争，与自然界中'适者生存'或'自然选择'的法则是一样的。这是一种自然的秩序，每个人都必须尽其所能地工作，在这种秩序下，每个人的工作都是为了自己的最大利益。"他敦促美国社会要"更符合自然规律"，这将为后代带来自由和繁荣。[58] 然而，在许多乐观的大众化论述中，**适应**主要不是一种

256

---

54 William Graham Sumner，*The Challenge of Facts and Other Essays*（New Haven：Yale University Press，1914［1889］），37，38。萨姆纳拒绝了自然权利的观点，因为他担心，根据某些解释，自然权利似乎赋予了懒惰或挥霍的人对他人财产份额的合法要求。尽管如此，他认为，他对社会秩序的自然的、竞争性的愿景是最能保护个人权利，这一观点是正确理解的。Sumner，*What Social Classes Owe to Each Other*，134 - 38，163。

55 Andrew Carnegie，"Wealth，"*North American Review* 148，no. 391（1889）：655.

56 有关这一观点的开创性讨论，参见Hofstadter，*Social Darwinism in American Thought*。

57 Fine，*Laissez Faire and the General-Welfare State*，41 - 46；Judy Hilkey，*Character Is Capital：Success Manuals and Manhood in Gilded Age America*（Chapel Hill：University of North Carolina Press，1997），78 - 85；Clinton Rossiter，*Conservatism in America：The Thankless Persuasion*，2nd ed.（New York：Knopf，1962），146 - 53.

58 在将竞争法则比作重力法则之后，他指出："所有的自然法则都有其不好的一面：只要我们在坚实的地面上，引力就会让我们站稳脚跟，如果我们试图从屋顶上走下来（转下页）

天生的品质，而是勤奋努力和自律的结果；因此，原则上每个人都可以拥
有它。[59]

与此同时，许多新教教会信奉自由放任的意识形态。杰出的牧师们
继续将经济法规与天命相结合，并在面临经济困难的时候宣扬个人自
律、美德和努力工作的福音，批评工会是"违背上帝法律的阴谋"。特别
是那些试图限制非工会劳工参与竞争的工人，他们因为侵犯了"人的基
本权利——劳动权和靠劳动养活自己的权利"而受到攻击。[60]萨姆纳本人
是一名圣公会牧师，他的教义受到了一家新教主流媒体的热烈称颂，该
媒体一直致力于为自由市场正统思想建立一个新的科学基础。[61]通过这些
方式，杰克逊时代的自然秩序身处于非自然政府的攻击下的基本叙事得
到了深化和保留，尽管其内容已被调整以适应新的经济环境。在世界上
的其他任何地方，这些思想都没有像在美国一般，如此深深地融入流行
文化。

当然，从自然竞争的意识形态中获益最多的精英们很少始终如一地
运用它。例如，当萨姆纳和其他经济学家追随他们在杰克逊时代的前辈
谴责保护性关税是政府干预自然法的另一个例子时，挪用他们想法的工
业精英们却没有这样做。美国保护主义者认为，国际贸易是自由放任规
范的例外；就像内战前辉格党人一样，他们认为自由贸易意识形态是英国

（接上页）或从坑洞上方走过去，就会把我们击倒在地。这不是法则，而是无视法则的企
图，给我们带来了麻烦。"R. R. Bowker, *Economics for the People: Being Plain Talks on
Economics Especially for Use in Business, in Schools and in Women's Reading Classes*, 4th ed.
（New York: Harper Bros., 1893[1886]）, 60, 269, 62。

59 John G. Cawelti, *Apostles of the Self-Made Man*（Chicago: University of Chicago Press,
1965）, 173.

60 Lyman Atwater, "The Labor Question in Its Economic and Christian Aspects," *Presbyterian
Quarterly and Princeton Review* 1, no. 3（1872）: 485, 482. 参见 Henry Ward Beecher,
"Plymouth Pulpit: The Strike and Its Lessons," *Christian Union* 16, no. 6（1877）: 112-14;
Henry F. May, *Protestant Churches and Industrial America*（New York: Harper & Brothers,
1949）。当然，美国新教并非铁板一块：19世纪的最后20年也见证了社会福音运动的兴起，
该运动拒绝经济自由放任，并为工业革命带来的贫困和不平等寻求谨慎的补救。

61 May, *Protestant Churches and Industrial America*, 143-44.

帝国主义的一种工具，旨在维持美国"对英国市场和廉价工资的依赖"。[62] 他们坚持认为，需要国家力量来支持美国工业。在闭门会议中，工业精英们也在寻求其他例外：他们游说政府提供大量免费土地和担保债券，以补贴铁路发展；他们抵制反托拉斯法的执行，同时成功地要求国家支持对有组织的劳工实施暴力行为。[63] 与此同时，他们赞扬个人竞争和自由企业，并对政府日益干预经济事务发出了可怕的警告。简而言之，他们想要的是政府支持和补贴他们自己的经济利益，而不支持那些被动员起来反对他们的农民和工厂工人。[64] 此外，为了使这种不对称性正常化，他们要么试图隐瞒自己接受政府援助的程度，要么将其重新描述为自然的现象。因此，尽管公司被同化为"自然人"类别，并被赋予宪法权利，工会却经常被指责为"不自然"的组合，罢工被视为刑事犯罪，领导人也常被监禁。[65]

　　这些寡头主义倾向进一步被占优势的合同语言所强化，这种语言渗透了权利拥有者的神话，就像它渗透了自力更生拼搏者的神话一样。正如我们在第6章和第7章中探讨的那样，杰克逊时代民主党人主张生产者享有其劳动成果的权利，他们认为这与自由和自然市场的理想化愿景有关。同时他们经常谴责雇佣劳动是一种与个人自主不相容的从属形式。在这

62　Marc-William Palen, *The "Conspiracy" of Free Trade: The Anglo-American Struggle over Empire and Economic Globalization, 1846 – 1896* (Cambridge: Cambridge University Press, 2016), 113.

63　Merriam, *American Political Ideas*, 325 – 26; Fine, *Laissez Faire and the General-Welfare State*, 30, 112 – 13; Rowland Berthoff *An Unsettled People: Social Order and Disorder in American History* (New York: Harper &Row, 1971), 332 – 61.

64　David F. Prindle, *The Paradox of Democratic Capitalism: Politics and Economics in American Thought* (Baltimore: Johns Hopkins University Press, 2006), 112 – 13; Lears, *Rebirth of a Nation*, 82 – 86, 127 – 28.

65　Fine, *Laissez Faire and the General-Welfare State*, 104 – 5; Brian Baiogh, *A Government out of Sight: The Mystery of National Authority in Nineteenth-Century America* (Cambridge: Cambridge University Press, 2009), 315 – 22, 329 – 39; Leon Fink, "Labor, Liberty, and the Law: Trade Unionism and the Problem of the American Constitutional Order," *Journal of American History* 74, no. 3 (1987): 904 – 25; White, *The Republic for Which It Stands*, 314。用自然权利拥有者的神话语言重新描述公司仍然是美国政治史上最伟大的概念手法之一。

一过程中，他们否认仅凭合同自由就足以确保劳动成果。[66] 然而，在一个越来越多的劳动力为工资而工作的社会中，这种观点产生了令人不安的影响，在这个社会中，劳动动荡明显加剧，数百万新近获得自由、不安的黑人工人梦想着独立和社会平等。因此，包括许多前废奴主义者在内的战后共和党人将合同自由重新定位为经济自由的核心，实际上也是个人经济**权利**的核心。[67] 对他们来说，工人在不受干涉的情况下"出售劳动力的权利"，以及雇主在自己企业中的财产权，成为定义个人权利拥有者的核心经济权利。[68] 根据这种观点，在自然竞争经济的有利法律指导下，自由签约的工资劳动者是个人自由的典范。[69]

在整个镀金时代，这些自由放任的思想受到了越来越多的挑战。不同背景和观点的批评者认为，工业转型需要重新强调共同利益、社会团结和集体组织。宣扬社会福音的新教神学家和福音传道者认为，圣经中关于人类平等和相互性的理想要求进行艰巨的平等主义改革。民粹主义改革者主张，需要对经济进行民主控制，他们呼吁扩大联邦政府对铁路 258 和银行的权力，并要求农民合作组织恢复美国自耕农的尊严和独立。工会挑战了自由市场的正统观念，并采取了戏剧性的行动，要求缩短工作日、提供更安全的工作场所和更高的工资。亨利·乔治（Henry Georges）

66 例如，民主党人认为西部的廉价土地是东部劳动力的关键安全阀，这一点就可以看出这种否认。他们认为，只要这种替代方案存在，雇佣劳动就可以合理地被描述为一种选择，一种有意义的合同自由的实践。见第4章。

67 Cohen，*The Reconstruction of American Liberalism，1865 - 1914*，31 - 40；Stanley，*From Bondage to Contract*，35 - 55。例如，《芝加哥论坛报》著名的反工会编辑霍勒斯·怀特（Horace White）将侵犯合同自由视为侵犯"不可剥夺的人权"。Cohen，*The Reconstruction of American Liberalism，1865 - 1914*，39。斯坦利对这种紧缩提供了一个不同的解释：她认为，契约自由是早在南北战争之前就已经是废奴主义的自由概念的关键，并且在黑奴解放后，它从当时的言论转变为更广泛的传播。出于第8章和第9章所述的原因，我对这种解释持怀疑态度；见第8章，第180—184页（页边码）、注释151。

68 Alfred B. Mason and John J. Lalor，*The Primer of Political Economy: In Sixteen Definitions and Forty Propositions*(Chicago：A. C. McClurg，1891[1875])，37.

69 Stanley，*From Bondage to Contract*，60 - 97。对于这种修辞倾向的证据，甚至在自由放任正统派的批评者中也能发现，参见，例如，Francis Amasa Walker，*Political Economy*(New York：Henry Holt，1885[1883])，228，223 - 24。

的《进步与贫困》(*Progress and Poverty*) 和爱德华·贝拉米 (Edward Bellamy) 的《回顾》(*Looking Backward*) 等畅销书呼吁对财富进行巨大显著的再分配。

　　然而，仔细观察这些批判的观点，就会发现它们也被美国个人主义神话的影响力所吸引。亨利·乔治就是一个很好的例子。《进步与贫困》于1879年首次出版，是19世纪下半叶阅读量最大的书籍之一，也是无数改革者的试金石。[70] 乔治认为，"其核心是对产权的洛克式描述：所有合法的财产都来自一个单一的来源：'人对自己的自然权利'，它赋予每个人'享受自己努力成果的权利'"。[71] 乔治的激进主义在于他声称**土地**无法被合法拥有，因为它本身不是任何人的劳动成果（上帝的除外）。事实上，他认为，如果没有共同的土地使用权，个人获得劳动成果的权利是没有意义的：只要美国生产者被迫在他人的土地上充当劳工，并支付不断上涨的租金，他们的劳动收益就会被一个没有生产力的租佃阶层所吞噬。土地所有权本身就是他所谴责的"垄断"。

　　乔治的共同所有权愿景部分来源于有关美国西部的浪漫。他写道，在美国历史的大部分时间里，美国人都认为西部的土地是巨大的"公共领域"，他们可以廉价地获得这些土地。他坚持认为："这个公共领域是一种转变的力量，它把节俭、无志的欧洲农民变成了自力更生的西部农民。"他将镀金时代的经济危机与边境的关闭和土地价值的上升联系在一起，这推高了租金，并以其他人为代价使拥有土地的阶层变得更加富有。乔治警告说，美国很快就会变得像欧洲一样，白人出生在一个已经被他人拥有的世界里，并发现"生命的宴会上所有最好的座位都已经被占据了"。[72] 他的解决方案是对土地征收"单一税"，从而把土地变成一种共享的国家资源，旨在重建一个基于"平等权利"和自然法的例外的美国，一个繁荣的市场社会，在这个社会中"任何个人的财富"完全源于他们自己的劳动。正是他试图一劳永逸地消灭寄生贵族，这一一直困扰着杰

70　只有约翰·杜威 (John Dewey) 认为，乔治的著作"比几乎所有其他政治经济学书籍加在一起"流传得更广。引自 White, *The Republic for Which It Stands*, 453。

71　Henry George, *Progress and Poverty* (London: Aziloth Books, 2016 [1879]), 205, 204.

72　同上，238。

克逊时代政治想象的噩梦。[73]

农业民粹主义者也不断借鉴杰克逊时代的社会批评的修辞手法。他们 259
代表"国家的自由主义者、小土地所有者"发言时表示，谦卑的美国生
产阶级正受到那些榨取他们劳动成果的非生产精英的伤害。[74] 他们谴责银
行家、金融家和投机者扭曲市场，利用腐败的政治影响力谋取私利，并
要求小生产者享有平等权利。他们哀叹个人独立性的侵蚀和普遍租赁的
兴起，并谴责垄断公司是"人造的怪物，控制着几乎无限的财富，其影
响力足以影响创造它们的政府的法律"。[75] 他们支持小产权、繁荣的商品市
场不受特殊特权的影响、有序的进步，以及在众多小农的自主努力和自
律的推动下广泛共享的繁荣。[76] 与之前的杰克逊时代民主党人一样，许多
白人民粹主义者接受了白人至上主义的丑恶倾向，这种倾向针对有色人
种，包括华人劳工，因为他们的存在在西部各州激起了越来越强烈的歇
斯底里情绪，这种倾向认为他们是一个堕落的、依赖性很强的下层阶级，
无法实现个人自治。[77] 另外，少数白人民粹主义者要求建立一个种族融合
的小农联盟，一个独立的黑人民粹主义运动将其土地议程与更广泛的反
对种族歧视和暴力的斗争结合了起来。[78]

正如我们在第 7 章中看到的，杰克逊时代民主党人呼吁政府干预以

---

73 同上，175 - 83，266 - 74，337 - 40。然而，乔治相信，这种优绩统治将通过国家管理的
广泛公共产品得到加强，这些公共产品不仅旨在扩大和平等化机会，还旨在增加生活的舒
适度。他认为，土地价值的上涨将带来税收的意外收获，其收益应该得到广泛分享。

74 The Populist newspaper, the *Wool Hat*, 引自 Palmer, *"Man over Money,"* 12。埃里克·方
纳（Eric Foner）写道："这是 19 世纪美国作为一个小生产者联邦的愿景的最后一次伟大的
政治表现。"（*The Story of American Freedom*, 127）

75 James "Cyclone" Davis, 引自 Goebel, "The Political Economy of American Populism from
Jackson to the New Deal," 128。

76 对民粹主义者的这种解读主要归功于布鲁斯·帕尔默（Bruce Palmer）、劳伦斯·古德温
（Lawrence Goodwyn）和托马斯·戈贝尔（Thomas Goebel）。有关对比解释，参见 Charles
Postel, *The Populist Vision*（Oxford: Oxford University Press, 2007）。波斯特尔几乎将民粹
主义者与他们的知识分子和政治背景完全割裂开来。他基本上忽略了民粹主义作品和演讲
中强有力的、生产者式的抱怨语言，及其在长达一个世纪的平等主义抗议传统中的位置，
他将它们变成了原始的进步主义现代化者和国家建设者。

77 同上，173 - 203。

78 See Ali, *In the Lion's Mouth.*

防止"垄断"，后者对他们来说是一个非常广泛的范畴。为此，他们要求政府彻底关闭美国银行，阻止投机者购买大片土地，并稳定货币以对抗富有的经济操纵者。关于货币和银行的争议导致一些民主党人呼吁成立公共银行，并导致在马丁·范布伦（Martin Van Buren）领导下建立了一个独立的财政部。19世纪晚期的民粹主义者在他们的生活方式面临更大的威胁时，以杰克逊时代民主党人永远不会接受的方式扩大了反垄断行动的号召：他们呼吁铁路和银行国有化，同时实行八小时工作制和累进所得税。但许多人仍然认为，联邦政府行动将起到**防御**作用：其目的是遏制银行家和铁路巨头的腐败特权，恢复生产劳动与经济成功之间的自然联系。[79] 他们的政治言论也大多反对民粹主义者所提出的"社会主义计划"和"邪恶的阶级立法"。[80] 民粹主义是一把广泛的意识形态保护伞，但它带有明显的平等生产主义印记，以小农的财产权为中心，通过自然权利拥有者的神话语言获得表达。1894年，民粹主义煽动者"龙卷风"詹姆斯·戴维斯（James "Cyclone" Davis）写道，如果所有垄断都被摧毁，小生产者的平等权利得到维护，"那么生产最多的人将是最富有的人，每个人都必须依靠自己的经营或精力来创造或确保自己的舒适和幸福"。[81]

民粹主义运动的命运发展说明了关于美国经济平等主义进程的两个非常重要的事实。第一，从杰斐逊到威廉·詹宁斯·布莱恩（William Jennings Bryan），整个19世纪的平等主义拥护者倾向于以小农代言人的身份出现。因此，他们信奉以所有权、独立性和市场准入为中心的个人主义叙事。他们并不信任社会主义思想，这些思想首先反映了欧洲无产城市工人阶级的意识。[82] 第二，可悲的是，美国的经济平等主义者发现自

79 参见，Leonidas Polk, "Agricultural Depression: Its Causes, the Remedy"（Raleigh: Edwards & Broughton, 1890）, 10‑11, 24‑32。

80 Palmer, *"Man over Money,"* 28‑49。参见 Lawrence Goodwyn, *Democratic Promise: The Populist Moment in America*（New York: Oxford University Press, 1976）, 351‑86。

81 James "Cyclone" Davis, *A Political Revelation*（Dallas: Advance Publishing, 1894）, 100‑101。

82 埃里克·方纳（Eric Foner）写道："不是因为缺乏非自由主义思想，而是基于小财产的激进观点的持续存在抑制了社会主义意识形态在美国的兴起。"Eric Foner,（转下页）

己一直与一个同样支持南方白人至上的政党同步协调发展。从内战前开始，奴隶制和由此产生的地区对立形成了一个广泛的南方选区，以反对来自北方的国家驱动的资本主义。在争取赢得选举的过程中，经济平等主义者不断与这个选区结成联盟，因为这些选区倾向于运用个人主义思想来保护种族等级制度免受联邦政府干涉。[83] 1896年民粹主义者与民主党的"融合"体现了这一联系，这一联系后来扭曲了新政政策（如富兰克林·罗斯福争取南方参议员的选票），阻碍在20世纪末至21世纪实现平等主义的改革。[84]

白手起家的英雄

如果说自力更生拼搏者的神话在镀金时代逐渐式微，那么白手起家的英雄的神话就变得更加突出了。它不仅充斥在当时的政治辞藻中，也渗透至通俗文学、成功指南和礼仪手册中。它不仅引起了渴望为自己的财富和影响力辩护的新资本主义精英的共鸣，也引起了美国不断增长的城镇中产阶级和工人阶级的共鸣，他们寻求对自己生活的掌控感，从而不需要去理解周围发生的令人目眩的变化。正如在杰克逊时代一样，白手起家的英雄的神话吸引了美国选民，它既传递了广泛感受到的保守冲动，也传递了乌托邦式的宗教希望。

在镀金时代，就像在杰克逊时代一样，白手起家的英雄神话为日益增 261 长的经济不平等辩护。它向美国人保证，镀金时代的新的公司百万富翁并不是欧洲式的特权贵族；他们都是普通人，通过不懈的努力、毅力和老

（接上页）"Why Is There No Socialism in the United States？" *History Workshop*, no. 17 (1984): 63。参见 Huston, *The British Gentry, the Southern Planter, and the Northern Family Fanner*, 188‑89。

83 当然，许多经济平等主义者也是白人至上主义者，他们的平等观限定在盎格鲁‑撒克逊种族边界之内。

84 关于南方白人至上主义对新政的决定性影响，参见 Ira Katznelson, *Fear Itself: The New Deal and the Origins of Our Time*（New York：W. W. Norton, 2013）。

式的聪明才智，获得了财富和权力。他们所实现的正是美国的成功梦想，任何愿意努力工作以抓住它的人都可以实现这一梦想。此外，他们巨大的财富在他们死后很快就会消失，因为他们娇生惯养的儿子不太可能获得父亲的勇气和决心。根据这个神话，白手起家的英雄带着普罗米修斯的能量掠过美国苍穹，然后消失在夜色中——"就像明亮的流星从蓝色的天空中消失"——带来了进步和机会，但没有留下可遗传的不平等。[85]

另外，那些被动员起来呼吁提高工人工资或提高男人议价能力的人，通过使用胁迫来榨取"不应得"的好处，违反了社会的优绩主义统治秩序，甚至违反了宇宙本身。[86] 1903年散文家奥里森·马登（Orison Marden）在他的畅销书《初出茅庐的创业者》（*The Young Alan Entering Business*）中恳求他的年轻读者不要认同结构性障碍不公平地剥夺了他们机会的观点。在他看来，这只是对个人失败的合理化解释。他说，在美国，**每个人**都有成功的机会。那些失败的人让财富从他们的手指间溜走了："作为男孩，他们不把每一件差事都当作习得礼貌、迅速、精力充沛的机会；也不把学校的每一节课都看作是他们成功结构的基石。"他继续说道："他们没有想到，他们将懒散和不求上进的堕落时光编织进生活的大网将永远破坏他们的生命织物，并一直给他们带来耻辱。"[87] 简而言之，他们除自己之外，没有任何人可以指责，当然也没有正当的权利要求分享他人的血汗财富。

在镀金时代，就像在杰克逊时代一样，这个神话常常与美国例外论的观念联系在一起，美国演说家们通过与旧世界僵化的等级制度作对比，不断强化这种观念。1869年，未来的总统詹姆斯·加菲尔德（James Garfield）对斯宾塞商学院的学生们发表演讲时说，在欧洲，"财富和社

85 Frederick Douglass, "Self-Made Men," in *The Essential Douglass: Selected Writings and Speeches*, ed. Nicholas Buccola (Indianapolis: Hackett, 2016[1893]), 348; Irvin G. Wyllie, The *Self-Made Man in America: The Myth of Rags to Riches* (New Brunswick, NJ: Rutgers University Press, 1954), 90, 55–93; Cawelti, *Apostles of the Self-Made Man*, 167–99.

86 Wyllie, *The Self-Made Man in America*, 65–66.

87 Orison Swett Marden, *The Young Alan Entering Business* (New York: Thomas Y. Crowell and Co., 1903), 210.

会就像构成地壳的岩石层一样"。无论穷人的孩子多么努力，都没有希望穿透它们。相比之下，在美国，地层"更像海洋，在那里，每一滴，甚至是海底的一滴海水，都可以自由地与所有其他物质混合，最后闪耀在最高的浪尖上"。在一个充满流动性和无限丰富的社会里，他继续说道，任何障碍都不能"击溃勇敢的心"：通过勤奋、节俭和顽强的毅力，意志坚定的年轻人可以成为他们想要成为的任何人。[88]

很容易理解，为什么从杰克逊时代到现在，经济精英们都在利用这个神话来为自己的权力和财富辩护，因为它符合这一目的。[89] 要理解为什么它在美国选民中能引起如此深刻的共鸣，还需要更多的讨论。首先，在美国历史的大部分时间里，白人男性**享有**相当大的经济流动性。经济历史学家已经表明，即使在镀金时代，机会也相对丰富。[90] 从这个意义上说，该神话与许多美国人的生活经历大致相符：即使那些没有"推进"自己的人，也常常知道其他人有进步。然而，另一个关键在于，该神话与我们在前几章中探讨的传统的新教叙事具有一致性。从本杰明·富兰克林开始，美国人接受了一个以新教美德，即勤奋、节俭、诚实和节制，为中心的向上流动的故事。在其18世纪的版本中，这些美德具有双重功能，即防止道德堕落和挥霍，并获得社会尊重和经济独立。就像它后来的版本一样，这种从农业和手工业视角对神话的表达是以美国作为一个相对无阶级社会的例外主义形象为前提的，这个社会以机会和丰富为特征。更重要的是，它建立在对美国作为新伊甸园的信念之上，它为人类自身

262

---

88 James Garfield, "Elements of Success: Address before the Students of the Spencerian Business College, Washington, DC, June 29, 1869," in *President Garfield and Education: Hiram College Memorial*, ed. B. A. Hinsdale(Boston: James R. Osgood & Co., 1882[1869]), 332. 参见Richardson, *The Death of Reconstruction*, 61–72。

89 有关当今美国政治中这种优绩统治神话的持续性的讨论，参见Michael J. Sandel, The *Tyranny of Merit: What's Become of the Common Good?* (New York: Farrar, Straus and Giroux, 2020); Daniel Markovits, *The Meritocracy Trap: How America's Foundational Myth Feeds Inequality, Dismantles the Middle Class, and Devours the Elite* (New York: Penguin Books, 2019)。

90 Clayne Pope, "Inequality in the Nineteenth Century," in *The Cambridge Economic History of the United States*, vol. 2, ed. Stanley L. Engerman and Robert E. Gallman (Cambridge: Cambridge University Press, 2000).

提供了在仁慈的上帝的注视下获得解放和重生的机会。

长期以来，这种"温和"的叙事版本塑造了美国中产阶级的态度，体现了美国现存的少数几种真正的保守主义。它颂扬了一种由生产性劳动和财产所有权、"个人责任和邻里自助"、传统家庭、广泛的私人自由以及经常出现的种族权利所定义的生活方式。[91] 它设想在社会和体制稳定的背景下实现来之不易的适度繁荣。它既不信任中央集权国家，也不信任大公司，因为这两者都是彻底破坏和变革的推动者。镀金时代的成功文学往往反映了这种保守的心态。例如，在霍雷肖·阿尔杰的故事中，读者发现自己被带到了一个与本杰明·富兰克林的费城非常相似的世界：一个商人和学徒的世界，在那里，自力更生、谦逊的年轻人因其美德而受到奖励。[92] 面对工业时代令人眼花缭乱的混乱，阿尔杰和其他成功作家经常描绘一个由小商人和工匠组成的简单社会，在这个社会中，个人仍然控制着自己的经济命运。[93]

更重要的是，阿尔杰的故事和那个时代的许多成功文学一样，表达了对道德秩序近乎绝望的渴望。美德得到奖赏，罪恶受到惩罚。贪婪和口是心非的奋斗者可能会获得短暂的成功，但最终宇宙力会重新证明自己的存在，并将他们的财富收回。从19世纪40年代到20世纪，著名的《麦加菲读本》（*McGuffey's Readers*）被广泛用作教科书，它利用每一个机会强化这一信息。勤劳诚实的男孩成为"一个有钱有用的人"，懒惰傲慢的同伴在30岁前成了"流浪汉"。[94] 残忍、不诚实或疏忽的行为很快就会

263

---

91 Christopher Lasch，*The True and Only Heaven: Progress audits Critics*，1st ed.（New York：Norton，1991），486。拉斯奇对这一理想的19世纪版本在多大程度上取决于领土征服和扩张的强调不足。

92 Richard Weiss，*The American Myth of Success: From Horatio Alger to Norman Vincent Peale*（Urbana：University of Illinois Press，1988［1969］），48 – 63.

93 Cawelti，*Apostles of the Self-Made Alan*，121 – 22；Weiss，*The American Alyth of Success*，116.

94 William Holmes McGuffey，"Charlie and Rob，" in *McGuffey's Third Eclectic Reader*，rev. ed.（New York：American Book Co.，1920［1879］），107；Stanley W. Lindberg，"Institutionalizing a Myth：The Mcguffey Readers and the Self-Made Man，" *Journal of American Culture* 2，no. 1（1979）。1843年版的《麦加菲的第三本综合读本》写道，"通往财富、荣誉、有用和幸福的道路向所有人开放，所有愿意进入的人都可以（转下页）

受到无法预料的惩罚。每个人都得到他们应得的东西，而美德——最重要的是古老的新教基本美德——会获得物质回报。历史学家理查德·韦斯（Richard Weiss）写道，"白手起家"的文学基于这样一种假设："在一个由道德法则支配的宇宙中，正义必须主宰一切，而在这样一个宇宙中，人类犯罪与不犯罪的自由赋予了他支配自己命运的权力。"[95]

很难不读到这样的故事，比如关于罪恶和救赎的基督教宇宙观念的世俗化再现。正如信仰和美德带来了永恒的回报一样，它们也会获得成功，即获得拯救的世俗对应物。正如在19世纪美国的福音教义中，拯救在个人的控制范围内，它也存在在地球上的类似对应物。资本主义有关成功的意识形态引起了美国选民的共鸣，尤其是新教保守派，部分因为它肯定了美国社会的救赎观。在1867年的"商业成功演讲"中，霍勒斯·格里利向听众保证："每一个真正高尚地追求成功的人都能获得人生的成功，因为宇宙没有破产，有足够的工作留给那些足够聪明的人去发现。"他继续说道："在这片土地上，我们可以通过努力工作和对目标手段的精心调整获得比任何其他阳光普照的土地更大的机会，更公正、更坚实的希望。"[96] 国家经济的异常公平和开放在这里被反映为一种不可动摇的信念，因为它证明了上帝创造的道德善良和和谐。[97]

在杰克逊时代，辉格党领袖曾将美国卓越的优绩主义经济描述为偶然的自然财富和精心设计的政治工程的结果，他们认为保护性关税、政府支持的信贷以及对教育和经济发展的持续公共投资可以无限期地保持进步和机会。内战后，随着经济精英们开始保护自己免受政府监管的威胁，264 他们倾向于弱化这一经济中的政治成分。在他们修正过的、自由放任的神话表述中，美国是一个自然的经济乌托邦，由粗犷和进取的个人推动，

（接上页）带着几乎确定的成功前景进入这条道路"，当然，前提是他们勤奋而有美德地发挥自己的能力。引自 Weiss, *The American Alyth of Success*, 33。

95 Weiss, *The American Alyth of Success*, 6；参见 pp. 116 - 17。同时，对女性而言，美德通常被定义为"体面"：女性通过嫁给体面的男人，以自己的节俭和勤劳习惯帮助丈夫的上升轨迹，以及养育品德高尚的孩子，来体现自己的体面。

96 Horace Greeley, "An Address on Success in Business ..."（New York：S. S. Packard, 1867），38。

97 Weiss, *The American Myth of Success*, 115；Wyllie, *The Self-Made Man in America*, 54.

他们的生产力需要保护，免受监管机构的傲慢和不配获得成功的穷人的嫉妒。再一次地，这种重新表述将杰克逊时代民主党人对公正和自然秩序的信念与辉格党人的自由观相结合，即自由是在物质丰富的条件下的流动和自我创造。[98]

当然，全球化的企业资本主义从此被这种神话所包裹，变得越来越保守。自内战以来，没有什么比商业精英的激进经济梦想更能破坏美国中产阶级的传统生活方式了。用 W. E. B. 杜波依斯（W. E. B. Du Bois）的话说，他们对效率和财富的不懈追求，带来了"对浪费、死亡、丑陋和灾难的无情漠视"。[99] 家庭农场的衰落和国家补贴的企业化农业的出现，以及其庞大的中央集权、自上而下的控制和高效、化学饱和的单一种植，只是这场剧变的一个例子。历史学家克林顿·罗西特（Clinton Rossiter）写道，"美国资本家，无论他对政府、家庭、财产学校和教会的看法多么保守，都是世界上有史以来最神奇的社会变革推动者"。[100] 在美国，资本主义的成功思想就像寄生虫一样，寄生在新教徒关于尊重和独立的老式梦想上，吸收着他们的政治能量，并导致他们自我毁灭。

与其他两个神话一样，白手起家的英雄神话仍然与种族等级制度紧密相联。在整个镀金时代，美国白人通过种族暴力的大风潮来维护自己的权利和机会。联邦军队越来越深入美洲原住民的土地，犯下了广泛的暴行，以满足白人对土地的渴望，并为盎格鲁–撒克逊人的自由铺平道路。西部的华人劳工遭到白人暴徒的袭击和谋杀，并被谴责为对自由白人劳工的威胁。当"救赎者"重申白人至上主义和白人财产权，反对重建议程时，南部的非洲裔美国人遭到残忍对待，被杀害，而罪犯却不受惩罚。与此同时，美国在古巴和菲律宾开始了殖民事业，其理由被严重种族化

---

98 关于这种重塑的信念的完美表述，参见 Beecher, "Plymouth Pulpit: The Strike and Its Lessons."。

99 W. E. B. Du Bois, *Black Reconstruction; An Essay toward a History of the Part Which Black Folk Played in the Attempt to Reconstruct Democracy in America, 1860 – 1880* (New York: Harcourt, Brace & Co., 1935), 182.

100 Rossiter, *Conservatism in America: Die Thankless Persuasion*, 203。仅就激进主义的规模而言，罗西特甚至将福特和洛克菲勒的世界与列宁等人相提并论。同上，205 – 6。

了。无论是在北方还是南方，美国人都试图通过确认白人的团结和优越性来抚平内战的创伤，重新建立民族团结。[101]

就像在杰克逊时代一样，种族暴力和从属关系被一种普遍的种族本质主义所掩盖，这种本质主义在白人或盎格鲁－撒克逊种族中融入了个人主义特征，同时将他们从有色人种中剥离出来。虽然内战暂时改变了许多北方人的种族态度，但 19 世纪 70 年代还是见证了旧的种族刻板印象的重现。越来越多的人担心自己所在的州的劳工骚乱和工会权力，并对1870—1871 年巴黎公社激进社会主义的报道感到震惊。北方的共和党人对南方的黑人活动感到不安。北方媒体越来越接受这种说法，特别是种族主义者将非洲裔美国人描绘为无能、无主见、无法努力工作的人，决心利用他们新获得的政治权力没收白人财富，并从国家那里获取庇护。因此，争取民权和基本经济机会的黑人工人和选民被描述为一个外来的激进因素，他们利用大政府来促进广泛的依赖，颠覆白手起家的英雄的理想。与此同时，1877 年联邦军队撤离后，白人至上主义者在南方的统治得以恢复，这可以被视为美国个人主义理想的证明。[102]

与这种对黑人依赖性的论述并行不悖的是对白人自力更生和自由的赞许。例如，乔西亚·斯特朗（Josiah Strong）牧师在他 1885 年的著作《我们的国家》（*Our Country*）中指出，每个种族都体现了"一个或多个伟大的思想"。在他看来，盎格鲁－撒克逊人既体现了纯粹的基督教精神，也体现了个人**自由**。他写道："盎格鲁－撒克逊人才能充分承认个人对自己的权利，并正式宣布其为政府的基石。"斯特朗认为，盎格鲁－撒克逊人的自由天赋包括无与伦比的"赚钱能力"和"殖民天才"，"他无与伦比的精力、不屈不挠的毅力和个人独立性，使他成为一名先驱。他

265

101　White, *Die Republic for Which It Stands*, 275－86, 290－305, 379－84, 635－49, 739－46; Lears, *Rebirth of a Nation*, 12－50; Foner, *Reconstruction: America's Unfinished Revolution*, 425－44; Gary Gerstle, *American Crucible: Race and Nation in the Twentieth Century* (Princeton: Princeton University Press, 2001), 14－80; Jean Pfaelzer, *Driven Out: Die Forgotten War against Chinese Americans* (New York: Random House, 2007).

102　有关这一观点的开创性讨论，参见 Richardson, *The Death of Reconstruction*, 83－121, 183－224。

在掌控新的国家方面胜过其他人"，正如他在推动自己从贫困走向富裕方面表现出色一样。当然，他认为美国是盎格鲁－撒克逊力量的先锋。他将达尔文的语言与新教千禧年主义结合在一起，认为美国注定要将盎格鲁－撒克逊的自由传播到全世界。其他种族只能在"迅速的顺从的同化"和逐渐消失之间作出选择。[103]

美国的少数族裔很快就意识到，即使是这种同化的提议通常也是谎言。杜波依斯在1903年的寓言《约翰的降临》（"Of the Coming of John"）中，反思了黑人男子与美国白手起家的理想之间的痛苦关系。约翰·琼斯是一个来自佐治亚州东南部村庄的聪明顺从的黑人男孩，他被送往该市的学校进行学习，尽管当地白人抱怨说"这会惯坏他，毁了他"。经过266多年的工作和斗争，约翰克服了自己的不自律和农村教育的不足，完成了高中和大学学业。杜波依斯写道："他所奋斗出的世界都是他自己建筑的，他建得缓慢而艰难。"约翰努力自我完善，这不仅给他带来了智力熏陶，还带来了投身于富有成效的慈善事业的技能和决心，这是那个时代成功文学中详细描述的上升轨迹的缩影。[104]

与他的白人同伴不同的是，约翰发现这个世界上没有适合他的地方。新的自我意识帮助他比以往任何时候都更清楚地看到"他和白人世界之间的面纱"。即使在大都会纽约，他也发现自己在受过教育的白人社会中不受欢迎。回到家乡，他受雇于黑人学校，条件是他"把黑人教得像他们的父亲一样，能做忠实的仆人和劳工"，而不是用颠覆性的自我改善观念来填充他们的脑袋。约翰与当地黑人居民（包括他自己的家人）之间的裂痕加深了他的疏离感。在大学和城市度过了几年后，他被黑人生活中的"肮脏和狭隘"所震撼。他们的宗教热情似乎是粗鲁的迷信狂热。与此同时，对他们来说，约翰是似乎"冷漠而专注的"、无礼的、面目全非的。[105] 作为一个白手起家的人，约翰发现自己是被孤立的、愤怒的和无

---

103 Josiah Strong, *Our Country: Its Possible Future and Its Present Crisis*（New York: Baker & Taylor, 1885）, 159, 173, 175.

104 W. E. B. DuBois, "Of the Coming of John," in *The Souls of Black Folk*（Chicago: A. C. McClurg & Co., 1903）, 230, 233.

105 同上, 234, 243, 239, 240。

能为力的，因为他侵入了"白人的特权"领域。[106] 最终，他为这种不体面的傲慢付出了生命代价。

弗雷德里克·道格拉斯（Frederick Douglass）则更为乐观，他在内战后的几十年里发表了50多次"白手起家的英雄"的演讲，告诫所有美国人，无论白人还是黑人，都要发现自己的进步意志的"神奇力量"。道格拉斯坚称，在南方以外，美国的确是"白手起家的人的家园和靠山"："在这里，所有的门都向他们敞开。他们可能渴望任何职位。"在持类似观点的所有人中，道格拉斯对战后北方经济中黑人仍然面临的歧视性障碍不抱幻想，但他也认为幻灭和听之任之是有害的。获得自尊的唯一途径是加倍努力应对种族主义，通过"精心指导的诚实的工作"不断实现自我提升。在他眼里，虽然白手起家的英雄的理想具有相当大的神话色彩，但是它是抵抗种族偏见所带来的耻辱的力量源泉。[107] 他还用它巧妙地嘲弄了白人听众的被他们不应得的种族特权所掩盖的精英自我形象。[108]

至关重要的是，他和杜波依斯都引用了这个神话来谴责美国的种族[267]主义和结构性不公正。道格拉斯说，"给黑人一个公平的机会，让他自力更生"，依靠自己的努力而获得人生的起落。在他看来，"公平竞争"是一项实质性的要求："让黑人从一无所有开始生活，而其他人从一千年后的优势开始生活，这是不公平的。"[109] 道格拉斯呼吁建立一个普遍的、联邦资助的教育体系；他主张一项庞大的联邦计划，以促进黑人土地所有

---

106 杜波依斯写道："我们每天都听说，一种鼓励抱负的教育，一种树立最崇高理想的教育，以及一种最终文化和性格的追求，而不是赢得面包的教育，是白人的特权，也是黑人的危险和妄想。"（"Of the Training of Black Men," in *The Souls of Black Folk*, 94）

107 Douglass, "Self-Made Men," 340, 347, 346。杰克·特纳强调了道格拉斯神话的"实用性"。Jack Turner, *Awakening to Race: Individualism and Social Consciousness in America*（Chicago: University of Chicago Press, 2012）, 50–55。

108 他认为，自力更生的英雄是"与自己的出身、关系、友好的环境几乎没有什么关系"的人，是"在没有任何其他人通常在世界上崛起的有利条件的帮助下"崛起的人。道格拉斯深知，作为一个成功的黑人，他以白人同龄人永远无法做到的方式证明了这一理想。Douglass, "Self-Made Men," 335。

109 同上，341。

权（再后来，是帮助南部黑人向西迁移，根据《宅地法》获取土地）；并继续激烈批评种族偏见。[110] 同时，杜波依斯对经济平等和共治的社会主义愿景提出了影响更深远的主张。在他看来，工业化破坏了伟大的"美国假设"，即财富流向努力工作的人。对黑人来说，这从来不是真的；而现在，白人男性也发现自己无法符合这一假设。[111] 对于道格拉斯和杜波依斯来说，这个神话成为衡量美国不公正程度的标准；它还呼吁了改革美国社会，为平等自由创造物质前提条件。

从内战到20世纪初，这三个基本神话都被用于不同的政治目的。在战后短短十年多的时间里，它们被用于实现重建时期的雄心勃勃的平等主义目标，包括广泛的民权改革和普选。19世纪60年代和19世纪70年代初取得的惊人成就标志着自19世纪30年代开始的废奴主义者的数十年改革主义煽动达到了顶点。在19世纪80年代和19世纪90年代，劳工骑士团和民粹主义运动也利用这些神话来复兴和深化杰克逊时代民主政治的平等主义。然而，综合来看，这几十年带来的逆转多于进步。随着战争平均主义遗产的消退和重建的失败，美国白人重新认同了个人主义和种族等级制度的融合。国家支持的针对工会和罢工者的暴力不断升级，加上劳工骑士团的衰落，给生产者的权利事业带来了沉重打击。与此同时，民粹主义运动在政治上的失败使农村经济更加不平等，对农民的剥削也更重。一直以来，随着主要政党及其媒体机构成功地重新利用了基本神话，为日益加剧的不平等辩护，它们所承载的经济自由理念变得单薄而脆弱。这些发展留下了长期的影响：在20世纪的大部分时间里，美国的平等主义者会觉得他们在与国家的意识形态遗产作斗争。

---

110 Turner, *Awakening to Race*, 55‑62; Nicholas Buccola, *Die Political Thought of Frederick Douglass: In Pursuit of American Liberty* (New York: New York University Press, 2012), 114‑25.

111 Du Bois, *Black Reconstruction*, 182‑83.

结　论

20世纪给美国的政治思想带来了巨大的变化。进步时代和随后的新政成功地挑战了自由市场的正统观念，并极大地扩展了美国人对政府在经济中的正确角色的看法。美国在二战后转变为军事化的超级大国，引起了人们对其在全球政治中的正确角色的极大改观，以及随之而来的冷战重塑和美国的保守主义的振兴。民权运动挑战了几十年来白人对种族不公的自满情绪，使其再次成为党派政治中的一条重要断层。越南战争的批评者与民权活动家和女权主义者一道，推进了强大的社会批评新语言和反文化异见，这些语言攻击了美国例外论的主流神话。20世纪30年代和40年代是由世界大战和大萧条后经济复苏这两项艰巨的集体计划所定义的，这给自杰克逊时代以来塑造美国政治文化的个人主义言论带来了特别尖锐的挑战。

因此，值得注意的是，在21世纪，本书中探讨的三个基本神话对我们来说仍然如此熟悉。时至今日，它们仍然提供了基本故事情节让许多美国人用来理解他们的政治。它们的影响在美国右翼尤其明显：即使在特朗普叛乱搅乱了其意识形态要旨之后，右翼仍在使用自由市场、个人权利和个人责任等在镀金时代显而易见的语言。右翼继续吟唱着美国的非凡自由之歌。它的流行话语以个人自由的主张为基础：持枪权、财产权、宗教自由。此外，这一论述通常笼罩在毫不掩饰的种族主义比喻中，这 269些比喻表明，非裔美国人和有色人种移民都是不负责任的依赖者，在公共食槽中觅食，丧失了独立和勤奋的个人主义美德。[1]

这种右倾的个人主义在20世纪70年代和80年代被复兴的自由市场意识形态所鼓舞。"里根革命"恢复了历史学家丹尼尔·罗杰斯（Daniel Rodgers）所称的"民粹主义市场乐观主义论调"，其核心是自由市场是一个自然和谐的系统的信念，该系统经过校准，既能实现自由和繁荣，也能散播对政府的不信任。[2] 20世纪中叶，强烈反对新政的商界精英们为保持这一语言的活力并恢复其普及性而疯狂地工作。他们得到了20世纪50年代尖锐的反共产主义的支持，这进一步复兴了美国作为由"自由企业"和扩张的个人权利所定义的个人主义避难所的观念，以对抗苏联的集体主义威胁。[3] 20世纪80年代，它在意识形态上的崛起也是由一场复兴福音派的运动推动的，该运动在与政府中的自由精英影响力的斗争中与自由市场思想联合了起来。

与此同时，自20世纪60年代林登·约翰逊（Lyndon Johnson）的"伟大社会"倡议的失败，美国左翼开始强调自己的个人解放叙事。争取妇女平等和生殖权利、婚姻平等和LGBTQ权利，甚至争取种族包容的斗争，往往使用个人自主和机会的语言来表达：这些领域的活动人士旨在将个人从压迫性和任意性的束缚中解放出来，使人过上自己想要的生活。例如，在具有里程碑意义的2003年古德里奇案中，马萨诸塞州同性婚姻获得合法化，在这一过程中多数人援引了该州长期以来对"个人自由不受政府侵犯"的宪法保护。这一事件确认该州"尊重个人自治"和"所有人的尊严和平等"，并禁止"创造二等公民"。[4] 正是这种个人自主和平等权利的话语支撑了20世纪60年代后左翼的大部分平等主义运动成就。

1　参见，Martin Gilens, *Why Americans Hate Welfare: Race, Media, and the Politics of Antipoverty Policy* (Chicago: University of Chicago Press, 1999); Jessica Autumn Brown, "The New 'Southern Strategy': Immigration, Race, and 'Welfare Dependency' in Contemporary U.S. Republican Discourse," *Geopolitics, History, and International Relations* 8, no. 2 (2016): 22 – 41。

2　Daniel T. Rodgers, *Age of Fracture* (Cambridge, MA: Harvard University Press, 2011), 72.

3　有关20世纪美国自由企业神话的启发性研究，参见Lawrence B. Glickman, *Free Enterprise: An American History* (New Haven: Yale University Press, 2019)。

4　*Goodridge v. Department of Public Health*, 440 Mass. 309, pp. 328, 313, 312.

　　然而，在经济领域，民主党使用了个人主义言论，以摆脱新政时期的平等主义。从比尔·克林顿对福利依赖的抨击，到巴拉克·奥巴马关于个人成就的论述，民主党人发现自己在一个主要由里根定义的修辞环境中活动。例如，在2013年一次广为人知的演讲中，奥巴马重申了他所看到的美国生活的基本经济承诺："成功并不取决于出生时的财富或特权，　270而是取决于努力和优秀品质。"他引用亚伯拉罕·林肯的话感叹美国经济流动性的降低："虽然我们不建议对资本发动任何战争，但我们确实希望让最卑微的人有与其他人平等的机会致富。"这些话广泛代表了该党从20世纪80年代到奥巴马时期的再分配目标：为较贫穷的美国人扩大经济机会，恢复成功与"努力和优秀品质"之间的神圣联系，使勤劳的美国人摆脱依赖，在经济阶梯上不断上升。对于奥巴马和克林顿来说，这无异于古老的"美国梦"。[5]

　　在过去几年中，出现了更加大胆的经济左翼群体。从"占领华尔街运动"到伯尼·桑德斯（Bernie Sanders）引人注目的总统竞选活动，再到拜登总统任期初期的雄心壮志，进步派活动人士及其在民主党的盟友已经开始重新复兴世纪中叶的信念，即"免于匮乏"应该是一个基本政治目标。现在来预测这是对经济衰退和新冠大流行压力的暂时反应，还是预示着政府力量将被使用来打击寡头政治和白人至上的长期承诺还为时过早。无论怎样，美国个人主义的神话似乎都不太可能轻易被取代。在可预见的未来，它们将继续为数以百万计的美国人定义想象中的政治图景，并使那些能够成功驾驭他们的人获得政治红利。

　　在探索这些个人主义思想的根源时，本书试图纠正一些错误，这些错误误导了有关这个主题的早期研究。自20世纪中叶以来，关于美国个人主义的学术讨论一直在对美国历史的"共识"解释的阴影下展开，这种

5　https：//obamawhitehouse.archives.gov/the-press-office/2013/12/04/remarks-president-economic-mobility。比尔·克林顿（Bill Clinton）在1993年宣称："我们都是在美国梦中长大的，这是一个简单但强大的梦想：如果你努力工作，遵守规则，你应该有机会尽你的上帝赋予的能力所能。"Cited in Michael J. Sandel, *The Tyranny of Merit: What's Become of the Common Good?* （New York：Farrar，Straus and Giroux，2020），67。另一个突出的示例，参见https：//www.vox.com/2015/7/13/8953349/Clinton-economic-speech-transcript。

解释将个人主义视为美国意识形态景观的一个基本特征，自殖民时期起就一直存在。本书认为，美国的个人主义其实是在杰克逊时代才上升到主导地位的。这种意识形态转变来源于一系列强大的变革，这些变革在19世纪上半叶影响了美国社会，并导致许多美国人偏离了建国一代的政治思想：大众民主的出现、市场的大规模扩张以及第二次大觉醒的反体制复兴主义。本书探讨了杰克逊时代民主党人如何精心设计和推广个人主义叙事，帮助美国人在这一不断变化的政治、经济和宗教环境中找到自己的方向。

与寻找共识的历史学家不同，本书还强调了美国个人主义及其所包含的更广泛的政治文化的复杂性和多样性。它展示了个人主义假设是如何嵌入不同的政治叙事和观点中的，尽管这些叙事和观点共享某些基本假设，但它们仍体现了美国社会的广泛分歧。例如，本书展示了个人主义假设如何对工业化资本主义进行尖锐的批评和慷慨激昂的辩护，同时，更广泛地展示了它们是如何传达真正激进的观点和怀旧保守的渴望的。此外，本书还认为，随着时间的推移，个人主义的神话和思想与以白人男性团结和至高无上或基督教共同体为中心的集体主义方案竞争并相互影响。在这些方面，本书并不认同将美国个人主义描述为政治共识的来源。

最后，这些世纪中期的历史学家经常将个人主义视为一种基本的实践观。对他们来说，个人主义代表着小资产阶级价值观的胜利，对物质成功的不懈追求，或对宏大政治野心的常识性厌恶：他们坚持认为，不管是好是坏，美国人都拒绝了理想主义和"十字军精神"，这种理想主义和精神在欧美激励了许多政治运动，并导致这些运动采取了大胆的集体行动。[6] 相反，这本书发现经常激发美国个人主义的是乌托邦式的冲动。在他们

---

6 参见，Louis Hartz, *The Liberal Tradition in America: An Interpretation of American Political Thought since the Revolution*（New York: Harcourt, Brace & World, 1955）, 3 - 23, 35 - 66; Richard Hofstadter, *The American Political Tradition and the Men Who Made It*（New York: Vintage Books, 1989［1948］）, xxxiii - xl; Daniel J. Boorstin, *The Genius of American Politics*（Chicago: University of Chicago Press, 1953）, 1 - 7, 22 - 29, 170 - 89. 哈茨写道："美国历史上有很多梦想家，但我们政治思想的中心路线背叛了一种不可战胜的实用主义。"（*The Liberal Tradition in America*, 43）。最近一些维护共识的人，如J. 大卫·格林斯通（J. David Greenstone）和塞缪尔·亨廷顿（Samuel Huntington），为道德狂热留出了更多空间。

对农业美德、自然市场和无阶级优绩统治的神话愿景中，美国人一直把个人自由比作一个神圣正义和人类救赎的故事。他们没有完全放弃乌托邦式的冲动，而是将其重心从国家转移到了美国社会或美国经济，这一转移产生了深远的影响。事实上，前面的章节已经表明，这种乌托邦式的冲动极大地强化了美国的个人主义，使其成为集体意义的重要来源。

基于这种美国个人主义的更新观点，本书的最后一章将对个人主义对 21 世纪美国政治的影响进行一些批判性思考。本章将特别关注平等和不平等的主题，这些主题现在在美国仍然是有关个人自由含义和范围的众多争议的中心议题。

不平等的向量

贯穿美国历史的不公正的巨大伤疤已经浮现了出来，绝大多数来自深刻的不平等及其造成的脆弱性。美国原住民被视为劣等种族，失去了美国法律和条约的保护，并被白人定居者、投机者和治安维护者不停伤害。非洲裔美国人饱受非人化对待，被残忍地奴役，在解放后的一个多世纪里，他们仍被置于暴力和独特的美国社会地位等级制度的最底层，这一制度令人厌恶的差别直到今天仍扭曲了美国的政治和社会。妇女被剥夺了公民权，在法律上被纳入丈夫的人格，并受到普遍的支配和监视。数百万贫困的美国人在过去和现在都处于贫困、屈辱和绝望之中，尽管他们的劳动为特权精英们创造了巨大的财富。

毫无疑问，本书中探讨的基本神话促成了这些不平等。一次又一次，美国人通过呼吁个人自由的反政府理想来阻挠平等主义改革。一次又一次，他们通过援引基本神话所传达的理想化自我形象来掩盖或忽视他们国家的结构性不公正。在过去的两个世纪里，三股强大的意识形态力量与个人主义思想交织在一起，形成了个人主义思想，加剧了这些倾向：白人男性至上主义、乌托邦式的无政治秩序观，以及对国家例外主义的强烈信仰。这三者都持续削弱了美国个人主义从一开始就具有的平等主义潜力。在这一过程中，这三者都造成了严重的不公正。

不公正的第一个根源在于美国个人主义和白人男性至上主义之间的复杂关系。这里有许多不同的线索需要解开。首先，在将懒惰、奴性和群体思维投射到有色人种身上，并将白人视为他们的反面时，美国白人不断将个人主义理想融入自己的种族认同中。[7] 几个世纪以来，一种类似的动态机制塑造了美国男子气概的建构：女性被描绘成依赖性和非理性的，男性被描绘成自立、自律的，后者非常适合家庭养育范围之外的崎岖不平、竞争激烈的世界。这些普遍的比喻强化了这样一种信念，即美国独特的价值观和制度主要属于白人或盎格鲁 - 撒克逊人，而且无论是女性还是有色人种，都应该以各种方式被边缘化、被排斥或处于屈从地位。换句话说，他们将美国的个人主义包裹在了有关种族和性别等级的集体主义故事中。

白人种族主义也以更具体的方式塑造了美国的个人主义话语。从杰克逊时代开始，种族仇恨不仅阻碍了美国政治中包容性工人阶级联盟的形成，而且还通过说服贫穷的白人，让他们相信他们与富有的雇主和罪魁祸首有着共同的奋斗目标，从而削弱了阶级认同。[8] 因此，它强化了长期以来阻碍平等主义改革的美国无阶级神话。此外，对联邦政府结束奴隶制和强制执行公民权利的行动的种族怨恨，以及对再分配政策将颠覆种族等级制度的持续担忧，削弱了美国白人对福利国家的支持，并鼓动了反政府的个人主义，以达到明显的维护不平等的目的。[9] 迄今为止，美国许多贫穷的白人对福利援助的强烈反感，无疑是这种种族主义遗产的痕

---

7 无可否认，白人至上是一种集体主义。这里的重点是，与其他集体主义信条相比，这一信条与美国主导的个人主义神话形成了共生关系。

8 1935年，W. E. B. 杜波依斯有力地阐述了这一论点；参见 W. E. B. Du Bois, *Black Reconstruction: An Essay toward a History of the Part Which Black Folk Played in the Attempt to Reconstruct Democracy in America, 1860 - 1880* (New York: Harcourt, Brace & Co., 1935), 700 - 701。参见 James Brewer Stewart, "The Emergence of Racial Modernity and the Rise of the White North, 1790 - 1840," *Journal of the Early Republic* 18, no. 2 (1998): 181 - 217。

9 有关此洞察的不同方法，参见，例如，Heather Cox Richardson, *How the South Won the Civil War: Oligarchy, Democracy, and the Continuing Fight for the Soul of America* (New York: Oxford University Press, 2020); Arlie Russell Hochschild, *Strangers in Their Own Land: Anger and Mourning on the American Right* (New York: The New Press, 2016)。

迹。[10] 在所有这些方面，种族主义帮助将美国的个人主义神话变成了不平等和不公正的工具。

这些趋势随后被持续不断的入侵威胁言论所强化。从杰克逊时代到今天，美国白人经常感受到来自其他人种的威胁，从基因上或者文化上削弱白人，以及从源头上破坏他们的自由。暴力、淫荡或懒惰的黑人"群众"围攻白人社会，或外来的非欧洲移民"部落"威胁破坏美国价值观，这种反复出现的幻想一直是美国道德的和进取的白人英雄的陪衬。通过这些危险的叙述，美国个人主义不断转变为强大的共同身份和事业，呼吁防御入侵污染物。最近，唐纳德·特朗普（Donald Trump）的有毒白人政治重新激发了美国政治话语中的这种恶性张力。

与此同时，如此多的美国白人努力忽视或否认白人至上主义的影响力，这是值得注意的。在过去的两百年里，美国的政治辞令展示了一系列旨在保护国家个人主义自我形象的否认和回避。美国白人并没有把自己视为一个拥有白人特权的殖民国家的代理人，而是幻想着自己是勤劳的定居者在驯服一片广阔而原始的荒野。[11] 他们没有将自己视为以种族征服为前提的种族隔离社会的成员，而是将奴隶制视为最初由英国人强加给他们的一种外来异常现象，最终将通过自由奴隶自愿移民回非洲而解决。当这个梦想破灭后，他们取而代之的是这样一种幻想，即非裔美国人仍然贫穷和边缘化是因为他们自身缺乏社会总是会予以回报的努力和自律。[12] 然后，他们建立了一个以个人的刑事责任为前提的庞大的惩罚性监狱系统，而不是解决种族不公正的累积影响。通过否认、伪造和公然的不一致，美国白人竭力重申他们个人主义神话中的普世主义。这也是个人主义思想持久力量的一个衡量标准。

274

10　Gilens, *Why Americans Hate Welfare*; Jonathan Metzl, *Dying of Whiteness: How the Politics of Racial Resentment Is Killing America's Heartland*（New York: Basic Books, 2019）.

11　或者他们幻想着一个和平的、契约式的扩张，这种扩张周期性地被"野蛮人"的非理性暴力所妨碍。

12　参见Donald R. Kinder and Tali Mendelberg, "Individualism Reconsidered: Principles and Prejudice in Contemporary American Opinion," in *Racialized Politics: The Debate about Racism in America*, ed. David O. Sears, Jim Sidanius, and Lawrence Bobo（Chicago: University of Chicago Press, 2000）.

在我们自己的时代，保守派专家和知识分子所使用的种族盲视个人主义的修辞仍然在为同一目的服务：它从根本上是一种否认的修辞。在经历了几个世纪的压迫、边缘化和剥削之后，我们现在应该把非洲裔美国人当作生活"种族"中的平等竞争者，这意味着这种不公正的历史遗产没有留下持久的印记。这种严重扭曲的观点忽视了大规模的结构性财富差距，这种差距是由几个世纪以来的种族暴力和歧视造成的，并因联邦政府支持的在社区以及在学校的种族隔离，以及继续深化和加强种族等级制度的刑事司法制度而加剧。[13] 它还否认了美国社会中存在种族偏见的无数证据，这种偏见仍然限制和贬低了无数有色人种的青年男女。

这里的主要问题不在于个人主义的**理想**，而在于美国白人的自利倾向，他们认为自己的社会已经实现了个人主义。我们在第 2 章中看到，美国个人主义以两种不同的方式发挥作用，既作为道德理想，也作为社会和政治现实的描述。[14] 在后一种情况下，它继续影响着美国人对其社会及其历史的看法。但个人主义的理想也不是无可指责的。在一个自尊与个人自主和独立紧密相连的国家里，许多人本能地对他们的成就取决于继承优势的说法表示不满。因此，他们倾向于忽视结构性不公正的影响。政治理论家杰克·特纳（Jack Turner）写道，个人主义者决心将自己视为"自己命运的主人"，他们通常否认"社会结构"的重要性，甚至否认其现实性。[15]

13　截至 2019 年，白人家庭的平均财富是黑人家庭平均财富的八倍。Neil Bhutta et ah，"Disparities in Wealth by Race and Ethnicity in the 2019 Survey of Consumer Finances," *FEDS Notes*（2020），https://doi.org/10.17016/2380-7172.2797。有关种族和美国梦的深入讨论，参见 Jennifer Hochschild, *Facing Up to the American Dream: Race, Class, and the Soul of the Nation*（Princeton: Princeton University Press，1995）。

14　事实上，基本神话的关键功能之一是将道德和政治理想转化为对国家及其历史的美化描述（这可以作为国家认同的基础）。

15　Jack Turner, "American Individualism and Structural Injustice: Tocqueville, Gender, and Race," *Polity* 40, no. 2（2008）: 215。参见 Charles W. Mills, "White Ignorance," in *Black Rights/White Wrongs: The Critique of Racial Liberalism*（New York: Oxford University Press，2017［2007］）。

第二个不公正的来源来自这样一个事实：从内战到现在，富有的精英们经常成功地以符合他们利益的方式来定义个人自由的内容。自由只意 275 味着**不被政府关注**，这一点对任何人都没有好处，除了那些渴望保护自己的经济帝国和劳动实践免受监管、保护自己庞大的财产不受税收影响的富商。另外，事实证明对于那些发现自己受生计所迫必须在不安全的工作场所工作的人，遭受土地、空气和水的污染的人，靠微薄工资生活的人，或者依赖长期资金不足的学校和公设辩护人的人来说，这是灾难性的。金钱在美国政治中的巨大影响力有助于解释商业利益在美国决策中的主导地位；公司对大众媒体的控制也有助于解释这种愤世嫉俗的自由观念的广泛传播。但这些事实只是故事的一部分，因为它们无法解释为什么美国公众如此频繁地接受这种精英驱动的言论。

答案部分在于自杰克逊时代以来就嵌入美国个人主义的乌托邦冲动。当他们想象在没有政府干预的情况下**生活会是什么样子**时，美国人往往会被一种神话般的愿景所吸引，即一种新兴的优绩主义统治秩序，它既丰富、自由、广泛公平，又具有独特的**美国特色**。这些乌托邦式的假设，不仅仅是对政府权力的厌恶，还提供了这种"消极"自由概念的内容和持久吸引力。在前面的章节中，我们探讨了这些乌托邦假设的几个相关表述：一个和平、勤劳、文明的社会的农业神话，一个具有公民道德的需要很少治理的自耕农社会；一个公平和繁荣的社会的梦想，由体现上帝自己仁慈意志的自然市场所协调；对无阶级优绩统治的坚定信念，奖励美德，惩罚邪恶。所有这些都是和谐社会秩序的源泉，而这种秩序主要存在于政治之外。从杰克逊时代到今天，美国精英们成功地利用这些乌托邦式的愿景，将政府的监管和再分配定义为对自然或天意的扭曲。[16]

尽管杰斐逊式的自耕农田园牧歌基本上已经淡出了人们的视野，但其他两种乌托邦式的愿景仍在以值得在这里进一步讨论的方式扭曲着美国人的政治观念。首先，自然市场的想法自然纯属幻想。市场是人

---

16 关于自由企业作为20世纪保守派"自然化语言"的精彩讨论，参见Glickman, *Free Enterprise: An American History*, 4, 167–97. 格利克曼探讨了这些保守派如何努力将新政表述为对"自然经济规律"的"人为"扭曲（第173页）。

类的创造；在现代世界，它们也是法律和政府的产物。虽然市场互动的特定结果在很大程度上是无计划的，但现代市场是由一套政治规则构成的，包括由公共官员制定和强制执行的财产和继承、合同、垄断和破产的法律。[17]这些规则没有**自然**结构；相反，它们反映了基于相互竞争的利益和价值观的道德和政治选择。[18]至关重要的是，这些选择能够并且确实将经济竞争场决定性地"倾斜"给一组或另一组竞争者，它们塑造了市场，对那些在其中竞争的人产生了巨大的分配影响。[19]从这个意义上说，市场无法逃避政治权力或财富和机会的政治分配。[20]正如我们在第9章中看到的，辉格党人比他们的民主党对手更清楚地理解这一点。但他们的观点被自由意志主义的乐观主义浪潮淹没了，这种乐观主义在19世纪及其以后以学术和大众舆论形式支撑着美国政治经济。[21]

社会学家卡尔·波兰尼（Karl Polanyi）的著名论断是，自由市场意识形态都是由强大的乌托邦假设所驱动的。其中最主要的假设是，经济

---

17 有关这一点的说明，参见伯纳德·哈考特（Bernard Harcourt）对管理始于19世纪末的芝加哥交易委员会的现代股票和商品交易所的一系列规则和条例的描述，Bernard Harcourt, *The Illusion of Free Markets: Punishment and the Myth of Natural Order* (Cambridge, MA: Harvard University Press, 2011), 188, 190。

18 市场乌托邦主义的一个持久影响是，效用最大化是一个价值无涉的前提，它以某种方式由事物的本质赋予或揭示给我们；这一虚构继续活跃着大量的新古典主义经济学研究中。事实上，认为经济和政治规则应该被校准，以最大限度地发挥效用，而不管其分配效果如何，这是当今大多数道德和政治哲学家所拒绝的一个有争议的道德立场。

19 有关这一点的进一步讨论，参见 Liam Murphy and Thomas Nagel, *The Myth of Ownership: Taxes and justice* (Oxford: Oxford University Press, 2002), 31 - 37; Robert B. Reich, *Saving Capitalism: For the Many, Not the Few* (New York: Knopf, 2015)。For a more global point of view, see Joseph Stiglitz, *Making Globalization Work: The Next Steps to Global Justice* (New York: Norton, 2006)。

20 市场可以被更好地理解为一种政治间接的形式，它既为人类自由带来巨大潜力，也给人类自由带来相当大的危险。

21 例如，弗里德里希·哈耶克（Friedrich Hayek）的作品对美国右翼产生了巨大影响，他将市场社会想象为"自发的秩序或宇宙"，类似于"自然秩序"。F. A. Hayek, "The Confusion of Language in Political Thought" (London: Institute of Economic Affairs, 1968), 13, 28, 11。参见 Glickman, *Free Enterprise: An American History*, 167 - 97。

是一个严格自愿的领域，不会因权力的行使而受到损害。[22] 因此，创建和维持自由社会的项目在很大程度上是一个限制政府权力和范围的项目，并允许"自律市场"不受损害地运作。在美国，这些假设在知识分子和广大公众中的影响力最大。而它们在任何地方都没有如此深刻的宗教意义。历史学家约翰·威廉·沃德（John William Ward）写道："神秘的想象背景使杰克逊时代的政治哲学有可能得出一个惊人的结论，即美国不需要政治，那就是对宇宙基本规律的狂热信仰，宇宙宪政，这使得人类没有必要计划、创造和实现美好社会。"[23] 时至今日，这种潜在的收益的经济精英们一次又一次煽动的宗教乐观主义继续滋长并重新引发了对政府的深刻不信任。

例如，这种不信任很明显地体现在，人们普遍认为，扩大政府在儿童保育、医疗保健和其他重要服务方面的投资将创造一个"权利社会"，奖励不值得的人，并颠覆美国的价值观。在其核心，这种信念取决于一个想象中的"自由市场"基线，在这个基线中，人们得到了他们应得的收入。然后，政府支出被视为对这一基线的**颠覆**，从优绩统治和自由的逻辑转变为权利和强制的逻辑。一旦我们认识到这一基准线本身是虚构的，并且商业精英们在一个多世纪以来一直在使用它来证明一个由他们自己的权力和特权构成的经济是合理的，那么整个思维方式就会被发现纯属欺诈。当然，这并不意味着我们必须否定自力更生本身的价值，或者否定赋予公民权利使对自己的生活施加有意义的控制的目的；相反，这意味着我们必须努力将这些价值观与长期以来为美国寡头利益服务的乌托邦式经济谎言区分开来。 277

正如我们在第 7 章所探讨的，美国乌托邦主义最持久的遗产之一是对威胁人类自由的危险的狭隘看法。与任何其他先进的后工业民主国家相

22 Karl Polanyi, *The Great Transformation: The Political and Economic Origins of Our Time* (Boston: Beacon Press, 1957[1944]), 178-91.

23 John William Ward, "Jacksonian Democratic Thought:'A Natural Charter of Privilege,'" in *The Development of an American Culture*, ed. Stanley Coben and Lorman Ratner (New York: St. Martin's Press, 1983[1970]), 72。参见 John Dewey, *Liberalism and Social Action*(Amherst, NY: Prometheus Books, 2000[1935]), 19-20, 41-60。

比，在美国，仍然很难将私人经济行为体所造成的伤害，包括经济剥削、混乱和环境退化，**视为**强权对普通人个人自由的侵犯。相反，它们往往只不过是自由市场令人遗憾但不可避免的副作用，而阻碍自由市场的最终良性能动性将是反常地或徒劳的。[24]

自我调节的市场的谎言常常与美国乌托邦主义的另一个持久的流派相重叠：即将美国幻想为纯粹的优绩主义统治。自杰克逊时代以来，市场经常被想象为确保个人流动的优绩统治体系，而政府则被视为任人唯亲、停滞不前和不当特权的根源。然而，正如我们在第9章和第10章中所探讨的那样，纯粹的任人唯贤理念也被那些至少抵制一些自由放任教条的人所宣扬。例如，对于内战前的辉格党人来说，美国的流动性和优绩统治在一定程度上是由政府的谨慎和公正监督所带来的，这使美国工人和制造商免受掠夺性的外国竞争，保证了稳定的信贷流，并投资于学校和基础设施。但辉格党认为，这种优绩统治秩序已经基本实现，不需要刻意重新分配财富。这些信念反过来建立在美国社会是独特的和不同的信念之上；它是无阶级的，流动的，基本上是和谐的。在他们看来，它根本不同于欧洲社会，因此可以用温和公正的方式来治理。

当然，当时的这些信念中有事实作为内核：在整个19世纪，美国白人男性**确实**经历了比欧洲同龄人更高的经济流动水平。[25]但纯粹优绩统治的想法一直是一种幻想。正如历史学家详尽记录的那样，美国历史上的精英们从继承的优势和持续的政府偏袒中获益。与此同时，穷人经常发现自己在与旨在保护雇主和房东的结构性障碍作斗争。此外，野蛮的运气一直深刻地影响着美国人在整个经济领域的财富。在否认或淡化这些

278

---

24 在第7章中，自由完全不受服从市场的自然约束的影响，这一观点得到了自由意志主义思想家的捍卫，他们的思想深刻地塑造了美国右翼的意识形态，从赫伯特·斯宾塞（Herbert Spencer）到路德维希·冯·米塞斯（Ludwig von Mises）和弗里德里希·哈耶克（Friedrich Hayek）。有关有用的讨论，参见 Eric MacGilvray, *The Invention of Market Freedom*（Cambridge: Cambridge University Press, 2011）, 166–73。

25 Clayne Pope, "Inequality in the Nineteenth Century," in *The Cambridge Economic History of the United States*, vol. 2, ed. Stanley L. Engerman and Robert E. Gallman（Cambridge: Cambridge University Press, 2000）.

现实的过程中，美国的优绩主义愿景给国家政治注入了傲慢和残酷。这反映了富裕的美国人的傲慢，他们渴望说服自己相信他们的财富完全是自己创造的，他们对整个社会没有任何感激之情，而且，除最低限度的税收之外，其他税收措施都是对他们劳动成果的不合理的**索取**。它还鼓励公众虐待穷人，穷人被认为对自己的失败负有责任，穷人还被视为叫嚣着要"施舍"从而破坏了道德应得的结构。[26]

这种神话与现实之间的差距在今天尤为明显，因此其影响也尤其具有破坏性。最近的几项研究表明，美国的经济流动率目前相对较低，低于加拿大和许多西欧国家。[27]虽然这种差异的确切原因仍在争论，但几乎可以肯定的是，原因不仅包括巨大的经济不平等，而且还包括美国贫困家庭及其子女缺乏公共支持。在美国非常贫困的儿童接受学前教育的可能性较小；他们的公立学校更可能资金不足，质量不佳；他们的父母更可能身体不好，工作时间更长（工资更低），留给照料的时间更少。[28]在医疗、教育和反贫困措施方面的大力公共投资对于为出身贫困的人创造机会尤其重要，而关于美国是一个本质上的和自然而然的精英社会的幻想继续抑制着公共投资这一点。[29]

这本书也提出了美国政治思想中长期存在的乌托邦倾向的两个来源：

26　Sandel，*The Tyranny of Merit*，44－45.

27　Miles Corak，"Income Inequality，Equality of Opportunity，and Intergenerational Mobility，" *Journal of Economic Perspectives* 27，no. 3（2013）：79－102；Espen Bratberg et al.，"A Comparison of Intergenerational Mobility Curves in Germany，Norway，Sweden，and the U.S.，" *Scandinavian Journal of Economics* 119，no. 1（2017）：72－101；Pablo A. Mitnik and David B. Grusky，"Economic Mobility in the United States"（Pew Charitable Trusts and the Russell Sage Foundation，2015）；Raj Chetty et al.，"The Fading American Dream：Trends in Absolute Income Mobility since 1940，" *Science* 356，no. 6336（2017）：398－406；Joseph P. Ferrie，"History Lessons：The End of American Exceptionalism？ Mobility in the United States since 1850，" *Journal of Economic Perspectives* 19，no. 3（2005）：199－215.

28　Miles Corak，"Economic Mobility，" in *State of the Union：The Poverty and Inequality Report*，special issue *of Pathways：A Magazine on Poverty，Inequality，and Social Policy*（2016）：51－57.

29　"A Broken Social Elevator？ How to Promote Social Mobility"（Paris：OECD，2018），287－333；Greg J. Duncan and Richard Murnane，eds.，*Whither Opportunity？ Rising Inequality，Schools，and Children's Life Chances*（New York：Russell Sage Foundation，2011）.

内战前空前发展的经济状况，以及美国人在一个动荡不安的世界中对秩序的渴望。首先，在一个由小生产者组成的经济体中，由于土地与劳动力的高比例所带来的高工资，廉价土地获取渠道非常丰富，白人男性仍然有可能想象，如果没有政府的大力帮助，他们也可以获得个人自由和广泛的经济平等。这一时期自由市场思想的普及，伴随着福音派兴起的宗教民族主义的复兴，抓住了这种日益高涨的乐观情绪，并使属于两个主要政党的许多美国人接受了乌托邦式的经济梦想。与此同时，大众政党的兴起和美国政治言论的民主化，帮助这些梦想转变为流行的神话，成为美国民间传说的一部分。[30] 正如历史学家约翰·默林（John Murrin）所写，"一个民族从一个简单但过时的时代的客观条件出发来看待自己的279 社会，这并不罕见"。[31] 这种残余影响在21世纪仍然充斥着美国个人主义理想的乌托邦式经济谎言中最为明显。

其次，正如托克维尔很久以前所观察到的那样，美国社会的流动性经常会带来持续的焦虑漩涡。尽管美国人欢迎生活中的自由开放，没有政府的强力干涉，但是他们也感到有必要确保他们的社会不会变成一个无情的、无政府的人人自由的社会。[32] 他们对所有那些绕过诚实秩序、**不劳而获**的人，例如投机者或不诚实的经纪人、小贩和亡命之徒的迷恋都说明了这种持续的不安。一次又一次，他们试图通过建立一个最终引导如此多不同个体走向美德和进步的天意秩序来消除它。[33] 正如我们在第2章中所探讨的，神话是集体意义的强大来源。它们有助于消除世界对人类

---

30 重要的是，标志着美国反贵族民众情绪高涨的时刻，同时也是两个主要政党的美国人都宣称世界，特别是经济被"治理得太多"的时刻。

31 John M. Murrin, "Feudalism, Communalism, and the Yeoman Freeholder: The American Revolution Considered as a Social Accident," *in Rethinking America: From Empire to Republic,* ed. John M. Murrin（New York: Oxford University Press, 2018［1973］), 149.有关进一步讨论，参见 Elizabeth Anderson, "When the Market Was 'Left,'" in Private *Government: How Employers Rule Our Lives（and Why We Don't Talk about It）*（Princeton: Princeton University Press, 2017), 1 - 36。

32 关于共和国早期这种焦虑及其根源的精彩讨论，参见 Gordon Wood, *The Radicalism of the American Revolution*（New York: Random House, 1992), 305 - 25。

33 Jackson Lears, *Something for Nothing: Luck in America*（New York: Penguin Books, 2003), 3 - 4, 97 - 145.

苦难的明显冷漠。在这里探讨的乌托邦谎言，以不同的方式嵌入了所有三个基本神话，满足了人们的特殊心理需求，在一个基本上没有传统联系和制度的社会中，人们深深地认同了个人解放的叙事。

不公正的最终根源在于国家例外主义的强大观念，这种观念继续坚持国家的个人主义神话。两个世纪以来，优绩统治秩序中美国个人自由的理想不断从国家目标和身份的理想化愿景中汲取了力量。自由进取的个人似乎是美国不断受到外来势力威胁的独特性的原型。[34] 19世纪的美国人感到自己被旧世界的贵族制幽灵或法国大革命和巴黎公社的无神论激进主义所困扰；20世纪的美国人感受到了苏联的威胁。

在这种背景下，这三个神话都让美国人感到安心，个人自由是美国**固有**的，而且一直存在。当美国人——尤其是美国白人——对他们的政府或经济感到越来越失望时，他们本能地被吸引到修复和净化的项目之中，而不是革命或效仿。他们在宪法和建国宣言的条款中寻找他们失去的自由，以及那里所载的永恒原则。正如许多历史学家所观察到的那样，这种对不是在其字面上的原始而不受侵蚀的本质的渴望，已经存在于这个国家的DNA中，已经成为美国自清教徒开始的社会批判的一个组成部分。[35] 它的效果是将许多美国人转而向内，并将他们的政治想象与背叛和异端的幽灵联系在一起。那些挑战美国个人主义神话核心信条的批评家和改革者，一次又一次地被针对他们怀有**反美**倾向的指控所困扰和边缘化。

在杰克逊时代，这样的指控仍然可以两全其美：即使民主党人和废奴主义者被谴责为将雅各宾激进的欧洲思想引入一个它们无处容身的社会，辉格党人也被谴责为怀有与美国平等权利传统格格不入的贵族式的自命不凡。然而，从镀金时代开始，这些指控主要是针对平等主义改革者的，他们被指责为无政府主义者、社会主义者或共产主义者，意图破坏美国的生活方式。在这些保守的国家例外论故事中，个人主义与自由企业、放松监

34　萨凡·贝尔科维奇写道："在无数美国英雄的传记中，每一本的作者几乎都坚持认为，真正的个人主义并不是独一无二的，不是拜伦式或尼采式的优越感，而是美国企业的典范——一种代表整个社会的进步和控制模式。" Sacvan Bercovitch, *The American jeremiad* (Madison: University of Wisconsin Press, 1978), 156。

35　参见同上，132‐75; Hartz, *The Liberal Tradition in America*, 47‐54。

管的议程紧密结合，以迎合大企业的利益，同时加剧了穷人的脆弱性。

平等的自由

正如我们在本书中所探讨的那样，所有三个基本神话都是灵活和不确定的，并且所有三个神话都被用于许多不同的政治目的。尽管它们经常帮助合理化或掩盖不平等，但他们也不断被用来谴责不平等。这些平等主义的逆流并不是孤立的：从杰克逊时代开始，这三个神话都经常传递出一系列平等主义的冲动，这些冲动充斥着美国人对政治和经济的思考。白人男性含蓄或明确地将他们的个人自由梦想置于广泛的政治和经济平等的环境中。但他们并不是唯一这样做的人：在内战之前和之后，妇女、非裔美国人、废奴主义者、天主教移民、美洲原住民和其他边缘化群体将同样的神话转变为对包容性的呼吁。

281　　杰克逊时代的经济平等主义在自力更生拼搏者的神话中表现得最为明显，它表达了一种复杂而雄心勃勃的反贵族经济自由观。正如我们详细探讨的那样，独立意味着对自己的时间和工作日的掌控，并通过拥有关键生产资源（土地、工具、商店或小企业）来保证。但这并不是全部。在一个蓬勃发展的经济体中，它还意味着适度的繁荣，这本身将带来一系列的个人选择，包括获得消费品、舒适和足以让晚年感到舒适的财富。与此同时，对于那些经常被视为模范的小农来说，个人独立带来了抵御市场变化的经济保障：如果价格下跌或需求枯竭，他们仍然可以依靠耕种的土地生活。在他们自己看来，这种安全是他们区别于工资工人的一部分，工资工人的生计总是极易受到经济衰退和其他突然情况的影响。最后，有产者的自制力和不屈从感从工作场所向外扩散到了公民空间，在那里，独立的男人可以平等地看待他们的同胞，而不必在经济上更好的人面前卑躬屈膝。

因此，经济自由为杰克逊时代的公民平等和民主愿景提供了保障，白人男子的独立无疑与殖民扩张主义、性别统治和种族主义纠缠在一起。民主理想本身也是如此。但与民主一样，独立也是争取更大、更有意义的平等的一种修辞武器，首先由白人男子使用，然后由其他人使用以呼吁享有同等的地位和尊严。例如，在重建期间自由黑人强烈地被个人独立所吸引，因为它为他们提供了一个广阔的个人自由视野，并为抵抗白人统治奠定了基础。他们有了自己的土地，他们可以拒绝白人土地所有者偏爱的剥削性劳动合同和侵入性监视和控制。在南方重建时期，有关自由劳动含义的争论也是定义奴隶制反面的争论。对于自由黑人来说，对于那些反对所谓"工资奴隶制"的无数北方白人工人来说，个人独立的理想提供了最令人信服的答案。[36]

　　这种平等主义的传统在20世纪上半叶一直存在。在呼吁"工业民主"的工会主义者和进步知识分子如约翰·杜威（John Dewey）、赫伯特·克罗利（Herbert Croly）和路易斯·布兰迪斯（Louis Brandeis）眼中，一个由企业精英控制的经济体，尽管其生产力和财富巨大，但始终是一个不稳定的、不断减少的劳动场所。[37]杜威写道："这里没有独立性，相反，在很大程度上存在寄生依赖。"现代工作场所是一个"奴性和条条框框" 282的场所，它束缚了个人的思想，将工人限制在一系列死记硬背的任务中，并使他们服从专制的纪律。[38]在这个系统中，即使是工人的物质福利也容易受到多变的公司命令的影响。与此同时，克罗利认为，工人有权在私营企业的管理中获得大量话语权。在他看来，工作场所民主的根源不在于欧洲社会主义，而在于19世纪美国政治思想中充满活力的自主经营理念。他问道："工薪阶层如何才能获得与民主党先驱所能指望的类似的经济独立程度？"[39]最近，平等主义者提出了普遍的基本收入作为解决这一

---

36 Eric Foner, *Reconstruction: America's Unfinished Revolution*, 1863 - 1877, updated ed. (New York: Harper Perennial, 2014［1988］), 124 - 75; Jonathan A. Glickstein, *American Exceptionalism, American Anxiety: Wages, Competition, and Degraded Labor in the Antebellum United States*(Charlottesville: University of Virginia Press, 2002), 79 - 87.

37 Daniel T. Rodgers, *The Work Ethic in Industrial America*, 1850 - 1920, 2nd ed. (Chicago: University of Chicago Press, 2014［1978］), 30 - 64.

38 Dewey, *Liberalism and Social Action*, 45 - 46。参见 Herbert Croly, *Progressive Democracy*(New York: Macmillan, 1914), 382 - 83。

39 Croly, *Progressive Democracy*, 380。参见 Christopher Lasch, *The True and Only Heaven: Progress audits Critics*, 1st ed.(New York: Norton, 1991), 206 - 8, 340 - 42。

困境的答案。[40]

　　然而，在大多数情况下，这个问题几乎没有被提及。取而代之的问题与杰克逊时代的独立梦想只有微弱的相似之处。例如，在美国人对枪支权利和郊区住房所有权的迷恋中，这是显而易见的。这也体现在他们对小企业主和小农户的持续理想化，他们在美国政治言论中的突出地位掩盖了他们在国家经济中逐渐式微的作用。最重要的是，人们对福利依赖的普遍鄙视是显而易见的，这种鄙视继续影响着美国政治。依靠国家的"施舍"是一种耻辱，使独立公民的地位被剥夺，成为一个纯粹的依赖者。[41] 在这一广泛认同的观点中，福利国家成为美国生活中最强大的依赖来源。在这里，自由放任修正主义的胜利是显而易见的：依赖国家是一种阴险和有辱人格的依赖形式；另外依靠公司雇主维持生计（以及医疗保健、探亲假和休闲时间）则与成为一名自豪和自力更生的劳动者形象完全相符。[42] 这种观点似乎是合理的，因为精英们早在内战前就成功地掩盖了许多美国人所信奉的经济自由愿景。

　　自然权利拥有者的神话有时也带有冲击性的平等主义含义。正如我们在第8章中所探讨的那样，废奴主义者不仅努力使《独立宣言》中平等权利的承诺普遍化，而且努力扩大其含义和范围。对他们中的许多人来说，平等权利不仅涉及对人身和财产的基本保护，还涉及保障言论自由和结社自由的一系列公民权利，以及社会和政治权利。它意味着消除歧视、机会平等和民主包容。对一些人来说，它还包括公共资源的"积极"规定：例如，为自由黑人提供担保或补贴土地，以及体面的公立学校。对他们所有人来说，这也意味着保护他们免受国家权力的任意或专制使用。在废奴主义者的著作中，权利成为想象人类繁荣的前提条件的一种方式：

283

---

40 关于这个想法的更为复杂的哲学版本，参见 Philippe Van Parijs, *Basic Income: A Radical Proposal for a Free Society and a Sane Economy*（Cambridge, MA: Harvard University Press, 2017）。

41 朱迪丝·施克莱（Judith Shklar）在1991年写道："福利依赖已经成为杰克逊时代社会恐惧的新焦点。"Judith Shklar, *American Citizenship: The Quest for Inclusion*（Cambridge, MA: Harvard University Press, 1991）, 96。

42 同上，94, 96。对于想象州福利的另一种方式，只需考虑阿拉斯加永久基金，保守的阿拉斯加人已经将其视为他们对该州自然资源财富的合法份额。

它们描绘了个人发展自我、做有意义的选择、有尊严和自尊地生活所需的保护和机会。这些趋势也是20世纪人权行动主义和1948年《世界人权宣言》所载的广泛自由理想的核心。

此外，许多废奴主义者坚持认为，只有作为包容的道德团结和持续的集体行动文化的一部分，平等权利才能实现。从这个意义上说，他们的权利观是对过去半个世纪以来美国左翼和右翼知识分子所倡导的自由社会非政治化愿景的挑战。这种正统观点认为，权利被载入宪法，并由开明的法官执行，他们利用这些权利对政治权力施加有益的道德限制。这样的设想将权利缩小到了民主政治的**范围**：由于宪法及其公正的监护人"锁定"了基本自由，政治就变成了一场相对无害的资源和机会争夺战，由相互竞争的利益和倡导团体进行。随着重要性的降低，持续的政治参与似乎不再是一种义务，而更像是一种生活方式的选择。[43]

当富有的奴隶主控制着美国的许多高级官员，大多数美国精英都赞成将黑人驱逐到非洲时，废奴主义者不可能接受这种一厢情愿的观点。他们认为，如果没有有组织的民众动员来保护和扩大权利，负责保护权利的精英们要么会促进自己阶层的寡头利益，要么会吸收选民中不断涌现的白人至上主义潮流。这一事实在1857年臭名昭著的德雷德·斯科特案（Dred Scott）判决中有清晰的呈现，最高法院宣布，美国黑人永远不能被视为美国公民，也无权要求其宪法权利。因此，对于许多废奴主义者来说，在一个广泛的优绩主义社会中追求平等的自由与某种公民性格的理想是分不开的，这种理想建立在包容的同理心和对不公正同谋的厌恶之上，并通过参与公民和宗教共同体而得以维持。

这种道德和公民习惯是否能在高度个人主义的后工业社会中生根发芽，仍然是一个悬而未决的问题。从托克维尔开始，美国个人主义的批评者就担心，这最终会破坏国家道德成就所依赖的团结源泉。他们警告说，美国人在现代资本主义经济的贪婪、不安全感和强迫性过度工作的

43　这种观点的例子比比皆是。理查德·波斯纳为其右倾版本提供了一个有影响力的例子，罗纳德·德沃金是其左倾版本的代表。事实上，这种自由立宪主义的观点已经在《联邦党人文件》中得到了强烈的体现，它将政治想象为敌对的、利己的派系之间的竞争，在公正的宪法秩序的范围内展开，并由道德精英监督。

推动下，稳步退出私人生活，这将使他们四分五裂，很容易被操纵，既没有道德品质，也没有捍卫其自由制度所需的政治组织，更不用说实现一个更加公正和包容的社会秩序了。[44] 有组织的劳动力的长期衰落，资本主义理论家和小贩对福音派基督教的越来越多的认同，以及社交媒体作为伪装成社区的大规模操纵技术的兴起，最近都加剧了这些焦虑。[45]

另外，从废奴主义延伸到"黑人的命也是命"（Black Lives Matter）运动的平等主义传统提醒我们，注重确保平等权利的政治可以与政治参与和运动建设文化齐头并进。这也提示我们，个人主义永远不足以维持公正和包容的政治。美国历史上成功的平等主义运动总是利用其他互补的道德资源。它们被基督教共同体、工人阶级身份、公民国籍和其他来源所产生的团结道德所激励。[46] 通过共同参与城镇、工会、教堂和地方社会正义运动中的地方自治而培养出的公民习惯进一步强化了它们。美国的个人主义神话一直没有充分强调美国政治文化的其他向心方面，这些方面鼓励公民培养和保护他人的自由，而不仅仅是自己的自由。在我们自己的时代，受即将到来的气候灾难意识的鼓舞，环境运动已经成为这种团结和共同体参与的另一个有希望的来源，特别是对年轻的美国人来说。

为了在21世纪实现平等的自由，美国人必须找到将个人主义目标与强有力的民主手段相结合的方法。他们还必须拒绝乌托邦谎言和例外论幻想，承认美国社会的现状：一个脆弱的人类结构，深受历史不公的创伤，并受到全球经济不可遏制的变化的冲击。这样的承认最终应该会抑制长期以来定义美国个人主义观点的优绩主义理想。在这些条件下，一个公正的政治共同体会努力扩大机会，减少社会流动的障碍，这样所有公民都能有希望通过自己的努力和才能得到回报。但它也承认坏运气和

---

44 有关此评论的最新版本，参见 Patrick J. Deneen, *Why Liberalism Failed*（New Haven: Yale University Press, 2018）。

45 这种合作的一个明显结果是，改革派福音派的热情转向了一系列政治目标，例如将堕胎定为刑事犯罪，这对美国富豪集中的经济权力完全没有威胁。

46 关于公民民族主义的平等主义潜力，参见，Eric Foner, *The Story of American Freedom*（New York: W. W. Norton, 1998）, 219－47。

第 11 章 结 论

不相称的劣势所带来的不可避免的影响，并通过充分的保障措施和第二次机会来抵消它们。它提倡以感恩而不是傲慢为基础的公民道德，提倡平等的同情而不是残忍。也许最根本的是，它认为自由本身是一种微妙的人类创造，需要不断加强，而不是依赖上帝或自然的流露。[47]

当然，一些平等主义者会发现这种平等自由的理想是不够的。他们会认为，美国的社会正义需要彻底拒绝个人主义，否则美国的个人主义因其与不平等和统治的联系会受到无可救药的玷污。[48] 既然美国社会无法充分满足这些反对意见，那么一个更温和的答案就足够了。在过去的两个世纪中，美国的个人主义神话被证明是强大的和有弹性的。它们经历了深刻的经济变革和政治重组，并不断地为那些巧妙地引导它们的人带来政治财富。从苏珊·B. 安东尼（Susan B. Anthony）到马丁·路德·金（Martin Luther King Jr.），许多最有效的平均主义改革者都明白这一点，并自觉地努力将自己的改革弧线转向更大的正义和包容。他们欣赏美国个人主义遗产的内在多样性、复杂性和可延展性，并在其中找到了平等主义复兴的种子。也许最重要的是，他们明白，这种强大的神话不能简单地被驱散，而将其让位给种族主义者和寡头将为政治希望带来灾难。仅凭这些事实，今天的平等主义者就应该学习和掌握美国个人主义的语言。[49]

从基本神话的视角来看，美国现在正处于十字路口。冷战的结束和几乎没有冷战记忆的新生代公民改变了长期以来的个人自由论述。许多人不再有意识或无意识地参照着社会主义**另一方**来定义自己的政治。许多

---

47 这种姿态反映了政治理论家苏珊·麦克威廉姆斯（Susan McWilliams）所称的"悲剧意识"，它既反对乌托邦式的幻想，也反对例外主义的自负。Susan McWilliams，"The Tragedy in American Political Thought,"*American Political Thought* 3（2014）：137–45；Susan McWilliams Barndt, *The American Road Trip and American Political Thought*（Lanham, MD：Lexington Books，2018），91–92。

48 更全面的回应将探索现代集体主义意识形态被武器化并转化为压迫意识形态的多种方式。事实上，在过去的两个世纪里，没有一种持续的政治思想传统逃脱了道德邪恶的束缚。

49 有关这一论点的有力阐述，参见Charles W Mills，"Occupy Liberalism！" in *Black Rights/White Wrongs: The Critique of Racial Liberalism*（New York：Oxford University Press，1017［2012］）。

人也被全球气候危机吸引到政治意识中，这场危机的断层线是新的、不同以往的。与此同时，数十年的工资停滞和不断加剧的不平等已经瓦解了里根时代的共识及其放松监管、商业至上的议程。这些转变给美国的自我观念带来了明显的不稳定，也带来了重新协商和改变的可能性。与以往一样，当前这场斗争的胜利者很可能是那些用美国个人主义神话的原始材料构建出最引人入胜的美国能够怎样和应该怎样的故事的人。

附　录

论个人主义的意义

　　与美国政治思想密切相关的"个人主义"一词有许多不同的含义。[1]尽管历史学家很少仔细定义这个词，但他们发现他们使用多样的形容词来作界定。读者发现这个概念领域充斥着各种各样的选择，包括经济个人主义、企业家个人主义、所有权个人主义、杰斐逊个人主义、原子化个人主义、自由主义个人主义，粗犷个人主义、竞争性个人主义、表达性个人主义、浪漫主义个人主义和精神个人主义等等。本附录区分了这一术语的五种不同含义，历史学家有时会将其中的一种应用于美国政治思想，事实上，每一次应用都以重要的方式塑造了它们。下面的每一小节都用粗略的笔触勾勒概念含义，每一小节还包括一个著名历史学家用法的简短示例。[2]最后一小节讲述了个人主义和自由主义之间的关系，这一关系被认为是政治思想中的传统。

1　"个人主义"也被用来描述超出知识史范围的广泛现象。例如，它有时被用来描述随着传统或前现代社会的解体而产生的社会逻辑模式。例如，参见，Lawrence Frederick Kohl, *The Politics of Individualism: Parties and the American Character in the Jacksonian Era* (New York: Oxford University Press, 1989), 6 - 18。

2　有关这些类别的更详细说明，参见Alex Zakaras, "Individualism," in *Encyclopedia of Political Thought*, vol. 5, ed. Michael Gibbons et al. (New York: Wiley-Blackwell, 2014); Steven Lukes, *Individualism* (New York: Harper & Row, 1973)。

道德个人主义

道德个人主义主张"**个人的最高和内在价值或尊严**"。[3] 它反对道德集体主义，后者将道德价值的最终来源定位于集体实体：机构、文化、亲属团体、社会、国家。道德个人主义者认为，这些实体的道德价值完全来源于构成它们或被它们所触及的个人。在西方思想观念中，道德个人主义通常带有平等主义的含义：其倡导者认为不仅仅是国王和贵族，**普通人**也具有道德上的重要特征，这使他们有权获得平等的道德尊重。[4] 这种平等主义的道德个人主义是基督教和启蒙道德的核心。

288

丹尼尔·沃克·豪（Daniel Walker Howe）在《创造美国的自我》（*Make the American Self*）一书中探讨了道德个人主义在18世纪和19世纪美国的广泛传播。他写道："这本书叙述了这个故事的一部分，即对所谓个人主义的接纳，相信普通的男人和女人有自己的尊严和价值，相信他们足够值得信任，可以在生活中获得一定程度的自主权。"[5] 事实上，他的定义包含了两种不同的观点。除了道德个人主义的基本内容外，豪还坚信，允许每个人对自己的生活有一定的掌控权，才是最尊重人的尊严。尽管第二种想法不一定是第一种想法的产物，但到19世纪末，这两种想法几乎已经密不可分了。[6]

3　Emphasis in original. Lukes, *Individualism*, 45.

4　同上，45‑51; Georg Simmel, "Freedom and the Individual," in *On Individuality and Social Forms*, ed. D. N. Levine（Chicago: University of Chicago Press, 1971）, 218‑22。当然也有例外，例如，弗里德里希·尼采是一个道德个人主义者。

5　Daniel Walker Howe, *Making the American Self: Jonathan Edwards to Abraham Lincoln*（Oxford: Oxford University Press, 2009［1997］）, 9.

6　例如，美国父权制的捍卫者长期以来一直认为，（在上帝面前）尊重女性平等尊严的最佳方式是让她们受到男性的控制，并保护她们免受自己的非理性倾向的损害。

认识论（或智力）个人主义

认识论个人主义认为（成人）个人主义应该通过使用自己的能力、自己的理性、直觉或观察力来寻求知识，主要包括宗教、道德和政治知识。特别是在这些领域，它敦促个人做出自己的决定，而不是服从他人的权威。例如，它反对教区居民应该服从神职人员的道德和精神权威，或者政治主体应该服从道德精英的道德和政治权威的观点。历史学家经常在新教改革及其多样的知识遗产的背景下强调认识论个人主义。例如，威廉·麦克洛林（William McLoughlin）在其两卷本的新英格兰异见宗教史中指出："1775年后，宗教中个人判断至上的激进宗教改革教义与高等法律高于任何教会或国家宪法的民主理念相结合。它们最终产生了主导19世纪美国生活的反制度个人主义。"[7] "高等法律"指的是合法政府应该遵守某些普遍的道德原则或自然法则，所有人都可以通过理性或良知获知这些原则或法则。它邀请公民自行判断他们的政府是否公正甚至合法。麦克洛林写道，在政治和灵魂问题上，19世纪的美国人开始相信个人应该为自己作判断。

政治个人主义

"政治个人主义"一词可以用来表示两种不同的观念：第一，政治的最高目的是保护或加强个人自由；第二，所有合法的政治权威都来自个人的同意。两者都能在《独立宣言》中找到简洁的表述，《独立宣言》宣

7　William G. McLoughlin, *New England Dissent*, 1630–1833: *The Baptists and the Separation of Church and State*, vol. 2（Cambridge, MA: Harvard University Press, 1971）, 1282. Nathan O. Hatch, *The Democratization of American Christianity*（New Haven: Yale University Press, 1989）; Richard Hofstadter, *Anti-Intellectualism in American Life*（New York: Knopf, 1963）.

称，政府的成立是为了保障个人权利，而政府的"公正权力来自被统治者的同意"。我们在这里关注的是这些意义中的第一个：政治个人主义者认为，政府的存在主要是为了保护个人免受伤害，并增加他们有意义的可选择的选项范围，以便他们能够追求反映自己信念和愿望的生活。美国政治思想历史学家经常使用包含这一意义的"个人主义"概念。例如，克林顿·罗西特（Clinton Rossiter）就美国政治思想的要旨进行了广泛的阐述，他写道："我们信仰的核心是个人主义。'国家是为人而生的，而不是人为国家而生的'，这是美国人用以驱除威权主义邪气的神奇公式。"[8] 对罗西特来说，这种信念表达着这样一种观念：国家的存在首先是为了维护个人自由。

社会个人主义

正如我们在第3章和第7章中所探讨的那样，社会作为一个由不平等但相互依存的部分组成的有机整体的理念一直延续到19世纪。例如，许多联邦主义精英相信一种基本上等级分明的社会秩序，在这种秩序中，个人扮演着他们指定的角色。相比之下，社会个人主义认为，社会凝聚力可以，也应该通过自主个体的自愿合作而产生。这里包含了两个不同的看法。首先，社会是一个自治个体的集合，而不是一个有机的整体，或是一个互补的秩序或社会地位的等级体系。其次，社会**应该**尽可能地通过自由和自愿的合作而不是通过胁迫结合在一起。当乔伊斯·阿普尔比（Joyce Appleby）使用"个人主义"一词时，她泛指的是在18世纪和19世纪早期出现的"作为理想类型的……自主个体"。社会个人主义是这一发展中不可或缺的一部分。她写道，18世纪90年代兴起的杰斐逊主义意识形态设想了"在扩大自由交流和自由探究的范围的同时，自主的个

8　Clinton Rossiter, *Conservatism in America: The Thankless Persuasion*, 2nd ed. (New York: Knopf, 1962), 72 - 73.

人通过自由发挥自然的和谐力量努力照顾自己的利益"。[9]　　　　　290

经济个人主义

虽然经济个人主义是社会个人主义的一个子集，但它对现代生活形态的强大影响使其值得单独讨论。经济个人主义认为，经济决策主要是由追求自身利益的个人做出的，他们决定生产什么以及生产多少。经济个人主义者还认为，竞争而不是胁迫是约束和组织经济生活的最佳方式。自由放任的经济理论是经济个人主义的一种绝不妥协的表现，它坚持认为，国家尽可能避免干预市场交易。当历史学家将"个人主义"一词应用于美国历史时，他们通常指的是这些经济价值观和信仰中的一些或全部。有些人将其简单地用作对获取私利的颂扬。理查德·霍夫施塔特（Richard Hofstadt）及其他人则给出了一些更窄的定义。霍夫施塔特总结了"美国经济个人主义哲学"，提出了以下承诺清单："私人财产的神圣性，个人处置和投资财产的权利，机会的价值，以及在广泛的法律范围内自我利益和自我主张向有益的社会秩序的自然演变。"他称这些为贯穿美国所有（主流）政治意识形态的"中心信仰的主要信条"。[10]

尽管这本书触及了所有五种个人主义形式，但它对其中两种形式给予了首要的重视。在第2章中，个人主义被定义为这样一种信念，即美国现

9　Joyce Appleby, Inheriting the Revolution: The First Generation of Americans (Cambridge, MA: Belknap Press, 2000), 7; Joyce Appleby, Capitalism and a New Social Order: The Republican Vision of the 1790s (New York: New York University Press, 1984), 94. 托克维尔的《论美国的民主》仍然是对美国社会个人主义最深入的分析之一。不幸的是，他对个人主义的明确定义是有误导性的。他将个人主义定义为"一种反思和平静的情绪，使每个公民都能与自己的同胞隔绝，并融入家庭和朋友的圈子，因此，在为自己创造了一个小社会后，他很高兴地离开大社会去照顾自己"。如果使用这个与托克维尔自己的分析不符的定义，我们就不得不将在杰克逊时代的美国退回到小公社的乌托邦社会主义者描述为个人主义者。Alexis de Tocqueville, Democracy in America, trans. Arthur Goldhammer, vol. 2 (New York: Library of America, 2004 [1840]), 585。

10　Richard Hofstadter, *The American Political Tradition and the Men Who Made It* (New York: Vintage Books, 1989 [1948]), xxxvii.

403

在是而且应该是**（1）致力于扩大私人自由的政体，（2）一个个人对自己的命运负责的优绩社会**。我们现在可以看到，这个定义将政治个人主义与社会个人主义的优绩主义结合起来。这两个基本思想贯穿了所有三个基本神话，并将美国政治思想的发展一直引向个人主义的方向。

然而，我们也看到，这两种形式的个人主义往往属于包括其他三种或全部的个人主义的思想集群。例如，美国人通常认为，政治个人主义以道德个人主义为**前提**。洛克和《独立宣言》都肯定了这种联系，我们很少发现这种联系在美国政治传统中受到挑战。同时，这里探讨的所有三个基本神话都将政治和社会个人主义与认识论个人主义结合起来：所有这些神话都将个人在公开和私下作出自己判断的能力神话化，并视为个人自由含义的一部分。最后，美国的社会个人主义通常以经济个人主义的形式出现：自杰克逊时代以来，由自主个人组成优绩社会的理念通常以自由和竞争性市场的语言呈现。这五种形式都塑造了美国个人主义的多样性风景。

自由主义和个人主义

一些读者可能会好奇，在本书中，是否可以使用"自由主义"一词来代替"个人主义"，我出于两个原因没有使用这种替代。首先，自由主义作为一个概念并不比个人主义更清晰或争议性更少，它与美国中左翼的联系使其更容易被误解。第二，更重要的是，自由主义并不一定指的是美国长期繁荣的社会个人主义的优绩统治形式。自由主义是一种广泛多样的政治传统，包含一些与美国个人主义（在上文定义的意义上）相悖的政治观点。

那么自由主义是什么呢？无论历史学家如何使用这个词，自由主义肯定是指政治思想史上的一个长久传统。[11] 政治理论家朱迪丝·施克莱

---

11 所谓"传统"，我指的是两件事：（a）随着时间的推移，存在着类似的思维模式，以及（b）一种自我参照意识维度，这样，至少一些表达这些想法的人理解自己是在借鉴、解释或阐述他们之前志同道合的人的论点。这种意识显然是任何传统最早的实践者都无法获得的。注意到这一点，人们是否使用"自由主义"一词来描述自己的语义问题就并不重要了。

（Judith Shklar）写道，自由主义被理解为一种政治学说，"只有一个压倒一切的目标：确保行使个人自由所必需的政治条件"。[12] 它还提出了一种特殊的自由观：自由主义者总是将最重要的自由置于私人生活中。最重要的是，他们捍卫了信仰、言论和结社、工作和建立有意义的关系、拥有财产以及安全地做这些事情的自由，而不受随意干涉的持续威胁。换言之，他们坚持认为，在不伤害他人的情况下，个人应就对自己最重要的事情自由作出自己的选择。[13] 自由主义者认为，这种自由是政府的最高目标。

如果这些都是最基本的自由主义目标，那么自由主义哲学家和政治家也提倡一套独特的策略来实现这些目标，这包括，最重要的是法治，由公正的标准管理，并由独立的司法机构监督；依照宪法以及特别列举出的个人权利来限制国家权力；公职人员对其选民的责任；以及经济决策的私有化。总之，这些策略揭示了自由主义想象的一个中心特征：自由主义者一直认为现代国家对个人自由具有独特的威胁，因为它拥有"独特的物质力量和信仰力量资源"。[14] 自由主义者的政治策略试图驯服和约束政府的权力，使其对个人的威胁更小。[15]

292

然而，这并不意味着自由主义者只担心国家权力。大多数自由主义思想家都明白，个人容易受到各种形式的压迫和伤害，而不是所有这些压迫和伤害都源自国家。例如，从废奴主义运动开始，一些美国自由主义者转向政府，以打破传统生活方式中根深蒂固的种族主义、厌女和不容忍现象。此外，随着工业化的到来，许多自由主义者开始将企业经济视

---

12 Judith Shklar, "The Liberalism of Fear," in *Liberalism and the Moral Life*, ed. Nancy L. Rosenblum（Cambridge, MA: Harvard University Press, 1989）, 21.

13 这里有一个重要的假设：自由主义者认为，大多数时候，人们最关心自己的私人生活和关系；在他们看来，这些事情使他们的生活好坏参半。

14 Shklar, "The Liberalism of Fear," 21.

15 尽管这一用法在政治理论家中已经确立了一个多世纪，但今天的历史学家们经常抵制它。美国历史学家经常使用"自由主义"一词来指代我所描述的经济个人主义，并加入了其他各种历史上特定的承诺。例如，参见，Richard White, *The Republic for Which It Stands: The United States during Reconstruction and the Gilded Age, 1865 - 1896*（New York: Oxford University Press, 2017）, 172 - 76。或者，他们用已经包含主要反自由主义批评的方式对其进行了争议性的定义。例如，参见，Nancy Cohen, *The Reconstruction of American Liberalism, 1865 - 1914*（Chapel Hill: University of North Carolina Press, 2002）, 6 - 9。

为压迫和剥削的来源，将福利国家视为保护个人免受这些危险的一种方式。这些左翼自由主义者与右翼自由主义者的分歧越来越大，后者在国家权力的扩张中看到了大政府的压迫威胁。在美国，这一分歧的双方都保持着广泛的自由主义观点，因为双方都坚持前两段中概述的承诺。[16]

那么，自由主义和个人主义之间的关系是什么？简而言之：政治和道德个人主义都是自由主义传统的特征。根本没有在不包含政治个人主义的情况下合理的方法来定义自由主义传统。此外，对个人权利和自由的自由主义承诺始终基于对个人基本道德尊严或价值的肯定。当然，在现代自由主义历史上，**哪些人**拥有这种道德尊严，**哪些人**因此享有平等的权利和平等的政治考量，一直是一个令人担忧的问题。事实上，自由主义的历史可以说是一场关于权利拥有者的或多或少的排他性观点之间的持续斗争。在这一光谱的排他性一端，西方自由主义者一再援引白人男性的"平等权利"来为国内外对女性和有色人种的系统性压迫和剥削辩护。在包容性一端，他们一直在推动一项贯穿两个领域的普遍人权政治。[17]

293　　另外，自由主义对社会、认识论和经济个人主义的承诺程度随着时间的推移以及在不同的自由主义思想家和信仰中有很大的不同。自由主义与社会个人主义的关系是复杂的。从约翰·洛克（John Locke）和亚当·斯密（Adam Smith），人类社会是由契约束缚在一起的个体的集合，这一观点在自由主义思想中根深蒂固。与此同时，出于保护群体身份，特别是对受迫害少数群体身份的保护，许多人被自由政治所吸引。现代自由主义起源于欧洲的宗教战争，它最初与一种旨在使宗教身份非政治化并允许其在私人生活中繁荣发展的宽容政治相联系。事实上，许多自

16　有关这一点开创性的讨论，参见，例如，John Dewey, *Liberalism and Social Action*（Amherst, NY：Prometheus Books, 2000［1935］）；Milton Friedman, *Capitalism and Freedom*（Chicago：University of Chicago Press, 2002［1962］）。

17　也许值得澄清的是，无论是包容性还是排他性，所有自由主义者都认为，平等的权利只属于某一群体的成员，并且都对这一群体独特的道德和政治价值作出了解释。对于包容性自由主义者来说，这一群体通常是人类；其他（已知）物种的成员被排除在外。在这个意义上，自由主义理想总是与集体身份和道德等级制度联系在一起。

由主义知识分子将社会想象为一个重叠群体的集合，有些更像是自愿协会或利益团体，另一些则更像是拥有继承的文化或先赋身份。尽管他们一直坚持认为，个人应该自由地批判性地审视自己的群体身份，抵制或离开它们，但反思性自由主义者很少敦促人们放弃自己的集体身份，将自己重建为最大自主的"原子"。相反，许多自由主义者已经肯定了群体认同在使世界变得有意义方面的根本重要性。[18]

更重要的是，许多自由主义者也坚持认为，群体认同和结社有助于重要的**政治**目的。例如，一些人认为，地方协会和身份团体是个人和国家之间的关键"缓冲区"。在他们看来，城镇、教堂、行会、国家以下的文化和其他团体提供了相互竞争的权力和联系来源，并确保个人不会孤身一人面对国家包罗万象的权力。这些自由主义者认为，个人自由倾向于在基本上保持"地方性、习惯性、计划外、多样性和分散性"的人类社区中蓬勃发展。[19]其他自由主义者则认为，强大的群体归属和认同模式对于追究民主官员的责任并迫使他们保护普通人的权利和自由至关重要。他们认为，即使是自由民主国家也会有滑向寡头政治和暴政的危险，除非他们受到一群有组织的公民的谴责，这些公民通过相互信任、共同的价值观和目的而团结在一起。在他们看来，没有关联（或松散关联）的个人相对来说是无能为力的，会为政治操纵和支配提供成熟的时机。[20]

自由主义与认识论和经济个人主义的关系也是复杂多样的。鉴于本书的主旨，我们只需要注意，首先，许多自由主义者认为，通过将包括公

18　关于自由主义内部这些另类倾向的进一步阐述，例如，参见，Will Kymlicka, *Liberalism, Community, and Culture*（Oxford: Clarendon Press, 1989）; Jacob T. Levy, "Liberalism's Divide, After Socialism and Before," *Social Philosophy and Policy* 20, no. 1（2003）: 278 - 97; William A. Galston, "Two Concepts of Liberalism," *Ethics* 105, no. 3（1995）: 516 - 34; Sharon Krause, *Liberalism with Honor*（Cambridge, MA: Harvard University Press, 2002）。

19　Levy, "Liberalism's Divide, After Socialism and Before," 282.

20　参见，Jeffrey Stout, *Blessed Are the Organized: Grassroots Democracy in America*（Princeton: Princeton University Press, 2010）。最后两段包含三个不同的观点：第一个是关于社会本体论，即自由主义者如何想象人类社会的基本"构成块"；第二个是关于道德，或者自由主义者如何想象美好或幸福的生活；第三个是关于政治，以及自由主义者如何想象个人自由的政治前提。在这三个领域，许多自由主义者都将群体认同视为根本。

294 共卫生措施在内的重要政治和经济决策授权给专家，而不是邀请每个人自己作出决定，最能保护人身自由。这种对专业知识的尊重造成了自由主义和民主之间反复出现的紧张关系，在最近有关专制民粹主义兴起的文献中得到了大量讨论。[21] 其次，尽管所有自由主义者都将市场视为组织经济生活和保护经济不受国家控制的策略手段，但对于这些市场应该如何构建和监管，以及应该如何彻底地允许这些市场塑造财富和机会的分配，他们有着深刻的分歧。在富兰克林·罗斯福（Franklin Roosevelt）、约翰·杜威（John Dewey）和约翰·罗尔斯（John Rawls）等杰出的自由派人物的影响下，美国许多左翼自由派人士支持全面的经济监管和再分配，旨在使市场经济更加平等、更加包容，并对民主选民更加负责。

因此，作为一种传统，自由主义反映了对个人主义的不同程度的承诺。然而，毫无疑问，美国流行的自由主义思想大体上是强烈的个人主义的：美国人不仅倾向于道德和政治个人主义，而且倾向于比其他地方的自由主义者更深入和毫无保留地接受认识论、社会和经济个人主义。社会个人主义在美国尤为突出：正如我们在本书中所看到的，美国人倾向于将自己的社会视为，或者骄傲地视为，一个由个人组成的优绩统治的联合，每个人都对自己的命运负责。虽然这本书不应该作为自由主义的一般研究来阅读，但它还是可以作为自由主义思想在美国的特殊演变的研究来阅读。在杰克逊时代，本书中所讨论的三个神话都已经被用来证明一个基本上自由的政治体系；从那以后，这三者都塑造了美国自由主义的基调。

---

21 参见，Yascha Mounk, *The People vs. Democracy: Why Our Freedom Is in Danger and How to Save It*（Cambridge, MA: Harvard University Press, 2018）; Michael J. Sandel, *The Tyranny of Merit: What's Become of the Common Good?*（New York: Farrar, Straus and Giroux, 2020）。

索 引*

---

* 页码为原著页码，即本书页边码。

emergence of出现，56－58，98－99；
in mid-nineteenth century十九世纪中期，197，
209，245；
New Deal新政，260，268，269；
party discipline and党纪，98－102；
Populists and民粹主义者，260；
as proslavery coalition作为反奴隶制联盟，
197，245；
redistributive policies of再分配政策，270；
in twentieth and twenty-first centuries二十世
纪和二十一世纪，2，260，268，269－70.
See also Democrats，Jacksonian另见民主党
人，杰克逊时代
Democratic Review《民主评论》，83，88，89，
92，116，155，325n40
Democrats，Jacksonian民主党人，杰克逊时代：
anti-elitism of反精英主义，57－60，64，
81－82，84－89，94－95；
antigovernment positions of反政府立场，55，
82，85，87，93，103，248；
on democracy关于民主，82－89，95－96，
104，325n40，327n75；
differences from Whigs与辉格党的差异，99－
100，116，203，205－7，210，335n43，
336n52；
economic policies of经济政策，64，68，146－
47，222，248，259，314n37；
egalitarianism of平等主义，68，81－82，102，
113，248；
electorate of选民，68，99，100，115，119，
330n124；
formation of party组建政党，57；
intellectual legacy of思想传承，4，82，102－
4，131，132－33，147，150，158－59，
197－98，248；
land policies of土地政策，61－63；
leaders of领导，97，98，99，100，118－19；
moderates and温和派，222；
nationalism of民族主义，298n12；
organizational structure and activity of组织结
构和活动，98－100；
party conventions of政党大会，99，100－
102；
populism of民粹主义，57－58，100；
on producers' rights生产者权利，115－18，
121－23，257；

rights language used by权利语言的使用，
105－7，109－10，172；
secularism of世俗主义，146；
on uses of federal power关于联邦权力的使
用，244，322n4；
views of politics政治观点，81－82，95－
96，97－98，104；
white supremacy and白人至上主义，4－5，
21－22，55－56，68－75，123－31，197
dependence依赖性：
of African Americans非裔美国人，55，73，
265，319n105；
of debtors债务人，59；
of industrial workers工业工人，246，249；
of laborers劳动者，35－36，49，60－61，89，
246，249，275，282；
negative views of负面看法，1－2；
of poor贫困人口，42，273，282，394n41；
of women女性，39，75－79，252，272－73.
See also independence另见独立性
Dewey，John约翰·杜威，281，294，388n70
Douglas，Stephen斯蒂芬·道格拉斯，100－
101
Douglass，Frederick弗雷德里克·道格拉斯，
129，162，175，186，238，266－67，390n108
Dow，"Crazy" Lorenzo "狂人" 洛伦佐·道，
168，347n57，358n53
Dred Scott v. Sandford 德雷德·斯科特诉桑福德
案，209，283，373n33
Duane，William威廉·杜安，52－53，68，115，
311nn106，109
Du Bois，W. E. B.　W. E. B. 杜波依斯，264，
265－66，267，390n106
Duncan，Alexander亚历山大·邓肯，70，71－
72

Easton，Hosea霍齐亚·伊斯顿，186，253
economic freedom经济自由：
compatibility with political freedom与政治自
由的兼容性，68；
Democrats' defense of民主党的辩护，106－
7；
in market economy市场经济，4，6，26，132，
147－51，198，223，278，393n24；
self-ownership and自主权，175－76；
Whig view of辉格党观点，216.

racial injustice; white supremacy 参见种族歧视; 种族等级制度; 种族不公正; 白人至上主义

Rana, Aziz 阿齐兹·拉纳, 72

Rantoul, Robert, Jr. 小罗伯特·兰图尔, 63, 67, 83, 116, 147, 152, 349n90

Rawls, John 约翰·罗尔斯, 294

Reagan, Ronald 罗纳德·里根, 269

Reconstruction era 重建时期, 194 - 95, 244, 251, 254, 264, 267, 281, 383n4

Reflector and Watchman 反思者与守望者, 163, 361n82

religion 宗教:

church-state separation 政教分离, 106, 146, 326n60, 361n80;

natural 天然, 140 - 46, 147, 149, 151, 252, 346n50;

voluntarism in 自愿主义, 25, 30, 137, 229 - 30, 234.

See also Christianity; Protestantism 另见基督教; 新教

religious freedom 宗教自由, 16 - 17, 166 - 69, 176, 234, 291, 358n53

religious nationalism 宗教民族主义, 133

religious toleration 宗教宽容, 107, 167 - 68, 293

republicanism 共和主义:

classical 古典, 36 - 37, 83, 94, 304 - 5n12;

market economy and 市场经济, 154, 157 - 59;

privatization of 私有化, 64 - 68;

transition to liberalism 向自由主义过渡, 43 - 44, 64 - 68, 138, 157 - 59, 245 - 49, 384n14;

virtues and 美德, 66 - 68.

See also neoclassical republicanism 另见新古典共和主义

Republican Party 共和党:

economic policies of 经济政策, 257;

free labor principle of 自由劳动原则, 246;

independent proprietor myth and 独立所有者神话, 247, 249;

in mid-nineteenth century 十九世纪中期, 63, 174, 209, 237, 245 - 46;

racial attitudes in 种族态度, 265;

self-Made man myth and 白手起家的英雄神话, 247;

supporters of 支持者, 174, 245 - 46.

See also Lincoln, Abraham 另见林肯

Republicans, Jeffersonian 共和党人, 杰斐逊时期, 56, 57, 93 - 94

Ricardo, David 大卫·李嘉图, 142, 153, 380n137

Ridge, John 约翰·里奇, 73, 319n104

rights 权利:

enforcing 强制执行, 251 - 52, 283;

expansion of 扩展, 177, 252 - 53;

to free speech 言论自由, 179 - 80;

government protection of 政府保护, 194 - 95, 244, 289, 292, 383n4;

individual 个体, 1, 87, 88, 105 - 6, 187;

of laborers 劳动者, 257;

of marriage and family 婚姻和家庭, 176;

Reconstruction amendments and 重建修正案, 194, 244, 251, 254, 383n4;

of slaves 奴隶, 110, 128 - 29, 176 - 77;

of women 女性, 21, 75 - 77, 177, 196 - 97, 239, 251, 252, 272.

See also civil rights; human rights; natural rights; producers' rights; property rights; religious freedom; voting rights

rights-bearer myth 另见公民权利; 人权; 自然权利; 生产者权利; 产权; 宗教自由; 投票权; 自然权利的拥有者神话:

description of 描述, 16 - 17, 105 - 7, 195 - 96;

egalitarianism and 平等主义, 196, 282 - 84;

exclusive to white men 白人专属, 107, 110, 292, 396n17;

freedom in 自由, 17, 20, 106;

free-market ideas and 自由市场思想, 132 - 33;

gender and 性别, 110, 129 - 31, 196 - 97, 253 - 54;

inclusive views of 包容性观点, 292, 396n17;

individualistic assumptions of 个人主义假设, 110;

in late nineteenth century 19世纪末, 251 - 60;

market economy and 市场经济, 106 - 7, 109 - 10, 121, 132 - 33, 150;

messages of 消息, 1, 5, 106, 109 - 10;

persistence of 持续, 268 - 70;